教育部人文社会科学重点研究基地
上海外国语大学中东研究所系列发展报告

中东地区发展报告

Reports on Middle East Development

[2020—2021]

余泳·主编

时事出版社
北京

本报告受到上海外国语大学“双一流”建设项目
上海高校一类智库建设项目经费资助

目　　录

大使特稿

主报告：地区形势

分报告：代表性国家与组织发展概况

专题报告：中东新冠肺炎疫情观察

Table of Contents

Special Report of Ambassador

Main Reports: Regional Situation

Sub - Reports: Development of Representative Countries and Organizations

Special Reports: Observation of Covid－19 Pandemic in the Middle East

大使特稿

2020 年中东地区热点问题盘点

刘宝莱[*]

【摘 要】

2020 年中东地区热点多，难度大，疫情肆虐，美伊（朗）吃紧，部分阿拉伯国家同以色列建交，沙特上层大清洗，巴勒斯坦等问题持续发酵，“伊斯兰国”兴风作浪。

【关键词】

中东热点问题　跌宕起伏　疫情严峻　美伊（朗）较劲

2020 年，中东地区热点频仍，旧的未决，新的又起，“按下葫芦起来瓢”，不确定、不可测因素增加，成为世界热点之最。故而地区危机四伏，乱象丛生，变革滞后，治理艰难，任重道远。这一年，主要有十大热点。

一、疫情成灾，牵动全局

中东地区已沦为世界疫情重灾区。疫情蔓延快、控制难，且呈现“长尾化”特征，抗疫成为持久战。自 2020 年 1 月底阿联酋出现首个病例以来，地区国家确诊人数已突破 420 万大关，其医疗卫生体系和治理手段受到严峻考验，部分战乱国家抗疫形势堪忧，也门死亡率甚至接近 30%。伊朗确诊病例超过了 52 万人，且仍以每日 4000 多人的病例增长；伊拉克也已超过 42 万人。目前，地区日均新增病例大于治愈病例，埃及、沙特有所好转，但疫情拐点远未出现。部分国家在经济压力下开始“带疫解封”，

---

* 刘宝莱，中国国际问题研究基金会中东研究中心主任，中国人民外交学会前副会长，中国前驻阿联酋、约旦大使。

导致疫情反弹。较长时间内，疫情还会出现持续反复。这对地区的影响是全面的、深刻的，而且是长期的。

（一）发展受挫

地区既有的经济痼疾被激化和放大，航运、旅游、会展等支柱产业遭受重创，生产活动恢复缓慢，贸易投资受阻，债务风险上升，国际油价下跌拖累产油国财政。据报道，海湾合作委员会六个成员国石油收入将减少2700亿美元。国际货币基金组织预计，2020年地区国家GDP将平均萎缩5.7%，地区战乱国家降幅最高可达13%，海湾合作委员会成员国下降7.1%。[①]由于上百万外国劳务人员撤离海湾，严重影响当地日常生活的正常运转。

（二）角逐激烈

为转移国内疫情矛盾和填补美国从地区战略收缩的“真空”，地区一些国家纷纷出场，或争夺地区事务的主导权或扩大影响，增加话语权。在此背景下，地区重新分化组合，出现阵营化、多元化、碎片化和“菜单式”协作。沙特和伊朗分别代表的伊斯兰逊尼派和什叶派穆斯林矛盾加剧，争斗升级，互不相让。双方不仅支持也门打代理人战争，而且加紧军备竞赛，扩军备战。土耳其插手叙利亚和利比亚内政，并向利比亚派遣部队，支持利比亚民族团结政府的政府军，对付利比亚哈夫塔尔领导的国民军，甚至向利政府军提供大批现代化武器装备。埃及支持利比亚国民军，议会通过了向利派兵决议。同时，埃及政府调解巴勒斯坦内部巴解和哈马斯之间的分歧，取得了积极进展。阿联酋国小，但不甘寂寞，搞起“地区大外交”，染指也门和利比亚事务，与以色列关系正常化，拉紧同美国关系，以提高自身地位。同时，阿联酋积极涉足航天事业。2019年，阿方将一名宇航员送上太空空间站。2020年7月，阿方又在日本成功发射了一枚火星探测器。不久前阿领导人宣布，2024年将向月球发射月球车，以扩大地区影响力。以色列异常活跃，高调宣扬同部分阿拉伯国家新建的外交关系；坚持反对伊朗核协议，大肆渲染伊朗威胁论，经常空袭伊朗在叙利亚的军事设施，甚至暗杀伊朗著名核物理学家法赫里扎德和革命卫队高官穆

---

① 《IMF预测，中东经济增长将创50年来最低》，法新社迪拜，2020年7月13日电。

斯林·沙赫丹；对黎巴嫩真主党，不时进行军事打击。

二、美伊（朗）交恶，剑拔弩张

从战略上考虑，美国决意将伊朗打翻在地，逼其就范，故千方百计、不择手段向伊朗施压。2020年初，美国又对伊朗核计划负责人及其领导的机构实施新制裁；对伊朗军事要员进行定点“清除”。1月3日，美国在巴格达国际机场暗杀伊朗伊斯兰革命卫队“圣城旅”指挥官苏莱曼尼将军。在伊朗疫情暴发后，美国总统特朗普表示予以“人道主义援助”，但对伊朗领导人要求美国取消制裁不予置理。与此同时，美国国务卿蓬佩奥出访沙特等海湾国家，力挺其继续对抗伊朗。对此，伊朗针锋相对，强势反击。为报复美国杀害苏莱曼尼，伊军向美驻伊拉克军事基地发射导弹袭击，致使美军百余官兵受伤。2月11日，借纪念伊朗伊斯兰革命41周年之际，德黑兰举行盛大反美集会，谴责美国暴行，展示全民团结。伊朗外长扎里夫在推特上用英文表示，“庞大的人群”参加德黑兰集会向美国总统特朗普发出一个信息，“该是放弃你的幻想的时候了。尽管我们面临挑战且存在分歧……。但8200万伊朗人就如同一个人。”2月6日，伊朗伊斯兰革命卫队高调展示被伊军击落的美军“全球鹰”无人侦察机残骸，以彰显军力，振奋人心。对美向伊提供“抗疫援助”，伊方坚决拒绝。鲁哈尼总统表示，如果美国想帮助伊朗遏制新冠肺炎疫情，美国就应该取消对伊制裁。

2020年4月22日，特朗普发布推特称：“已指示美国海军击沉并摧毁任何伊朗炮艇，如若它们在海上骚扰我们的船只的话。”此语一出，引起伊方强烈反击。4月23日，伊朗国防部长阿米尔·哈塔米说，伊朗武装部队一直在“用警惕的目光”密切关注全球和地区形势的发展，伊朗已做好应对任何威胁的准备。同日扎里夫外长表示：“美国没有任何理由跑到距离7000千米的波斯湾来挑衅伊朗海军。”其实，特朗普此举主要是向伊朗发出警告。4月15日美国6艘舰船在海湾遭到伊朗炮艇骚扰（对此，伊方否认）和22日伊朗成功发射首颗军事卫星，引起了美国的不满和警觉。故美方隔空喊话，敲山震虎，要伊朗“悬崖勒马”，不要“铤而走险”。其次，安抚盟国以色列和沙特。以色列、沙特对伊朗成功发射军事卫星深感忧虑，担心伊朗开发新的弹道导弹，甚至洲际导弹。因此，特朗普意在向盟国表示美国不会坐视不管。

2020 年 6 月 5 日，特朗普在庆祝一名遭伊朗囚禁的美国人回国仪式上，敦促伊朗就其核计划“达成大交易”。同时他提出，如果伊方在美国总统选举前协商，就会得到更好的条件。当日扎里夫外长在推特上回应说：“你走马上任时，我们已经有了一个协议。……。什么时候解决这个问题取决你自己。”8 月，美国又对伊朗发难，妄图通过联合国安理会延长对伊制裁。结果，陷入空前孤立。8 月 14 日，安理会拒绝了美国提出的无限期延长对伊朗武器禁运的决议草案。安理会 15 个理事国中仅有多米尼加共和国支持美国。对此，美国并不甘心。8 月 20 日，国务卿蓬佩奥向本月安理会轮值主席致函，正式要求启动安理会第 2231 号决议规定的“快速恢复制裁”机制，并宣称 30 天内安理会将恢复以往全部对伊朗制裁措施。当晚，英国、法国和德国三国外长发表联合声明予以反对 。同时，包括上述三国在内的安理会 13 个国家提出，美国无权“快速恢复”制裁，因为它已退出 2015 年与伊朗达成的核协议。安理会对美此要求仍断然拒绝。9 月 20 日，联合国秘书长古特雷斯说，联合国不会按美国的要求支持恢复对伊朗制裁，直到它获得安理会的许可。[①] 9 月 22 日，鲁哈尼总统在 2020 年联大发表事前录制的电视讲话中感谢安理会成员国抵制美国的违法和无理要求并称，那些要求最终导致了华盛顿陷入孤立。他说：“他们向客户出售了数千亿美元的武器，把我们这个地区变成了火药桶，却徒劳地试图剥夺伊朗最起码的防务要求，无视国际法和全球共识，违反联合国安理会第 2231 号决议的规定，扩大对伊朗的武器限制。”他强调说：“对世界而言，今天该对霸凌和傲慢说‘不’了。主宰和霸权的时代早已结束。”[②]

同年 10 月 8 日，特朗普政府又出新花招，对伊朗银行业实施全面制裁，以进一步削弱伊朗经济，或将造成“严重人道主义后果”。扎里夫外长指责美国试图“毁掉我们仅存的（在疫情期间）购买食品和药品的渠道。”他在推特上写道：“伊朗人将挺过这一最新的暴行。但是谋划让一个国家的人口饿死是反人类罪行。”10 月 26 日，在美大选前夕，特朗普政府

① 美联社联合国，2020 年 9 月 20 日。

② 伊朗法尔斯通讯社网站，2020 年 9 月 22 日。

宣布对伊朗石油部、伊朗国家石油公司及其油轮子公司实施了反恐制裁。①美国财政部还将其他十多家伊朗国有能源公司及其子公司、伊朗石油部高官以及国有企业高级管理人员列入了黑名单。上述受制裁对象占据了伊朗最重要收入来源的很大一部分。当日，伊朗石油部长比詹·赞加内在推特上说，伊朗石油业不会屈服美国的压力。他说：“单边主义的时代已经结束。伊朗石油业不会被削弱。”②

面对美国的威胁，伊朗继续进行导弹试验。8 月 20 日，伊军方成功发射命名为“苏莱曼尼”的地地弹道导弹。伊国防部长阿米尔·哈塔米公开宣称：“这种导弹的射程为 870 英里（约合 1400 千米）”。他说，伊朗已拥有射程超过 620 海里的新型巡航导弹。鲁哈尼总统自豪地表示：“这些导弹对防御很重要，尤其是巡航导弹对我们非常重要。我们在不到两年的时间里将导弹射程从 300 公里提升至 1000 公里。这是一个了不起的成就。”③ 10 月 21 日，伊朗举行了大规模防空军演，以“彰显其军事实力”。特朗普虽离开白宫，但下台前仍揪住伊朗不放。近期以色列对伊朗搞的两起暗杀事件，同他脱不了干系。其目的旨在激怒伊朗，进行报复，挑起美伊冲突，进而阻止伊核协议拜登上台后“回归”。此雕虫小技，难以得逞。

总之，美伊恶性互动，致使海湾上空不时战云密布，但双方均保持了一定的克制，迄未发生直接军事冲突。

三、部分“阿以媾和”影响地区格局

阿联酋、巴林、苏丹和摩洛哥先后于 2020 年 8 月 13 日、9 月 11 日、10 月 23 日和 12 月 10 日宣布同以色列关系正常化：使阿拉伯国家同以色列之间的固有矛盾出现新突破。它颠覆了“阿拉伯和平倡议”确立的“土地换和平”原则，将进一步削弱阿拉伯世界在巴勒斯坦问题上的集体共识，从而使中东格局增加新的变数。

阿联酋、巴林同以色列实现关系正常化，一是欲借助以色列在高科技

---

① 《美国制裁伊朗石油部、伊朗国油司及其油轮子公司》，美国《华尔街日报》网站，2020 年 10 月 26 日。

② 路透社开罗，2020 年 10 月 26 日。

③ 美国《消费新闻与商业》频道网站，2020 年 8 月 20 日。

和安全领域先进经验以及犹太集团的雄厚资金，加快本国经济多元化、“后疫情时代”复苏经济和安全治理；二是可“联以遏伊（朗）”，防范伊朗在两国势力坐大，尾大不掉。这对什叶派人口占多数的巴林而言，更为重要；三是向特朗普送礼示好，递上一纸“投名状”，期待特氏胜出后加倍偿还，即便拜登上台，两国也会获利。苏丹正面临严重的经济危机。美国的长期打压，使其不堪重负。在此情况下，特朗普政府通过将苏丹从美方“支持恐怖主义国家”名单中移除和提供经援，把苏丹、以色列“撮合在一起”。这对急需“输血”的苏丹政府来说，“可解燃眉之急”。至于摩洛哥，早已同以色列有往来，当下只是公开化而已。值得一提的是，部分阿拉伯国家改善同以色列关系，大多是领导人自上而下的政治决策，缺乏普遍的民意基础。当年，埃及、约旦同以色列建交，收回两国被以色列侵占的大片领土作为成果，普通民众都难以接受，更何况此次以色列在土地问题上并未做出任何实质性让步。

上述四国与以色列”握手“，均为特朗普政府一手促成，旨在达到“一石三鸟”之目的：其一，彰显其中东外交“新成就”，并力挺以色列实现地区外交突破，增强对抗伊朗力量，进而使中东“阵营化”趋势更加明显；其二，转移国内广大民众对特朗普政府抗疫不力、经济乏力和种族歧视严重的不满和指责；其三，主要着眼于总统大选，抬升选情，力争压倒拜登，胜出连任总统。但他咎由自取，“人算，不如天算”，他失败了，倒台了。

四、沙特上层大清洗影响深远

2020 年 3 月 6 日，沙特军队出动，以“叛国罪”逮捕拘禁了现任国王的亲弟弟艾哈迈德和前王储纳伊夫等人。此事系由王储穆罕默德精心策划，且蓄谋已久。其主要原因：一是抓住时机，减轻压力。眼下疫情肆虐欧美，各国忙于抗疫。被捕的两位亲王虽在欧美影响较大，但当地更多关注疫情，无暇它顾，故对此置评甚少，媒体仅做一般报道，从而减轻了来自西方的冲击波；二是未雨绸缪，先发制人。王储耳目众多，深知王室权贵对“世袭制”大为不满，尤其是在萨勒曼国王年事已高，风烛残年，随时可能出事的情况下更为严重。故他提前动手，排除异己，扫清障碍，为顺利接班铺垫；三是控制舆论，稳定民心。突出被捕要员犯有“叛国罪”，缩小打击面，掌控媒体报道，不使事态扩大，以维护正常社会秩序。

这是 2020 年沙特发生的重大政治事件，对其政局带来一定震动，但影响有限，未造成连锁反应。

五、巴勒斯坦困难重重

由于美国特朗普政府一味袒以压巴，致使巴勒斯坦问题更为棘手，美国推出的巴以“世纪协议”，挑拨离间，用心险恶。2020 年 1 月 28 日，特朗普推出解决巴以争端的“世纪协议”，即“中东和平新计划”，激怒了巴勒斯坦人。巴方当即拒绝接受。巴勒斯坦总统阿巴斯强调，“绝不让这个阴谋协议通过。”2020 年 2 月 11 日，他在联合国安理会坚拒美国的“中东和平新计划”。他说，一个没有以东耶路撒冷为首都、领土“碎片化”的巴勒斯坦国是不可接受的。同年 9 月 25 日，他在联大的视频讲话中明确表示，全世界都拒绝了美国今年初提出的这项计划，它“背离了所有国际决议”，计划提到的巴勒斯坦国领土小得可怜。① 2020 年 2 月 1 日，阿拉伯联盟在开罗召开紧急外长会议。阿盟会后宣布拒绝接受美国政府提出的“中东和平新计划”，支持巴勒斯坦合法权利。2020 年 2 月 4 日，联合国秘书长古特雷斯在记者会上谈及巴以问题，他表示，联合国致力于通过“两国方案“解决巴以冲突，支持巴勒斯坦和以色列基于国际法及安理会和联大相关决议、以 1967 年边界为基础启动和平进程，这一立场从未改变。

被特朗普称之为“起草耗时近 3 年”的这份“世纪协议”，一改美国历届总统的主张，明显偏袒以色列，是一份彻头彻尾的亲以协议，以牺牲巴勒斯坦人的根本利益为代价，换取实现以色列的利益最大化。该协议规划的巴勒斯坦未来是“国家”无主权，领土“碎片化”，在以色列“屋檐下”。因此，该协议是不平等、不公正、不合理的，严重违反国际法、联合国有关决议和国际社会公认的“两国方案”。特朗普宣称该协议提出了“现实的两国方案”是站不住脚的：第一，关于耶路撒冷地位问题。“协议”承认耶路撒冷为以色列“不可分割的首都”，巴勒斯坦国未来将在东

① 法新社联合国，2020 年 9 月 25 日电。

耶路撒冷部分地区建立首都。结果是在东耶路撒冷的阿拉伯郊区小镇阿布迪斯。对如此严肃的问题，进行如此轻率地处置，完全违反联合国有关决议和巴勒斯坦人意愿。第二，关于犹太人定居点合法性问题。巴方一贯坚持这些定居点是非法的，并要求拆除和停建。然而，“协议”则承认以色列在约旦河西岸犹太人的主权，只是要求以色列在未来4年停止扩建定居点。第三，巴勒斯坦国领土。表面上，未来巴国领土面积将比现在巴实际控制的领土大两倍。但实际上，都被分割、支离破碎，而且都将分布在以色列与埃及西奈半岛交界处的内盖夫沙漠之中，土地十分贫瘠。第四，允许巴建国的条件是实现“非军事化”。这等于国家没有独立主权，形同虚设，仍要寄人篱下，任人宰割。第五，所谓“投资换和平”。该协议计划投资500亿美元用于巴经济建设。当然，巴方需要发展经济。但当前的核心问题是巴勒斯坦建国。

随着2020年以色列同阿联酋等四国建交，以方重点工作更投向阿拉伯国家，争取更多国家加入此行列，以图通过“和平换和平”取代“土地换和平”的模式。当前，阿拉伯国家集体对以色列的局面遭到严重破坏。以色列当局乐见其成，自然不急于与巴方恢复和谈，故巴勒斯坦问题进一步被边缘化。尽管如此，巴勒斯坦问题始终是中东根源性问题。中东要实现长治久安，绕不开巴勒斯坦问题。只有实施联合国有关决议和两国方案，才能解决巴以争端，实现和平共处。2020年9月7日，沙特国王萨勒曼与特朗普通话表示，沙特热切期盼公正永久地解决巴勒斯坦问题，并说，这是沙特所提出的阿拉伯和平倡议的重要基点。① 2020年9月9日，阿盟秘书长盖特表示，阿盟反对一切吞并巴勒斯坦领土、损害巴勒斯坦人民权益的计划，“阿拉伯和平倡议”是阿拉伯国家与以色列实现全面、公正和永久和平的基本方案。② 同年9月24日，法国、埃及和约旦三国外长在安曼会晤，讨论中东冲突问题。德国外长海科·马斯则通过网络连线方式加入会晤。四国外长强调力挺巴以“两国方案”。③ 2020年9月25日，巴勒斯坦总统阿巴斯在联大视频讲话中要求于2021年初召开关于巴以冲突的国际会议。他表示，“我呼吁联合国秘书长开始准备”。他说：“这场会议应当

---

① 路透社开罗，2020年9月7日电。

② 熊思浩：《阿盟重申坚持“阿拉伯和平倡议”，沙特以“老办法”对待巴以问题》，载《北京日报》，2020年9月11日。

③ 德新社安曼，2020年9月24日电。

拥有全部必要权限，在国际法的基础上，启动真诚的和平进程，以期结束（以色列的）占领。”① 该建议值得关注，但至今尚未得到国际社会的普遍响应。

六、叙利亚危机又起波澜

叙利亚政府已控制局势，收复了大部分国土，并在伊德利卜战场上取得重大胜利，打通了连接大马士革与阿勒颇之间的 M5 战略公路。正当叙利亚政府军继续围剿其反对派武装之时，土耳其驻军出面阻挡。2020 年 2 月 27 日，叙政府军对土军进行空袭，造成 35 名土军士兵死亡，数十人受伤。对此，土方大为恼火。3 月 1 日，土耳其国防部宣布在该省对叙军发起代号为“春天之盾”的军事行动，致使双方直接军事冲突升级。为化解危机，埃尔多安总统求助普京总统。3 月 5 日，他率庞大代表团赴莫斯科，同普京会谈。双方达成了停火协议并规定从 2020 年 3 月 15 日起，俄土将对叙 M4 公路的一段进行联合军事巡逻。叙方表示同意。故而土叙冲突按下了暂停键。土耳其的“春天之盾”宣告结束。至今当地战事趋缓，总体形势平稳。目前，叙利亚政府正致力于两大重建任务：一是议会选举。2020 年 7 月 19 日，叙利亚举行了新一届议会选举；二是恢复经济，加强基建，改善民生。叙利亚政府正在艰难地挽救遭 9 年内战、西方制裁和黎巴嫩金融危机连续打击的经济。世界粮食计划署说，叙利亚粮食价格过去一年增长了超过 200%，是内战爆发前价格的 20 倍。叙利亚超过 80% 的人口处于贫困状态。② 6 月 14 日，英国《泰晤士报》网站报道，2020 年，叙利亚镑对美元的汇率从 500∶1 跌至约 2500∶1。而在内战开始前时，汇率还不到 50 镑兑 1 美元。

在叙利亚问题上，美国特朗普政府定要占有一席之地，决不让俄罗斯主导。因此，美国加大对叙利亚的制裁力度，继续在叙利亚驻军，占据油田，捞取实惠；向叙利亚反对派武装提供大批武器装备并保持同叙利亚库尔德武装的联系。同时，美国拉住土耳其，破坏俄伊土联盟，对叙利亚制宪委员会设置障碍，从中作梗，影响其工作进程。

---

① 法新社联合国，2020 年 9 月 25 日电。

② 法新社大马士革，2020 年 7 月 19 日电。

七、也门硝烟依然弥漫

自2020年疫情暴发后，也门哈迪政府和胡塞武装分别在辖区内积极防控抗疫，对海陆空交通进行严格管制，停止一切大型集会活动并响应联合国号召，双方停火，一致抗疫。

2020年4月8日，沙特领导的联军宣布，为响应联合国秘书长及秘书长也门问题特使旨在应对新冠肺炎疫情的停火呼吁，自4月9日中午起停火两周。4月24日，它又宣布全面停火延长一个月。目前，沙特与胡塞武装已恢复间接谈判。据消息灵通人士透露，沙特对结束这场战争是非常认真的，但这取决于在多大程度上安抚胡塞组织并建立某种信任。胡塞组织官员表示，该组织已向联合国提交一份全面建议。另外，2020年4月26日，也门过渡委员会突然宣布也门临时首都亚丁和南方各省进入紧急状态并实施自治。哈迪政府谴责其违反《利雅得协议》，呼吁沙特紧急干预。后经沙特斡旋，过渡委员会宣布取消其决定。

目前双方互有攻守，严重对峙，战场处于胶着状态。当地经济面临崩溃的边缘，加之疫情肆虐，广大民众处于饥寒交迫、水深火热之中，人道主义危机日益严重，尤其是儿童死亡率上升，普遍要求停止内战，恢复和平，振兴经济，改善民生。

八、利比亚局势　前紧后松

2020年利比亚暴发疫情后，利比亚民族团结政府曾一度宣布全国进入紧急状态。哈夫塔尔支持的利东部政府也采取相应行动。双方分别忙于抗疫，但战事并未平静。双方武装人员戴着口罩交战。2020年1月5日，土耳其宣布应利比亚民族团结政府要求，向利比亚派遣并部署部队，引发阿拉伯国家和欧洲多国强烈反对。2020年1月19日，利比亚柏林峰会召开，并发表公报，呼吁利比亚实现持久停火，重启政治进程，严格执行对利比亚武器禁运，反对外部势力对利比亚干涉。同年2月11日，联合国安理会通过2509号决议，呼吁成员国全面遵守对利比亚武器禁运。12日，安理会通过 2510 号决议，认可柏林峰会公报。4 月 27 日，利比亚国民军司令哈夫塔尔宣布 2015 年底签署的《利比亚政治协议》失效，国民军将根据利比亚人民授权接管国家政权。对此，美国、俄罗斯、法国、土耳其、欧盟等均表示反对。由于土耳其的军事干预，利比亚战场出现了有利于利比亚政府军的变化，利比亚国民军企图攻占首都的攻势严重受挫，故战场呈现胶着状态。2020 年 8 月 21 日，利比亚交战双方宣布将停止一切敌对行动并举行全国大选。同年 11 月，双方达成了停火协议。此举受到联合国、欧盟和有关阿拉伯国家的赞扬。

眼下战事相对平静，双方政治角逐正在激烈进行，有望达成妥协，逐步进入政治解决进程。

九、黎巴嫩危机积重难返

2020 年 8 月 4 日，贝鲁特港口区发生大爆炸，造成 158 人死亡，6000 多人受伤。广大民众对此大为不满，出现大规模示威游行，引燃了黎巴嫩政治危机。同年 8 月 10 日，迪亚卜总理宣布政府集体辞职，但未能化解危机。黎巴嫩遭受金融风暴袭击，经济十分困难，“黎镑对美元汇率贬值幅度超过 80%”①。据当地金融机构估算，“黎公共债务占国内 GDP 的比例达 150%，位居世界第三，而青年失业率达 37%，整体失业率为 25%。”② 另外，教派分权制也是造成其危机的原因之一。2020 年 8 月 30 日，黎总统奥恩公开承认，黎有必要改革政治体制，并呼吁构建“世俗国家”。2020 年 8 月，法国总统马克龙曾两度访黎，呼吁黎尽快成立“特派政府，以便实施改革”。同年 10 月 22 日，黎前总理哈里里再次连任总理。奥恩总统要他迅速组建下一届政府。然而事态仍在继续恶化，经济状况日益严峻，广大民众生活水平普遍下降，加之疫情严重，更是雪上加霜，致使社会动荡不安。新一届内阁面临巨大挑战和考验。

此外，伊拉克政局也动荡不安，社会矛盾激化，人民生活水平急剧下降。目前“20% 的人口生活在贫困线（每天 2 美元）以下，供电能力只有

---

① 罗莎·梅内塞斯：《黎巴嫩的五大危机》，载西班牙《世界报》，2020 年 9 月 4 日。

② 黄培昭、曲翔宇、李潇、丁雨晴、柳玉鹏：《黎巴嫩为何深陷治理困境》，载《环球时报》，2020 年 8 月 10 日。

需求的一半，还有20%的地方未通自来水。”①

十、“伊斯兰国”（IS）仍在生事

“伊斯兰国”残余势力，人还在心不死，趁疫情又蠢蠢欲动，活跃起来，主要在伊拉克西部和北部的逊尼派省份、叙利亚东部以及叙伊600千米边界沿线人迹罕至的沙漠地带活动。② 2020年5月底，“伊斯兰国”在伊拉克的发言人阿布·哈姆扎·库雷希鼓励该极端组织成员加紧针对伊拉克政府的活动。库雷希将疫情描述为对“异教徒”的一种惩罚，对该组织来说，是“巨大的机会”。③ 眼下“伊斯兰国”着重打击支持政府的部落武装、当地官员、警察哨所、政府军；破坏地方经济重建和对流离失所人员的安置工作，并在无人区建立新的行动据点。据报道，“伊斯兰国”已制造超过430起袭击。4月份的袭击数量是1月份的两倍。5月2日，仅在巴格达就同时发生5起炸弹爆炸袭击。④ 4月初，“伊斯兰国”武装与叙利亚政府军及其民兵在叙利亚霍姆斯省东部的苏赫奈发生激战，致使约30名政府军士兵和民兵阵亡。5月7日，该武装又在苏赫奈和代尔祖尔农村之间的沙漠地区发动攻势，造成11名政府军死亡。近来，“伊斯兰国”在法国的尼斯和奥地利的维也纳制造了恐袭事件。

在国际上，“伊斯兰国”利用网络加大宣传力度，抨击美欧“异教徒”、种族歧视和社会分配不公，并大肆招募人员，号召各地组织重新行动起来，展开多种恐袭活动，以收复失地，恢复活力，控制更多地区。美国战争研究所的尼古拉斯·埃拉斯指出，新情况是“伊斯兰国”目前自认为已强大到可在城市实施更大规模、更复杂的袭击。“伊斯兰国”也已在人口密集区掌握了足够的本地网络，“使其可以在理想的时间，也越来越可以在理想的地点发动袭击，并且使用更大的暴力”⑤。此外，“基地”组

① 参见中国外交部网站《国家和组织》：“伊拉克国家概况”，2020年5月，http：//www.mfa.gov.cn。

② 埃菲社维也纳，2020年9月1日。

③ 瓦伦蒂娜·霍夫雷：《大流行为武装冲突按下“暂停键”》，智利《第三版时报》网站，2020年7月6日。

④ 马丁·格伦：《恐怖活动卷土重来》，德国《时代》周报网站，2020年5月12日。

⑤ 同上。

织与“伊斯兰国”正在西非联手扩张。随着他们进一步扎根马里、尼日尔和布基纳法索，近几个月来，“他们运用了更加成熟的战术，伏击军队基地，并出其不意地控制村庄。”为了避免遭到西方追踪，他们并不宣称建立“哈里发国”，而是争取时间训练，聚集力量和策划袭击，从而最终针对“重大国际目标采取行动。”①

“伊斯兰国”上述活动已引起国际社会的广泛关注，普遍要求各国要团结合作，继续反恐，以防其卷土重来。

① 美国《华盛顿邮报》网站，2020年2月22日。

主报告：

地区形势

2020年中东地区形势

刘中民*

【摘　要】

2020年中东地区形势呈现出更加混乱无序的局面，并突出表现为大国关系持续紊乱、地区力量发生另类重组、热点问题持续僵持且更加复杂、传统安全与非传统安全议题联动等复杂局面。从中东国家的内部发展来看，中东变局发生十年来，探索转型道路，增强国家治理能力构成了中东国家的核心任务，而新冠肺炎疫情的暴发则使中东国家面临着更加严峻的考验。总之，2020年的中东地区危机是国家治理危机与地区冲突并存的双重危机。冲突动荡国家的民生凋敝、转型国家的发展之困、热点问题的僵持无解、地区格局的混乱无序，都凸显了2020年中东地区国家治理困境和地区冲突相互交织、互相影响的复杂局面。当前，对于百年未有之大变局和大疫情下的中东国家而言，面对着远超其他地区的多重压力，协调历史遗产与现代性的关系，从依附性、封闭性发展走向自主性发展，完成国家建设和治理能力的建设，无疑是其在21世纪的长期课题。

【关键词】

中东　地区格局　热点问题　国家转型

2020年是中东变局发生以来的第十个年头。在百年未遇的大疫情和中东国家内部发展危机、地区地缘政治危机的冲击下，中东地区经历了危机重重的一年。一方面，严重的新冠肺炎疫情并未缓解中东地区固有的冲突与对抗，内战、地区冲突、地缘政治博弈等危机事态持续恶化；另一方

* 刘中民，上海外国语大学中东研究所教授，中国中东学会、中国亚非学会、中国世界民族学会副会长。

面，新冠肺炎疫情进一步暴露和加剧了中东国家本就积重难返的政治、经济和社会危机，进一步推高了中东国家的内部风险和地区的地缘政治风险。

一、大国关系持续紊乱

近年来，“美退俄进”[①] 成为学界对中东大国博弈特点的基本概括，但在2020年却呈现出“美难退、俄难进”的复杂局面，使美俄在中东的博弈态势呈现“美退而不弱、俄进而不强”的态势，“美强俄弱”仍是美俄在中东力量对比的基本态势，且将持续很长时间。美国尽管在中东进行战略收缩，但依旧是对中东事务影响力最强的外部大国，美国淡出中东将是漫长的历史过程；俄罗斯不断重返中东，但主要是在战术策略层面，并没有全面主导中东地区的能力和意愿，当前和将来俄罗斯都无法成为中东的霸主；“美强俄弱”仍是美俄在中东力量对比的基本态势，且将持续很长时间。当前，域外大国在中东地区竞逐的另一特点是多极化趋势的增强，除美俄欧等传统力量外，中国、印度、日本等大国在中东的存在尤其是经济存在日益增强，对热点问题的关注和参与不断增加，但其影响力尚十分有限。

俄美进退乏力的状况使双方在中东的博弈，以及它们各自与中东力量的关系呈现出亦敌亦友、非敌非友的复杂局面，进而使美俄及地区力量围绕中东事务尤其是诸多热点问题的分化组合更加混乱，并导致热点问题如叙利亚问题久拖不决。[②]

2018年以来，美国相继提出从叙利亚、伊拉克和阿富汗撤军，美国还于2020年2月与阿富汗塔利班达成和解，承诺在2021年5月前撤走美国军队，条件是塔利班停止暴力活动并与阿富汗政府进行政治对话。[③] 但是，美国的撤军直到拜登政府上台仍未实现，塔利班也未停止暴力活动。又

---

① 相关的讨论可参见牛新春：《如何看待中东地区的“美退俄进”》，载《世界知识》，2020年第2期，第24－27页；唐志超：《失序的时代与中东权力新格局》，载《西亚非洲》，2018年第1期。

② 参见刘中民：《中东乱象背后的深层危机》，载《光明日报》，2020年1月10日。

③ 参见王世达：《美国与塔利班达成初步和平协议》，载《世界知识》，2020年第6期，第30－31页。

如，特朗普上台后试图加快从伊拉克撤军，但2020年初因美国在伊拉克暗杀伊朗伊斯兰革命卫队“圣城旅”将军苏莱曼尼，[①] 伊朗以导弹袭击美国驻伊拉克军事基地的方式对美国进行报复，美国海湾地区盟友的安全威胁也不断上升。受此影响，美国撤军伊拉克的计划受到掣肘，反而不得不增兵海湾，以确保自身和盟友安全。即便如此，美国的进退两难仍导致伊拉克的安全局势和政府重组面临严峻挑战。[②]

叙利亚局势也受到“美难退、俄难进”的影响。受主客观因素的影响，俄罗斯“重返中东”的能力和意愿受到严重限制，自2017年“伊斯兰国”基本被剿灭后，俄罗斯宣布从叙利亚撤军。2018年以来，叙利亚局势陷入僵持，内部形成叙利亚政府控制中南部、库尔德人控制东北部、反对派控制以伊德利卜为中心的西北部的局面，外部形成美国、俄罗斯、土耳其、伊朗等力量互相掣肘的复杂局面，即各方力量都无法主导叙利亚，但其核心因素是美俄的僵持。例如，在库尔德地区，正是由于美俄对库尔德力量均加以利用，但又无心、无力全面支持，导致土耳其敢于通过军事行动在叙利亚北部建立所谓的安全区。又如，在2020年上半年，在叙利亚反对派盘踞的伊德利卜，俄罗斯支持的叙利亚政府军和土耳其支持的反对派之间，乃至叙政府军和土耳其军队之间发生严重的冲突，但由于俄罗斯和土耳其均无力主导叙利亚的局面，双方不得不达成妥协，由俄土对叙政府军和反对派进行监督进而实现停火。[③]

二、地区格局的另类重组

自西亚北非局势动荡发生以来，沙特与伊朗集民族、教派、地区主导权争夺于一体的对抗不断固化，双方的对抗呈现教派化、阵营化、代理人化的特点。在2020年，沙特等阿拉伯国家对抗伊朗的诉求与阿拉伯世界持续衰落分化、美国极力撮合、以色列四面出击等因素相结合，导致阿联

① 关于该事件可参见胡高辰：《美国击杀苏莱曼尼事件后的伊朗核问题形势》，载《世界知识》，2020年第4期，第38－39页。

② 参见唐恬波：《伊拉克新总理卡迪米上台前后》，载《世界知识》，2020年第11期，第50－51页。

③ 参见李亚南：《伊德利卜考验土耳其对叙利亚政策》，载《世界知识》，2020年第7期，第50－51页。

酋、巴林、苏丹、摩洛哥四个阿拉伯国家与以色列实现关系正常化。阿拉伯国家和以色列关系正常化是在搁置巴勒斯坦问题的情况下进行的，导致巴以问题很难再成为中东问题的核心，巴勒斯坦问题将更趋边缘化，阿拉伯世界的衰落和分化也将进一步加剧。在阿拉伯国家和以色列走近，且沙特等阿拉伯国家与伊朗对抗加剧、与土耳其竞争加剧的情况下，伊朗、土耳其两个非阿拉伯大国将继续通过支持巴勒斯坦、反对以色列谋求地区话语权。

（一）阿拉伯四国与以色列实现关系正常化的原因①

第一，泛阿拉伯民族主义衰落，阿拉伯“国家主义”上升，阿拉伯在巴以问题上的共识和共同政策濒临瓦解。阿拉伯世界和阿拉伯民族在巴勒斯坦问题上集体行动的意愿和能力不断下降，过去的“三不”政策（不承认以色列、不与以色列谈判、不单独与以色列媾和）已经形同虚设。

近代以来，阿拉伯世界的民族主义一直有两种形态：一种是追求阿拉伯统一的泛阿拉伯民族主义；另一种是追求各自利益的地方民族主义（亦即“国家民族主义”，如埃及民族主义、叙利亚民族主义），这也恰恰是阿拉伯民族统一性和地方性特征并存的反映。在20世纪五六十年代，泛阿拉伯民族主义也是阿拉伯国家对抗以色列的思想武器，在1948年、1956年、1967年的三次中东战争中，埃及、叙利亚作为重要的“前线国家”都是阿拉伯民族主义的代表。20世纪五六十年代是泛阿拉伯民族主义高涨的时期，埃及的纳赛尔主义、叙利亚和伊拉克的复兴党民族主义构成泛阿拉伯民族主义的代表，阿拉伯统一运动的最高成果即1958－1961年埃及、叙利亚和伊拉克的短暂统一，即“阿拉伯联合共和国”（简称“阿联”），但很快因矛盾分歧而解散。②

在1967年第三次中东战争中，阿拉伯国家战败尤其是以色列在此次战争中占领约旦河西岸和东耶路撒冷（1948年后约旦控制）、埃及西奈半岛、叙利亚戈兰高地，标志着阿拉伯民族主义在阿以冲突问题上的彻底失败。埃及与以色列建交（1979）、两伊战争（1980－1988）、海湾危机和海湾战

① 详尽论述参见刘中民：《阿联酋、巴林与以色列建交，中东政治展现怎样的图景》，https://www.shobserver.com/news/detail?id=292318。

② 参见刘中民：《阿拉伯民族主义兴衰史：“盟而不联”的阿拉伯国家》，https://www.thepaper.cn/newsDetail_forward_11420641。

争（1990～1991）、伊拉克战争（2003）、西亚北非局势动荡（2011年以来）等事件导致阿拉伯民族主义不断衰落，阿拉伯世界各国民族国家利益上升的国家理性成为大势所趋，这是阿拉伯国家日益在巴以问题上自行其是的根源所在。1979年埃及与以色列建交导致埃及被开除出"阿拉伯国家联盟"，埃及被阿拉伯世界孤立长达20年之久，其原因就在于埃及与以色列单独媾和违背阿拉伯国家统一的"三不"政策，但今天这种共同政策及其约束力在阿拉伯世界已经根本不复存在。①

第二，巴勒斯坦问题日趋边缘化，已经不是阿拉伯国家的主要关切。阿拉伯国家对巴以问题久拖不决已经心生厌倦，阿以冲突向巴以冲突演变、阿拉伯世界的持续分化、以色列的日趋右翼化、巴勒斯坦内部的严重分裂、西亚北非局势动荡发生以来阿拉伯国家核心关切转向自身安全和发展，都导致巴勒斯坦问题久拖不决并不断被边缘化，阿拉伯国家对解决巴勒斯坦问题的信心严重受挫乃至濒于破灭。

第三，伊朗和沙特等海湾阿拉伯国家亦即阿拉伯民族和波斯民族矛盾不断上升，促使沙特等阿拉伯国家寻求联合以色列对抗伊朗。以沙特和伊朗两大地区强国为核心形成的阵营化的对抗，构成中东地区格局的典型特征，其主要内容包括民族矛盾、教派矛盾、争夺地缘政治主导权的矛盾，以及双方在诸多地区热点的代理人战争或竞争，但争夺地缘政治主导权的矛盾是双方矛盾的核心。② 双方的对抗态势呈现龃龉不断但又不会直接走向战争的"新常态"。中东国家日渐分化成沙特阵营、伊朗阵营和游走于两大阵营之间的国家。沙特领导的海合会日益把伊朗作为最重要的安全威胁，对抗伊朗是沙特、阿联酋等阿拉伯国家与以色列走近的重要动因。

第四，美国特朗普政府的中东政策通过塑造伊朗威胁为主强化盟友关系、拼凑地区同盟体系。特朗普中东政策的核心是在继续进行战略收缩、减少投入的情况下，通过遏制伊朗整合在奥巴马时期日渐疏远的盟友关系，重点强化美国与沙特和以色列的盟友关系，使其在遏制伊朗、反恐等领域承担更多任务和成本，进而增强美国对中东事务的主导权：首先，为强化与以色列的盟友关系，在巴以问题上采取明显偏袒以色列的政策，并

① 参见刘中民：《阿拉伯民族主义兴衰史："盟而不联"的阿拉伯国家》，https：//www.thepaper.cn/newsDetail_forward_11420641。

② 详尽论述参见刘中民：《中东地区格局的冷战化趋势及其影响》，载《当代世界》，2018年第2期。

企图强推解决巴以问题的所谓“世纪协议”。其次，组建以沙特为中心的反伊朗联盟即“阿拉伯版北约”，并大力支持沙特的内外政策，极力维护美沙同盟关系。

（二）阿拉伯四国与以色列建交对中东政治的影响[①]

第一，巴以问题很难再成为中东问题的核心，巴勒斯坦问题将更趋边缘化。巴勒斯坦在巴以关系中的处境将更加艰难，尤其是将很难再寄望阿拉伯国家在巴勒斯坦问题上采取统一的政策，越来越多的阿拉伯国家和伊斯兰国家与以色列建交将成为巴勒斯坦无法规避的现实，其内部的矛盾也有可能进一步加剧，而以色列则将在美国的庇护和阿拉伯国家的默许下采取更加激进的政策。

第二，阿拉伯国家与以色列的关系趋向复杂化和多样化，阿拉伯世界的分化将进一步加剧。继上述阿拉伯四国之后，应有更多阿拉伯国家、伊斯兰国家和以色列建交，或在不建交的情况加强交往，但阿拉伯国家与以色列的关系也不会一帆风顺，可能会呈现多个层次，有部分国家会相对较快地与以色列建交，部分国家出于顾忌处于观望状态，也会有部分国家继续与以色列对抗或僵持，但更多国家与以色列建交应是大势所趋。当然阿拉伯国家与以色列的关系也不会过热，甚至部分国家会处于类似于埃及与以色列的“冷和平”状态。与此同时，阿拉伯世界和伊斯兰世界的分化和碎片化会进一步加剧。

第三，伊朗、土耳其等非阿拉伯国家在巴以问题上与以色列的矛盾上升，并通过为巴勒斯坦问题代言谋求地区话语权。1979 年伊朗伊斯兰革命以来，伊朗一直通过反对以色列争取道义制高点，并通过支持巴勒斯坦激进力量哈马斯谋求在巴以问题上的话语权，导致伊朗与以色列的对抗不断加剧。2002 年土耳其正义发展党执政以来，其外交向中东地区回归，并以支持巴勒斯坦谋求地区热点问题的话语权，导致土耳其与以色列龃龉不断。在阿拉伯国家和以色列走近，且沙特等阿拉伯国家与伊朗对抗加剧、与土耳其竞争加剧的情况下，伊朗、土耳其两个非阿拉伯大国将继续通过

① 详尽论述参见刘中民：《阿联酋、巴林与以色列建交，中东政治展现怎样的图景》，https：//www.shobserver.com/news/detail？id＝292318。

支持巴勒斯坦、反对以色列谋求地区话语权。[1]

第四，中东地区以沙特、伊朗、土耳其、以色列（恰是中东四大主体民族的代表）为中心的地区格局更加复杂。中东变局发生以来，中东地区格局日益形成以沙特、伊朗和土耳其为核心的三大阵营，以色列则成为另一特殊的力量，沙特与伊朗的对抗具有阿拉伯民族与波斯民族、逊尼派与什叶派斗争的色彩，双方在叙利亚危机、也门内战、卡塔尔断交危机等问题上的对抗日趋阵营化、代理人化、教派化，[2] 双方的矛盾是中东地区的矛盾主线。而沙特与土耳其围绕传统伊斯兰与现代伊斯兰、泛伊斯兰主义领导权、逊尼派内部领导权的竞争日趋激烈，是当前中东地区矛盾的另一主线，双方围绕埃及穆斯林兄弟会、卡塔尔、利比亚、非洲之角的争夺不断加剧。未来在阿拉伯国家与以色列关系改善的背景下，以色列与沙特阵营走近的趋势将不断加强，这或将促使土耳其与伊朗进一步走近。

三、热点问题僵持，传统与非传统安全威胁叠加

（一）热点问题持续僵持且更加复杂

2020 年，在伊朗核问题上，美国重启新一轮制裁，伊斯兰革命卫队将军和核科学家遭定点清除，多处重要设施连续发生爆炸等一系列事件，都令伊朗陷入更加深刻的困境。[3] 伊朗在进行有限报复的同时保持了极大的克制，美国也避免对伊朗发动大规模战争，但其复杂化突出表现为伊核协议严重倒退、伊朗国内更趋保守化等影响。

在伊拉克，受 2019 年民众抗议浪潮以及 2020 年初美国与伊朗以伊拉克为战场进行对抗的影响，在马赫迪总理辞职后出现政府难产的困局，直至 2020 年 5 月才产生卡迪米任总理的新政府，疫情冲击、宗派冲突、极端

---

① 参见刘中民、赵跃晨：《从相对疏离到权力竞逐——土耳其与沙特争夺地区领导权的逻辑》，载《世界经济与政治》，2019 年第 8 期。

② 参见刘中民、赵跃晨：《教派问题安全化形塑中东地区格局——以沙特阿拉伯外交为例》，载《国际展望》，2020 年第 5 期。

③ 参见王雷：《伊朗在困局中寻求突围之策》，载《世界知识》，2020 年第 20 期，第 46－47 页。

势力复燃等使得伊拉克形势异常严峻。[①]

在也门，在原有胡塞武装与哈迪政府对抗的格局下，原本与政府合作的“南方过渡委员会”在沙特与哈迪政府长期打击胡塞武装未果的情况下，开始于2020年4月自立门户谋求南方七省“自治”，并与政府军爆发冲突，这不仅使也门危机更加复杂，也使也门的人道主义危机更加严重，抗击疫情更加困难。[②]

（二）传统安全与非传统安全议题联动

在中东地区，原有的内战或准内战、国际冲突等传统安全危机持续加剧，且新的风险源不断增加（如阿塞拜疆和亚美尼亚的纳卡冲突以及土耳其、以色列等中东国家的强势介入），恐怖主义、极端主义、核扩散、难民、海洋权益争端（尤其是东地中海）、水资源争夺（埃及与埃塞俄比亚等尼罗河上游国家）持续加剧。其中最为引人注目的当属利比亚问题与东地中海地区海洋权益争端的联动。土耳其借出兵利比亚支持西部“民族团结政府”对抗东部哈夫格尔将军领导的东部国民代表大会之机，与利比亚“民族团结政府”签署东地中海海洋划界协定。这不仅与埃及、希腊等七国组成的“东地中海天然气论坛”产生矛盾，尤其是导致土耳其与希腊的冲突加剧，土耳其还与支持利比亚东部力量的沙特、埃及、阿联酋、俄罗斯、法国等发生对抗。[③] 因此，利比亚冲突与东地中海海洋权益争端的联动使东地中海地区成为中东地区又一典型的动荡源，其背后的力量和矛盾盘根错节、异常复杂。

（三）恐怖主义和极端组织暗流涌动[④]

从表面上看，2020年中东地区的恐怖主义相对沉寂，但事实上却是恐怖主义在疫情掩护下暗流涌动：一方面，国际恐怖主义的发展相对沉寂，

① 参见唐恬波：《伊拉克新总理卡迪米上台前后》，载《世界知识》，2020年第11期，第50－51页。

② 参见李亚男：《也门局势在疫情冲击下加速恶化》，载《世界知识》，2020年第13期，第50－51页。

③ 参见王金岩：《埃及与土耳其在利比亚博弈前景几何》，载《世界知识》，2020年第14期，第44－45页；李亚男：《东地中海争端：土欧关系再承压》，载《世界知识》，2020年第18期，第50－51页。

④ 参见刘中民：《国际反恐形势因疫情更趋复杂》，载《环球时报》，2021年1月7日。

并未发生大规模恐怖袭击，其原因在于疫情对恐怖组织产生了一定的抑制作用；另一方面，受国际社会和中东地区各国更多将人力、物力和财力转向抗击新冠肺炎疫情而减少反恐投入，恐怖组织尤其是“伊斯兰国”重建和复苏的态势在悄然进行，而美国受新冠肺炎疫情、大选以及在中东地区进行战略收缩等因素的影响，其反恐政策日趋消极和功利，也有利于恐怖主义的发展。与此同时，叙利亚、利比亚、也门等固有冲突久拖不决，亚美尼亚和阿塞拜疆的纳卡冲突等新的热点问题层出不穷，也为恐怖主义的发展尤其是为“圣战”分子跨国流动提供了条件。而疫情所造成的经济与社会危机尤其是民生危机，从长期来看更是有利于恐怖组织的人员招募。受此影响，中东恐怖势力的复苏重建乃至恐怖袭击反弹的势头不容小觑。

中东恐怖组织、极端组织尤其是“伊斯兰国”等极端组织重建、恐怖袭击反弹的势头不容忽视。在伊拉克，从 2020 年 3 月份开始，参与打击“伊斯兰国”国际联盟军队陆续从伊拉克撤出，伊拉克政府将主要精力投入到抗击疫情，都为极端组织的重建和反弹提供了可乘之机。据统计，2020 年 1 月—8 月，“伊斯兰国”在伊拉克共制造了 292 起袭击事件。伊拉克西部与叙利亚接壤地区、北部和中部山区都成为“伊斯兰国”活动的重要区域。当前，“伊斯兰国”组织的技术及战术更为精进，危险系数也更大，且通过各种方式在筹措资金，重建组织。据联合国一份最新报告，目前在伊拉克和叙利亚的“伊斯兰国”成员仍多达 1.8 万人，其中有 5000－6000 名武装分子，其余的都是潜伏组织和同情者。[①] 此外，该组织在非洲、南亚和东南亚的区域分支机构继续招募追随者的能力有增无减，通过社交网络得到了全新的支持功能。尼日利亚发生的“博科圣地”绑架学生的恐怖活动，也表明本土的极端组织也不甘寂寞，而“基地”组织、“伊斯兰国”和本土极端组织在横贯东西非洲的萨赫勒地带的活动则一直十分猖獗。

当前，美国反恐政策日趋消极和功利，不利于全球反恐合作：第一，美国继续在阿富汗、伊拉克、叙利亚撤军，尽管不同时期维持有增有减的弹性政策，但其总体趋势是继续收缩，当前伊拉克反恐形势的恶化与此密切相关。第二，美国对阿富汗塔利班又拉又打的政策，难以实现阿富汗和巴基斯坦局势的稳定，甚至不排除塔利班的分化以及南亚极端势力的重

① 《2020 年伊拉克反恐形势简析》，https：//www. sohu. com/a/430687894_100080233。

组。第三，美国暗杀伊朗伊斯兰革命卫队将军的“国家恐怖主义”做法，以及在巴勒斯坦问题上对以色列肆无忌惮的偏袒，置巴勒斯坦权益于不顾强势推进阿拉伯国家与以色列和解等做法，都是刺激恐怖主义反弹的消极做法。第四，美国把中国的反恐、去极端化政策与人权问题挂钩，对中国横加污蔑和指责，事实上是把反恐与人权挂钩作为与中国进行战略博弈的工具。①

四、中东国家内部危机深重②

中东变局发生十年来，探索转型道路，增强国家治理能力构成了中东国家的核心任务，而新冠肺炎疫情的暴发则使中东国家面临着更加严峻的考验。就人口规模而言，中东是新冠肺炎疫情发病规模较高的地区。疫情使状况不佳的地区经济雪上加霜，能源、航运、旅游、会展等支柱产业遭受重创。据报道，2020 年中东地区国家 GDP 将平均萎缩 5.7%，战乱国家降幅最高可达 13%。③

（一）中东国家面临的危机和挑战

当前，中东国家大致根据危机程度的不同划分为四种类型，它们在 2020 年均在固有问题和新冠肺炎疫情的冲击下，陷入了程度不等的危机，或面临不同程度的内部挑战。

第一，受西亚北非局势动荡和长期外部干预影响陷入严重冲突动荡的国家，主要包括叙利亚、也门、利比亚、伊拉克，它们持续处于内战、准内战或恐怖暴力泛滥、部落和族群冲突频发的状态，这些国家也是当前主要中东热点问题的当事国，它们将面临战后重建、国家建设和国家转型的多重任务。

在 2020 年，叙利亚伊德利卜冲突频发，美国、俄罗斯、土耳其等在叙

---

① 参见刘中民：《国际反恐形势因疫情更趋复杂》，载《环球时报》，2021 年 1 月 7 日。

② 详尽论述参见刘中民：《中东 2020：多重危机中的博弈与变局》，载《光明日报》，2020 年 12 月 26 日。

③ 刘宝莱：《2020 年，在不确定性中，中东地区局势呈现六大看点》，http://k.sina.com.cn/article_3844617568_e528356002001x4ud.html。

展开复杂博弈；也门原本与哈迪政府共同对抗胡塞武装，“南方过渡委员会”与政府反目，使也门的冲突更加复杂；[①] 利比亚东西两部分在外部干预下陷入更加复杂的拉锯战；伊拉克政府缺位数月之久才产生新政府。[②] 因此，这些国家内部的政治对抗和冲突与外部干预相结合，加之新冠肺炎疫情的叠加效应，使其陷入了灾难深重的危机。

第二，2019年下半年以来受第二次西亚北非局势动荡冲击的国家，主要是苏丹、阿尔及利亚，以及受多重叠加危机（如政府难产、民众抗议、贝鲁特港大爆炸）冲击的黎巴嫩。发生政权更迭的阿尔及利亚、苏丹仍处在艰难的政治过渡进程之中；继2019年下半年因民生危机发生民众抗议浪潮，黎巴嫩首都贝鲁特于2020年8月发生特大爆炸，充分反映了政府治理能力低下，在政府集体辞职后再现多次出现的政府难产。

第三，以埃及和突尼斯为代表进入政治经济转型关键期的国家，其形势虽有所好转，但依然远未找到适合自身发展的道路。埃及和突尼斯也曾再次发生较大规模的抗议浪潮，但基本处于可控状态，但疫情所加剧的经济危机尤其是民生危机，仍使埃及、突尼斯作为转型阿拉伯国家的代表面临严峻挑战。

第四，面临转型压力的国家，主要包括沙特代表的海湾合作委员会国家、伊朗、土耳其等，甚至也包括国内政治极化较为严重的以色列，都面临通过改革增强国家治理能力的严峻任务。

新冠肺炎疫情导致能源需求严重下降、沙特代表的欧佩克与俄罗斯进行价格战等因素，导致油价自2020年3月以来跳崖式下跌，对沙特等海湾国家经济尤其是财政收支平衡产生灾难性影响。据报道，海湾合作委员会6个成员国石油收入将锐减2700亿美元；国际货币基金组织预计，2020年海湾合作委员会成员国GDP将平均下降7.1%。[③] 这对于正在推动“2030愿景”框架下经济社会改革的沙特王室无疑是前所未有的挑战。此外，沙特曾于3月逮捕前王储纳伊夫等一批王室成员和高官，足见其内部斗争之严重；沙特经济和社会领域的改革，甚至是受疫情所迫停止朝觐，都遭到

① 参见李亚男：《也门局势在疫情冲击下加速恶化》，载《世界知识》，2020年第13期，第50-51页。

② 参见唐恬波：《伊拉克新总理卡迪米上位前后》，载《世界知识》，2020年第11期，第50-51页。

③ 刘宝莱：《2020年，在不确定性中，中东地区局势呈现六大看点》，http://k.sina.com.cn/article_3844617568_e528356002001x4ud.html。

国内保守势力的批评和阻挠。①

受严重疫情和国际制裁冲击的伊朗则更加困难。在2020年，伊朗进行议会选举，保守派大获全胜，改革派严重受挫，鲁哈尼政府更加困难；伊朗进行的货币改革和“抵抗经济”均收效有限，都无法改变伊朗经济持续恶化的局面。② 此外，土耳其陷入内外交困，以色列继2019年两次大选后于2020年举行第三次大选才使政府艰难产生，③ 也表明其内政外交存在严重问题。

中东国家的转型之路可能仍将延宕数十年。更令人担忧的是，中东地区大国沙特、伊朗、土耳其、以色列等都存在不同程度的政治与经济风险，一旦有任何一方陷入动荡或严重的危机，必将加剧地区格局的动荡。

此外，2019年新一波中东变局的特点同样说明中东国家转型的长期性和艰巨性：首先，民众抗议的诉求更加系统全面，不再满足于政权更替和某个领导人下台，转而要求对国家体制进行彻底变革。其次，更加明确地反对外部力量的干涉，如黎巴嫩和伊拉克的抗议都明确表示既反对西方国家，也反对地区其他国家的干涉。最后，民众抗议教派和族群对立的宗派体系，但很多中东国家又很难摆脱身份政治的困境。这一切都表明，中东国家的转型之路无疑是旷日持久的过程。

（二）制约中东国家政治转型的主要因素

从中东变局的教训看，宗教与世俗的矛盾、军人干政、地缘政治等因素对中东国家转型的影响不容小觑，并将长期存在。④

第一，从宗教因素来看，一方面宗教与世俗的矛盾仍将是影响中东国家转型的重要因素，教俗两大阵营的极化对立，构成不少国家社会分裂和对立的根源；另一方面，温和伊斯兰力量探索伊斯兰特色的道路，成为阿拉伯国家转型的趋势之一，如突尼斯的伊斯兰复兴党、摩洛哥的公正与发

---

① 参见丁隆：《三重风暴冲击沙特》，载《世界知识》，2020年第7期，第48–49页；富景筠：《沙特打响价格战，俄罗斯陷低油价危机》，载《世界知识》，2020年第7期，第44–45页。

② 参见刘岚雨：《伊朗在经济困境中启动货币改革》，载《世界知识》，2020年第11期，第64–65页。

③ 参见王晋：《暗流涌动的以色列组阁之路》，载《世界知识》，2020年第8期，第58–59页。

④ 参见刘中民《“阿拉伯之春”十年，留下多少教训》，载《环球时报》，2020年12月11日。

展党。从根本上来看，宗教与中东国家转型的关系将呈现多样化发展态势，各自探索符合国情和宗教特色的发展道路，但这注定是漫长过程。

第二，军人干政形成中东国家民主化进程中的悖论，一方面军人干政有维护稳定和捍卫世俗化的积极作用，另一方面又因破坏文官执政的现代民主制度而屡遭诟病。很难排除未来中东国家依旧会出现军人干政和军人政变的可能性，但其形式也将更加多样，苏丹和阿尔及利亚的转型表明，军方已很难进行简单粗暴的政变，而是根据民意和形势变化不断进行调整。在历史上，土耳其作为民主转型成功和世俗化最为彻底的国家，先后经历多次军人政变。① 因此，对于教俗关系复杂、民主化程度较低的阿拉伯国家而言，军人干政退出历史舞台将是一个更加漫长曲折的过程。

第三，中东是当今世界地缘政治结构最为复杂的地区之一，地缘政治的破碎性及其导致的长期动荡，构成了影响中东国家转型的重要制约性因素。

首先，从阿拉伯国家内部来看，复杂的宗教、教派和族群矛盾及其诱发的政治冲突构成影响国家转型的重要消极因素。由宗教和族群矛盾诱发的政治冲突主要有四种类型：② 其一是权力分割族裔化而引发的国内冲突，如黎巴嫩和萨达姆政权垮台后伊拉克的族裔和教派分权结构，都使得国家权力结构具有先天的脆弱性和不稳定性。其二是权力垄断族裔化而引发的国内冲突，处于边缘化和弱势地位的教派与族群往往通过民主抗争的方式改变现有权力结构，如中东变局中的巴林什叶派、叙利亚的逊尼派反对派、利比亚以班加西为中心的东部部落等。其三是主体民族与少数族裔群体的冲突，突出表现为民主转型进程中少数群体的权利保障问题，如埃及基督徒科普特人问题、阿尔及利亚和摩洛哥的柏柏尔人问题。其四是跨界族群寻求自治与独立引发的冲突，如长期困扰伊拉克、叙利亚、土耳其、伊朗四国的库尔德人问题。

其次，从整个阿拉伯世界和中东地区来看，族群和教派冲突的外溢、意识形态竞争和地区领导权的争夺，使阿拉伯国家政治具有密切联动的特点，并对民主转型产生消极影响。当前中东地区格局中沙特与伊朗的教派

---

① 关于土耳其军人干政的情况详见李秉忠：《军人干政与土耳其民主政治》，载《史林》，2010 年第 4 期，第 171 – 173 页。

② 详尽论述参见刘中民：《从族群与国家认同的矛盾看阿拉伯国家的国内冲突》，载《阿拉伯世界研究》，2008 年第 3 期，第 14 – 15 页。

对抗、[1] 沙特与土耳其争夺伊斯兰世界领导权的斗争、地区范围内“亲穆兄会力量”（土耳其、卡塔尔等）和“反穆兄会力量”（沙特、阿联酋等）的激烈博弈，都对中东国家转型产生了消极影响。[2]

最后，阿拉伯世界和中东地区的发展始终受到西方主导的国际体系影响，西方大国的军事干涉和民主输出使阿拉伯国家的民主转型具有突出的外部输入性特征，加剧中东国家转型的压力。在中东变局中，美欧采取了包括民主价值输送、舆论谴责与外交压力、经济制裁、军事干预在内的各种手段施加影响。西方通过军事干预进行政权更迭以及在干预过程中执行双重标准的恶劣做法，都对中东国家转型产生了十分消极的影响。

五、百年未有之大变局下的中东发展之困[3]

当今，百年未有之大变局对世界各地区均构成了强烈冲击，而百年来饱受磨难的中东地区更是困难重重，从2010年底以来延续至今的长周期中东变局便是百年未有之大变局在中东的集中表现。在中东变局爆发十周年之际，无论是处在格局转换、秩序重建中的中东地区，还是面临国家建构和国家转型双重使命的中东国家，都面临着如何走出“百年中东之困”的历史使命。

（一）历史遗产与现代性的矛盾困境

首先是帝国遗产，中东地区作为人类文明发祥地，曾诞生了一系列对人类历史带来深刻影响的帝国，尤其以波斯帝国、阿拉伯帝国、奥斯曼帝国等该地区的核心帝国为巨，而罗马、拜占庭、俄罗斯、蒙古等外部的帝国则与中东有密切互动。帝国争霸留下的历史遗产至今仍在发挥其作用，当今土耳其、伊朗两个主要地区国家的地区领导权诉求无疑与奥斯曼、波斯帝国遗产的沉渣泛起密切相关。

---

① Geneive Abdo, *The New Sectarianism: the Arab Uprisings and the Rebirth of the Shi'a – Sunni Divide*, Washington D. C.: The Saban Center for Middle East Policy at Brookings, 2013, pp. 1 – 8.

② Evangelos Venetis, *The Struggle between Turkey and Saudi Arabia for the Leadership of Sunni Islam*, Athens: Hellenic Foundation for European and Foreign Policy, February 2014, pp. 5 – 8.

③ 参见刘中民：《三重矛盾折射中东发展之困》，载《环球时报》，2020年11月30日。

其次是殖民主义的历史遗产，殖民主义对中东的深刻影响不仅在于通过肢解奥斯曼帝国强加给该地区的不合理的民族国家体系，更在于源自西方的理念、思想、制度等所谓现代性因素的输入，并突出表现为民族主义、世俗主义对中东的深刻影响。

最后是中东传统文化尤其是宗教文化的历史遗产。尽管中东存在犹太教、基督教和伊斯兰教等三大一神教，但对当今影响最大的无疑是中东三大主体民族（阿拉伯、波斯、土耳其）共同信仰的伊斯兰教，而源自西方的现代性则包含了源自古希腊、罗马的民主文化和希伯来－基督教传统，因此西方现代性对伊斯兰的冲击事实上和中东地区三大一神教的“正统之争”密切结合在一起，并由此影响了伊斯兰文明与西方文明、犹太文明的复杂关系。

当前，无论是民族国家作为现代政治单位在中东的“水土不服”，还是世俗化作为西式现代化在中东所激起的宗教与世俗的尖锐矛盾，都与帝国遗产、殖民遗产、传统文化遗产及其复杂关系密切相关。从这种角度看，中东伊斯兰国家需要消解上述三大遗产，构建具有自身特色同时又吸收外来合理因素的现代性，亦即找到合适的政治组织、意识形态、社会制度、发展道路。

（二）自主性、开放性与依附性、封闭性发展的矛盾困境

摆脱殖民主义历史遗产，实现自主性发展是发展中国家和地区面临的共性问题，但是由于中东地区在地缘上与欧洲宗主国的距离更近，中东地区冲突便于外部大国进行干预，多数国家在社会制度和发展道路选择方面自主性不足，中东区域一体化和地区主义孱弱，等等，都构成了中东国家发展缺乏自主性的根源。

中东国家的依附性发展或封闭性发展尽管有十分复杂的客观根源，但无疑与其自身的失误存在密切关系。在实现独立后，尽管中东国家进行了长期的反对西方殖民主义、帝国主义的反体系斗争，其政治力量主要体现为20世纪70年代以前的民族主义和70年代以后的伊斯兰主义，但是二者都没有处理好独立自主与开放发展的关系。例如，埃及作为阿拉伯民族主义的代表，在其发展进程中始终存在对外依附的严重问题，如纳赛尔时期先依赖西方后依赖苏联，萨达特和穆巴拉克时期又严重依赖美国和西方，尤其是落入西方“新自由主义陷阱”，是埃及穆巴拉克政权在中东变局中

轰然倒下的重要根源；土耳其在独立后便把西方化、融入西方作为其国家战略，但在加入欧盟严重受挫后开始出现严重的身份迷失，甚至出现“双泛”思潮的沉渣泛起；伊朗在巴列维王朝时期严重依赖西方，而在1979年革命后又走向“不要东方，不要西方，只要伊斯兰”的自我封闭，这是今天伊朗发展之困的重要根源；更有甚者，伊拉克萨达姆政权、利比亚卡扎菲政权则在严重依赖西方和强烈反西方之间进行摇摆，进而陷入国破家亡的历史悲剧。简而言之，中东国家至今尚未解决好独立自主与对外开放的关系，而是在依附与封闭之间进行摇摆。

不仅中东国家自身发展存在依附性或封闭性的弊端，中东地区也缺乏集体自力更生的地区一体化机制，其深刻的根源在于地区内部对抗、信任严重缺失和外部大国长期的强势干预，使地区合作徒有其表，甚至出现了伊斯兰合作组织“难合作”，阿拉伯国家联盟“不联盟”，海湾合作委员会“不和睦”的悖论，最终使中东地区成为地区主义发展最为薄弱、地区合作水平最低的地区。

因此，中东国家实现自主与开放的平衡，中东地区走向集体自力更生，才是中东走出发展之困的必由之路。

（三）国家建设与治理能力的多重困境

中东民族国家体系形成于一战后西方对奥斯曼帝国的肢解，民族国家体系形成的外部性特征，国家内部部落、宗教、教派、族群等传统组织的大量存在，使得中东民族国家建设异常困难，[①] 国家治理能力严重不足。在中东变局中，共和制国家多发生政权更迭，而君主制国家则面临深刻的转型压力，中东地区也成为当今世界安全赤字、发展赤字、治理赤字最严重的地区。

首先，中东国家亟待解决威权和民主的关系。中东变局中民众抗议浪潮的重要诉求在于民生和民主两大诉求，但发生政权更迭国家的实际情况表明，由于缺乏独立的领导阶层和政治理念，中东国家在如何建设民主方面并无具体的方案，而当前转型阿拉伯国家也多数重回威权体制。

其次，宗教与世俗的关系。近代以来，中东国家的政治发展呈现出世俗化不断加深的趋势，但世俗与宗教的关系鲜有和谐的典范，埃及始终存

---

① Saad Eddin Ibrahim, *Sects, Ethnicity, and Minority Groups in the Arab World*, Cairo: Ibn Khaldoun Center, 1994, pp. 225 – 290.

在穆斯林兄弟会代表的伊斯兰主义力量与民族主义政权的抗争；伊朗在巴列维王朝时期剧烈的世俗化之后转向伊斯兰革命后的伊斯兰化；土耳其则在实行了百年激进世俗化的凯末尔主义之后，出现向宗教回摆的所谓“积极世俗主义”。[①] 因此，未来中东国家的政治发展无论如何都很难彻底排除宗教的影响，实现宗教与世俗的理性平衡任重而道远，更要面对遏制极端主义的难题。

最后，国家与非国家的关系。中东民族国家建设困难，国家治理能力严重不足，其重要原因之一在于中东国家始终处于超国家与次国家力量的挤压和撕扯之中。中东地区的超国家力量并非地区合作层面的地区组织，而多是泛民族、泛宗教以及跨国教派、跨国族群等力量，次国家力量更加复杂，包括具有地区和国际渗透和影响能力的宗教政治组织（如穆斯林兄弟会）、宗教极端组织（如“基地”组织和“伊斯兰国”）和民族分离力量（如库尔德人）。超国家和次国家力量对国家的消极影响也恰如某学者所言，“在中东，次国家和超国家认同与国家认同展开竞争，激励着跨国运动，并限制着纯粹的国家中心主义的行为。”[②]

当前，对于百年未有之大变局和大疫情下的中东国家而言，面对着远超过其他地区的多重压力，协调历史遗产与现代性的关系，从依附性、封闭性发展走向自主性发展，完成国家建设和治理能力的建设，无疑是其在 21 世纪的长期课题。

---

① 详尽论述参见刘中民：《挑战与回应：中东民族主义与伊斯兰教关系评析》，北京：世界知识出版社，2005 年版。

② Raymond Hinnebusch, Anoushiravan Ehteshami, *The Foreign Policies of Middle East States*, Boulder, Colo.: Lynne Rienner Publishers, 2002, p. 2.

2020年西亚地区形势

包澄章*

【摘　要】

2020年西亚地区形势呈现地区格局持续失衡、内外危机叠加的基本特征。在政治层面，苏莱曼尼事件使得美国和伊朗之间对抗扩大为直接的军队对抗。受新冠肺炎疫情大流行和美国中东政策的影响，整个地区陷入无序状态，地区国家内部各种不稳定因素被充分激活。阿联酋、巴林同以色列实现关系正常化，标志着阿拉伯民族整体利益已让位于地区国家安全利益；在经济层面，疫情之下的西亚国家经济陷入衰退，贸易下滑、油价暴跌、境外汇款收入急剧减少、失业率攀升等，但数字经济逆势增长；在安全层面，恐怖组织适时调整策略，暗中重建组织网络，加大社交媒体宣传。受地区国家反恐投入减少、反恐情报收集受限、美国反恐战略调整等因素影响，伊拉克境内恐怖主义势力呈现强劲反弹态势。

【关键词】

西亚地区　政治形势　经济形势　安全形势

2020年西亚地区形势延续了跌宕起伏的主基调。在新冠肺炎疫情和特朗普政府中东政策的影响下，地区格局持续失衡，内外危机叠加。西亚国家面临前所未有的挑战，转型进程受阻，安全困境、发展困境与治理困境进一步凸显。

---

* 包澄章，上海外国语大学中东研究所副研究员。本文受到2019年上海市“浦江人才计划”（项目编号：2019PJC088）和“上海外国语大学青年教师科研创新团队”资助。

一、西亚地区的政治形势

在政治层面，苏莱曼尼事件使得美国和伊朗之间对抗进一步扩大化。新冠肺炎疫情激活了地区国家内部各种不稳定因素，西亚国家积重难返的社会问题再次凸显，整个地区陷入失序状态。2020 年西亚地区政治形势呈现地区格局持续失衡、内外危机联动、地区力量阵营化对抗的总体态势。

（一）苏莱曼尼事件致美伊对抗升级

2020 年 1 月 3 日，伊朗伊斯兰革命卫队“圣城旅”指挥官卡西姆·苏莱曼尼（Qasem Soleimani）在伊拉克巴格达国际机场遭美军导弹袭击身亡。1 月 8 日，伊朗伊斯兰革命卫队发动代号为“烈士苏莱曼尼”的军事行动，向美国在伊拉克的艾因·阿萨德军事基地发射地对地导弹。此轮美伊对抗持续升级主要呈现出以下一些特点。

从对抗形式来看，美伊之间从此前的间接对抗扩大为直接对抗。苏莱曼尼事件成为进入 2020 年以来美伊对峙的拐点，标志着双方对各自“红线”的重新划定。美国以“定点清除”的极端手段击杀在整个地区具有重要影响力的伊朗军事将领，伊朗则依据其宣称的“对等报复”原则公开袭击美国的驻外军事机构。在此轮对抗中，两国之间的对抗形式已从此前依靠代理人袭扰对方机构和人员，扩大为直接的军事对抗，双方各自突破了对方的“红线”。美国总统特朗普在事后宣布，伊朗对艾因·阿萨德军事基地袭击事件未造成人员伤亡，这表明伊朗实施的是精准定位且保持克制的小范围袭击，既顾及了双方的颜面，也为紧张局势转圜留有余地。苏莱曼尼被美军“定点清除”，与其说是美国“极限施压”伊朗的极端表现，不如说是伊朗以地区军事扩张为主的“极限抵抗”触犯美国“红线”引发的恶果。此轮美伊对抗成为双方重新互探对方底线的一次较量。

从对抗手段来看，伊朗对抗美国以外交和政治手段为主、军事手段为辅。分阶段中止履行伊核协议、制造霍尔木兹海峡紧张局势、依靠代理人对美国及其盟友进行袭扰，是伊朗此前强硬对抗美国“极限施压”的主要手段。伊朗为突破美国的制裁和围堵，已展开了一系列外交攻势，包括提出与海湾阿拉伯国家共同签署《互不侵犯条约》，寻求与阿曼、科威特、卡塔尔和伊拉克等海湾国家构建更加积极的睦邻关系；拓展与亚洲国家主要经济体的关系，缓解因制裁而日益加剧的国内经济压力；加强同除美国以外的《伊核协议》其他各方的政策沟通，寻求更多的国际支持；与其他国家采用本币结算或建立新的贸易结算机制等。[①] 苏莱曼尼事件发生后，伊朗发动舆论攻势抢占道义制高点，在国内和地区渲染反美情绪和塑造自身“受害者”形象，同时通过外交手段积极拉拢支持己方的力量，增加未来谈判的筹码。2020 年 1 月 5 日，伊朗政府宣布进入中止履行《伊核协议》的第五阶段，放弃“对离心机数量的限制”，突破了核协议中最后一项关键限制。在此轮与美国的对抗中，伊朗政府并未宣布退出核协议，或直接将浓缩铀丰度提高至 20%，这表明加大核开发力度并非伊朗的初衷。伊朗亦释放出愿与包括国际原子能机构和伊核协议其他各方在内的国际社会开展合作的信号，意味着伊朗不愿因中止履行核协议而陷入外交孤立，进而承受更大的国际压力。在此轮对抗中，伊朗选择将外交和政治手段作为对抗美国的主要手段，对军事手段的使用相对克制。伊朗极力避免使局势朝着不可逆的方向演进，一旦伊朗核问题陷入不可逆转的境地，海湾国家间的核竞争将加剧，其引发的核扩散风险将成为未来威胁整个中东地区安全的“定时炸弹”。

从对抗目的来看，寻找伊核问题解决的突破口是伊朗此轮“极限抵抗”的终极目标。特朗普上台后，美国主要运用经济杠杆和金融霸权等手段打压伊朗的能源、石化、金融等关键经济部门，同时调动美国的地区盟友体系来扭转伊朗因地区扩张而取得的战略优势，依靠美国的军事实力增加对伊朗的威慑，以此全方位遏制伊朗的地区生存空间。[②] 伊朗民众将苏莱曼尼视为维护国内和周边安全的英雄人物，苏莱曼尼之死引发了伊朗国内强硬派的强烈反弹，为伊朗政权进行全民动员，在国内形成同仇敌忾、一致对外的舆论环境提供了现实条件。伊朗袭击美国驻伊拉克的军事基地，更多地是通过公开展现强硬姿态来回应国内民意。苏莱曼尼事件的持续发酵，虽无法解决伊朗国内的经济危机，但有利于伊朗政权转移国内因外部制裁而不断加重的民生矛盾，进而缓解此前国内大规模抗议引发的政治危机。伊朗在事件发生后不久召开的“德黑兰对话论坛”上提出“霍尔木兹和平倡议”，对外释放改善地区安全环境的积极信号。尽管伊朗方面

① 包澄章：《伊朗打“核反制牌”对抗美极限施压》，载《文汇报》，2019 年 7 月 8 日。

② 同上。

宣布突破核协议限制，仍为外部制裁解除后重新履行核协议留有回旋余地，体现了伊朗在“极限抵抗”中“以抵抗求对话”的基本逻辑，寻找伊核问题解决的突破口是伊朗对抗美国的终极目标。

（二）疫情激活地区不稳定因素

2020 年 1 月 29 日，阿联酋报告中东地区首例新冠肺炎确诊病例。此后，伊朗、黎巴嫩、以色列、伊拉克、阿曼、科威特、卡塔尔、沙特等西亚国家先后出现确诊病例。随着疫情在西亚国家的暴发、扩散和蔓延，地区层面和国内层面的各种不稳定因素被激活，不断冲击地区秩序和稳定。

首先，疫情催化民众抗议活动。新冠肺炎疫情使得西亚国家积重难返的社会问题再次凸显，激活了地区国家内部各种不稳定因素。2020 年 3 月，伊朗议会感染率一度接近 10%①，议会被迫休会，包括议长拉里贾尼、第一副总统贾汉吉里、女副总统埃卜特卡尔、卫生部副部长哈里奇在内的多位高官接连确诊，高官感染新冠病毒使得政府在抗击疫情方面的威信受到削弱。疫情也凸显出地区国家医疗卫生资源分配不均的现实，66.2% 的黎巴嫩民众和 56.2% 的伊拉克民众认为，通过行贿等腐败手段才能获得更好的医疗卫生服务。② 疫情暴发后，西亚国家实行限行、居家隔离、封城、宵禁、紧急状态、管控媒体、停运航班、停工停课等措施，政府在防控疫情的同时，不同程度地加强了社会控制。封城和停工措施导致失业率上升和物价暴涨，扩大紧急状态法使用范围造成社会压制升级，引发了民众的不满情绪。疫情在西亚地区暴发后，黎巴嫩、伊拉克、约旦、伊朗等地区国家先后爆发了数轮示威抗议活动。2020 年 4 月，黎巴嫩多地爆发大规模抗议浪潮，甚至有抗议者打出“死于新冠病毒总比饿死要好”的口号。

其次，地区对手借疫情散布阴谋论，抹黑对手形象。利用疫情炮制和散布阴谋论，将病毒传播归咎于地区对手或邻国政府，在舆论层面攻击对

① Kim Hjelmgaard and Deirdre Shesgreen, “Nearly 10% of Iranian Lawmakers Infected with Coronavirus, State Media Reports,” *USA Today*, March 4, 2020, https://www.usatoday.com/story/news/2020/03/03/coronavirus - iranian - lawmakers - infected/4937172002/.

② Georges Fahmi, “Can Protest Movements in the MENA Region Turn COVID - 19 Into an Opportunity for Change?” Chatham House, April 29, 2020, https://www.chathamhouse.org/2020/04/can - protest - movements - mena - region - turn - covid - 19 - opportunity - change.

手和抹黑对手形象，成为疫情期间地区国家发动以疫情政治化为主要特征的信息战的典型表现。伊朗国内出现首例新冠肺炎确诊病例后，巴林内政大臣谢赫拉希德·本·阿卜杜拉·哈利法在推特上指责伊朗将病毒传播至国外，认为其“构成了一种被国际法定为犯罪的生物侵略形式”。[①] 伊朗方面则将新冠病毒描述为一场由美国精心策划的阴谋，借疫情强化反美宣传，将其视为来自“美国的生物入侵”和“犹太复国主义者的生物恐怖袭击”。[②] 沙特和阿联酋在推特使用“#卡塔尔是冠状病毒”（#قطر_هي_كورونا）的话题标签，指责卡塔尔早在2015年就知道新冠病毒的存在，花费数十亿美元培育这种病毒，对沙特实施2030愿景和迪拜举办世博会构成危害。[③] 在一国内部，政治反对派因受制于政府封城、宵禁措施而无法动员民众上街示威抗议，转而借助社交网站散布政府抗疫不力的批评言论和疫情失控等虚假消息，对政治对手施加压力。

最后，疫情导致地区冲突呈现复杂化态势。疫情暴发初期，受边境封锁、跨国人员往来限制和经济停滞等因素的影响，域内外力量减少了对地区代理人的资金和物资支持，使得地区冲突的烈度有所缓和。一方面，各国忙于应对国内持续蔓延的疫情而不愿再度卷入地区冲突，防止久拖不决的战事致使遭受疫情重创的经济进一步恶化。2020年4月9日，沙特领导的多国联军宣布单方面在也门实施为期两周的停火，以防止新冠病毒的传播。另一方面，代理人出于对外部稳定的资金支持的担忧，也选择极力避免冲突升级，但这在一定程度上为极端组织填补地区权力真空埋下了隐患。疫情期间美国大幅削减了对叙利亚反对派武装的资金支持和反恐资源的投入，导致2020年上半年极端组织“伊斯兰国”在叙利亚和伊拉克的袭击一度呈现高发态势。

---

① Nafisa Eltahir and Lisa Barrington, “Bahrain Accuses Iran of ‘Biological Aggression’, Gulf States Try to Curb Coronavirus,” *Reuters*, March 12, 2020, https://www.reuters.com/article/us-health-coronavirus-saudi-travel-idUSKBN20Z03K.

② Kasra Aarabi, “Iran Knows Who to Blame for the Virus: America and Israel,” *Foreign Policy*, March 19, 2020, https://foreignpolicy.com/2020/03/19/iran-irgc-coronavirus-propaganda-blames-america-israel/.

③ Saoussen Ben Cheikh, “Information Warfare: COVID-19’s Other Battleground in the Middle East,” *Global Voices*, June 10, 2020, https://globalvoices.org/2020/06/10/information-warfare-covid-19s-other-battleground-in-the-middle-east/.

（三）阿联酋、巴林同以色列实现关系正常化

2020年8月13日，阿联酋外交部发布声明称，阿联酋阿布扎比王储穆罕默德·本·扎耶德、以色列总理内塔尼亚胡和美国总统特朗普当天进行三方通话后达成协议，同意阿联酋与以色列实现关系全面正常化。9月11日，巴林国家通讯社报道称，巴林国王哈马德·本·伊萨·阿勒哈利法当天与美国总统特朗普和以色列总理内塔尼亚胡进行三方通话后，同意巴林与以色列实现关系正常化。9月15日，在美国总统特朗普的主持下，以色列与阿联酋、巴林在白宫签署关系正常化协议。以色列总理内塔尼亚胡、阿联酋外交部长阿卜杜拉、巴林外交大臣扎耶尼代表三国签署协议。此后，苏丹和摩洛哥先后于10月23日和12月10日发表声明，同意与以色列实现关系正常化，使得阿拉伯地区内部与以色列关系实现正常化的国家数量进一步扩大。

首先，西亚地区反伊朗阵营中的阿拉伯国家同以色列实现关系正常化，意在从外交上进一步孤立伊朗。特朗普上台后，美国政府施行以遏制伊朗为核心的中东政策，通过巩固美国在中东的同盟体系构建地区反伊朗阵营。特朗普政府的中东政策在加剧地区主要力量间阵营化对抗的同时，在很大程度上促成了在遏制伊朗地区扩张方面存在共同利益的阿拉伯国家与以色列在地区事务中的立场趋近。阿联酋和巴林与以色列实现关系正常化，反映了地区国家对美国主导地区事务意愿和能力下降的基本判断，进而通过地区内部结盟自主应对地区安全威胁的考量。沙特囿于自身伊斯兰世界盟主、“阿拉伯和平倡议”提出者、1948年阿以战争参与者的身份限制，以及以萨勒曼国王为代表的老一代领导人在巴以问题上的传统立场，对同以色列建交持谨慎态度。作为沙特附庸的巴林同以色列实现关系正常化，实际上是沙特用以试探外界反应的一种策略。对伊朗而言，其在与沙特的地缘政治竞争中最终将其周边国家推向以色列一边，将使伊朗的周边环境进一步恶化。

其次，巴勒斯坦问题代表的阿拉伯民族的整体利益让位于地区国家安全利益，使得阿拉伯国家的对外政策更加注重应对伊朗地区扩张引发的安全威胁。在西亚北非局势动荡导致地区传统大国埃及的地位下降后，沙特、伊朗、土耳其围绕地区主导权展开了激烈竞争，伊朗的崛起引发了地区国家的担忧。沙特等海合会国家将伊朗视为地区首要安全威胁，阿拉伯

国家在巴勒斯坦问题上的团结立场因部分国家对安全利益的追求而瓦解，阿拉伯民族的整体利益已让位于地区国家的安全利益。特朗普政府对以色列的一味偏袒，亦为阿拉伯国家与以色列改善关系创造了条件。阿联酋和巴林与以色列实现关系正常化，将进一步扩大阿拉伯各国在巴勒斯坦问题上的立场分歧，使得巴勒斯坦处境更加艰难。阿联酋、巴林和以色列签署关系正常化协议的当天，巴勒斯坦总统阿巴斯发表声明称，如果以色列不结束对巴勒斯坦领土的占领，不允许巴人民按照各项国际合法性决议实现其充分权利，就不可能在中东地区实现和平、安全或稳定。巴勒斯坦方面还召回了驻巴林和阿联酋的外交代表。①

最后，特朗普政府急于在中东地区寻求外交突破，转移国内矛盾。在疫情形势持续恶化、“弗洛伊德事件”引发美国国内大规模示威抗议浪潮的背景下，特朗普积极撮合阿联酋、巴林与以色列实现关系正常化，试图通过在外交上实现突破，转移国内对其政府抗疫不力的指责和族群冲突引发的社会矛盾。特朗普上任后，不断打破美国中东政策传统，使得中东成为特朗普屡屡实现外交突破的地区。“特朗普政府以纠偏和破局为关键词的巴以政策，旨在大力改善美以作为特殊核心盟友的关系，同时制造既成事实，迫使巴方和国际社会接受其维护以色列利益为内核的新版和平路线图。”② 特朗普为遏制伊朗极力推动阿拉伯国家与以色列实现关系正常化，也有为大选积累政治资本的考虑。

二、西亚地区的经济形势

2020 年新冠肺炎疫情在西亚地区暴发后，地区国家采取了封城、宵禁、限航停航等措施，各国经济不同程度地陷入停摆甚至衰退。从数据来看，2020 年西亚国家经济均出现萎缩（见表 1）。新冠肺炎疫情对西亚地区经济的影响主要体现在以下几个方面。

---

① 刘品然：《以色列与阿联酋和巴林在白宫签署关系正常化协议》，http://www.xinhuanet.com/world/2020－09/16/c_1126497857.htm。

② 刘辰、马晓霖：《延续与调整：美国特朗普政府的中东政策》，载《阿拉伯世界研究》，2019 年第 5 期，第 52 页。

表 1　2018—2021 年西亚国家实际 GDP 增长率（单位：%）[①]

国家	2018 年	2019 年	2020 年（估算值）	2021 年（预测值）
巴林	1.8	1.8	-5.2	2.2
伊朗	-6.0	-6.8	-3.7	1.5
伊拉克	-0.6	4.4	-9.5	2.0
以色列	3.5	3.5	-5.9	4.9
约旦	1.9	2.0	-3.5	1.8
科威特	1.2	0.4	-7.9	0.5
黎巴嫩	-1.9	-6.7	-19.2	-13.2
阿曼	0.9	-0.8	-9.4	0.5
巴勒斯坦[②]	1.2	1.4	-7.9	2.3
卡塔尔	1.2	0.8	-2.0	3.0
沙特阿拉伯	2.1	0.3	-5.4	2.0
叙利亚	1.5	3.8	/	/
也门	/	/	/	/
阿联酋	1.2	1.7	-6.3	1.0

（一）投资贸易受到严重抑制

受疫情影响，西亚国家采购经理人指数（PMI）下滑严重，2020 年 3 月沙特 PMI 下滑至 42.4，阿联酋 PMI 下滑至 45.2，一度跌至 50“荣枯线”之下。[③] 绿地投资占外国直接投资总项目 80% 以上的海湾产油国，在 2020 年前四个月并购交易额下降了 71%。疫情导致西亚国家工厂关闭、供应链中断和消费需求下降，地区国家尤其是海湾国家的投资贸易遭受严重打击。与此同时，受全球疫情影响，西亚国家从中国和欧盟等主要贸易伙伴的进口量大幅下降。

① 数据来源：“Syria Real GDP Growth,” *CEIE*, https://www.ceicdata.com/en/indicator/syria/real-gdp-growth; “Israel: Growth Rate of the Real Gross Domestic Product (GDP) from 2015 to 2025,” *Statista*, https://www.statista.com/statistics/375237/gross-domestic-product-gdp-growth-rate-in-israel/。

② 经济数据统计范围包括约旦河西岸和加沙地带。

③ 闫婧：《财经观察：中东战“疫”大考 经济面临多重挑战》，http://www.xinhuanet.com/world/2020-04/08/c_1125830257.htm。

（二）供需失衡加速油价暴跌

疫情使得全球经济活动出现前所未有的停滞和萎缩，全球主要能源消费国对石油产品的需求大幅下降。2020 年 3 月部分产油国的增产决定，进一步加剧了能源市场供过于求的失衡状态，导致 4 月布伦特原油直接跌至负值。低油价对西亚产油国的经济造成致命性冲击，沙特 2020 年第一季度石油收入同比下降 24%。[①] 为缓解石油收入锐减引发的财政紧张，沙特宣布自 7 月 1 日起将增值税税率从 5% 调高至 15%。

（三）境外汇款收入急剧减少

西亚地区非产油国的收入很大部分来自海湾产油国的境外汇款，2019 年西亚国家境外汇款的 GDP 占比情况分别为：巴勒斯坦（16.3%）、黎巴嫩（12.7%）、也门（12.6%）、约旦（10.2%）、伊拉克（0.3%）。[②] 国际油价下降以及产油国停工停产和封城措施的实施，导致严重依赖海外汇款的地区国家陷入经济危机。世界银行估计，整个中东地区 2020 年海外汇款收入将缩水 470 亿美元，减幅达 19.6%。[③] 受此影响，2020 年黎巴嫩经济萎缩 19.2%（见表 1）。经济濒临崩溃的黎巴嫩在实施封城等防疫措施后，货币急剧贬值，6 月黎镑对美元汇率从之前的 1500：1 暴跌至 5000：1。[④]

（四）疫情拖累经济转型进程

新冠肺炎疫情对处于经济转型期的海湾国家的旅游业、酒店业、航空业和物流业等转型支柱产业造成了严重冲击。供应链的被迫中断使得海湾国家港口、仓库和保税区的货运量大幅减少。疫情过后，服务业、酒店业等非石油行业的复苏进程也将会迟于其他行业，这将成为海湾国家经济多

---

① *COVID－19 Crisis Response in MENA Countries*, OECD, June 9, 2020, p. 11.

② Hagar Omran, "Remittances to MENA in 2020 to Fall 19.6% Due to COVID－19: WB," *Daily News Egypt*, April 14, 2020, https://dailynewsegypt.com/2020/04/25/remittances－to－mena－in－2020－to－fall－19－6－due－to－covid－19－wb/.

③ Ibid.

④ Dana Khraiche, "Lebanon Vows to Stabilize Currency After Night of Angry Protests," *Bloomberg*, June 12, 2020, https://www.bloomberg.com/news/articles/2020－06－12/lebanon－protests－reignite－as－currency－plunges－on－black－market.

元化转型长期面临的挑战。疫情重创了黎巴嫩、阿联酋等将旅游业作为经济支柱产业或经济多元化手段的西亚国家。按照原计划，迪拜 2020 世博会可吸引约 2500 万游客。如今，迪拜世博会因疫情被迫推迟至 2021 年举行。沙特一年一度的朝觐活动可吸引 200 万穆斯林游客，但 2020 年的朝觐活动只允许数量有限的穆斯林前往麦加朝觐。据估计，旅游业遭受重创的海合会国家失去了 40 万个与旅游相关的工作岗位。[①]

（五）劳动力市场受到严重冲击

新冠肺炎疫情对整个中东地区的劳动力市场造成巨大冲击：首先，疫情导致地区失业率持续攀升。中东地区青年失业率高达 27%，位列全球最高。[②] 疫情造成的经济放缓进一步加剧了青年在劳动力市场中的脆弱性。联合国西亚经济社会委员会估计，疫情导致 2020 年阿拉伯地区损失 170 多万个工作岗位，失业率增加 1.2 个百分点，新增贫困人口 830 万。[③] 其次，疫情加速外籍劳工和人才流失。疫情暴发后，海合会国家近半数外籍劳工被迫返回原籍国。歧视性经济纾困政策使得外籍劳工无法获得所在国公民同等的薪资补助，如沙特政府在疫情期间为私营部门被裁员的本国公民提供补助金，但外籍劳工无法享受该政策。医疗条件限制和收入减少也使得在海湾国家工作的大量欧美精英选择返回原籍国。最后，海合会国家强化本土化就业政策。海合会国家试图通过单方面降薪和以本国劳工代替外籍劳工的方式，应对新冠肺炎疫情导致的国内就业岗位骤减和经济萎缩。阿曼政府在疫情期间要求在技术领域和其他管理岗位雇佣阿曼公民，“阿曼化”就业政策导致部分在该国卫生部门工作的外籍雇员面临失业风险。沙特阿美公司在疫情期间裁员数百人，其中大多数为外籍员工。科威特则宣布计划将其移民人口占比从 70% 削减至 30%。巴林国民议会议员呼吁，给予巴林公民在公共部门和私立教育部门工作的优先权，并将私人医疗机构的本国就业岗位占比提高至 50%。[④]

---

① *COVID－19 Crisis Response in MENA Countries*, p. 13.

② Ibid., p. 17.

③ 闫婧：《财经观察：中东战“疫”大考 经济面临多重挑战》，http：//www.xinhuanet.com/world/2020－04/08/c_1125830257.htm。

④ Huda Alsahi, *COVID－19 and the Intensification of the GCC Workforce Nationalization Policies*, Arab Reform Initiative, November 11, 2020, pp. 6－7.

（六）粮食安全面临严峻挑战

全球处于严重粮食不安全状态的人口有20%分布在中东地区。联合国粮食计划署称，疫情导致中东地区面临饥饿问题的人口数量增至4760万。① 疫情背景下，黎巴嫩、伊拉克、约旦等国境内的叙利亚难民，以及叙利亚、伊拉克和也门境内的数百万流离失所者都面临粮食供应短缺的问题。也门国内1600万民众、叙利亚国内930万民众都处于粮食不安全状态，依赖外部提供粮食援助。② 多数中东国家都是粮食进口国，这些国家每年耗费1100亿美元进口粮食，但疫情期间粮食生产国的贸易限制措施，导致叙利亚、也门等国粮食价格飙涨，2020年4月两国“标准食品篮”环比分别上涨12%和19%。③

（七）数字经济实现逆势增长

疫情在重创西亚国家经济的同时，也给地区重塑经济体系、促进就业创业、推动数字经济发展带来了机遇。疫情期间，居家办公和教育使得在线经济呈现迅猛增势。沙特零售商本·达伍德（BinDawood Holding）在新冠肺炎疫情大流行的前十天内，电子商务销售额增长了200%。阿联酋零售商马吉德·弗泰伊姆（Majid Al Futtaim）2020年3月的销售额同比增长59%，网上订单增加了3倍。④ 疫情进一步加速了西亚国家数字经济的转型，移动互联网和智能手机的普及、数字技术的进步在改变经济形态的同时，也在改变消费者的行为偏好。2020年7月沙特民众网上购物消费总额自2月疫情暴发以来增长了约4倍，消费者网购消费品比率快速从6%飙升至55%。⑤

---

① 《粮食署：受疫情影响，中东和北非地区饥饿人口或将增至4760万》，联合国，2020年5月12日，https://news.un.org/zh/story/2020/05/1057132。

② Omer Karasapan, “Middle East Food Security Amid the COVID－19 Pandemic,” The Brookings Institution, July 14, 2020, https://www.brookings.edu/blog/future－development/2020/07/14/middle－east－food－security－amid－the－covid－19－pandemic/.

③ 《粮食署：受疫情影响，中东和北非地区饥饿人口或将增至4760万》，联合国，2020年5月12日，https://news.un.org/zh/story/2020/05/1057132。

④ Frank C. Bracco, Khalid Attalla and Omar El－Sharawy, “Accelerating Digital Adoption: How the Dual Shocks of COVID－19 and Oil Prices Are Energizing e－Commerce in the Middle East,” *PWC*, November 19, 2020, https://www.pwc.com/m1/en/blog/accelerating－digital－adoption－how－dual－shocks－COVID19－oil－prices－energizing－ecommerce－middle－east.html.

⑤ 景玥、黄培昭：《中阿加强数字化合作》，载《人民日报》，2020年7月9日。

三、西亚地区的安全形势

在安全层面，新冠肺炎疫情限制了西亚地区恐怖组织发动大规模恐袭的能力和条件。恐怖组织适时调整策略，暗中重建组织网络，加大社交媒体宣传。因疫情“回流”受限的武装分子滞留叙利亚、伊拉克，无形中壮大了恐怖组织的有生力量。因受地区国家反恐投入减少、反恐情报收集受限、美国反恐战略调整等因素影响，伊拉克境内恐怖主义势力呈现强劲反弹态势。

（一）西亚地区恐怖主义发展的总体态势

从总体来看，2020 年西亚地区恐怖主义的发展呈现以下几大特点。

首先，恐怖组织调整策略适应新形势。新冠肺炎疫情大流行对西亚地区恐怖主义活动和反恐形势产生了重要影响。地区非冲突国家为应对疫情扩散实行的居家隔离、关闭公共场所、限制人员聚集、紧急状态等政策措施，以及运用生物特征识别、行动轨迹追踪等技术手段排查感染人员，增加了恐怖组织实施恐怖袭击的难度。新冠肺炎疫情暴发初期，恐怖组织囿于自身医疗资源的匮乏，采取了收缩行动与借疫作乱并行的策略，在最大限度维系武装力量的同时，伺机招募新成员。与实力处于顶峰时期的 2014 年和 2015 年相比，2020 年“伊斯兰国”发动大规模恐袭的能力严重受限，因此更多地采用简易爆炸装置、火箭弹和伏击等非对称作战方式发动袭击。随着疫情进入大流行阶段，“伊斯兰国”利用各国减少反恐投入的契机，扩大了活动范围。“伊斯兰国”以伊拉克北部和中部省份易于藏匿的山区、沙漠和村庄为据点，在当地暗中缓慢重建组织网络。有学者认为，“伊斯兰国”正在开辟“农村堡垒”，为该组织进入城市发动袭击奠定基础和提供后勤保障，“农村堡垒”附近经常埋设简易爆炸装置，以阻止安全部队的清剿行动。[①] 与此同时，“基地”组织近年来为确保组织的整体运转，领导层中的关键人物已分散转移至叙利亚、伊朗、土耳其、利比亚、

① Michael Knights and Alex Almeida, “Remaining and Expanding: The Recovery of Islamic State Operations in Iraq in 2019 - 2020,” *CTC Sentinel*, Vol. 13, No. 5, May 2020, pp. 12 - 27.

也门等国。[①] 因此，尽管“阿拉伯半岛基地”组织头目卡西姆·里米（Qassim al－Rimi）于2020年1月在美军空袭中丧生，“基地”组织二号人物阿卜杜拉·艾哈迈德·阿卜杜拉（化名阿布·穆罕默德·马斯里）于同年8月在伊朗街头遭暗杀，但是对在全球拥有约2万名武装分子、利用地区冲突暗中壮大的“基地”组织而言影响相对有限。

其次，伊拉克境内恐怖主义活动强劲反弹。根据2020年全球恐怖主义指数（见表2），全球恐袭风险最高的10个国家中，西亚国家占据3席（伊拉克、叙利亚、也门），西亚仍是全球范围内恐怖主义高风险地区。在伊拉克和叙利亚等冲突国家，恐怖组织的活动并未因疫情而停止，恐怖组织在伊拉克境内的活动还出现强劲反弹。2020年“伊斯兰国”在伊拉克制造的恐袭事件较上一年度大幅增加，2020年第一季度该组织共制造了566起袭击事件，同比上升94%；[②] 斋月期间“伊斯兰国”制造的袭击事件明显激增，整个第二季度共制造405起袭击事件。[③] 从地理分布来看，“伊斯兰国”在伊拉克迪亚拉、萨拉赫丁、尼尼微、基尔库克、巴格达和安巴尔等省份制造的恐袭事件呈现高发态势。

表2 全球恐怖主义指数（2019—2020年）[④]

排名	2019年	2020年	风险等级
1	阿富汗	阿富汗	极高
2	伊拉克	伊拉克	极高
3	尼日利亚	尼日利亚	高
4	叙利亚	叙利亚	高
5	巴基斯坦	索马里	高
6	索马里	也门	高

① Bruce Hoffman and Jacob Ware，“Terrorism and Counterterrorism Challenges for the Biden Administration，” *CTC Sentinel*，Vol. 14，No. 1，May 2020，p. 4.

② Michael Knights and Alex Almeida，“Remaining and Expanding：The Recovery of Islamic State Operations in Iraq in 2019－2020，” p. 14.

③ Richard Sisk，“ISIS Took Advantage of COVID－19 Restrictions to Ramp up Attack in Iraq，Report Finds，” August 5，2020，https：//www.military.com/daily－news/2020/08/05/isis－took－advantage－of－covid－19－restrictions－ramp－attack－iraq－report－finds.html.

④ *Global Terrorism Index* 2019，Institute for Economics and Peace，November 2019，p. 8；*Global Terrorism Index* 2020，Institute for Economics and Peace，November 2020，p. 8.

续表

排名	2019 年	2020 年	风险等级
7	印度	巴基斯坦	高
8	也门	印度	高
9	菲律宾	刚果（金）	高
10	刚果（金）	菲律宾	高

再次，恐怖组织利用社交网站加大宣传力度。“新冠疫情大流行引起的动荡、不确定性和全球性焦虑，被恐怖组织视为将自身信息与疾病信息联系起来，通过加强宣传来招募成员和煽动暴力的绝佳机会。”① 西亚国家政府为控制疫情实行封城和紧急状态法等措施，限制了恐怖分子在公共场所的行动，但反过来也为恐怖分子转向网络空间、加大极端主义宣传提供了现实条件。疫情期间，居家隔离的青年群体接触恐怖组织在互联网和社交媒体散布的误导性信息和极端主义内容的几率大幅上升。疫情暴发初期，“伊斯兰国”组织对新冠病毒是“真主对一切的复仇”的宣传口号，得到了全球范围内恐怖组织的回应。尼日利亚恐怖组织“博科圣地”头目称，新冠病毒是对“违反伊斯兰教义者的一种惩罚”；印尼的“伊斯兰国”支持者则称，新冠病毒是对巴格达迪之死的报应。②“伊斯兰国”还使用加密手段在网上传播极端主义内容。英国战略对话研究所（Institute of Strategic Dialogue）的一项研究表明，“伊斯兰国”组织建立了一个包含 9 万个文件的“哈里发国缓存”（Caliphate Cache）数字图书馆，每月约有 1 万名访问者，大多是阿拉伯地区 18—24 岁的男青年，其中 40% 的访问量来自社交媒体。③“哈里发国缓存”数据并非存储在单个计算机服务器上，而是分布在不同的加密平台和系统中，增加了安全部门对恐怖组织极端主义宣传内容进行监测的难度。

最后，恐怖组织外籍武装分子“回流”受限。新冠肺炎疫情减缓了西亚地区恐怖组织外籍武装分子“回流”的速度。一方面，西亚国家政府实行旅行限制、边境管控等措施应对疫情扩散，很大程度上制约了恐怖分子

① Arie W. Kruglanski et al.，“Terrorism in Time of the Pandemic：Exploiting Mayhem，” *Global Security：Health，Science and Policy*，Vol. 5，No. 1，2020，p. 122.

② Joseph Hincks，“With the World Busy Fighting COVID－19，Could ISIS Mount a Resurgence?”

③ “Click Reveals ISD Discovery of Huge Pro－ISIS Online Cache，” Institute for Strategic Dialogue.

的自由跨境流动；另一方面，因担忧回国后遭原籍国政府起诉或被安全部门监控，相当数量的恐怖分子选择滞留冲突地区，隐匿于当地社区伺机发动袭击，或转移至其他冲突地区。据估计，疫情期间仍有1万“伊斯兰国”武装分子活跃在伊拉克和叙利亚，并在两国间小规模地自由行动。①美国国务院2020年1月估计，伊拉克和叙利亚境内约有1.4万—1.8万名“伊斯兰国”武装分子。②

（二）疫情下的西亚地区反恐形势

疫情之下，西亚地区反恐形势面临新变化，其主要体现在以下四个方面。

第一，地区国家减少反恐投入。在经济受到疫情重创的背景下，西亚各国将主要资源用于抗击疫情和经济复苏等方面，减少反恐投入成为疫情背景下西亚国家尤其是伊拉克、叙利亚、也门等冲突国家的现实选择。受油价下跌、政府更迭、民众抗议浪潮、教派冲突、美国从伊拉克撤军等因素的影响，2020年伊拉克反恐行动受限。伊拉克政府将原有的反恐资源转移至应对疫情和维护社会稳定上，大量军队、安全部队人员转而投入到抗击疫情的行动中。伊朗受国内疫情蔓延、美国追加制裁的影响，也被迫缩减海外军事力量，地区反恐行动被搁置导致恐怖组织乘乱复苏。

第二，疫情影响反恐情报收集。恐怖组织盘踞的山区、沙漠和农村地区地形复杂、气候多变，部落长老通常是反恐行动倚重的本地情报资源。例如，也门的部落长老反对“伊斯兰国”和“基地”组织的暴力极端意识形态，依靠个人权威限制部落成员参与恐怖组织的活动，在限制当地恐怖组织的影响力方面发挥着重要作用。③老年人的新冠肺炎感染率高于其他年龄段群体，疫情蔓延扩散至医疗资源和卫生基础设施匮乏的冲突地区后，年长的部落长老感染病毒的风险明显高于年轻人，而年轻人通常又是恐怖组织招募的主要对象。疫情对冲突地区的部落社会结构造成了冲击，

---

① 《联合国反恐副秘书长：2019冠状病毒危机凸显消除恐怖主义威胁方面面临的挑战》，联合国，2020年8月24日，https：//news. un. org/zh/story/2020/08/1065232。

② Michael Knights and Alex Almeida，“Remaining and Expanding：The Recovery of Islamic State Operations in Iraq in 2019 - 2020，” p. 23.

③ Mick Mulroy，Eric Oehlerich and Amanda Blair，“COVID - 19 & Conflict in the Middle East，” Middle East Institute，January 21，2021，https：//www. mei. edu/publications/covid - 19 - conflict - middle - east.

部落领导权威的丧失为恐怖组织利用权力真空招募成员和发动袭击提供了可能，也使得反恐行动在情报收集、遏制极端主义蔓延等方面面临挑战。

第三，美国反恐战略调整推动地区反恐格局演变。特朗普时期，“伊斯兰国”实体溃败是美国在西亚地区反恐的标志性成果。至此，美国反恐战略的重心从境外反恐转向境内反恐。与此同时，特朗普政府出台的国家安全战略和国防战略均强调国家间的战略竞争，美国全球战略的重点逐渐从反恐转向大国竞争。在此背景下，2020 年 3 月，美国领导的打击“伊斯兰国”国际联盟开始陆续撤离伊拉克，对部署在伊拉克的联军部队进行整体缩编，并将反恐任务移交给伊拉克军方。受此影响，西亚地区反恐面临外部支持有限、内部能力不足、反恐资源匮乏等现实挑战，恐怖主义仍有卷土重来的可能。

第四，疫情加剧社会不满情绪，滋生暴力和极端主义。疫情期间失业等经济社会危机引发的挫败感、焦虑感和孤独感，疫情蔓延、反复和隔离措施造成的安全感和归属感缺失，因政府抗疫不力、经济衰弱和政府腐败激增的民众不满情绪，为恐怖组织招募成员提供了心理基础，成为地区反恐的又一大挑战。疫情导致引发西亚北非局势动荡的各类社会积弊和民生问题再次叠加爆发，社会不满情绪以示威抗议活动和街头暴力形式宣泄，经济低迷、治理失败、腐败猖獗等现实问题仍是引发社会动荡和滋生暴力和极端主义的风险因素。西亚国家普遍面临的发展之困、治理之困仍是地区反恐需要解决的根源性问题之一。

2020年北非地区形势

赵　军*

【摘　要】

2020年受新冠肺炎疫情冲击，多数北非国家转型之路受阻。整个地区国家的政治、经济和安全等出现新的变化，多数国家固有的结构性矛盾变得尖锐。短期来看，北非地区不仅难以实现泛区域的长治久安和长足发展，而且部分国家仍然存在再次发生重大政治和安全危机的隐患。

【关键词】

北非地区　政治形势　经济形势　安全形势

2020年，北非国家并未发生改变地区格局的重大事变。政治上，地区国家或在寻求政治稳定，或在转型之路上缓慢前行；经济上，受新冠肺炎疫情冲击，多数地区国家经济增速大幅下滑甚至呈现负增长，固有的结构性经济矛盾较前更为突出，经济恢复的动力明显不足，经济改革和转型难度加大，民生问题更为突出；在安全领域，由政治、经济以及新冠肺炎疫情蔓延等因素的叠加影响，造成各类社会矛盾、社会犯罪以及恐怖主义活动等有所加剧，成为多数地区国家稳定的主要威胁。此外，利比亚内战的久拖不决及其引起的地区和国际博弈，苏丹内部冲突，则是影响该地区稳定的另一个重要因素。短期来看，北非地区不仅难以实现泛区域的长治久安和长足发展，而且部分国家仍然存在再次发生重大政治和安全危机的隐患。

* 赵军，上海外国语大学中东研究所副教授。

一、北非地区政治形势及其特征

按照政治稳定程度的粗线标准，北非六国大致可分为稳定型（埃及和摩洛哥）、较为稳定型（阿尔及利亚和突尼斯）、中度动荡型（苏丹）和深度动荡型（利比亚）四类。埃及和摩洛哥的政治稳定性较强，在过去一年中政治秩序受到的挑战相对有限，政府管控和处理危机的能力呈上升趋势；阿尔及利亚和突尼斯两国各派围绕权力分配的争斗不断，虽然政府的管控能力有待进一步提升，但仍能够保持政局相对稳定；苏丹过渡政权围绕权力分配以及同反政府武装力量的对垒，管控政治和社会危机的能力较弱；利比亚自卡扎菲政权倒台后，至今仍陷入军阀混战的局面，政治分裂状态依旧。

2019 年，埃及成功修宪，扫清了塞西总统继续连任制度的法律障碍。2020 年，埃及顺利举行了恢复两院制（参众两院）后的首次选举。新议会的运转使得政治反对派更趋弱势，即使反对党在议会中联合起来，也无法促成合法程序、组织有效的制约政府的决策和立法通过表决。而以激进组织穆兄会和以恐怖组织“伊斯兰国”西奈半岛分支等为代表的反政府极端势力，在埃及政府多年强力打击下，已基本失去了颠覆政权或发动社会力量有效对抗政府的能力。从对外关系实践看，2020 年埃及尽管受到尼罗河水资源争端和利比亚问题的困扰，但其奉行的多边平衡的实用主义外交政策取得不凡成果，基本实现了符合自身需要的重大国家利益，包括获取美国军事援助、实现在欧洲获取巨额债券融资及欧盟主要国家军事合作、积极争取到俄罗斯的核能与军事领域支持、加强同中国经贸产能与技术合作的同时争取到大量中国防疫抗疫的无偿援助等，以及成功推进并实施了非洲战略。需要指出的是，埃及国内政治存在的问题仍然值得注意，这在 2020 年议会选举的整个过程及其结果中有所反映，如选民政治参与度创历史新低，言论自由受到空前限制，祖国未来党“一党独大”的局面初步显现，政治伊斯兰力量参政议政的参与度更加弱化，立法机构受安全部门控制的趋势逐步彰显，等等。

2020 年，摩洛哥宗教和世俗等多派主要政治力量总体上支持王权，尽管政治民主派对改革缓慢和对政府的防疫抗疫措施落实颇有微词，但并未组织社会力量抗议政府。在此背景下，对内，国王延续前些年的做法，适当下放中央权力，平衡各派政治力量，坚持高压的反恐政策，加大解决社会民生问题的力度；对外，摩洛哥继续推进“积极防御性外交”，改善同周边国家关系，落实对拉美外交新战略，积极争取大国对本国防疫抗疫的支持等，政府的内外政策较好地提升了政治稳定性。但摩洛哥存在的结构性矛盾仍不容忽视，如王权与反对派政党之间的结构性矛盾始终存在，王权限制政治反对派的政治参与，导致反对派经常在议会向政府发难，使政府决策议而不决，甚至决而难行；另外，失业与贫困等社会民生问题久拖不决以及防疫抗疫中的腐败泛滥等，已成为2020年摩洛哥社会抗议的重要因素，这些均对政治稳定产生一定的负面影响。

阿尔及利亚的政治分歧依然严重，新政权受到的挑战贯穿全年。特本在接掌最高权力、顺利组阁后，由于始终未能有效回应国内抗议者要求的经济改革和政治愿景。成为影响2020年阿尔及利亚政局稳定的重要因素，也使得多重矛盾不断浮现：军政关系变得复杂，各政治派别的博弈并未收敛；新政府内外矛盾丛丛；军方与社会的矛盾日益突出，社会对军方控制政权的不信任感继续加深；执政党内部关系破裂，执政联盟分歧严重。第一大执政党“民族解放阵线”（简称“民阵”）领导人因政见分歧，不断分化组合，自立门户，严重影响内部团结。“民阵”与“民族民主联盟”（简称“民盟”）之间分歧日益凸显，使得总统与总理权力界限模糊，进而加深了政党政治的多方博弈。国际能源市场跌宕起伏、国际经济疲软导致国内外汇储备枯竭，财政政策紧缩加剧了政治矛盾，新冠肺炎疫情使得国内社会政策难以落实、经济恢复困难、失业率上升等，加深了民众对新政府不满，以和平抗议为主的群体性事件频发，加剧政治派别之间的新一轮争斗。短期来看，阿尔及利亚政坛“多重矛盾”的局面以及“不稳定特征”恐将长期持续，不排除新的重大政治危机的发生。

突尼斯政治改革困难重重，新政权难有良方。2019年10月，突尼斯政坛新人、独立候选人凯斯·赛义德当选总统后，使突尼斯的政治生态变得“更加复杂”。作为改革派的赛义德，积极倡导并尝试“直接民主”计划，即通过地方议会的关注来反映人民意愿，并赋予选民拥有随时推翻所选代表的权力。在相当程度上，该计划被视为对突尼斯现行政治制度和议会制度的否定，为2020年政治改革举步维艰埋下伏笔。2020年7月，总理埃利亚斯·法赫法赫因与议会最大党复兴运动党张力不断，被迫辞职，内阁危机由此拉开序幕。之后，赛义德提名内政部长希沙姆·迈希希为新总理人选，却引发了将近两个月的政治和宪法辩论，虽然总统力挺迈希希获得议会通过，却遭到包括突尼斯复兴运动党在内的多个政党的反对，并认为总统试图改变现行政治制度和限制议会作用。在迈希希新内阁宣布将专注于“行动和效率”的余音未散之际，新政府就因应对民生、安全以及防疫等问题乏力而四面楚歌，以致于赛义德总统在 2020 年 12 月 25 日宣布，突尼斯全国进入紧急状态（2020 年 12 月 26 日延长 6 个月至 2021 年 6 月 23 日），并在 2021 年 1 月 2 日透露进行内阁改组。可以预见，突尼斯政治仍将在总统推进政治改革与议会守成的拉锯战之中前行。

苏丹过渡政府实现了多面政治突破，但政治重建仍然任重道远。在国内政治方面，苏丹过渡政府与主要反政府武装“苏丹革命阵线”达成和平协议，为政治重建扫除了一个重要障碍；在对外关系中，美国将苏丹从“支恐国家”名单上移除，苏丹终于摆脱了这副被强加多年的沉重枷锁。尽管如此，苏丹政治重建问题并未得到根本解决，未来仍然充满着较大的不确定性。首先，过渡政府内部关系更趋复杂，国家和地方政府内部权力分配将更加不平衡，政局不稳定性增大，具体表现在：随着和平协议的签署，反政府武装加入主权委员会、内阁和议会等政府机构，使得各政治派系关系更趋复杂；执政联盟内部各派系之间的权力斗争日趋激烈；在进入过渡政府由文官领导主权委员会阶段，军方和文官实力对比将会发生根本变化。此外，过渡政府推进组织机构和司法等领域改革在某种程度上激化了与前政权支持者的矛盾。其次，各类群体性事件增多，加剧社会动荡，威胁过渡政府合法性。随着经济危机持续恶化，苏丹民众不满情绪高涨，不满对象逐渐从前政权残留势力转移到过渡政府，导致过渡政府的公信力和合法性急剧下降。再其次，美苏关系正朝向正常化方向发展，虽然有助于改善苏丹国际困境，但又给苏丹挖了一个坑。美国国会通过的《苏丹过渡民主问责制和金融透明度法案》① 让美国拥有钳制苏丹和干涉该国内政的新工具。最后，苏丹政府与反政府武装之间签订的和平协议在执行中存在不确定因素。苏丹政府军和反政府签署的和平协议初步结束了双方紧张关系，但落实协议难度较大，如收缴武装人员和平民手中武器、反政府武装的整合与复原、难民和流民的回归、权力与财富分享条款的落实、将准

① 法案规定，美国会考虑重组甚至免除苏丹债务，提供过渡时期援助，开展经济合作等，但前提是苏丹平民政府对军队和安全部门实施更加严格的监管和财政控制，并需要获得美国认可。

军事部队和正规军合并的军队改革等等。在此过程中，各方关系将更加复杂，随时存在爆发冲突的风险。

利比亚政局仍是跌宕起伏，在希望和失望交替中上演政治戏码。在“柏林会议”达成解决危机的路线图后，联合国安理会随之通过第2510号和第2542号决议为其背书。但因利比亚“5+5”联合军事委员会谈判无果、联合国利比亚问题特别代表加桑·萨拉姆辞职以及新冠肺炎疫情等原因，联合国主导下的政治谈判中断数月。直到6月份利比亚战场形势出现逆转，谈判进程才重新开启，从突尼斯政治对话论坛、“开罗声明”到赫尔格达军事对话，实现了柏林会议确定的路线图，从军事、政治、经济三个路径快速推进：交战双方在日内瓦签署全面永久停火协议，商定于2021年12月24日举行利比亚议会和总统选举以及召开利比亚问题经济工作组会议。但是，接下来要想通过谈判，落实各项协议恐怕难度较大。首先，2020年利比亚各方之所以能够坐下来进行面对面谈判，更多是由于战场形势变化和外部压力所致，各派其实仍然缺少实现和解的政治意愿。如2020年底，哈夫塔尔就执行协议发出最后通牒：土耳其武装人员必须离开利比亚，否则国民军将动用武力；其次，禁止外部力量的强力介入。土耳其和埃及作为目前最直接、也是最主要的两个介入方，二者在利比亚问题上的争斗均不会轻易放弃。法国、德国、意大利为首的欧盟以及俄罗斯，还有卡塔尔、阿联酋以及沙特等阿拉伯国家，各自在利比亚都有着现实的战略目标或实际利益；美国尽管目前看似对利比亚问题介入不深，但美国借助联合国平台可以随时介入。最后，在利比亚谈判双方的内部，局势也同样颇为复杂。西部民族团结政府总理萨拉杰同内政部长巴沙赫之间的龃龉不断，反映着的黎波里与米苏拉塔之间的诸多利益冲突；而东部国民代表大会主席萨利赫与国民军领导人哈夫塔尔在共同利益的捆绑之外，也在不少问题上关系微妙，貌合神离。可以预见，由于国际社会的大力推动及施压，利比亚问题短期内仍将在政治解决的框架内辗转，[①] 但不会得到根本解决。

① 刘素云、陆隽弘、米春泽：《2020年的利比亚——徘徊在战争与和平之间》，http://m.news.cctv.com/2020/12/29/ARTIY8OP04z33qU7MpYRYgZK201229.shtml。

二、北非地区经济形势及其特征

2020年，受新冠肺炎疫情影响，北非地区国家总体经济增长下滑严重，地区经济总量下滑32%，多国经济收入严重缩水，经济恢复动力不足，多项核心经济指标低于预期，甚至出现负增长。

2020年，尽管旅游业、侨汇、苏伊士运河和石油工业等四大支柱产业都不同程度的缩水，但埃及仍是北非地区唯一一个GDP实现正增长的国家。埃及旅游业产值通常在国内生产总值的比重在13%～15%，直接或间接创造了全国12%的就业岗位。受新冠肺炎疫情冲击，2020年的旅游业收入仅为40亿美元（2019年为130亿美元），缩水70%；苏伊士运河的收入也略有下降，为56.1亿美元（2019年为58亿美元）；[①] 侨汇收入虽然1月和2月增长了33.6%，达52亿美元，但在4月至6月期间，侨民汇款减少了10.5%，为62亿美元，而2019年同期为69亿美元。[②] 2019/20财年（2019年7月—2020年6月）石油出口收入下降了31亿美元，从116亿美元降至85亿美元。[③] 2019/2020财年（2019年7月至2020年6月）埃及的非石油贸易赤字减少了20亿美元，为360亿美元。2020年全年吸引外国直接投资55亿美元，较2019年的85亿美元下降33%。[④] 2020年3月自新冠肺炎疫情在埃及传播后，埃及的失业率有所增加，从第一季度的7.7%飙升至第二季度的9.6%，[⑤] 直至第三季度才有所好转，降至7.3%。[⑥]

因受新冠肺炎疫情影响，全球石油市场价格下跌和各国采取封禁措施，阿尔及利亚国内经济出现了明显衰退，矿产业、化工业、贸易业等支

---

① 吴爱民：《苏伊士运河2020年实现56.1亿美元收入，为史上第三高》，http：//m. news. cctv. com/2021/01/04/ARTIgdWp5zw9oqGBLjD1CH9X210104. shtml。

② 中国驻埃及大使馆经商处：《2019－2020财年埃及侨汇为278亿美元，创历史新高》，http：//www. mofcom. gov. cn/article/i/jyjl/k/202011/20201103014576. shtml。

③ 中国驻埃及大使馆经商处：《2019－2020财年埃及国际收支赤字为86亿美元》，http：//eg. mofcom. gov. cn/article/jmxw/202012/20201203023757. shtml。

④ 中国驻埃及大使馆经商处：《2020年埃及吸引55亿美元外国直接投资》，http：//www. mofcom. gov. cn/article/i/jyjl/k/202102/20210203037049. shtml。

⑤ 中国驻埃及大使馆经商处：《2020年第二季度埃及的失业率达到9.6%》，http：//www. mofcom. gov. cn/article/i/jyjl/k/202008/20200802995018. shtml。

⑥ 中国驻埃及大使馆经商处：《埃及2020年第三季度失业率降至7.3%》，http：//www. mofcom. gov. cn/article/i/jyjl/k/202011/20201103018576. shtml。

柱产业遭到重创。根据阿尔及利亚国家统计局（ONS）公布的数据，2020年石油收入为220亿美元，其中包括20亿美元的石油制品，比2019年减少了110亿美元（-30%）。[①] 外汇储备从2020年初的620亿美元下降到8月份的570亿美元，平均失业率为11.4%。[②] 世界银行《2020年营商环境报告》显示，阿尔及利亚在190个经济体中排名第157位，营商环境相对较差。尽管特本政府通过《2021年财政法：实现经济融资来源的多元化》（*Fiscal Law* 2021：*Diversifying Sources of Economic Finacing*），试图实现碳氢化合物替代资源来实现经济融资来源的多样化，但短时间内恐难扭转经济的颓势。

尽管内部政治纷争不断，但突尼斯在面对新冠肺炎疫情对经济和金融市场的冲击，表现出较强的韧性，核心经济指标喜忧参半。根据突尼斯央行公布，截至2020年12月10日，突尼斯旅游业收入约为19亿第纳尔，同比下降64%。侨汇收入约为53亿第纳尔，同比上升10.8%。[③] 外汇储备保持稳定，截至2021年1月5日，外汇储备额上升至231亿第纳尔，同比增加38亿第纳尔。[④] 尽管经济总体欠佳，突尼斯2020年获得的净投资量却大幅上升，比2019年增长76%。其中，超过1500万第纳尔的投资项目有58个，其总额达到28.18亿第纳尔。工业投资类项目34个，总投资额16.88亿第纳尔，创造就业岗位9813个；可再生能源类项目12个，总投资额5.46亿第纳尔，创造就业岗位100个；服务类项目8个，总投资额2.5亿第纳尔，创造就业岗位2282个；旅游业项目4个，总投资额3.34亿第纳尔，创造就业岗位1296个。工业类投资项目主要集中在电子和机械制造业。[⑤] 基于此，国际信用评级机构穆迪继续将突尼斯长期本外币主权信用评级维持在B2级。2020年全球经济自由度指数排行榜中突尼斯获得

---

① 《阿尔及利亚：2020年石油收入220亿美元》，阿尔及利亚通讯社，2021年1月25日。

② Trading Economics，《阿尔及利亚》，https：//zh. tradingeconomics. com/algeria/unemployment-rate。

③ 中国驻突尼斯大使馆经商处：《突尼斯2020年度旅游收入下降64%》，http：//tn. mofcom. gov. cn/article/jmxw/202012/20201203024868. shtml。

④ 中国驻突尼斯大使馆经商处：《突尼斯外汇储备额突破230亿第纳尔》，http：//tn. mofcom. gov. cn/article/jmxw/202101/20210103029503. shtml。

⑤ 中国驻突尼斯大使馆经商处：《突尼斯2020年净投资量大幅上升》，http：//tn. mofcom. gov. cn/article/jmxw/202101/20210103029502. shtml。

55.8 分，较 2019 年提高 0.4 分，在参评的 180 个国家中位列第 128 位。①总体来看，突尼斯新政权在过去一年中最为突出的经济政策是对产权的保护有明显改善，但官僚主义盛行、国家政策朝令夕改、企业融资困难等仍是限制经济自由的主要因素。

苏丹的经济形势较前继续恶化。哈姆多克过渡政府于 2019 年 8 月成功组阁，但至今未能成功阻止本币苏丹镑贬值。2020 年的通货膨胀率从 1 月的 269.33% 飙升至 12 月的 304.33%。② 苏丹政府虽然已经实施了包括取消燃油补贴等多项经济改革措施，并争取到国际上的经济援助和债务减免，但仍无力回天，以致于 2020 年 12 月 9 日过渡主权委员会主席布尔汉表示，过渡政府最近一年在改善民生方面彻底失败。可以预见，短期内苏丹无法从根本上解决经济困难，更难以恢复经济造血能力。

2020 年，摩洛哥的财政赤字高达 824 亿迪拉姆（约 92.3 亿美元），约占该国 2019 年国内生产总值的 7.6%。摩洛哥高等计划署报告显示，收入方面，除了侨汇增长 3.9%（为 619 亿迪拉姆）外，大多收入均大幅下降。2020 年摩洛哥 GDP 增长 -7%。旅游业总收入为 308 亿迪拉姆，下降了 57.7%。外国直接投资净流量 138 亿迪拉姆，下降了 20%。③ 摩洛哥的失业率为 12.8%，失业人数达 142.9 万人，较 2019 年增加 32.2 万人。截至 2020 年 12 月 25 日，摩外汇储备存量为 3166 亿迪拉姆，同比增长 25.9%。为有效抵御经济下滑，摩洛哥一方面争取国际支持，如 2020 年，欧洲投资银行（BEI）对摩提供融资总额达到 6.17 亿欧元，是 2019 年的两倍，旨在帮助摩洛哥有效抵御新冠肺炎疫情；④ 另一方面，积极进行改革和自救，如启动 2021 ~2025 年的工业加速计划 2.0、通过新的财政法案等。

2020 年利比亚 GDP 为 52.08 亿美元，收入大幅度下滑，增长率为 -60.3%，是后卡扎菲时期经济最为糟糕的年度之一，年度石油收入仅 24.1

---

① 中国驻突尼斯大使馆经商处：《2020 年全球经济自由度指数：突尼斯位列 128 位》，http：//tn.mofcom.gov.cn/article/jmxw/202010/20201003007908.shtml。

② 《北非动态·苏丹》，网易，2021 年 2 月 24 日，https：//www.163.com/dy/article/G3KNOOGU053461TM.html。

③ 中国驻摩洛哥大使馆经商处：《摩外汇储备存量同比增长 25.9%》，http：//ma.mofcom.gov.cn/article/jmxw/202101/20210103029050.shtml。

④ 中国驻摩洛哥大使馆经商处：《2020 年欧洲投资银行向摩洛哥提供 6.17 亿欧元融资》，http：//ma.mofcom.gov.cn/article/jmxw/202103/20210303044026.shtml。

亿第纳尔。[①] 国际劳工组织公布的数据显示，利比亚2020年的失业率仍然高居不下，从2019年的18.56%升至2020年的18.62%。[②] 不难预见，因新冠肺炎疫情失控、战乱不断以及国际能源价格等多重因素影响，利比亚经济很难恢复，且取决于政治重建速度。

三、北非地区安全形势特点

北非地区国家结构性社会矛盾并未根本改观，民生问题依然突出。2020年，新冠肺炎疫情、大国在北非地区的博弈、尖锐的社会矛盾以及极端主义和恐怖主义及其相互作用等，深刻影响着地区安全。

首先，新冠肺炎疫情的肆虐造成大量人员死亡。北非国家普遍缺少足够的抗疫防疫能力和不当的防疫抗疫措施，造成疫情并未得到有效遏制，仍在不断蔓延。据约翰斯·霍普金斯大学医学院公布的数据统计，截至2020年12月底，北非六国感染新冠肺炎病毒的人数接近百万，死亡人数接近3万多。[③] 随着各国复工复产、放松日常管制、开放国境等举措，以及这些国家医疗资源有限，尤其是获得和注射新冠肺炎疫苗的人群有限，短时期内该疫情恐将难以作到全面有效的遏制。

其次，多重因素叠加导致社会安全事件剧增。政治纷争持续不断，新冠肺炎疫情和经济不景气等因素，使得北非地区社会失望情绪日益蔓延，进入2020年以来，除个别国家外，多数国家的群体性事件、社会治安事件和暴力犯罪等社会安全事件频发。

根据NUMBEO数据，2020年阿尔及利亚社会犯罪指数为50.41，较往年明显上升。据ACLED数据统计，1月—8月，阿尔及利亚境内共发生各类社会安全事件共计48016起，其中和平抗议（24365起）事件最为高发。虽然和平抗议事件多以小规模群体为主体，但主要诉求不容忽视：质疑政府合法性、反对封禁措施、反对国家社会性政策（住房、医疗问题等），

---

① Trading Economics, "Libya GDP Annual Growth Rate (2000 - 2020) Data," https://tradingeconomics.com/libya/gdp - growth - annual.

② Trading Economics, "Libya Unemployment Rate," https://tradingeconomics.com/libya/unemployment - rate.

③ "Global Cases," Corona Virus Resource Center, Johns Hopkins University, https://coronavirus.jhu.edu/map.html.

要求支持财政补贴与增加就业。从地域分布看：阿尔及尔、贝贾亚、奥兰、布依拉等城市易发生群体性事件和治安犯罪事件；塔曼盖塞特、阿德拉尔、廷杜夫等西、南部区城市易发生爆炸/远程爆炸、骚乱等事件。其中，首都阿尔及尔成为社会治安犯罪行为的重灾区。首都安全部门表示，自疫情暴发以来，警察部门共计登记 9363 起各类犯罪案件，尤其是携带和使用刀具的暴力案件增加，累计发生该类案件 321 起，共逮捕 1418 人。①

与前些年相比，2020 年埃及境内各类涉及政权合法性的抗议活动、骚乱暴乱以及武装反政府行动等已大幅减少，且规模偏小。ACLED 数据显示，2020 年 1—12 月，埃及仅发生暴力与和平抗议活动 95 起，骚乱 15 起，② 造成这些事件的主要原因是极端主义骚扰、部落争夺资源、政府强力拆迁、新冠肺炎疫情违规、物价上涨等，而非前些年社会中的反政府政治力量所为。

2020 年，摩洛哥的群体性事件和社会犯罪活动有所增加。ACLED 数据统计，仅 2020 年 1—8 月，全国就发生了 750 起冲突事件（与 2019 年同期相比增加 140 起），其中包括 22 起骚乱事件（与 2019 年同期相比减少 2 起），抗议事件 726 起（与 2019 年同期相比增加 153 起），③ 主要是工人罢工、学生和教师罢课以及反对美国对巴勒斯坦政策等。2020 年，摩洛哥的跨境贩毒案件明显较多，1—7 月，摩警方和海关就查获 600 余千克毒品，抓获 2600 多名涉毒人员。④

虽然苏丹治安管制较为严格，但由于政局不稳、新冠肺炎疫情蔓延、本币大幅贬值、失业率飙升、经济危机和粮食危机等因素，民众对过渡政府的失望情绪普遍蔓延，游行示威和骚乱大幅度增加，谋杀、抢劫、盗窃、诈骗等重大刑事案件等社会犯罪行为增多。仅 1—7 月，苏丹全国就发生了 55 次暴力骚乱，268 起规模不等的社会抗议活动，造成数十人死亡，多人受伤。⑤

再其次，恐怖主义有所抬头，极端事件仍不容忽视。进入 2020 年以来，阿尔及利亚国内恐怖主义势力有所抬头，爆炸与电脑遥控暴力袭击事

---

① Arms Conflicts Location & Events Data, *Algeria*, https：//acleddata. com/data - export - tool/.

② Arms Conflicts Location & Events Data, *Egypt*, https：//acleddata. com/data - export - tool/.

③ Arms Conflicts Location & Events Data, *Morocco*, https：//acleddata. com/data - export - tool/.

④ *Chroniques*, https：//lematin. ma/journal/chroniques/.

⑤ Arms Conflicts Location & Events Data, *Sudan*, https：//acleddata. com/data - export - tool/.

件频发。ACLED 数据显示，2020 年 1—8 月，阿尔及利亚境内共发生爆炸 17217 起，① 其中多为不明武装人员对阿国士兵和军事基地投放简易爆炸物，主要集中于西南部阿德拉尔省、塔曼盖塞特省，北部提济乌祖省、谢里夫省等地区。

埃及极端安全风险整体有所降低，“伊斯兰国”等恐怖组织的活动范围已缩小至北西奈省，制造大规模恐袭的能力已大幅下降，但其活动能力仍不容小觑。ACLED 数据显示，2020 年“伊斯兰国”共制造 271 起恐怖袭击事件，造成 290 余人死亡，② 240 余名极端分子被军方和安全部门击毙。③

2020 年，摩洛哥较为成功地控制了从利比亚、叙利亚、伊拉克和突尼斯等地的回流人员，整个年度没有发生一起恐怖袭击事件，但潜在风险仍然不可忽视。2020 年 9 月 10 日，摩中央司法调查局在丹吉尔、提夫莱特、泰马拉、斯希拉特等地同时开展行动，共抓捕 5 名嫌疑人，并缴获炸药、电子设备、刀具、弹药等物资。这些嫌疑人深受“伊斯兰国”极端思想影响，计划在摩洛哥一些重要场所发动恐怖袭击。

突尼斯自 2015 年因恐怖主义泛滥而宣布全国进入紧急状态以来，政府多次延期至今，但仍未能彻底根除恐怖主义活动。2020 年 9 月 6 日，3 名恐怖分子驾驶一辆汽车在距突尼斯首都 140 千米的苏塞省冲撞突尼斯国民警卫队的巡逻队，造成 1 名安全人员死亡，另有 1 人受伤，3 名恐怖分子在交火中被打死。④

虽然苏丹近十年来未遭到较大规模的恐怖袭击事件，但是“伊斯兰国”和“基地”组织以及其他一些恐怖组织经常将苏丹作为成员招募的理想之地和过境点。2020 年苏丹境内虽然未遭到暴恐袭击，但政府成功捣毁了多处极端分子窝点。8 月 19 日—9 月 13 日，军警部门在喀土穆尼罗河东岸地区捣毁了一个恐怖组织的多个窝点，抓获该组织 41 名成员，并缴获 3000 多枚雷管、约 1000 枚导爆索及其他爆炸物。⑤

盘踞在利比亚的“伊斯兰国”组织，自 2016 年 5 月被民族团结政府

① Arms Conflicts Location & Events Data, *Algeria*, https: //acleddata. com/data - export - tool/.

② Arms Conflicts Location & Events Data, *Egypt*, https: //acleddata. com/data - export - tool/.

③ Arms Conflicts Location & Events Data, *Egypt*, https: //acleddata. com/data - export - tool/.

④ 《以汽车冲撞巡逻队，突尼斯一安全人员遭恐袭死亡》，2020 年 9 月 7 日，http: //m. news. cctv. com/2020/09/07/ARTIB1lt4oY2JcmLJxTGprcU200907. shtml。

⑤ Arms Conflicts Location & Events Data, *Sudan*, https: //acleddata. com/data - export - tool/.

武装驱逐出了沿海城市苏尔特后，“伊斯兰国”大部分活动转移到了南部沙漠地区的费赞，虽然实施的成功恐袭活动不多，但该组织借助新冠肺炎疫情在当地招募人员与建立的庞大人口基地和非法商品贩运网络不容忽视。

最后，地区热点问题仍是地区稳定的重大威胁。利比亚内战、苏丹政局动荡、东地中海资源争端以及埃及同埃塞俄比亚的水资源争端等问题本身和域外大国的介入都持续影响该地区的安全环境，对地区安全与和平发展带来非常不利的影响。其中，苏丹和利比亚问题最为典型。苏丹局部地区的族群冲突、政府和反政府武装冲突此起彼伏，2020 年达尔富尔地区族群冲突有再次加剧的势头，极端暴力事件时有发生，造成大量人员伤亡。ACLED 数据显示 2020 年 1—7 月，仅达尔富尔地区、西科尔多凡州、南科尔多凡州和喀土穆州等地区各类极端事件就多达数百起，其中包括 146 起武装袭击 81 起武装冲突战斗 6 起炸弹爆炸（手榴弹、遥控炸弹、枪榴弹等）和 2 起暗杀，涉及政府与反政府武装冲突，各省部族民兵与不明身份武装之间的冲突，以及极端分子袭击平民等，至少造成 670 人死亡。[①] 利比亚问题不仅牵涉到该国内部的安全，还牵扯到外部势力介入及其外溢问题带来的负面影响。民族团结政府和支持它的武装控制首都的黎波里等西部地区，国民代表大会与哈利法·哈夫塔尔领导的“国民军”结盟，控制东部和中部地区、南部主要城市及部分西部城市。民族团结政府获得联合国承认并得到土耳其和卡塔尔等国支持，“国民军”则获得沙特、阿联酋、埃及、俄罗斯和法国等国支持。2019 年 4 月利比亚东部武装力量“国民军”发起的黎波里争夺战以来，与政府军交火并陷入对峙，虽在 2020 年 10 月已签署停火协议，但在推进协议实施进程中，双方敌意难消，规模不等的冲突仍然此起彼伏。据联合国利比亚援助团统计数据，在 2019 年 4 月 1 日至 2020 年 3 月底，记录在册的至少有 356 名平民在战争中丧生，329 名平民受伤。冲突造成约 15 万人逃离家园，34. 5 万人生活在交战前线地区，至少有 74. 9 万人受到各类冲突的深刻影响，至少有 89. 3 万人急需人道主义援助。[②]

---

① Arms Conflicts Location & Events Data, *Sudan*, https://acleddata.com/data-export-tool/.

② "UN Calls for Cease-fire in Libya on Anniversary of Armed Conflict," *Xinhua News Agency*, April 5, 2020, http://www.xinhuanet.com/english/2020-04/05/c_138948063.htm.

2020 年中国中东外交

刘胜湘　李云鹏*

【摘　要】

2020 年中国中东外交稳步推进，中国与中东国家的政治沟通、经贸往来、安全合作以及人文交流等取得了不俗的成绩。虽然突如其来的新冠肺炎疫情给合作交往造成了极大不便，但中国与中东国家克服障碍，在抗疫过程中守望相助、携手前行。其中，中国在自身仍然面临一定抗疫压力的情况下，力所能及地向中东国家提供了包括抗疫物资、派遣医疗专家队和新冠疫苗等形式的援助，还与中东国家分享抗疫经验和技术，并就此展开深入合作，展现了负责任的大国担当和“共商共建共享”的全球治理理念，有助于中国—中东卫生健康共同体和命运共同体的构建。虽然由于中东地区内外势力相互作用等原因，中国在处理与相关中东国家的关系时面临不少困难和挑战，但总的来说，在可预见的未来，中国的中东外交依然前景可期。

【关键词】

中国中东外交　抗疫合作　成就　挑战　中国—中东命运共同体

2020 年中国中东外交呈现出了新的发展态势，各领域、各层级的交往和合作进一步深化和拓展，并取得了不俗的成就，尤其是中国与中东在抗疫方面的合作更是异彩纷呈，体现出中国中东外交作为负责任的大国的外交理念。展望未来，虽然在处理相关地区事务时会面临各种各样的难题，但中国中东外交的前景依旧可期。

---

* 刘胜湘，上海外国语大学中东研究所教授；李云鹏，上海外国语大学国际关系与公共事务学院、中东研究所 2020 级外交学专业博士研究生。

一、中国中东外交实践的新发展与成就

2020 年是中国中东外交不平凡的一年，突如其来的新冠肺炎疫情对中国与世界的交往产生了不小的阻碍，是对中国与中东国家和地区关系的一次重大考验。2020 年也是中东剧变的第 10 年，因为诸多因素相互交织和影响，中东国家仍然有诸多棘手难题需处理。不过，中国始终秉持人类命运共同体理念，与包括中东地区在内的国际社会保持紧密合作，加强高层政治沟通，及时分享疫情相关信息，携手共进，并力所能及地为中东地区的人民提供抗疫帮助，双方各层级的互信也在抗疫合作中得到进一步提升。

（一）政治引领稳步向前

政治上，中国与中东国家相互理解，在对方的核心关切问题上彼此支持，在抗疫过程中也保持频繁的沟通，体现出了中国与中东国家期望继续携手同行的决心。

2020 年 1 月 8 日，王毅部长的新年首访首站就选择了埃及。在他与埃及总统塞西的会面中，双方均表示将加强中埃全面战略伙伴关系、深化反恐和“去极端化”交流、支持对方在中东地区发挥更重要的作用。[①] 新冠肺炎疫情在全球扩散后，中国领导人在不同场合以不同方式表达了中国对多边主义、国际组织和全球团结协作抗疫的支持。5 月 18 日，习近平主席在第 73 届世界卫生大会视频会议开幕式上发表重要讲话。他在讲话中提出 6 点重要建议，并宣布了包括“中国新冠疫苗研发完成并投入使用后，将作为全球公共产品”在内的 5 项重要举措，[②] 为处在抗疫吃紧时期的各国注入了一剂强心剂。6 月 17 日，在中非合作论坛成立 20 年之际，习近平主席在中非团结抗疫特别峰会发表重要讲话，强调中非要坚定不移携手抗击疫情、推进中非合作、践行多边主义、推进中非友好，并提出了一系列

① 《埃及总统塞西会见王毅》，http://www.xinhuanet.com/silkroad/2020－01/09/c_1125437470.htm。

② 《习近平在第 73 届世界卫生大会视频会议开幕式上的致辞（全文）》，http://www.xinhuanet.com/politics/leaders/2020－05/18/c_1126001593.htm。

重要主张和倡议，[①] 指明了中非抗疫的合作路径，擘画了中非友好关系的方向。[②] 国际社会也普遍赞赏中国在此次峰会中提出的倡议和主张。[③] 7月初，中阿合作论坛第九届部长级会议中阿就深化双方战略伙伴关系和打造中阿命运共同体等议题达成了广泛共识，取得了多项成果，一致强调多边主义的重要性。此外，阿拉伯国家还在会议达成的《安曼宣言》中强调支持中国在香港问题上的立场，支持中国采取预防性反恐措施和“去极端化”努力等。[④] 不仅如此，在有效落实《中阿合作论坛2018年至2020年行动执行计划》的基础上，中阿双方又制定了《中阿合作论坛2020年至2022年行动执行计划》，对中阿多个领域的合作进行了规划。[⑤] 同时，在发布于中阿合作论坛第九届部长级会议的《中国和阿拉伯国家团结抗击新冠肺炎疫情联合声明》中，中国表示愿意“继续向阿拉伯国家提供抗疫物资、分享抗疫经验。”[⑥] 7月22日，在中沙建交30周年之际，习近平同沙特国王萨勒曼互致贺电。习近平表示，中国愿意推进共建“一带一路”倡议和“2030愿景”对接，充实两国关系战略内涵，并造福两国和两国人民。萨勒曼则强调沙特在应对疫情上与中国有着相近或相同的看法，并期待与中国展开更多合作，推动实现地区和世界的安全与稳定。[⑦] 9月9日，习近平与沙特国王萨勒曼通电话，双方领导人均表示重视双边战略伙伴关系，愿加强中沙在抗疫方面的合作并推动“一带一路”倡议与“2030愿

---

① 《习近平在中非团结抗疫特别峰会上的主旨讲话（全文）》，http://www.xinhuanet.com/politics/leaders/2020-06/17/c_1126127508.htm。

② 《中非团结抗疫特别峰会联合声明（全文）》，http://www.xinhuanet.com/world/2020-06/18/c_1126127581.htm。

③ 参见《中非为国际抗疫合作树标杆（国际论道）》，http://paper.people.com.cn/rmrbhwb/html/2020-06/22/content_1993562.htm；《综合消息：凝聚团结抗疫共识 打造更加紧密的中非命运共同体——非洲国家领导人、国际组织负责人和多国专家积极回应习近平主席在中非团结抗疫特别峰会上的主旨讲话》，http://www.xinhuanet.com/politics/leaders/2020-06/18/c_1126127605.htm。

④ 《中阿合作论坛第九届部长级会议在20大领域共达成107项合作举措》，http://www.xinhuanet.com/world/2020-07/07/c_1126208314.htm。关于《安曼宣言》具体内容，参见《中国—阿拉伯国家合作论坛第九届部长级会议安曼宣言》，http://www.chinaarabcf.org/chn/lthyjwx/bzjhywj/djjbzjhy/t1805168.htm。

⑤ 《中国—阿拉伯国家合作论坛2020年至2022年行动执行计划》，http://www.chinaarabcf.org/chn/lthyjwx/bzjhywj/djjbzjhy/t1805170.htm。

⑥ 《中阿合作论坛第九届部长级会议在20大领域共达成107项合作举措》，http://www.xinhuanet.com/world/2020-07/07/c_1126208314.htm。

⑦ 《习近平同沙特国王萨勒曼就中沙建交30周年互致贺电》，http://www.xinhuanet.com/politics/leaders/2020-07/22/c_1126271178.htm。

景”的对接。[①]

（二）经济合作向好

中国与中东国家克服了因为新冠肺炎疫情扩散而造成的困难并取得了一定经济成效。

2020年5月底，“由我国电站设备制造业重点企业哈电集团总承包的‘一带一路’重大项目——阿联酋迪拜哈斯彦4×600MW清洁燃煤电站项目1号机组一次并网成功”。该电站不仅是中东地区首个清洁燃煤电站，其并网发电也标志着世界上第一个能实现双燃料满负荷供电的电站建设取得了重大突破。[②] 这也是中国企业参与中东电力项目建设历史上的一个里程碑。7月初，中阿合作论坛第九届部长级会议发布了《论坛2020年至2022年行动执行计划》，该计划不仅规划了中阿双方务实合作、共同发展路径，并在政治、经济、能源等20大领域总共达成107项合作举措，还“决定近期推动中阿合作重点向复工复产、稳就业保民生方向倾斜，开辟必要人员往来快捷通道，深化产业链供应链合作等。”[③] 中国还创新合作模式，把同中东国家的人文交流与经贸合作、民生就业议题结合起来。例如，在签署《关于将汉语纳入埃及中小学作为选修第二外语的谅解备忘录》时，中国驻埃及大使廖力强表示：“中方还将把中国企业参与苏伊士运河经济开发区建设与用工人才培养进行一体规划，通过‘语言教学、职业培训、市场就业’三位一体的链条式合作模式，使汉语教学更好服务埃及民生建设和经济繁荣。”[④] 2020年11月18日，中国沙特塑胶新材及电子光学产业制造基地项目启动仪式在沙特东北部朱拜勒（Jubail）工业城举行，这意味着中沙两国的国际高科技产能合作项目正式落地。[⑤]

---

① 《习近平同沙特国王萨勒曼通电话》，http：//www. xinhuanet. com/politics/leaders/2020－09/09/c_1126474289. htm。

② 《迪拜哈斯彦清洁燃煤电站成功并网发电》，http：//www. xinhuanet. com/energy/2020－06/01/c_1126057424. htm。

③ 《中阿合作论坛第九届部长级会议在20大领域共达成107项合作举措》，http：//www. xinhuanet. com/world/2020－07/07/c_1126208314. htm。

④ 《汉语教学将纳入埃及中小学教育大纲》，http：//www. xinhuanet. com/world/2020－09/08/c_1126467366. htm。

⑤ 《中沙国际产能合作迎来高科技项目落地》，http：//www. xinhuanet. com/world/2020－11/19/c_1126761838. htm。

（三）民间交往增质提效

语言的障碍、社会体制的差异和山川的阻隔阻挡不了中国与中东国家的深厚友谊。突如其来的疫情给中国与中东地区双方人民的面对面交往造成了巨大不便，但这并没有对双方的人文交流造成实质性的损害。双方不仅在文化交流上扩展了原有的内容，也在抗疫过程中肝胆相照、携手合作、共渡难关。

2016年，阿联酋阿布扎比王储穆罕默德提出希望在阿联酋全境100所中学开设中文课程，中阿两国于2019年7月签署将中文纳入阿联酋中小学教育体系的谅解备忘录后，短短4年时间里，就取得了丰硕的成果。例如，2020－2021学年度，有119所公立学校开设了中文课程，在岗中文教师达到210名，中文学习人数则达到了31538人，占公立学校在校学生总数的10%。中文也正式进入阿联酋国民教育体系，阿联酋也成为第一个将中文纳入国民教育体系的阿拉伯语国家。[①] 2020年9月1日，第一所在中国境外提供K－12教育的中文课程学校在迪拜开学。这所学校由中国政府资助，最初将提供高达5个年级的课程，并以非营利方式运作，为身在迪拜的中国孩童提供高质量的基础教育。除学习中国的全国统一课程外，这里的学生还将学习阿拉伯语以及基于阿联酋国家课程的伊斯兰研究和道德教育研究。[②] 同时，埃及也于2020年9月7日与中国签署谅解备忘录，“将中文纳入埃及中小学课程，作为选修第二外语，这标志着埃及正式将中文教学纳入该国中小学教育体系。中文也成为继法语、德语、西班牙语和意大利语之后又一门可供埃及中小学生选修的外语。”[③]

抗疫方面，不仅是在政府层面，中国民间也积极行动，为中东国家抗疫贡献自己的力量。据了解，2020年3月底，土耳其中资企业总商会向当地共捐赠了65200个口罩、10000个手术头套和5000件手术服。[④] 同一时

① 《中文之花在沙漠盛开——阿联酋中文教学项目取得丰硕成果》，http：//cn. chinadaily. com. cn/a/202012/22/WS5fe1977ba3101e7ce9736b45. html。

② “First Chinese public school outside China opens in Dubai,” *Gulf News*, September 1, 2020, https：//gulfnews. com/uae/first－chinese－public－school－outside－china－opens－in－dubai－1. 73559591.

③ 《中埃签署谅解备忘录 将中文纳入埃及中小学教育体系》，http：//news. cri. cn/20200908/3c71fb48－1f72－78f0－3f69－8fa12a4ec091. html。

④ 《土耳其中资企业和华人华侨向土捐赠医用物资》，http：//world. people. com. cn/n1/2020/0325/c1002－31648274. html。

间，中国阿里巴巴基金会向巴基斯坦输送了 50 万个外科口罩和 5 万个 N95 呼吸器。[①] 同时，它还向包括阿尔及利亚在内的非洲国家捐赠了防护服、防护面罩、额温枪和手套等防疫物资。[②] 此外，“携程、稻草人旅行和怡宝等上海企业共向伊朗捐赠了超过 50 万只口罩，上海市四川商会共向伊朗捐赠了 22 万只口罩。”[③] 不仅如此，不少中国民众和公司也向伊朗驻华大使馆捐款捐物。[④]

二、中国中东抗疫合作

抗疫合作扩展了中国与中东国家的合作范围，为双方的关系注入了新内容和新动力，也部分缓解了因疫苗短缺而引起的分配不平等问题。人类、团结、携手、公开、透明、分享、合作、担当与作为，是中国与中东国家和地区在抗疫合作过程中的关键词，也凸显人类命运共同体和卫生健康共同体理念。

（一）守望相助，中东国家助力中国抗疫

由于庞大的人口和复杂的国情，中国做出巨大牺牲并控制住疫情本身就是对世界稳定和安全的贡献。在某些西方国家对中国应对新冠肺炎疫情的举措提出质疑的时候，中东国家不仅给予中国物质上的援助，也保持了战略定力，不盲目跟风唱衰中国的抗疫措施，并予以中国道义上的支持。

2020 年 2 月 4 日，在与中国外交部长王毅通话时，沙特外交大臣费萨尔（Faisal bin Farhan）充分肯定了中国为防控疫情而采取的有力措施，高

① “China sends tonnes of medical aid to Pakistan to fight COVID – 19,” *Gulf News*, March 27 2020, https://gulfnews.com/world/asia/pakistan/china – sends – tonnes – of – medical – aid – to – pakistan – to – fight – covid – 19 – 1.70663601.

② 《驻阿尔及利亚大使李连和就有关抗击新冠肺炎问题接受 <消息报> 专访》，https://www.fmprc.gov.cn/web/wjdt_674879/zwbd_674895/t1771705.shtml。

③ 张丹丹、孙德刚：《患难与共：中国对中东国家的抗疫援助》，中国社会科学网，http://ex.cssn.cn/zx/bwyc/202004/t20200416_5114833.shtml。

④ 王南：《伊朗媒体：中伊共情抗击新冠疫情》，中国社会科学网，http://iwaas.cass.cn/xslt/zdlt/202005/t20200529_5135785.shtml。

度赞赏中国在疫情防治工作中体现出的责任感。[①] 同月 6 日，在与习近平通话时，沙特国王萨勒曼也表示高度赞赏中国政府为应对疫情采取的有力措施。他还强调“沙方高度重视同中国的全面战略伙伴关系，在任何情况下都将同中方坚定地站在一起。在当前中国面临困难之际，沙方愿全力以赴，向中方抗击疫情提供支持和帮助。”[②] 4 月 10 日，在同王毅通电话时，阿联酋外交与国际合作部长阿卜杜拉（Sheikh Abdullah Bin Zayed）表示中国的防疫举措取得了巨大成功，并为各国树立了标杆，给世界人民带来了希望，如果没有中国的努力与贡献，病毒在世界扩散的状况将会更糟。[③]

在中国面临新冠肺炎疫情传播所带来的巨大压力时，不少中东国家在第一时间提供了力所能及的帮助。例如，阿尔及利亚成为了首批向中国提供紧急医疗物资援助的国家之一。2020 年 2 月 2 日，阿方紧急派包机驰援武汉 50 万个外科医用口罩、30 万副医用手套和 2 万副医用护目镜，[④] 可谓雪中送炭。同一天，阿联酋迪拜的哈利法塔三次亮灯，为武汉加油。[⑤] 同月 3 日，伊朗外交部长（Mohammad Javad Zarif）与王毅部长通电话，扎里夫在电话中对中国果断、负责任的抗疫举措表示赞赏，强调坚决反对某些西方国家趁人之危的做法，并表示伊朗已向中国提供了一定数量的急需医疗物资，还愿继续提供援助。在第二天，他还连发两条中文推文表示伊朗坚定与中国站在一起。[⑥] 扎里夫也因此成为全球第一个公开声援中国的外长。科威特也在同一时间向中国援助了 800 万只口罩。[⑦] 同年 3 月 2 日，埃及卫生和人口部部长扎耶德（Hala Zayed）访问中国，向面临巨大抗疫压力的中国赠送了 100 万只医用口罩。同时，她也表示埃方愿与中方保持沟

---

① 《王毅同沙特外交大臣费萨尔通电话》，http：//www. xinhuanet. com/world/2020 – 02/04/c_1125529481. htm。

② 《习近平同沙特国王萨勒曼通电话》，http：//www. xinhuanet. com/politics/leaders/2020 – 02/06/c_1125540042. htm。

③ 《阿联酋外长盛赞中国抗疫壮举和贡献》，https：//www. fmprc. gov. cn/web/wjbzhd/t1768528. shtml。

④ 《望海楼：同心抗疫 命运与共》，http：//theory. people. com. cn/n1/2020/0616/c40531 – 31748160. html。

⑤ 《迪拜塔点亮五星红旗 为武汉加油 为中国人加油！》，http：//news. cri. cn/20200203/5da6b28e – 3ef7 – fcb7 – 2b76 – c3f95ecf2b73. html。

⑥ 《伊朗外长支持中国抗疫举措：与美国趁人之危相比，中国更负责任、更成功》，ht-tps：//3w. huanqiu. com/a/c36dc8/9CaKrnKpbHx？ agt = 24。

⑦ “Coronavirus：China requests 145m masks from Egypt，” Middle East Monitor，February 5 2020，https：//www. middleeastmonitor. com/20200205 – coronavirus – china – requests – 145m – masks – from – egypt/.

通协调，学习借鉴中方抗疫经验。[①] 此外，沙特也在第一时间向中国提供了多批物资援助。[②] 不仅如此，包括阿联酋、巴基斯坦、巴勒斯坦、巴林、吉布提、沙特、突尼斯、土耳其、卡塔尔、毛里塔尼亚、科摩罗、摩洛哥和以色列在内的中东国家也向中国提供了抗疫亟需的口罩、手套、防护服、护目镜等物资和资金等援助。[③]

（二）报以琼琚，中国携手中东国家抗疫

当新冠肺炎疫情在中东国家呈现扩散之势后，中国秉持人类命运共同体理念，根据实际情况竭尽所能地为中东国家提供了抗疫所需的物资、技术，并通过云视频会议、派遣医疗专家组的形式与这些国家分享抗疫信息和经验（见表 1），从而让中东国家在抗疫过程中少走弯路，体现了维护人类生命安全与共同利益的信念，与部分西方国家截胡抗疫物资形成鲜明反差。

2020 年 2 月底，在伊朗暴发中东地区首例新冠肺炎病例后，中国政府就派出了一支由医学专家组成的志愿专家团前往伊朗，与相关部门和人员分享中国最新版的诊疗方案和防疫经验，协助该国抗击疫情，还带去了当时伊朗紧缺的新冠肺炎病毒测试试剂盒。[④] 2020 年 3 月中旬，中国红十字会总会向伊拉克捐赠了一套核酸检测实验室设备，包括两台 PCR 仪以及 5 万份核酸检测试剂。[⑤] 这有助于伊拉克提升其对新冠病毒的检测能力，达

---

① 《埃及向中国赠送 100 万只医用口罩》，俄罗斯卫星通讯社，http：//sputniknews. cn/society/202003031030916711/。

② 《习近平同沙特国王萨勒曼通电话》，http：//cpc. people. com. cn/n1/2020/0328/c64094 - 31651945. html。

③ 参见《患难见真情！国外援助中国抗疫物资清单》，http：//www. xinhuanet. com/2020 - 03/07/c_1125677649. htm；《这个岛国捐 100 欧元支持中国抗疫》，俄罗斯卫星通讯社，http：//sputniknews. cn/china/202002121030633336/；《卡塔尔航空运送 300 吨物资支援中国抗疫》，http：//news. cri. cn/20200222/f85d4304 - 3e20 - fe43 - e4f3 - 16cbe4e2a04d. html；《驻毛里塔尼亚大使张建国：中毛同行，携手抗疫》，中国外交部网站，http：//new. fmprc. gov. cn/web/dszlsjt_673036/t1764393. shtml；《通讯：特拉维夫市政大楼点亮五星红旗为中国抗疫加油》，http：//www. xinhuanet. com/world/2020 - 02/12/c_1125564038. htm；《中国驻摩洛哥使馆政务参赞茅俊：疫情时期全天候做好领事保护工作》，http：//news. cri. cn/20200509/e1d1a510 - 577f - d3ff - ee77 - cc16be1fd0c1. html。

④ 《投我以木桃，报之以琼瑶——中国助力中东各国抗击疫情手记》，http：//www. chinanews. com/cj/2020/04 - 22/9164931. shtml。

⑤ 《通讯：中国专家组在伊拉克做了三件事》，http：//www. xinhuanet. com/world/2020 - 03/18/c_1125730894. htm。

到早检测、早隔离、早诊断、早治疗的目的。4 月 2 日，由中国政府和马云公益基金会等援助的防疫物资运抵阿富汗首都喀布尔，其中包括医用防护服、口罩、呼吸机等。[①] 同月 11 日，包括口罩和防护服在内的中国第二批援助塞浦路斯的医疗物资运抵纳卡机场。[②] 5 月 14 日，由重庆市人民政府和澳门特区政府共同选派的 20 名专家抵达阿尔及利亚，同机抵达的还有一批捐赠给阿方的医疗防护物资，包括医用防护服、口罩、护目镜等。[③] 5 月底，中国人民解放军向黎巴嫩军队援助一批抗疫物资，主要包括医用口罩、护目镜和防护服等，[④] 而在此前的 4 月 16 日，中国就已向黎巴嫩提供了包括核酸检测试剂盒和额温枪在内的防疫物资。[⑤] 同期，中国驻约旦大使馆向约旦捐赠了包括医用防护服、口罩、检测试剂等在内的防疫物资，[⑥] 体现出中国与黎巴嫩、约旦的深情厚谊。6 月 4 日，中国驻叙利亚大使馆向叙利亚捐赠了包括医用防护服、口罩、护目镜以及消毒用品等在内的一批防疫物资。[⑦] 早在 4 月中旬，中国就已经向叙利亚提供了第一批医疗援助。[⑧] 这对饱受战争、恐怖主义摧残且处于紧急卫生状态的叙利亚来说无疑是雪中送炭。同一时间，中国人民解放军通过空军飞机等方式向包括埃及、摩洛哥在内的国家提供防护服、医用口罩等防疫物资，[⑨] 体现了中国与两国同舟共济、共克时艰的精神。6 月 10 日，中国政府向巴勒斯坦派遣

---

① 《综合消息：中国向亚洲多国提供防疫援助》，http：//www. xinhuanet. com/world/2020 - 04/02/c_1125807265. htm。

② 《中方第二批援塞浦路斯医疗物资抵达拉纳卡机场》，http：//news. cri. cn/20200412/7861ced2 - c12b - 11f8 - 72df - 8c0b45bd1d0c. html。

③ 《中国抗疫医疗专家组抵达阿尔及利亚》，http：//www. xinhuanet. com/world/2020 - 05/14/c_1125986449. htm；《中国政府向阿尔及利亚派遣抗疫医疗专家组》，http：//www. chinanews. com/tp/2020/05 - 13/9183476. shtml。

④ 《中国人民解放军向黎巴嫩军队提供抗疫物资援助》，http：//www. xinhuanet. com/world/2020 - 05/28/c_1126046842. htm。

⑤ 《中国向黎巴嫩提供抗疫物资》，http：//www. xinhuanet. com/2020 - 04/16/c_1125866560. htm。

⑥ 《中国驻约旦大使馆向约旦捐赠一批防疫物资》，http：//world. people. com. cn/n1/2020/0601/c1002 - 31730175. html。

⑦ 《中国使馆向叙利亚捐赠防疫物资》，http：//www. xinhuanet. com/world/2020 - 06/04/c_1126075363. htm。

⑧ "China sends 2 boxes of aid to coronavirus hit Syria," Middle East Monitor, April 17 2020, https：//www. middleeastmonitor. com/20200417 - china - sends - 2 - boxes - of - aid - to - coronavirus - hit - syria/.

⑨ 《中国人民解放军向 20 国军队提供防疫物资援助》，http：//www. xinhuanet. com/politics/2020 - 06/05/c_1126079513. htm。

抗疫医疗专家组以帮助巴勒斯坦应对新冠肺炎疫情。[①] 而在 4 月 20 日，中国驻巴勒斯坦办事处就已经向巴方移交了一批抗疫医疗物资。[②] 不仅如此，中国还同以色列合作为巴勒斯坦人做冠状病毒紧急测试，[③] 部分地缓解了巴以双方的敌对情绪。6 月 10 日，中国政府向利比亚捐赠的抗疫物资运抵突尼斯首都突尼斯迦太基国际机场，并将于随后运至利比亚。[④] 同月 16 日，中国政府向巴基斯坦援助了包括检测试剂、N95 口罩、防护服和护目镜在内、总重达 68 吨的防疫物资。[⑤] 此前，中国就已经多次向巴基斯坦援助抗疫物资并派遣专业领域涵盖公共卫生、临床诊疗、心理辅导和中医药等方向的医疗专家组抵巴，还通过云视频会议分享抗疫经验。在这之后，中国又于 8 月 13 日向巴基斯坦援助 1000 台呼吸机，[⑥] 生动诠释了中巴友谊精神，加强了巴基斯坦战胜疫情的能力和信心。

此外，中国也跟中东地区的国际组织在抗疫问题上保持着密切合作，并向后者提供了其所需的帮助。12 月 9 日，中国外交部向阿拉伯国家联盟（League of Arab States）援助的第二批抗疫物资抵达埃及首都开罗，[⑦] 而中国此前就已向阿盟提供了 20 万只普通口罩和 9000 只 N95 口罩，[⑧] 以回报中东国家在中国抗疫最艰难时刻给予中国的支持。不仅如此，中国还通过援助抗疫物资、派遣抗疫医疗专家组或是云视频会议等方式向以色列、科威特、也门、阿曼、索马里、毛里塔尼亚、摩洛哥、科摩罗、塞浦路斯、巴林、吉布提、科威特、卡塔尔、突尼斯、阿联酋和土耳其等中东国家提供抗疫援助和分享抗疫经验。

---

① 《中国政府向巴勒斯坦派遣抗疫医疗专家组》，http://world.people.com.cn/n1/2020/0611/c1002－31742346.html。

② 《中国向巴勒斯坦移交一批抗疫医疗物资》，http://www.xinhuanet.com/2020－04/21/c_1125882514.htm。

③ 弗拉基米尔 · 费奥多罗夫：《中国和以色列共同努力，为巴勒斯坦抗新冠提供援助》，俄罗斯卫星通讯社，http://sputniknews.cn/economics/202004071031168529/。

④ 《中国政府援助利比亚抗疫物资运抵突尼斯》，http://www.xinhuanet.com/2020－06/12/c_1126103858.htm。

⑤ 《中国政府向巴基斯坦捐赠第六批抗疫物资》，http://www.xinhuanet.com/2020－06/16/c_1126122343.htm。

⑥ 《巴基斯坦接收中国援助的 1000 台呼吸机》，http://www.xinhuanet.com/world/2020－08/13/c_1126365058.htm。

⑦ 《中国外交部向阿盟捐赠第二批抗疫援助物资》，http://www.xinhuanet.com/world/2020－12/09/c_1126837929.htm。

⑧ 《中国外交部向阿盟捐赠抗疫援助物资》，http://world.people.com.cn/n1/2020/0706/c1002－31772392.html。

（三）疫苗支援，彰显地区大国担当

在中国研制疫苗成功并验证其有效性和安全性后，中国没有像某些重利轻义的国家那样因为资源稀缺而霸占疫苗，[①] 而是秉持生命至上的观念，将其当做公共产品，让中东国家搭便车，在国内仍面临一定需求压力的情况下，力所能及地为中东国家提供无偿援助，承担了负责任大国的义务，彰显了中国的大国胸怀，生动诠释了人类命运共同体理念，彰显了中国—中东构建人类卫生健康共同体的决心。

2021 年 2 月 23 日，中国援助埃及和阿拉伯国家联盟秘书处的疫苗运抵开罗。[②] 而早在 2020 年 12 月底，埃及就已经收到了来自中国的第一批 5 万剂疫苗，[③] 并于 2021 年 1 月 25 日起为该国的警察和军队的医护人员接种疫苗。[④] 2 月 24 日，中国政府援助的新冠疫苗抵达阿尔及利亚的卜利达省。[⑤] 2 月底，中国拟向科摩罗提供新冠疫苗援助。[⑥] 3 月 1 日，中国应黎巴嫩的请求准备向其援助 5 万剂新冠疫苗，[⑦] 以协助黎巴嫩应对疫情。这对中东相关国家和地区重启经济无疑具有不小的推动作用。此外，中国疫苗的研制也不像部分西方国家那样带有种族主义色彩地企图将发展中国家

---

① 例如，意大利在 2021 年 3 月初表示，已阻止 25 万剂阿斯利康新冠疫苗出口澳大利亚。其后，欧盟委员会主席冯德莱恩（Ursula von der Leyen）表示欧盟可能会叫停更多疫苗出口，参见《新冠疫苗交付量不足 欧盟或阻止更多疫苗出口》，https：//www. chinanews. com/gj/2021/03 – 09/9428077. shtml。

② 《中国援助埃及的首批新冠疫苗运抵开罗》，http：//world. people. com. cn/n1/2021/0223/c1002 – 32035063. html。

③ 《埃及收到第二批中国国药集团新冠疫苗》，https：//cn. chinadaily. com. cn/a/202102/23/WS6034e547a3101e7ce9740b8e. html。

④ 《埃及开始为医护人员接种中国国药集团新冠疫苗》，http：//www. xinhuanet. com/photo/2021 – 01/25/c_1127020430. htm。

⑤ 《中国援助的新冠疫苗运抵阿尔及利亚》，http：//www. xinhuanet. com/photo/2021 – 02/25/c_1127140171. htm。

⑥ 《科摩罗总统阿扎利感谢中国拟提供新冠疫苗等援助》，http：//km. mofcom. gov. cn/article/zxhz/202102/20210203041252. shtml。

⑦ 《中国将向黎巴嫩提供 5 万剂新冠疫苗援助》，http：//world. people. com. cn/gb/n1/2021/0302/c1002 – 32040114. html。

当做新冠疫苗实验室。[1]

中东国家无比信任中国疫苗的可靠性。2020年9月19日，阿联酋卫生和预防部长奥瓦伊斯（Abdul Rahman Bin Mohammad Al Owais）接种了由中国和阿联酋合作实验而研发的新冠疫苗，他还强调了该疫苗的安全性和有效性。[2] 而就在此几天前，阿联酋批准了对一线医务工作者紧急使用上述疫苗。这也从侧面说明阿政府对中国疫苗充满信心。同年11月初，巴林开始给本国的一线工作者接种中国研发的新冠疫苗。[3] 同一时期，土耳其与中国签署了从科兴生物科技有限公司购买5000万剂新冠疫苗的合同。[4] 2021年1月2日，埃及当局正式批准使用中国国药集团研发的新冠疫苗。[5] 1月13日，土耳其卫生部长科贾（Fahrettin Koca）在新闻发布会上表示："中国的疫苗是安全的，土耳其全国的医护工作者将从14日起开始接种中国疫苗。"科贾本人还和为抗击疫情而专门组建的科学委员会成员接种了（中国）疫苗，并进行了电视现场直播。[6] 这对鼓励民众接受中国疫苗的接种具有示范作用。同一天，阿尔及利亚政府表示将从中国采购新冠疫苗。[7] 1月21日，在同王毅通电话时，巴基斯坦外长库雷希（Shah Mahmood Qureshi）表示巴基斯坦已批准中国国药集团疫苗紧急使用授权，还强调将

---

① 2020年4月，两位法国顶级的医学专家在电视上表示正在研发中的新冠疫苗应首先在非洲进行测试，其中一名专家甚至还将非洲人与妓女进行比较，而后者是过去艾滋病研究的重点。参见"Covid－19：Racism row after French scientists suggest testing virus vaccine in Africa," *Gulf News*, April 5 2020, https：//gulfnews. com/world/europe/covid－19－racism－row－after－french－scientists－suggest－testing－virus－vaccine－in－africa－1. 1586071272320。

② "COVID－19 vaccine：UAE Minister of Health received first dose," *Gulf News*, September 19, 2020, https：//gulfnews. com/uae/health/covid－19－vaccine－uae－minister－of－health－received－first－dose－1. 1600513461574.

③ "Bahrain latest country to vaccinate frontline workers with COVID－19 shot," Middle East Monitor, November 3, 2020, https：//www. middleeastmonitor. com/20201103－bahrain－latest－country－to－vaccinate－frontline－workers－with－covid－19－shot/.

④ "Turkey announces asymptomatic coronavirus case numbers for first time since July," Middle East Monitor, November 25, 2020, https：//www. middleeastmonitor. com/20201125－turkey－announces－asymptomatic－coronavirus－case－numbers－for－first－time－since－july/.

⑤ 《埃及正式批准使用中国国药新冠疫苗》，http：//www. chinanews. com/gj/2021/01－05/9379283. shtml。

⑥ 《中东疫情再趋严重 中国疫苗受到青睐》，http：//www. xinhuanet. com/world/2021－01/14/c_1126982157. htm。

⑦ 《阿尔及利亚决定采购中国新冠疫苗》，https：//world. gmw. cn/2021－01/14/content_34542925. htm。

积极考虑批准其他中国疫苗市场准入。[①] 此前该国就已经向中国国药集团订购了120万剂新冠疫苗。[②] 而哪怕是春节，中国也是马不停蹄，向土耳其、摩洛哥、阿联酋等3国交付了新冠疫苗。[③] 2月17日，摩洛哥接受了来自中国国药集团的疫苗。此前的1月27日，该国就已接收了来自中国的第一批疫苗。[④] 3月1日，黎巴嫩看守政府卫生部批准紧急使用中国国药集团生产的新冠疫苗，[⑤] 以应对加重的疫情。

（四）共享发展成果，凸显大国外交理念

在抗疫合作上，中国向中东国家提供力所能及的物资援助，同时更强调要授人以渔，与中东国家开展抗疫国际卫生合作，开展相关方面的技术交流，并根据不同中东国家的国情提出具有针对性的抗疫建议，以帮助中东国家更好地应对疫情，凸显了合作共赢、共同发展的理念，也是对习近平主席2018年在中非合作论坛开幕式上主旨讲话精神的落实。[⑥]

2020年3月5日，中国援建伊拉克抗击新冠肺炎疫情的核酸检测实验室在巴格达揭牌，该实验室的落成将显著提升伊拉克的核酸检测能力，弥补新冠病毒检测缺口。[⑦] 而在此前，伊拉克全国只有一家实验室可以做新冠病毒检测，可检测的人群数量极为有限。而且伊拉克也面临检测试剂盒紧缺的问题，在获得中国援助后，能在一定程度上缓解伊拉克的燃眉之急。3月底，由阿布扎比科技公司G42集团和中国华大集团共建的首个国际"火眼"新冠病毒检测实验室于当地启用，"这是首个在中国以外运行

① 《王毅同巴基斯坦外长库雷希通电话》，http：//www. xinhuanet. com/world/2021 - 01/22/c_1127010709. htm。

② "COVID - 19：China vaccine maker CanSino to offer Pakistan 20 million doses," *Gulf News*, January 22 2021, https：//gulfnews. com/world/asia/pakistan/covid - 19 - china - vaccine - maker - cansino - to - offer - pakistan - 20 - million - doses - 1. 1611305850892.

③ 《外交部发言人：春节期间中方向7国交付了新冠疫苗》，https：//www. chinanews. com/gn/2021/02 - 19/9414370. shtml。

④ 《摩洛哥接收第二批中国新冠疫苗》，https：//www. chinanews. com/gj/2021/02 - 17/9412795. shtml。

⑤ 《黎巴嫩卫生部批准紧急使用中国新冠疫苗》，https：//3w. huanqiu. com/a/24d596/428fTPZY0no。

⑥ 关于习近平讲话内容，参见《习近平在2018年中非合作论坛北京峰会开幕式上的主旨讲话（全文）》，http：//www. xinhuanet. com/world/2018 - 09/03/c_129946128. htm。

⑦ 《中国援建核酸检测实验室在巴格达揭牌》，http：//www. xinhuanet. com/world/2020 - 03/25/c_1125768010. htm。

的具备数万人级别新冠病毒核酸日检测（RT—PCR）能力的‘火眼’实验室”。[①] 该实验室的运行将使阿联酋能够对突发疫情作出更为快速的反应，并满足阿联酋大规模精准检测和诊断的需要。4 月 7 日，扬州苏北医院专家通过视频会议向以色列专家介绍疫情防控和患者治疗的经验，[②] 这无疑能够帮助以色列在防控和医治问题上做出更好的科学判断。同月 15 日，中国政府赴沙特阿拉伯抗疫医疗专家组抵达沙特首都利雅得，专家组不仅带去了沙特抗疫亟需的红外线人体温度筛选仪、口罩、防护服、护目镜以及新冠病毒核酸检测试剂盒等物资，也与沙特交流分享中国抗疫经验，提供防控和诊疗指导培训。[③] 6 月 1 日，中国援苏丹抗疫医疗专家组与苏丹卫生紧急状态最高委员会举行疫情防控交流。期间，专家组介绍了中国疫情防控救治经验。[④] 这在给苏丹带去抗疫知识的同时无疑也能提振苏方的抗疫信心。中国已多次援助苏丹抗疫物资。[⑤] 6 月 23 日，中国国药集团中国生物新冠灭活疫苗国际临床试验（Ⅲ期）在阿联酋的阿布扎比举行启动仪式，与阿方在疫苗实验上展开合作，[⑥] 阿联酋也成为世界上第一个开展灭活疫苗三期试验的国家。这不仅是中阿（联酋）全面战略伙伴关系的生动体现，也是中国与中东国家应对新冠肺炎疫情全球合作的重要典范。此后，来自非洲和中东的其他国家也通过阿联酋咨询和对接购买国药疫苗。[⑦] 同时，中国也于 2020 年 8 月初与沙特以及巴林启动了新冠灭活疫苗国际的

---

① 《华大“火眼”实验室分别落地阿联酋和文莱》，https：//www. chinanews. com/cj/2020/04 -02/9145900. shtml。

② 《扬州专家向以色列“云”分享抗疫经验》，中国江苏网，http：//jsnews. jschina. com. cn/yz/a/202004/t20200408_2524824. shtml。

③ 《中国政府抗疫医疗专家组抵达沙特》，http：//www. xinhuanet. com/health/2020 -04/16/c_1125862165. htm。

④ 《中国援苏丹抗疫医疗专家组与苏方开展疫情防控和诊疗交流》，http：//www. chinanews. com/gj/2020/06 -02/9201139. shtml。

⑤ 参见《驻苏丹大使马新民出席中国援苏抗疫物资抵达交接仪式》，https：//www. fmprc. gov. cn/web/gjhdq_676201/gj_676203/fz_677316/1206_678526/1206x2_678546/t1770191. shtml；《中国政府援助苏丹抗疫物资运抵喀土穆》，http：//www. xinhuanet. com/world/2020 -06/19/c_1126136512. htm。

⑥ 《驻阿联酋大使倪坚出席国药集团中国生物新冠灭活疫苗国际临床（Ⅲ期）阿联酋启动仪式》，https：//www. fmprc. gov. cn/ce/ceae/chn/xwdt/t1791891. htm。

⑦ 《借力中国，阿联酋打造“中东疫苗中心”》，https：//oversea. huanqiu. com/article/41gRlZMnNTs。

临床三期试验。[①] 此外，2020 年 4 月，中国国家卫健委建立了新冠肺炎疫情防控网上知识中心，并向所有国家开放。而知识中心里面的防控策略、最新诊疗方案和技术标准，都是中国在实践中探索和总结出来的，[②] 为的就是让包括中东地区在内的国际社会更为及时、方便地了解到中国的防控经验，真正做到了透明、公开和共享。

表 1 中国与中东国家、地区和国际组织的主要抗疫合作形式

相关中东国家、地区和国际组织	合作方式		
	援助抗疫物资	派遣医疗专家组/云视频会议	疫苗
阿尔及利亚	√	√	□
阿联酋		△	□
阿曼	√		
埃及	√		√
巴勒斯坦	√	√	
巴林	√	△	□
吉布提	√	√	
卡塔尔	√		
科摩罗	√	√	√
科威特	√	√	
黎巴嫩	√		√
利比亚	√		
毛里塔尼亚	√		
摩洛哥	√	√	□
沙特	√	√	

① "Saudi Arabia launches clinical trial for Chinese COVID – 19 vaccine," *Middle East Monitor*, 2020 – 08 – 09, https: //www. middleeastmonitor. com/20200809 – saudi – arabia – launches – clinical – trial – for – chinese – covid – 19 – vaccine/;《驻巴林大使安瓦尔就中巴双边关系和两国抗疫合作接受巴林 <祖国报> 国庆专访》, http: //new. fmprc. gov. cn/web/dszlsjt_673036/t1821852. shtml。

② 《新冠肺炎疫情网上知识中心向所有国家开放》, http: //www. xinhuanet. com/health/2020 – 04/03/c_1125808428. htm。

续表

相关中东国家、地区和国际组织	合作方式		
	援助抗疫物资	派遣医疗专家组/云视频会议	疫苗
苏丹	√	√	
索马里	√		
突尼斯	√	√	
土耳其	√	△	□
叙利亚	√		
也门	√		
伊拉克	√	√	
伊朗	√	√	
以色列	√	△	
约旦	√		
阿拉伯国家联盟	√		○ □

资料来源：作者根据新华网、中国外交部网站、中国驻中东国家大使馆网站等公开资料整理。其中，空白表示目前不存在此方面的合作或是没有找到相关资料；“派遣医疗专家组/云视频会议”一栏，“√”表示中国派遣专家组赴相关国家提供抗疫援助，“△”表示通过云视频会议分享抗疫经验；“疫苗一栏”中的“√”表示援助，“○”表示双方就疫苗实验进行合作，“□”表示从中国采购疫苗。

此外，在抗疫过程中，中国与中东国家的领导人也通过多种形式保持着紧密的联系，具有鲜明的顶层设计色彩，也证明中国高度重视通过多边形式应对疫情的特点。2020 年 3 月 27 日，习近平主席同沙特国王萨勒曼通电话。习近平在电话中表示，中方对沙特的抗疫支持铭记在心，愿为面临疫情严峻挑战的沙特提供力所能及的帮助，同沙方分享防控经验，为沙方采购医疗物资提供协助和便利，维护好两国人民生命安全和身体健康，共同维护全球和地区公共卫生安全。萨勒曼则对中国援助沙特的检测和医疗物资表示感谢，希望借鉴中方成功经验，加强卫生医疗等领域交流合作，并强调中沙是患难之交。[①] 2021 年 2 月 17 日，王毅在联合国安理会新

① 《习近平同沙特国王萨勒曼通电话》，http：//politics. people. com. cn/n1/2020/0328/c1024－31651828. html.

冠疫苗问题部长级公开会上提出了“坚持人民至上，加强国际抗疫合作”“全面落实安理会决议，营造有利抗疫环境”“破解疫苗赤字，加大对发展中国家帮扶”以及“加强统筹协调，充分发挥联合国系统作用”等4点中国主张，并对所谓的中国借助疫苗以达到地缘政治目标予以反驳。[①]

三、中国中东外交前景展望

2020年以来，中国与相关中东国家的政治关系更上一层楼，经贸、科技合作以及产业对接稳步推进，安全合作取得不俗的成就，人文交流的内容也得到扩展。尽管突如其来的新冠疫情对中国与中东国家的交往产生了一定的影响，但双方的合作仍然异彩纷呈。

（一）尽管取得了不俗的成绩，中国与中东国家的关系也将进一步得到发展，但客观而言，囿于中国自身实力以及由于中东域内、域外等多种因素的相互作用，在当下和将来，中国的中东外交面临一些难以在短期内解决的难题和挑战

第一，尽管有双方领导人的高层引领，但现阶段中国与中东国家的合作更多地聚焦于非传统安全领域，如贸易、投资、能源、产业园、科技和人文交流等。而部分因为中国自身“结伴而不结盟”外交理念的缘故，中国在传统安全领域还无法对中东国家做出像美国那样的安全承诺。这就意味着在关键时刻，即使部分中东国家不在中美之间选边站队，但可能也会采取倾向于美国的立场。这是中国在处理中国—中东—美国这个三角关系时不得不面对的现实。同时，除美国以外，英国、法国还有俄罗斯等国家也在中东有既存利益，中国在与中东国家进行相关领域的合作时应适当顾及这些国家的合理关切。

第二，由于宗教和派别分歧、民族冲突、领土纠纷、资源争夺、权力争斗等因素，中东国家之间存在着诸多纠葛，长期处于对立状态。中国近年来虽跟沙特、伊朗、土耳其以及埃及等中东大国的双边关系有所升级，但值得注意的是，中国应在整个中东地区这个大框架下去考虑处理与它们

---

① 《王毅出席联合国安理会新冠疫苗问题部长级公开会》，中国外交部网站，https://www.fmprc.gov.cn/web/wjdt_674879/wjbxw_674885/t1854586.shtml。

的关系时，需要中国在实际操作中把握好平衡，做到有度而不失偏颇，还要采取相应措施以缓解部分中东国家对中国扩大在该地区影响力以及“一带一路”倡议的疑虑感。此外，中东地区动荡不断，中国在相关国家的投资和项目建设可能会面临承受损失的风险。中国需要建立并完善相应的中东地区风险与发展态势评估机制。

第三，虽然脱贫攻坚战取得了全面胜利[①]，但中国仍然是发展中国家，自身仍需耗费大量资源解决国内问题，能够给予中东国家的援助有限。这就需要中国量力而行，宜根据自身实力和情况来适度地铺开“一带一路”倡议，而在面对某些国家不切实际的外援要求时只能加以婉拒。

（二）不过，尽管面临上述的不少困难，但总的来说，在可预见的未来，中国的中东外交前景依然可期

第一，中国几乎同所有中东国家都保持着良好关系，这是多数其他域外大国没有做到的。虽然某些中东国家在对外政策上采取地缘政治和地缘经济“二分法”的做法，但近年来随着中国“一带一路”倡议的铺展、中国与中东国家合作的加强[②]，以及美国承诺意愿的减弱，这种“二分法”的程度已有所下降。而且，中国在处理与中东国家的关系时秉持规则理念[③]，按事情本身的是非曲直来决定自身的态度和政策，并基于《联合国宪章》的基本原则以及和平共处五项原则发展同这些国家的关系，这不仅有利于中国加强与中东国家的全方位、多领域的合作，也有助于维持双方关系的韧性与长久性。

第二，虽然由于各种原因而导致中东地区乱局不断，但中国也可以通过参与中东地区治理的过程来展现大国责任担当以及“共商共建共享”的全球治理理念，并以此作为构建人类命运共同体的试验场。比如，在中东地区热点问题上，中国积极贡献自己不同于西方的智慧、建议和方案，并获得了普遍好评。而在经济发展合作方面，中国也根据相应的中东国家特点，授人以渔地进行技术输出，坚持标本兼治，提供让中东更好发展的条

---

① 《（受权发布）习近平：在全国脱贫攻坚总结表彰大会上的讲话》，http://www.xinhuanet.com/politics/leaders/2021－02/25/c_1127140240.htm。

② 孙德刚、王亚庆：《整体对接：论中国与沙特全面战略伙伴关系》，载《阿拉伯世界研究》，2020 年第 4 期，第 50 页。

③ 刘胜湘、高瀚：《中东剧变背景下中国中东大国外交论析》，载《西亚非洲》，2020 年第 5 期，第 97 页。

件。再如，在抗疫合作过程中，中国力所能及地向中东国家提供了抗疫物资、疫苗以及派遣医疗专家队等形式的援助，再度彰显了大国风范和担当。值得一提的是，在2020年初中国抗疫最吃紧的时候，中东国家也在第一时间予以中国道义和物资上的支持，体现了双方守望相助的信念，也凸显了中国的中东伙伴外交取得了明显成效。

第三，尽管双方在政治、经济和社会制度以及意识形态方面存在巨大差异，但由于相似的历史遭遇、现实挑战和诉求，中国和中东多数国家并不完全认同西方的治理模式，两者可以就此加强治国理政的经验交流，并就去极端化分享各自经验，以进一步充实中国与中东国家双方关系的内涵。比如，不仅中国在新疆依法设立教培中心以帮助部分民众摆脱极端和恐怖主义影响并提高自身职业技能[①]，沙特也有“反极端思想”干预的实践经验[②]。

四、结语

近年来，中国与中东国家关系持续向好，合作领域内容不断充实，合作项目稳步推进，双方战略契合度也得到提升。2020年以来，中国与中东国家继续保持高层沟通引领势头，经贸往来持续升温，安全合作提质扩容，民间往来水涨船高。突如其来的疫情给中国和中东国家的交往造成了极大不便，但双方在抗疫过程中守望相助，相互予以支持，携手应对这一人类共同的敌人，生动地反映了人类命运共同体理念。展望未来，虽然在处理中东事务时会面临一些棘手难题，如域外势力干预、域内势力纷争所导致的各种冲突，但由于双方领导人的引领以及在多领域各有所需，且其相互依赖程度还将获得进一步提高，中国与中东国际合作的良好势头不会变。同时，虽然双方在政治、社会和经济制度以及意识形态等方面具有较大差异，但中国与绝大多数中东国家有相似的历史遭遇和相似诉求，这为加强双方合作奠定了坚实的政治基础。拜登的上台也意味着美国未来一段时间内的中东政策将相比于特朗普执政时期更强调人权、民

① 《王毅在美国讲述新疆事实真相》，http：//m. xinhuanet. com/2019 - 09/25/c_1125038438. htm。

② 张少英：《去“极端化”，重在课堂》，https：//opinion. huanqiu. com/article/9CaKrnJOuPc。

主这些西方价值理念，而这是不少中东国家难以接受的，从而就使得这些国家在相关方面与中国有更多相似的话语。此外，面对新冠肺炎疫情这一人类公敌，并鉴于疫情复杂多变的特点和常态化趋势，中国应把握时机，不仅要保持高屋建瓴的顶层设计这一特色，还要借此促进与中东国家在疫情防控、疫苗研发以及技术输出等方面的合作，以部分缓解中东地区卫生安全治理困境，践行中国—中东人类命运共同体理念。

分报告：代表性国家与组织发展概况

2020年沙特阿拉伯的政治、经济和对外关系

丁　俊　陈　瑾*

【摘　要】

2020年以来，沙特阿拉伯的政治形势总体较为稳定，以穆罕默德·本·萨勒曼王储为中心的王室权力体系进一步巩固，“2030愿景”规划指导下的国家政治、经济和社会改革持续推进，但各领域改革的力度和节奏因受多种因素影响特别是新冠肺炎疫情的影响而有所放缓，国家转型计划遇困受阻，疫情防控成为政府一年来工作的一个重点。经济方面，在疫情和国际石油市场震荡的双重影响下，沙特经济显著受创，呈现萎缩态势，经济多元化改革推进艰难。对外关系方面，总体延续近年来主动求进的外交风格，竭力展现出提升自身地区影响力和国际影响力的意愿，与土耳其、卡塔尔等周边国家紧张关系趋缓；与世界大国关系渐趋平衡，与美国关系有所降温，与俄罗斯关系日渐趋稳，沙中关系迎来建交30周年，与中国关系进一步加强，多领域合作不断推进。2020年沙特还成功担任G20轮值主席国，为推进全球治理发挥积极作用。

【关键词】

沙特阿拉伯　政治形势　经济形势　对外关系

一、2020年沙特阿拉伯的政治形势

2020年以来，沙特阿拉伯的政治形势总体较为稳定，以穆罕默德·

* 丁俊，上海外国语大学中东研究所教授；陈瑾，国际关系学院国际政治系讲师。

本·萨勒曼王储为中心的王室权力体系进一步得到巩固，“2030愿景”规划指导下的国家政治、经济和社会改革持续推进，但各领域改革的力度和节奏因受多种因素影响特别是新冠疫情的影响而有所放缓，国家转型计划遇困受阻，疫情防控成为政府一年来工作的一个重点。

（一）调整高层人事安排，进一步巩固王储政治地位

为进一步巩固穆罕默德·本·萨勒曼王储的政治地位，2020年沙特王室和政府高层的人事安排均有明显调整。3月，沙特王室有多位高级别成员被拘押，其中一位是效忠委员会的成员、现任萨勒曼国王唯一在世的兄弟艾哈迈德·本·阿卜杜勒·阿齐兹·沙特王子，他曾对王储任命以及沙特现行内政外交持有异议。还有一位是前王储、现任萨勒曼国王的侄子穆罕默德·本·纳伊夫·沙特，他曾被认为是最有资格的王位继承者，对穆罕默德·本·萨勒曼王储大刀阔斧的改革举措以及沙特深度介入也门战事、强硬对待卡塔尔等一系列问题上也持反对立场。王室法院拘捕他们的名义是“密谋政变以推翻国王和王储”。

在政府机构方面，自穆罕默德·本·萨勒曼2017年被任命为王储以来，已有数次内阁人事和机构调整。2020年2月25日，萨勒曼国王发布国王令，宣布对政府多个部门及其负责人进行调整。这次人事调整主要包括：1. 投资总局改为投资部，任命前能源大臣哈立德·法利赫为投资大臣；2. 商投部改为商务部，任命马吉德·卡斯比兼任商务大臣和新闻大臣；3. 任命住房大臣马吉德·哈吉勒兼任城乡事务大臣；4. 免去原公务员大臣，公务员部和劳动社会发展部合并为人力资源和社会发展部；5. 旅游和国家遗产总局改为旅游部，任命艾哈迈德·哈提卜为旅游大臣；6. 体育总局改为体育部，任命阿卜杜勒·阿齐兹·本·图尔基王子为体育大臣。[①] 沙特官方未公布此次内阁调整的原因，但从调整的部门和主要人事变动来看，显然与推进“2030愿景”规划重点领域的有关工作密切关联。吸引外来投资是沙特实现多元化经济的关键环节之一，将投资总局升格为部，凸显了对本国私营投资和外国直接投资的重视。旅游部和体育部的设

---

① 商务部：《沙特进行内阁重组，推动经济多元化改革》，http：//sa. mofcom. gov. cn/article/jmxw/202003/20200302941360. shtml。

立，则直接反映出沙特国家发展战略中对旅游业和体育娱乐业的重视。①旅游业和娱乐业是沙特近年来大力扶持和发展的产业，也是沙特非石油收入的重要来源，相关产业的发展不仅具有重要的经济意义，同时也具有重要的政治和社会变革意义，因为旅游业和体育娱乐产业的发展不仅能够吸引投资、增加就业机会，而且能够助力提升沙特的社会开放度，帮助改善和重塑沙特国家形象。

尽管穆罕默德·本·萨勒曼王储已经成功掌控了包括安全部门在内的国家权力重要机关，为平稳继承王位铺平了道路，但王室内部、政府机构乃至沙特社会中对王储权威以及对其内政外交政策的质疑和反对力量依然存在。近年来，沙特安全部门拘留了数十名代表不同意识形态趋势和观点的社会活动家、宗教领袖和新闻工作者，王储领导的高层权利集团不断向包括王室、商界精英和保守派宗教人物在内的主要利益集团以及以妇女权利活动家卢贾因·哈特鲁尔为代表的"改革派社会活动家"等各方政治力量发起挑战，这些迹象表明，在王储顺利继位、完成最终权力过渡的过程中，仍然存在着不确定性。但沙特的政治形势总体上还是稳定的，特别是穆罕默德·本·萨勒曼王储及其内阁的年轻化决定了其权力延续的长久性和重塑国家形象的可能性，也为求变求新的沙特社会、特别是沙特青年一代带来信心，总体上，沙特社会尤其是青年人对于穆罕默德·本·萨勒曼王储及其推行的改革政策还是普遍表示赞同和支持的。

（二）加强反腐力度，不断推进社会改革

自穆罕默德·本·萨勒曼任王储以来，持续推行"新政"，除了在经济领域推动多元化改革外，在政治、司法、社会、宗教等各领域也不断推动变革。在政治领域，反腐成为王储推进政治改革的重要举措。自 2017 年发起"反腐风暴"以来，反腐行动一直没有停息。2020 年，反腐力度进一步加大。3 月，沙特反贪机构以涉嫌贪腐为由，逮捕了 298 名官员，其中包括 8 名国防部官员，相关案件涉及金额高达 3.79 亿沙特里亚尔（约合 7.13 亿元人民币）。② 8 月底，萨勒曼国王签署国王令，解除多名涉嫌贪腐

---

① 哈提卜：《旅游部的成立是为了实现沙特国家战略目标》（阿拉伯文），阿拉伯新闻网，https：//www. alarabiya. net/aswaq/travel – and – tourism/2020/02/26/。

② "Saudi Arabia detains hundreds of government officials," *Aljazeera*, https：//www. aljazeera. com/news/2020/3/16/saudi – arabia – detains – hundreds – of – government – officials.

的将军和高官的职务，其中包括自2018年以来一直担任打击胡塞武装指挥官的沙特联合部队司令官法赫德·本·图尔基和焦夫省副省长阿卜杜勒·阿齐兹·本·法赫德等，被解职的高官已被移交至沙特反腐机构进行调查和处理。① 随着反腐行动力度的加大，相关的反腐调查对象也开始从王室成员和政界、军界高官扩大到各层级的公务员。2020年8月沙特国家通讯社消息称，政府调查了大型旅游项目的运行和财务状况，多名相关官员因涉嫌腐败而遭到调查和解职。2021年1月下旬，沙特监督和反腐败管理局与沙特央行联合开展调查，发现累积高达115.9亿沙特里亚尔的巨额资金被转移到沙特境外，有多达32名涉案人员被捕，其中包括银行职员、军警以及一些沙特和外籍公民。穆罕默德·本·萨勒曼任王储在推进反腐工作时多次表示“不放过任何涉贪腐之人，无论是部长还是王子”。沙特的反腐举措，一方面反映出意欲打击腐败、塑造廉正形象、维护公共财产安全和社会公正的意愿，另一方面也被国际社会解读为是王储借以巩固权力、谋求顺利继位的政治举措。

在社会领域，提高女性地位、保障女性权利是沙特“2030愿景”规划指导下推进社会改革的重要内容，相关举措备受国际社会关注。国际和地区舆论普遍注意到，向女性赋权已成为沙特扩大社会开放度、改善国家形象的一个重要突破口之一。自“2030愿景”提出以来，“沙特王国在国际社会的见证下踏上了空前的改革之旅，通过这种整体方法赋予妇女权力并支持她们参与国家发展”。② 近年来，沙特政府逐步开始放开对女性驾驶、参与体育赛事等社会活动的限制。2020年10月，沙特首个女子足球社区联赛在利雅得、吉达和达曼3个城市开赛，11月，沙特境内首次举行的国际女子职业高尔夫球比赛在吉达开杆。继取消驾车禁令和改革男性监护人制度之后，在过去的近4年中，沙特妇女陆续在一些领域获得了与男性同样的机会。

司法方面的改革也在逐步推进，2020年5月，沙特正式废除“酌定鞭刑”和未成年人的死刑。鞭刑取消后，将代之以监禁、罚金等其他处罚方式，法院将根据具体案件进行审理和评估，并确定案件的最终惩罚方式。

---

① 《国王令：免除联合部队指挥官职务》，沙特国家通讯社，https：//www. spa. gov. sa/2127828。

② 《沙特国王在（二十国集团妇女会议）闭幕时的讲话全文》，https：//www. spa. gov. sa/viewstory. php？ lang = ch&newsid = 2147289。

鞭刑和未成年人死刑的废除，得到沙特司法和人权事务专家的高度评价，认为这是沙特人权领域改革的提升。① 穆罕默德·本·萨勒曼王储于 2021 年 2 月初宣布，政府将批准一系列新的法律草案，提高沙特司法系统的工作效率和完整性与公正性，逐步建立健全完善的法律体系。为此，沙特正在对包括《个人身份法》《民事交易法》《酌情惩戒法》和《证据法》在内的法律草案进行修订，计划于 2021 年内完成最终修订。长期以来，由于缺乏系统的成文法律作为依据，导致沙特各级法院在案件裁决中的相互矛盾，损害了民众的权益。例如，沙特对妇女的监护制度一直以来受到国际社会的批评，而沙特政府已于 2019 年 8 月着手开始针对此项法律制度的改革。沙特相关官员表示，上述 4 个草案的修订，意味着沙特将“坚定地朝着建设完善的法律制度方向前进，在坚持伊斯兰法基本原则的同时，适应当代世界的发展变化”。② 沙特司法领域的改革，是其政治、经济、社会改革的组成部分，不仅有利于塑造更加透明公正的法制环境和营商环境，保障各投资者的权益，而且能够帮助沙特政府改善国家形象，提升国家的国际竞争力。在宗教领域，沙特近年来一直倡导“重返温和伊斯兰”。2020 年 10 月，沙特首都利雅得线上直播“G20 跨宗教论坛”，该论坛是 G20 领导人峰会先行会议的一部分，主题为“法治、人权和宗教权利”，除了讨论“社交媒体作为宗教对话平台”“宗教价值观遗产”“社会正义与宗教多元化”等传统议题外，还特别讨论了宗教机构在应对新冠肺炎疫情全球传播的挑战中做出的积极作用③。沙特国内宗教权威人士在峰会上的发言和表态表明，沙特主流社会正逐渐走向开放和包容，这一精神也是沙特“2030 愿景”规划的重要意涵之一。

2020 年世界范围内暴发的新冠肺炎疫情，也给沙特政府国家治理能力带来了一次大考。面对新冠肺炎疫情的严峻挑战，沙特政府采取了一系列积极防控举措，有效控制了疫情在沙特的传播。自 2020 年 3 月初沙特确诊第一例新冠病毒感染者以来，截止 2021 年 2 月 25 日，沙特境内新冠肺炎

---

① 《沙特正式废除鞭刑》（阿拉伯文），载《欧卡兹报》，https：//www. okaz. com. sa/news/local/2025131。

② 《沙特王储宣布迈向制度化法律体系的司法改革》（阿拉伯文），路透社，2021 年 2 月 9 日，https：//www. reuters. com/article/saudia – judiciary – ia3 – idARAKBN2A82FP。

③ 《二十国集团第七届宗教价值观论坛（跨宗教论坛）第 12 轮研讨会于 10 月 13 – 17 日在利雅得举行》，沙特国家通讯社，https：//www. spa. gov. sa/2143424。

累计确诊病例达376377例、治愈367323例、死亡6480例[①]。由于沙特境内有数量庞大的外籍劳工，为疫情防控带来艰巨困难。在首例确诊病例出现之前，鉴于多个国家已经出现疫情蔓延的情况，沙特随即收紧和加强了对外来人口聚集和流动频繁场所的管控措施。2020年2月开始，沙特政府持续对本国居民实行停工、停学、封城、宵禁等严格的防疫限制措施，并暂停本国民众前往圣城麦加进行副朝活动。为防止境外输入病例，沙特还宣布关闭与阿联酋、科威特和巴林之间除贸易运输外的陆地边境，限制机场通航。2020年6月，沙特处于新增病例增长的峰值期，此时正好又迎来了一年一度的朝觐时节，面对严峻的疫情，沙特宣布暂停外国穆斯林赴沙特朝觐的重大决策。做出这一决定是极其艰难的，在国内也遭到宗教保守势力的反对。沙特此举得到了伊斯兰世界和国际社会的认可和赞扬，世界卫生组织总干事谭德塞称这是沙特“把健康安全放在首位而必须做出的艰难选择。”[②] 在政府采取多重防控措施之后，疫情在沙特境内已得到有效控制，沙特卫生部公布的信息显示，沙特全境已处于安全状态。[③] 疫情的有序、有效防控也从一个侧面反映出了沙特政治形势与社会秩序的稳定。

二、2020年沙特阿拉伯的经济形势

2020年沙特经济因新冠肺炎疫情和国际石油市场震荡的影响而受创，预算赤字不降反增，政府出台多项经济纾困举措，艰难推进经济多元化改革，使经济形势逐渐企稳。

（一）受疫情影响经济形势总体呈萎缩态势

由于受到新冠肺炎疫情和国际石油市场震荡的双重影响，2020年沙特经济总体上呈现萎缩态势。根据沙特国家统计总局发布的数据，2020年沙特GDP同比下降4.1%，创下自1985年以来国内生产总值年增长率最低的

① 中国驻沙特大使馆：《沙特新冠肺炎防控信息（2021年2月25日）》，http://www.chinaembassy.org.sa/chn/xwdt/t1856659.htm。

② 《沙特遭遇“双重打击”要过紧日子》，http://ihl.cankaoxiaoxi.com/2020/0716/2415730.shtml。

③ 商务部：《沙特宣布成功控制本国疫情》，http://www.mofcom.gov.cn/article/i/jyjl/k/202012/20201203025240.shtml。

记录，其中石油产量实际下降 4.9%，上半年非石油产量实际下降 3.3%。不过值得注意的是，自第三季度以来，国内生产总值已有一定程度的回升，第三季度和第四季度相较前一季度各有 1.8% 和 2.8% 的增长。由于受到增值税提高的影响，全年通货膨胀率从 2019 年的 -2.1% 升至 3.4%，为五年来最高。居民消费价格指数同比增长 6.0%，环比增长 5.7%。[①] 同时，2020 年沙特失业率依旧居高不下，据沙特统计局的数据，2020 年第三季度失业率高达 14.9%，比上一年同期增加 2.9 个百分点。[②] 2020 年 1 月至 11 月，沙特消费者支出同比下降 10.6%，相当于 1060 亿沙特里亚尔（287 亿美元）。公共债务和政府储备方面，至 2020 年底，政府债务达到 8854 亿沙特里亚尔，占 GDP 的 34.3%，而 2020 财年的政府储备余额为 3460 亿沙特里亚尔。对外贸易方面，沙特 2020 年前 9 个月对外贸易总额达 8352 亿沙特里亚尔，较上年同期的 1.16 万亿沙特里亚尔下降了 3295 亿沙特里亚尔，降幅达 28.3%。实现外贸顺差 1184 亿沙特里亚尔，较 2019 年同期下降 62.1%[③]。

沙特是阿拉伯世界和中东地区最大的经济体之一，同时也是世界第二大石油储备国和最大的石油出口国，国家财政高度依赖石油产业，尽管近年来沙特政府积极推动经济多元化，大力发展非石油产业，但对石油经济的依赖未能根本改变。2020 年初以来，由于多个国家为抗击新冠肺炎疫情而采取封锁、宵禁等措施，致使经济活动减缓甚至停滞，全球石油需求也出现萎缩。2020 年 3 月，由于欧佩克（OPEC）减产谈判破裂，引发石油“价格战”，进一步加剧了国际石油市场的震荡。在减产协议达成前，布伦特原油期货价格从 2020 年初的 60 美元跌至 4 月下旬的 20 美元，至 2020 底前，总体价位在 40 -50 美元范围内波动[④]。2020 年，沙特财政收入大幅减少，全年总收入 7700 亿沙特里亚尔，其中石油收入 4120 亿沙特里亚尔，占 53.5%，石油部门的收入明显下降，前三季度石油收入同比下降高达

① 沙特货币总局：*Inflation Report Third Quarter of* 2020，https：//sama. gov. sa/en - US/EconomicReports/InflationReports/Inflation%20En%20Q3 -2020%20English. pdf。

② 沙特统计局：*Labor market statistics Q3* 2020，https：//www. stats. gov. sa/sites/default/files/LM_Q3%202020%20%28Press%20release_EN%20%29. pdf。

③ 商务部：《2020 年前九个月沙特外贸顺差 1184 亿里亚尔》，http：//sa. mofcom. gov. cn/article/jmxw/202012/20201203025221. shtml。

④ 参见：《伦敦布伦特原油期货概览》，https：//www. investing. com/commodities/brent -oil。

41.5%。作为全球最大的石油生产商和沙特主要财税来源的沙特阿拉伯国家石油公司（阿美公司），2020年上半年的净利润为232亿美元，与2019年同期相比下滑50.5%。[①]

为应对疫情和油价低迷带来的经济压力，沙特采取了财政紧缩政策，包括暂停发放政府文职人员和军人的生活成本津贴；将增值税税率由5%提高到15%，并增加了进口费用。在疫情暴发之初，沙特政府积极采取多项举措防止疫情蔓延，并推出数十亿沙特里亚尔的经济刺激计划，有效缓解了疫情对经济的影响，后两季度在非石油部门的支持下，国民生产总值出现明显回升，经济萎缩程度小于预期。面对疫情冲击，沙特经济抗压能力总体上优于全球主要经济体。2020年三四季度，由于复工率提高、商业活动增加以及出口回升速度加快，沙特非石油私营部门经济运行态势显著复苏，至2021年1月份，实现了连续第5个月的强劲增长，采购经理人指数（PMI）升至57.1，创下自2019年11月以来的最高水平。[②]

除采取财政紧缩政策之外，为激发经济活力，沙特央行在2020年3月推出了约500亿沙特里亚尔（133亿美元）的经济刺激计划，支持私营部门尤其是中小企业渡过难关。6月，沙特工业发展基金又启动一项37亿沙特里亚尔（约10亿美元）的刺激计划，通过延迟和重组企业贷款的分期付息，向500多个受疫情影响的工业项目提供支持。在房地产方面，政府取消房地产交易增值税以刺激市场，免除房地产交易15%的增值税，代之以5%的新交易税[③]，以支持需要购房的沙特公民，减轻购房者负担，并通过刺激住宅和商业地产交易帮助发展经济。另外，沙特主权财富基金在未来几年将向当地经济投资1000亿沙特里亚尔，为弱势群体提供社会保障网络。2020年11月，沙特阿美公司重返债务市场，发行了价值80亿美元的国际债券，由于阿美石油98%的年度收入都将流向沙特政府国库，此举将在一定程度上遏制石油收入锐减情势下预算赤字的增加。

受疫情影响，沙特2020年的预算赤字接近3000亿沙特里亚尔，占国内生产总值的12%。预计到2021年，赤字将降至国内生产总值的4.9%，

---

① 《沙特阿美第三季度净利接近腰斩》，http://finance.people.com.cn/n1/2020/1105/c1004-31919504.html。

② 商务部：《沙特PMI指数连续五个月增长》，http://www.mofcom.gov.cn/article/i/jyjl/k/202102/20210203037565.shtml。

③ 商务部：《沙特取消房地产交易税刺激房产市场》，http://sa.mofcom.gov.cn/article/ddfg/202010/20201003006930.shtml。

并在 2023 年恢复平衡。这一方面是由于沙特寄希望于新冠疫苗的大规模接种将稳定世界经济形势，从而刺激石油需求的增长，另一方面沙特已为此采取积极行动，计划通过削减财政支出、动用政府储备等措施来帮助弥补赤字。因此，沙特政府试图根据预算需求对项目进行优先排序，甚至暂停了一些涉及“2030 愿景”经济转型计划的重大项目成本支出，有消息称利雅得机场扩建的融资工作已被叫停。

（二）经济多元化转型计划艰难推进

2020 年，由于新冠肺炎疫情冲击引起的全球经济下滑以及石油市场的震荡打乱了沙特“2030 愿景”规划的实施节奏，国家多元化经济转型进程受到严重影响。疫情不仅造成油价低迷，也直接冲击到作为沙特重要传统收入来源的旅游业（以朝觐为主），据沙特旅游部长此前预计，到 2020 年底，沙特旅游业将萎缩 35%—45%。[①] 相关统计表明，朝觐活动每年收入的大约占到沙特国内生产总值的 7%。朝觐旅游也是沙特“2030 愿景”要重点发展的领域，计划到 2030 年将朝觐人数从每年 800 万增加到 3000 万，按照该愿景预期，2020 年沙特将接待 1000 万朝觐者。[②] 然而，由于疫情影响，沙特不得不暂停 2020 年的朝觐活动，仅象征性地允许数量极少的当地穆斯林参加朝觐活动。不过，作为国家经济多元化转型计划的重要组成部分，沙特提振旅游业的努力并未中断，2020 年 6 月，沙特宣布成立旅游业发展基金，以促进旅游业中政府与私营企业和投资银行的合作，并计划在 2022 年前开放 38 个旅游景点，旅游部长表示，未来 3 年内，旅游业将会提供 26 万个工作岗位。[③]

推进数字经济和高科技产业的发展，也是国家经济多元化转型计划中的重要领域，受到沙特政府高度重视。疫情期间，航空与地面运输受限，沙特数字经济释放出巨大发展潜力，在线购物和在线娱乐需求在疫情中陡然增长，据沙特官方统计数据，疫情期间沙特网上购物总额增长约 400%。除了疫情因素，政府的推进以及沙特年轻的人口结构也成为引领数字经济

---

① 《受新冠肺炎影响，沙特旅游业下降 35%—45%》（阿拉伯文），路透社，https://www. reuters. com/article/health - coronavirus - saudi - tourism - ar7 - idARAKCN22635F。

② 参见《沙特阿拉伯 2030 愿景》，http://www. saudi - cocc. net/uploads/190726/2030. pdf。

③ 商务部：《沙特旅游业计划三年内提供 26 万人工作岗位》，http://www. mofcom. gov. cn/article/i/jyjl/k/202007/20200702981182. shtml。

产业快速发展的重要动力。从行业增长来说，在线零售的发展与沙特总体战略目标保持一致。作为“2030 愿景”金融业发展计划的一部分，政府计划将在线支付比例从 2020 年的 28% 提高到 2030 年的 70%。① 沙特还与阿联酋计划共同开发名为“Aber”（意为“跨越边境”）的一种新型数字货币，目的是开发一种跨境支付系统，减少两国银行之间的转账时间和成本。此外，发展人工智能也是沙特“2030 愿景”规划的重点领域之一，沙特制定了到 2030 年实现全球人工智能 15 强、开源数据前 10 强的目标，并致力于在 2030 年前成为人工智能领域的一个全球引领者。2020 年 10 月，沙特主办了全球人工智能高峰会，多国政府官员、技术专家、领军企业人士和投资者 200 多人参加。沙特数据与人工智能局主席阿卜杜拉·加姆迪在开幕式上宣布启动沙特国家数据和人工智能战略，加速发展人工智能，推进国家社会发展与经济转型的进程。②

为持续推进国家经济多元化转型，2020 年，沙特加大对本国产业的支持和保护力度，在规则允许范围内出台有助于增强本国工业竞争力的政策。2020 年 8 月，政府内阁例会批准设立国家工业发展中心，以替代原先沙特工业集群的职能，发展和完善国内工业基础设施建设，助力加快经济转型进程。按照规划，该中心未来将重点发展五个工业部门，包括汽车整装和零部件制造、冶金和采矿、塑料和包装材料、制药和生物技术、太阳能等新能源和海水淡化。③ 沙特现有钢铁厂 41 家，年产能总量 1800 万吨。2020 年 6 月，世界钢铁协会将沙特列为全球 20 个主要钢铁生产国之一④。以钢铁生产为代表的工业部门的发展，是沙特寻求经济多元化、摆脱对石油收入依赖的必由之路。此外，值得注意的是，沙特现有的工厂中有 95% 是中小型工厂，中小企业对 GDP 的贡献约为 28.7%，这也从某种程度上体现了过去两年推进经济改革和转型发展的成功，沙特的目标是到 2030 年将中小企业对 GDP 的贡献提升到 35%。⑤ 沙特还制定了雄心勃勃的基建规

① 商务部：《沙特几乎将电子支付使用率提升至 70%》，http：//www.mofcom.gov.cn/article/i/jyjl/k/201902/20190202838094.shtml。

② 《沙特发布数据和人工智能战略》，http：//www.xinhuanet.com/2020-10/22/c_1126642478.htm。

③ 商务部：《沙特工业集群整体变更为“国家工业发展中心》，http：//sa.mofcom.gov.cn/article/jmxw/202008/20200802997275.shtml。

④ 商务部：《沙特钢铁年产能 1800 万吨》，http：//sa.mofcom.gov.cn/article/jmxw/202012/20201203025228.shtml。

⑤ 参见《沙特阿拉伯 2030 愿景》。

划，正在建设或计划中投资规模 10 亿美元以上的大型项目超过 80 个。在基础设施建设的投资方面，政府也更加注重本地化，例如红海项目到目前为止共签署了总价值 20 亿美元的 500 多份合同，其中 70% 授予了当地公司。[①] 一方面，政府鼓励本国私营公司企业积极参与公共基础设施的建设和开发，在沙特阿美、沙特航空、麦麦高铁等项目中私营资本均有不同程度的入注。另一方面，吸引外资也是沙特发展为全球投资大国的必经之路。2020 年，进入沙特的外国直接投资（FDI）达 47 亿美元，同比增长 4%，这一数字为四年来的最高点，而 2020 年全球范围内的外国直接投资则下降了 42%[②]。这说明，沙特政府在 2030 愿景下推进的有关改善营商环境、促进投资的一系列政策举措已见成效。沙特经济转型中引进外资的行业领域广阔，例如在医保行业，2020 年的新冠肺炎疫情凸显了现有医疗保健设施与国民实际需求之间的巨大差距，沙特卫生部已根据“国家转型计划”启动了多项公司伙伴关系（PPP）计划，力求通过国内外私人投资改善医疗行业的基础条件，提升服务水平。2020 年，政府预算拨款 1670 亿沙特里亚尔用于部分医疗机构的私有化建设[③]。

在疫情及经济下行的双重压力下，沙特在农业、就业等方面也持续用力，在相关领域艰难地推进改革，促进发展。2020 年，农业部门的生产总值占到非石油 GDP 的 4% 以上，2020 年 6 月，国家发展基金委员会还批准了“农业 2021 – 2025 年发展规划”[④]，进一步推进部门协同，提高农业领域的数字化水平，在“2030 愿景”规划框架下，朝着“2030 国家农业战略”和“粮食安全战略”目标推进。在就业领域持续推动劳动力本地化进程。2020 年 8 月，沙特提出在工程就业领域实现 20% 员工的本地化率要求[⑤]，在批发零售业九大类经营活动中达到 70% 员工的本地化率；10 月，

---

① 商务部：《红海项目已签署 20 亿美元建设合同》，http：//sa. mofcom. gov. cn/article/jmxw/202011/20201103013513. shtml。

② 《2020 年沙特直接外国投资达到 47 亿美元，创四年来最高值》（阿拉伯文），载《阿拉伯国际经济报》，2021 年 1 月 27 日，https：//www. aleqt. com/2021/01/27/article_2021836. html。

③ 商务部：《沙特医疗保健行业吸引私营部门投资》，http：//sa. mofcom. gov. cn/article/sqfb/202008/20200802988721. shtml。

④ 沙特环境、水及农业部：《部长阁下揭晓国家发展基金 2021 – 2025 年农业发展规划以顺应农业可持续发展》（阿拉伯文），https：//www. mewa. gov. sa/ar/MediaCenter/News/Pages/News762020. aspx。

⑤ “Saudi to localise engineering jobs from 2021,” *Gulf Business*, https：//gulfbusiness. com/saudi – to – localise – engineering – jobs – from – 2021/.

又宣布国家将加快推进信息技术和通信领域的本地化进程，此举可在私营部门为本国公民创造9000个就业岗位。① 沙特通过一系列类似这样的政策举措，一方面设法为相关专业大学毕业生创造就业机会，另一方面推动私营部门发展，提升其在国民经济中的贡献率。此外，受经济萎缩和疫情防控措施的影响，2020年，有将近120万外国劳工离开沙特的劳动力市场，② 也在一定程度缓解了沙特国民的就业压力。

经过多方面、多举措的努力和艰难推进，至2020年12月，沙特非石油私营部门实现了连续四个月的增长，全年非石油收入占到总收入的46.5%。尽管沙特经济在未来的全面复苏和转型发展上仍有很大不确定性，但这一比例无疑增强了沙特本国以及国际社会对沙特2021年经济实现正增长的信心和期待③。新冠肺炎疫情是沙特“2030愿景”实施以来沙特经济遭遇的一次最大冲击和危机，面对挑战，沙特政府适时制定了短期经济刺激计划，并继续推动经济多元化改革，正如沙特王室经济顾问图韦杰里所说，沙特政府对实现“2030愿景”的决心并没有发生变化，“我们将继续坚持经济多元化发展的步伐，只不过在具体细节和项目上我们会做出有弹性的调整。”④ 从长远看，沙特力图实现经济转型发展的战略目标没有改变，尽管受到疫情和全球经济下行的冲击，2020年沙特经济总体上依然坚持其可持续性和稳定性的发展目标，经济多元化改革依然是政府经济工作的重点，并且也取得了一定的成绩和进展，以年终经济发展的态势看，2021年实现经济增长总体上乐观可期。

三、2020年沙特阿拉伯的对外关系

2020年，在对外关系方面，沙特总体延续近年来主动求进的外交风

① “Saudi to localise IT, communication jobs in kingdom,” *Gulf Business*, https: //gulfbusiness. com/saudi – to – localise – it – communication – jobs – in – kingdom/.

② 《2020年将有120万外来劳工离开沙特劳动力市场》（阿拉伯文），路透社，https: //arabic. rt. com/business/1124875 – 2020/。

③ 《2021年沙特经济预期“积极”》（阿拉伯文），阿拉伯天空新闻，https: //www. skynewsarabia. com/business/1402865 – 2021。

④ 钱小岩：《遭遇油价暴跌和疫情暴发，“不差钱”的沙特还撑得下去吗?》，第一财经，https: //www. yicai. com/news/100792751. html。

格，竭力展现出提升地区影响力和国际影响力的意愿，与土耳其、卡塔尔等周边国家紧张关系出现缓和；与世界大国间的关系渐趋平衡，与美国关系有所降温，与俄罗斯关系日渐趋稳，与中国建交迎来30周年，双边关系进一步加强，多领域合作不断推进。2020 年沙特还成功担任 G20 轮值主席国，为推进全球治理发挥积极作用。

（一）与地区国家紧张关系趋缓

受国际与地区形势变化的影响，2020 年沙特对外关系也出现明显变化，与土耳其、伊朗、卡塔尔等地区国家紧张关系出现缓和。近年来，沙特与土耳其在一系列地区问题上的立场相左，双边关系趋紧，经贸合作下降，自 2019 年 12 月到 2020 年 12 月，土耳其向沙特的出口额降幅超过 90%①。2020 年末，沙土关系出现回暖迹象，G20 视频峰会期间，萨勒曼国王主动与土耳其总统埃尔多安通电话，两国领导人同意保持对话渠道畅通，为双边关系回暖迈出重要一步。一周后，沙特外交大臣费萨尔与土耳其外长恰武什奥卢在尼日尔伊斯兰合作组织会议期间举行了会晤，恰武什奥卢认为，土耳其与沙特牢固的关系不仅符合两国利益，也符合地区利益。② 在海湾地区，2020 年底卡塔尔断交危机各有关国家的和解谈判取得“显著进展”，③ 各方于 12 月初达成初步协议，最终于 2021 年 1 月在沙特欧拉举行的第 41 届海合会首脑会议上与卡塔尔实现和解，海合会峰会成功举行并发布《欧拉宣言》，沙特、巴林、阿联酋和埃及宣布与卡塔尔恢复全面外交关系，持续数年的卡塔尔断交危机宣告结束，海合会的重聚成为沙特提升地区影响力的重要加分项。与卡塔尔关系修好后，沙特迅速采取行动，恢复与卡塔尔的运输往来，1 月 9 日重开与卡塔尔之间唯一的陆路口岸撒勒瓦港，卡方也宣布自 1 月 11 日起恢复飞往沙特的航班。

沙特陷于也门危机泥潭数年之久，欲罢不能，为其国家安全稳定带来压力。2020 年，沙特在也门问题上的立场也出现松动，表现出缓和局势的意图。2020 年 4 月 9 日，为回应联合国也门问题特使马丁・格里菲斯的停

---

① 《遭到抵制后沙特从土耳其进口额创纪录下降》（阿拉伯文），ttps：//arabi21. com/story/1338171/ 。

② 《土耳其与沙特的尼日尔会晤表明两国关系“解冻”》（阿拉伯文），https：//www. masrawy. com/news/news_publicaffairs/details/2020/11/27/1920366/。

③ 《海湾断交危机有望化解，沙特、卡塔尔表乐观》，http：//www. xinhuanet. com/world/2020-12/06/c_1210917611. htm。

火呼吁，沙特宣布实行为期两周的单边停火。[1] 在此之前，沙特还曾邀请胡塞武装到利雅得进行直接和谈。进入2021年，在与联合国也门问题特使格里菲斯、美国新任也门问题特使兰德金以及美国国务卿布林肯的沟通交流，沙特频频表示，希望通过政治对话解决也门问题，实现和平。然而胡塞武装并未显示出停止冲突的意愿，2021年初还连续袭击沙特石油设施和军事基地，使得沙特陷入进退两难的境地。

（二）与世界大国间关系渐趋平衡

沙特与美国的关系一直是沙特对外关系中最为重要的双边关系。长期以来，美国也将沙特视为其中东地区的重要盟友，这一关系在特朗普担任美国总统期间得到进一步加强。2020年初，特朗普政府发布美国新版中东和平计划，即所谓“世纪协议”，沙特对此表示赞赏，并呼吁巴以双方在美国主持下协商解决有关方案的分歧。但出于各方面考虑，沙特并未像阿联酋等国那样积极响应美国倡议而与以色列实现关系正常化。2020年12月底，在特朗普离任前还批准向沙特出售2.9亿美元的精确制导武器，此前特朗普就曾批准数额庞大的对沙军售协议。[2] 2020年3-4月间，因疫情影响全球石油需求骤减，国际油价大跌，美国页岩油企业受创，特朗普总统与穆罕默德·本·萨勒曼王储通话，逼沙特削减石油产量，并以撤出驻沙美军相威胁。由于沙特与俄罗斯石油减产协议力度未达到市场预期，5月初，五角大楼宣布将从沙特撤出两个“爱国者”导弹防御系统和两个战斗机中队，此举意在惩罚沙特在石油价格上的不配合，降低对沙特重要石油设施的安全保障能力。

2020年底以来，因美国大选拜登新政府上台，沙美关系降温迹象明显。拜登早在竞选阶段就多次表示将“重新校准”两国关系，上台后也采取了相应举措。2月26日，美国国家情报总监办公室在拜登授意下公布了被特朗普忽略的卡舒吉案调查报告。该报告称，是穆罕默德·本·萨勒曼王储批准了“俘获或杀害卡舒吉”的行动。美国公开发布这一报告，似乎剑指王储，给沙特方面带来巨大压力，但拜登政府在公布调查结果后并未

① 《联合国欢迎沙特领导的盟军宣布单方面停火以应对新冠大流行》，https：//news. un. org/zh/story/2020/04/1054602。

② 《美媒：特朗普政府批准再向沙特出售2.9亿美元精确制导炸弹》，https：//world. huanqiu. com/article/41JG67d8Zu0。

对王储本人采取制裁措施，表明美国无法放弃与沙特的盟友关系。沙美关系降温还体现在拜登政府对沙特深度介入也门危机的立场与特朗普前政府有所不同。特朗普执政时期，美国向沙特主导的打击胡塞武装多国联军提供情报、训练和后勤援助，向沙特和阿联酋出售精确制导武器、“F－35”型战斗机等先进军备。拜登上台后，在 2021 年 2 月 4 日的首个外交政策演说中明确表示，也门冲突必须结束，为此，美国将结束对也门战争中进攻行动的所有支援，包括相关军售，并任命资深外交人员伦德金为解决也门问题的特使，以期推动交战双方实现和谈。随后，因联合国警告也门正面临严重的饥荒等人道主义危机，美国宣布将也门胡塞武装从恐怖组织名单中撤出。美国新任政府在也门问题以及伊核协议等一系列中东问题上的政策调整都对沙美关系带来直接影响，但从长远来看，双方仍将基于维护石油安全和遏制伊朗等多方面的共同利益而构建积极的双边关系。

2020 年，沙特与俄罗斯关系虽受油价战的影响，但总体发展平稳，双边合作稳中有进。2020 年 3 月，在“欧佩克＋”为平衡市场供需和稳定油价而举行的深化减产谈判中，沙特与俄罗斯各不相让，导致双方最终未能达成减产协议，致使全球油价大幅下滑，3 月上旬创 5 年来单日最大跌幅。4 月 12 日，在美国调解下，沙特与俄罗斯在“欧佩克＋”框架内达成减产协议，[①] 此后在 6 月、9 月和 11 月又数次修订协议，成为疫情期间保证全球石油市场稳定的重要机制。年初的油价之战在一定程度上影响到沙特与俄罗斯关系的顺利发展，但双方都不愿两国关系因油价之战而趋冷，更不愿使双方经贸交往与合作止步不前。从 2020 年 1 月至 10 月，沙俄双边贸易额增长了 6%，总额直逼 15 亿美元。[②] 俄罗斯直接投资基金（RDIF）与沙特阿拉伯公共投资基金密切合作，已共同投资 25 亿美元，目前正在审核中的合作项目涉及 12 个领域。10 月 17 日，沙特王储与俄总统普京通电话，就“欧佩克＋”有关协议落实情况交换意见，双方强调两国愿为维持世界能源市场稳定继续就有关问题加强协调。[③] 2021 年 1 月，沙特外交大

① 《油价战告终 OPEC 历史性日减 970 万桶》，https：//www. dw. com/zh/ － opec/a － 53104071。

② 《俄罗斯联邦外交部长谢尔盖·拉夫罗夫与沙特阿拉伯外交大臣费萨尔·本·法尔汉会谈后举行的联合记者会上发表讲话》，http：//cn. mid. ru/maps/Saudi_Arabia/section/56/content/id/2525。

③ 《普京与沙特王储通电话》，俄罗斯卫星通讯社，http：//sputniknews. cn/politics/202010171032329309/。

臣费萨尔·本·法尔汉与俄罗斯外交部长拉夫罗夫在莫斯科举行正式会谈，双方共同强调要加强两国在区域和国际问题上的沟通协调，推进包括稳定全球能源市场在内的各领域合作，双方在叙利亚问题上也达成一致意见，将继续支持叙利亚危机的解决，恢复叙利亚国家稳定，消除伊朗对叙利亚的干预，俄方还表示支持沙特以政治方式解决也门危机。由于美国中东政策的调整，沙特与俄罗斯的关系还将出现新的变化，双边合作有可能进一步深化和拓展，俄罗斯方面甚至宣布准备与沙特缔结一项新的军事合作协议。从沙特方面看，发展与俄关系也体现出其意欲进一步平衡与世界大国关系的外交战略。

（三）与中国关系进一步加强

2020 年，沙特与中国迎来建交 30 周年，双边关系稳步发展，在疫情中“逆势前行”，政治互信不断加强，合作领域进一步拓展，人文交流持续开展，两国元首三度通话，充分体现出双边战略合作关系的日益增强。2020 年 7 月 22 日，萨勒曼国王与中国国家主席习近平互致贺电，庆祝两国建交 30 周年。萨勒曼表示，沙中建交 30 年来，各领域关系取得巨大发展，体现了两国的深厚友谊和战略关系的高水平，沙方期待同中方开展更多合作，推动实现地区和世界的安全与稳定。习近平在贺电中指出，中沙建交 30 年来双边关系稳步发展，各领域合作成果丰硕，特别是近年来，中沙建立全面战略伙伴关系，两国关系发展步入快车道，当前，中沙合力抗击新冠肺炎疫情，维护两国人民健康福祉以及全球和地区公共卫生安全，谱写了守望相助、同舟共济的佳话。习近平表示，愿同萨勒曼国王一道努力，以两国建交 30 周年为契机，推进共建“一带一路”倡议和沙特“2030 愿景”对接，充实双边关系战略内涵，共同引领新时代中沙关系不断取得新成就，造福两国和两国人民。

抗疫合作是 2020 年沙中关系中的一道靓丽风景线。双方从疫情发生之初就相互支持，密切合作。在中国抗疫的关键时刻，沙特全力相助，提供了大量人道主义援助，沙特人民还在各社交媒体表达对中国抗击疫情的全力支持。中国在沙特出现疫情后也积极分享有关疫情防控的信息、数据，为沙特制定疫情防控相关政策提供参考，中国企业还积极参与沙特疫情防控工作，在病毒检测、疫苗攻关等疫情防控各关键环节提供技术支持。沙中抗疫合作极具建设性且颇有成效，为疫情防控国际合作树立了典范。尽管疫情严重冲击了 2020 年的全球贸易，沙中贸易也受到很大影响，但两国间的贸易往来逆势前行，稳定发展。2020 年沙特从中国的进口同比增长 17.8%，进口总额达到 281 亿美元，但沙特对华贸易顺差同比下降 63.9%；同时，2020 年沙特取代俄罗斯成为中国最大的原油供应国，沙特对华原油出口量同比增长 1.9%，达到 8492 万吨，约合 169 万桶/天。[①] 2021 年 3 月 21 日，在中国国务院发展研究中心举办的“2021 中国发展高层论坛”上，沙特国家石油公司——沙特阿美（SaudiAramco）公司总裁阿敏·纳赛尔（Amin Nasser）在视频连线时表示，确保中国能源需求的持久安全是其最为优先的目标，不仅仅未来 5 年是这样，未来 50 年甚至更久都是这样。沙中经济互补性强，务实合作基础好，合作前景广阔。两国同为二十国集团成员国，在携手推动世界经济复苏中必将更有所作为。

2020 年，沙中人文交流也并未因疫情而中断，双方通过线上和线下相结合的方式，积极开展各种形式的交流，共同促进民心相通。5 月 9 日，沙特阿卜杜勒·阿齐兹国王公共图书馆等机构举办“中国—阿拉伯文化关系”视频研讨会，就中国与阿拉伯国家文明对话、文化教育合作、青年交流等问题进行交流，中国驻沙特大使陈伟庆应邀出席研讨会。7 月 21 日，沙特阿卜杜勒·阿齐兹国王公共图书馆又举办庆祝中沙建交 30 周年视频研讨会，沙特文化部副大臣法伊兹、阿卜杜勒·阿齐兹国王公共图书馆馆长穆阿麦尔和中沙两国专家学者出席会议，与会人员一致认为双方应继续推动和加强学术交流，为两国关系行稳致远巩固民意基础，贡献智力支持。7 月 15 日，中国—中阿改革发展研究中心和沙特研究与知识交流中心联合举行“中沙建交 30 周年视频研讨会”，来自中沙两国的外交官和专家学者就中沙关系发展历程与发展前景进行了交流讨论，中国外交部中阿合作论坛事务大使、前驻沙特大使李成文和沙特驻华大使图尔基·阿尔马迪回顾了中沙建交 30 年历程，并展望了两国关系前景；沙特研究与知识交流中心主任叶海亚表示，两国关系在政治和经济领域取得了良好的合作和成绩，现在扩展到文化领域，随着沙特决定将中文教学引入沙特教育体系，两国的文化合作迈上新台阶；中国驻沙特大使陈伟庆作了总结发言，他表示相信，拥有传统友谊、共同利益和发展愿景的中沙全面战略伙伴关系必将持续深入发展。11 月 23 日至 25 日，由中华人民共和国文化和旅游部与沙特

① 商务部：《2020 年中沙贸易关系进一步巩固》，http：//sa. mofcom. gov. cn/article/i/202101/20210103033744. shtml。

阿拉伯王国文化部联合主办的“庆祝中国和沙特阿拉伯建交30周年音乐会”在中国中央电视台CCTV音乐频道音乐厅栏目、CCTV阿拉伯语频道和腾讯视频艺术频道等平台播出。

（四）担任G20轮值主席国，积极参与全球治理机制建设

作为中东地区大国，沙特不仅谋求地区影响力的提升，而且力图不断提高国际影响力。自穆罕默德·本·萨勒曼担任王储以来，沙特提升国际影响力的意愿日益强烈。在对外关系与国际交往中一改此前保守低调的传统方式，不断采取主动的进取性外交方式，积极参与全球事务和全球治理机制建设，竭力提升在全球事务中的参与度，力图扩大自身国际影响力。2019年底，沙特正式担任二十国集团轮值主席国，为其参与全球事务带来新的机遇，沙特政府和穆罕默德·本·萨勒曼王储对此非常重视，将担任G20轮值主席国视为沙特全球领导力提高的重要象征，王储本人还亲自提出了“为所有人实现21世纪的机遇”的主题和“赋权予人”“塑造新领域”“保护地球”三大目标，以此指导二十国集团2020年有关工作。

与以往不同的是，沙特担任G20轮值主席国的工作遇到突如其来的新冠肺炎疫情的巨大挑战，在沙特接任轮值主席后不久的2020年上半年，新冠肺炎病毒在全球范围内蔓延，包括沙特在内的许多国家疫情日趋严重，但沙特的相关应对和轮值工作还是比较成功。疫情期间，沙特多次呼吁国际社会特别是G20成员加强合作，共同携手抗击疫情，并充分发挥作为轮值主席国的组织和协调作用，于2020年3月26日，史无前例地以视频会议形式成功组织召开了“G20应对新冠肺炎特别峰会”，峰会还特别邀请约旦、瑞士、新加坡以及东盟轮值主席国越南、非盟轮值主席国南非、海合会轮值主席国阿联酋和非洲发展新伙伴关系轮值主席国卢旺达等国领导人参会，同时受邀参会的还有联合国、世界卫生组织、世界银行、世界贸易组织、国际劳工组织、国际货币基金组织和经济合作与发展组织等国际组织的负责人。中国国家主席习近平出席特别峰会，并发表了重要讲话，体现了中国积极支持G20加强协调合作、稳定世界经济的积极态度以及与国际社会携手抗击疫情的坚定决心和大国担当。本次峰会是在特殊时期召开的一次特殊会议，对于应对全球危机、促进全球治理具有重大意义。

G20特别峰会召开后，沙特又陆续组织召开了数十次部长级会议、工作组会议及11月份的第十五次领导人峰会，推动二十国集团通过“暂缓

最贫困国家债务偿付倡议”。沙特在2020年担任G20轮值主席国期间的一系列工作受到国际社会广泛好评，也从一个方面展现出沙特积极参与全球治理机制建设、主动承担国际责任、试图扩大和提升自身全球影响力的意愿和抱负。此外，2020年7月，沙特提名前经济和计划大臣穆罕默德·图韦杰里参选世贸组织总干事，图韦杰里在接受新华社记者采访时表示，现在正是对世贸组织进行重大和必要改革的时候，[①] 虽然图韦杰里最终止步于第二轮磋商，但此举对沙特而言也是其积极参与国际事务和全球治理的举措，体现出沙特主动维护全球多边贸易体制和全球治理机制建设的积极意愿。

四、结语

2020年以来，沙特阿拉伯王国政局总体保持稳定，以穆罕默德·本·萨勒曼王储为中心的王室权力体系得到进一步巩固，在“2030愿景”规划指导下的国家政治、经济和社会改革持续推进，但由于受到多种因素的影响，特别是新冠肺炎疫情的影响，各领域相关改革的力度、节奏和步伐总体上有所放缓，国家转型发展计划在多方面遇困受阻，疫情防控成为政府一年来工作的一个重点领域。经济方面，在疫情和国际石油市场震荡的双重影响下，王国的经济多方面受创，总体呈现萎缩态势，经济多元化改革在多重压力下艰难推进。对外关系方面，总体延续了近年来积极求变、主动求进的外交风格，竭力展现出提升自身地区影响力和国际影响力的意愿，与土耳其、卡塔尔等周边国家的紧张关系也趋于缓和；与世界重要大国之间的关系也日渐趋向平衡，与美国关系有所降温，与俄罗斯的关系渐趋稳定，与中国关系进一步加强，多领域的交流与合作不断推进。2020年沙特还成功担任G20轮值主席国，为推进全球治理发挥了积极作用。

① 《WTO总干事候选人：世贸组织需要重大和必要改革》，https：//news. cctv. com/2020/09/09/ARTIuGSjvj6hVLyKm0JObpfj200909. shtml。

2020 年伊朗的政治、经济和对外关系

韩建伟*

【摘　要】

2020 年，伊朗在极限施压与疫情困扰中艰难生存，鲁哈尼政府承受着越来越大的压力。年初的议会选举确立了强硬保守派的绝对优势，临近任期之末的鲁哈尼温和改革派政府越来越失去改革的动力，因治理能力低下而备受批评。伊朗是中东地区遭受新冠肺炎疫情打击最严重的国家，确诊人数和死亡人数高居中东榜首。制裁和疫情对伊朗经济造成非常大的冲击，连续第三年经济负增长，石油出口转入“地下”且收入锐减，通胀指数不断上升，部分产业严重萎缩，失业率居高不下，本币里亚尔不断贬值。2020 年美伊关系空前紧张，伊朗通过不断提高浓缩铀丰度的方式对美国及国际社会施压，令拜登政府重回伊核协议的前景充满不确定性。部分阿拉伯国家与以色列建交令伊朗的地缘环境更加孤立。伊朗外交表现出“疏远西方、亲近东方”的趋势，与俄罗斯关系更加亲密，与中国保持了稳定的友好关系，另外在地区的影响力并没有实质性衰退。

【关键词】伊朗　鲁哈尼　美伊关系　极限施压　疫情

2020 年对伊朗来说又是异常艰难的一年。这一年伊朗继续承受特朗普政府的“极限施压”，政治、经济、外交都十分困难。2020 年 1 月 3 日，伊斯兰革命卫队核心人物“圣城旅”指挥官卡西姆·苏莱曼尼在伊拉克遭遇特朗普指使的暗杀中不幸身亡，使得美伊关系再度紧张，濒临战争边缘。这一年伊朗还成为中东地区遭受新冠肺炎疫情打击最严重的国家，确诊人数和死亡率高居中东国家之首，迄今疫情都没有得到有效的控制。但

---

* 韩建伟，上海外国语大学中东研究所副教授。

是 2020 年对伊朗来说也是蕴含机遇的一年。2020 年 11 月份的美国总统选举，民主党人拜登取代了共和党人特朗普成为美国第 46 任总统。拜登是过去推动与伊朗达成核协议的核心人物之一，竞选期间提出如果他当选，就会重新回归伊核协议。因此他的上台给伊朗解除部分制裁带来了希望。

一、2020 年伊朗的国内政治

2020 年伊朗国内政治的主要特点是鲁哈尼政府面临的挑战越来越大，压力呈多点并存且相互联动的特点，与此同时，鲁哈尼政府的治理能力不断下降，失去了第一任期的改革与开创精神。

伊朗的国内政治与国际形势息息相关，伊朗的外部环境几乎主导了国内政治。在伊核协议签署前后，当时伊朗国内普遍将该协议的达成归功于鲁哈尼为首的温和改革派政府，因此鲁哈尼的支持率非常高，没有太多悬念的连任。在伊核协议达成的两年期间，伊朗的经济民生得到了明显的改善。但是在特朗普上台之后，美国的极限施压政策令伊朗经济重回崩溃的边缘，民众对鲁哈尼政府的不满开始加深。2019 年 11 月，伊朗爆发了大规模的游行示威，主要原因是民生艰难。鲁哈尼政府的压力在 2020 年达到了极限，改革派因无力处理所面临的一系列危机而逐渐陷入孤立。2020 年 2 月 21 日，伊朗迎来了第 11 次议会选举。根据内政部的官方结果，投票率创历史新低，占选民比例的 42.57%，其中 48% 的女性，52% 的男性。改革派候选人的资格被大规模取消，包括大约 80 名现任议员。保守派赢得了 230 个席位，几乎没有遇到改革派的任何阻力。① 这次大选结果在意料之中，势必对 2021 年的总统选举产生重要的影响。伊朗保守派的重新回归是特朗普政府“极限施压”政策的直接结果，严重打击了改革派未来继续执掌政坛的前景。这次议会选举也对鲁哈尼后期的执政风格产生了很大影响：即不再积极主动地寻求突破性改革，而是消极应对各种挑战，大多时候原地踏步，或者仅仅提出一些口号或象征性举措，但并没有落实到行动。

① “Factbox：The Outcome of Iran’s 2020 Parliamentary Elections，” Atlantic Council，February 26，2020，https：//www. atlanticcouncil. org/blogs/iransource/factbox – the – outcome – of – irans – 2020 – parliamentary – elections/。

对伊朗国内政治来说，2020年最大的黑天鹅是在2月底新冠肺炎疫情的暴发，令本来已经身处水深火热中的伊朗雪上加霜。2020年2月19日，伊朗报告了第1例本土确诊病例，然后病例数量呈快速增长的趋势。伊朗众多高层政要在疫情传播初期便纷纷中招，令外界对伊朗抗疫的实际情况产生了深深的怀疑。仅仅一个月的时间内，确诊的伊朗高官包括：第一副总统贾汉吉里（Eshaq Jahangiri）、负责妇女与家庭事务的副总统马苏麦·艾卜泰卡尔（Masoumeh Ebtekar）、工业部长礼萨·拉马尼（Reza Rahmani）、卫生部副部长伊拉杰·哈里奇（Iraj Harirchi）、前司法部长兼现任司法部长顾问穆斯塔法·普尔穆罕默迪（Mostafa Pourmohammadi）等。①

在疫情日益严峻的背景下，伊朗跟世界上大多数国家一样，采取了一系列防疫措施，如社交隔离、呼吁佩戴口罩，暂时关闭学校、商场、巴扎、清真寺等来控制病毒的快速传播。但是鲁哈尼政府担心完全封锁会令伊朗本已濒危的经济彻底崩溃，因此仅仅采取了部分限制性措施。事实证明这些限制性措施成效显著，伊朗的确诊人数和死亡人数从4月份开始大幅度下降，防疫效果明显好于同期处于疫情高峰的欧洲国家。但是从4月中旬开始，鲁哈尼政府就下令解封，重启经济。鲁哈尼的目的是希望能够在有限防疫与正常经济生活之间保持平衡。关于伊朗复工，伊朗《金融论坛报》曾经如实报道了政界高层和学界在这一问题上的争论。“尽管专家们对疫情造成的经济影响争论不休，国家抗疫指挥部已经发布命令允许人们回到工作岗位。前伊朗总商会副主席索塔尼认为，暂停商业活动造成的经济损失已经超过了治疗新冠肺炎患者的花费，复工是必要的。但也有一些学者持相反观点，认为伊朗在制裁下始终处于严重的通胀和经济衰退状态，即便全国继续完全暂停一切活动，也没什么更多可失去的了。尽管如此，伊朗经济学家联盟成员贾维德表示，由于政府向商业实体的贷款计划起不到实际作用，银行等其他机构也没有认真地采取刺激措施，伊朗除了复工别无选择。②

仓促复工使得伊朗疫情在2020年五六月份出现复发苗头，6月初确诊人数又回到每日3000人以上。伊朗再次收紧防疫措施，加之夏天气温升

① 张媛、孟令稀：《国外已有超80名政要官员确诊新冠肺炎，伊朗最多》，https://www.jiemian.com/article/4168433_qq.html。

② 中国驻伊朗大使馆经商处：《伊经济专家认为“带病复工”是因为别无选择》，http://ir.mofcom.gov.cn/article/jmxw/202004/20200402954769.shtml。

高，七八月份疫情走势比较平稳。伊朗疫情的拐点发生在9月，从该月中下旬起确诊人数大幅度飙升，11月26日新增确诊1.4万人。虽然12月以来疫情有所缓解，但是每日确诊人数仍在6000－8000人之间。[①] 伊朗死亡率相对较高，为3.6%，至2021年2月底死亡人数破6万人。[②] 若在世界范围内进行比较的话，伊朗并不是新冠肺炎疫情最严重的国家。不过对伊朗来说，疫情是与美国的极限制裁、本已艰难的民生经济叠加在一起的，因此政府的抗疫能力更容易转化为政治事件。

在鲁哈尼的第二任期，原先计划推行的很多重要改革已经无法开展下去，如取消补贴改革、私有化改革、进一步引进外资的改革等。新冠肺炎疫情迫使国家的重心再次发生变化，控制疫情成为主要任务。维持现状而不是推进改革，成为鲁哈尼执政后期的主要问题所在。这也使他遭到了改革派与保守派两方面的攻击。鲁哈尼试图将导致众多问题的原因归咎于外部，使得曾经支持鲁哈尼的改革派人士对他无力应付局面感到担忧，甚至有的改革派人士认为“如果鲁哈尼不能解决当前伊朗面临的问题，那么应该辞职让伊朗提前进行大选。”保守派人士则批评，“如果将国家的问题只是归因于其他国家，只会让‘敌人’更加大胆。”[③]

虽然在2020年年初的议会选举中保守派占据压倒性优势，但是伊朗政坛远非一潭死水，改革派也没有完全走向消沉。超低的选民参与率体现出普通民众对谁当选总统都无所谓的冷漠感，证明了当前伊朗政府在民众中的支持率较低，这也引起了保守派的反思与警觉，因此也给予了改革派一些机会。2020年9月23日，改革派领导人、敢于批评哈梅内伊的穆罕默德·穆萨维·霍尼哈（Mohammad Mousavi Khoiniha）也呼吁改革派为2021年6月的选举做准备。[④] 所以，2021年的伊朗大选并非完全由保守派人物完全掌控。但从目前形势来看，保守派掌握了议会和关键部门的职务，改革派几乎推选不出有影响力的候选人与保守派进行竞争，因此保守派人物

① 《疫情实时大数据报告》，https：//voice.baidu.com/act/newpneumonia/newpneumonia/?from=osari_aladin_banner&city。

② “Iran Overview，” Corona Tracker，https：//www.coronatracker.com/country/iran/.

③ “Rouhani is Failing to Use His Powers well，Say Politicians，” *Iran International*，https：//iranintl.com/en/iran/rouhani－failing－use－his－powers－well－say－politicians.

④ “Iran's Reformists To ‘Borrow’ A Presidential Candidate To Facilitate Political Comeback，” *Iran International*，https：//iranintl.com/en/iran/irans－reformists－borrow－presidential－candidate－facilitate－political－comeback.

当选是大概率事件。

二、2020 年伊朗的国内经济

2020 年，受美国极限制裁与新冠肺炎疫情双重打击，伊朗的经济状况更加糟糕。伊朗迄今还没有公布 2020 年全部的经济数据，数据仅限于伊历 1399 年第一季度（大致相当于 2020 年 3 月—2020 年 6 月）。根据伊朗国家统计中心发布的报告，伊朗第一季度国内生产总值（GDP）按 1390 年（2011 年 3 月—2012 年 3 月）不变价格计算为 1656 万亿里亚尔，同比下降 3.5%；非石油部门国内生产总值 1445 万亿里亚尔，同比下降 1.7%。[①] 因此，2020 年是伊朗继 2018 年、2019 年后第三个经济负增长的年份。根据世界银行的估计，伊朗 2020 年经济增长率为 -4.5%。[②]

自特朗普政府“极限施压”以来，伊朗的石油出口就转为“地下”，真实产量及出口量都不再对外发布数据，外界只能根据国际邮轮数据进行跟踪评估。伊朗在 2019/2020 年度的石油出口收入削减了一半以上。[③] 而疫情对伊朗的石油出口无疑带来了更消极的影响。根据路透社的报道，到 2020 年 9 月，伊朗的石油出口明显上升，但是真实数值难以评估，大约在 40 万—150 万桶/日之间。根据伊朗石油部长赞加内的说法，伊朗石油并不是以伊朗的名义出售的。[④] 石油收入锐减给伊朗经济和民生都产生了很大的影响，加深了鲁哈尼政府的执政危机。但是制裁也是一把双刃剑，伊朗在摆脱对油气资源依赖、实现经济独立自主上更加努力。未来如果有可能摆脱制裁的话，那么从经济角度来说伊朗实现能源转型的速度会很快。

对伊朗民生影响最直接的还是物价指数。伊朗的恶性通货膨胀已经是

---

① 中国驻伊朗大使馆经商处：《伊朗本财年一季度经济负增长 3.5%》，http://ir.mofcom.gov.cn/article/jmxw/202009/20200902998648.shtml。

② “Iran's Economic Update — October 2020,” The World Bank, October 19, 2020, https://www.worldbank.org/en/country/iran/publication/economic-update-october-2020.

③ Arsalan Shahla and Golnar Motevalli, “Iran's Oil Exports More Than Halved in Year Ending March 2020,” *Bloomberg*, September 13, 2020, https://www.bloomberg.com/news/articles/2020-09-13/iran-s-oil-exports-more-than-halved-in-year-ending-march-2020.

④ Bozorgmehr Sharafedin, Alex Lawler, “Iran's Oil Exports Jump in September Defying Sanctions: Tanker Trackers,” *Reuters*, September 25, 2020, https://www.reuters.com/article/us-iran-oil-exports-idUSKCN26G1VA.

陈年旧疾，难以治愈，物价指数很容易受到国内外突发事件及不确定性因素的干扰而突然上升。2020 年，本来就受到制裁的伊朗进出口贸易又遭遇疫情打击，人员、货物流动都受到了极大的限制。而另一方面，伊朗为了实现经济的自给自足，疫情之下加快推进“抵抗经济”，其中一项代表性的经济政策是禁止进口更多的商品，以期完全实现进口替代。伊朗《金融论坛报》报道，自 2019 年 3 月以来，伊朗禁止进口清单增加了 800 种商品，使禁止进口商品总数达到 2400 种，大米也被列入了禁止进口的名单。伊朗海关总署数据显示，伊历 1399 年前五个月（2020 年 3 月—8 月）共进口价值 137 亿美元货物，较 2019 年同期下降 22.7%。[①] 这一措施虽然长远来看着眼于国家经济的独立自主，有利于关系国计民生的产业发展，但是在当前物资极端匮乏的情况下，必然会引起对国内物资短缺的恐慌情绪，并助推通货膨胀。图 1 显示的是伊朗 2020 年 12 月份十个收入阶层（从低到高）的通胀指数，可以看出跟一般情况下低收入阶层更容易受到通胀影响不同，在伊朗收入越高的群体受到通胀上升的影响程度反而高于低收入群体。这证明伊朗的通货膨胀已经是一个能够影响所有阶层的问题，即使是高收入群体也能明显感受到通胀带来的压力。

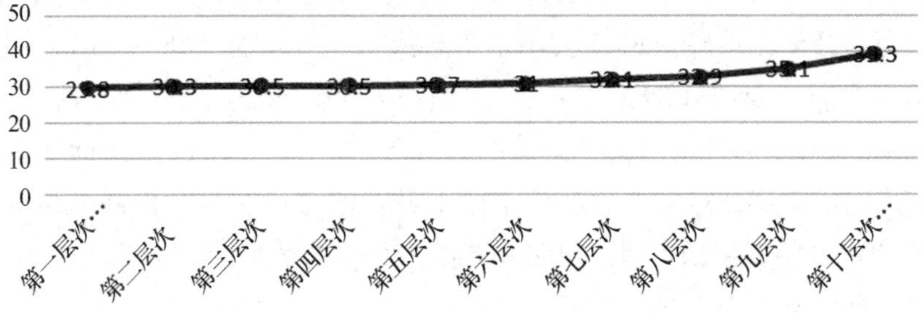

图 1　伊朗 2020 年 12 月通货膨胀率（%）

数据来源：“National Consumer Price Index by Expenditure Deciles in the Month of Dey of the year 1399,” *Statistical Center of Iran*, p. 1, https://www.amar.org.ir/Portals/1/CPI%20%20by%20Decial-%20Month%20Dey%201399.pdf.

图 2 显示不同群体在基本食品类及非食品类消费所受通货膨胀的影响

① 中国驻伊朗大使馆经商处：《伊朗禁止进口商品增加到 2400 种》，http://ir.mofcom.gov.cn/article/jmxw/202009/20200902998062.shtml。

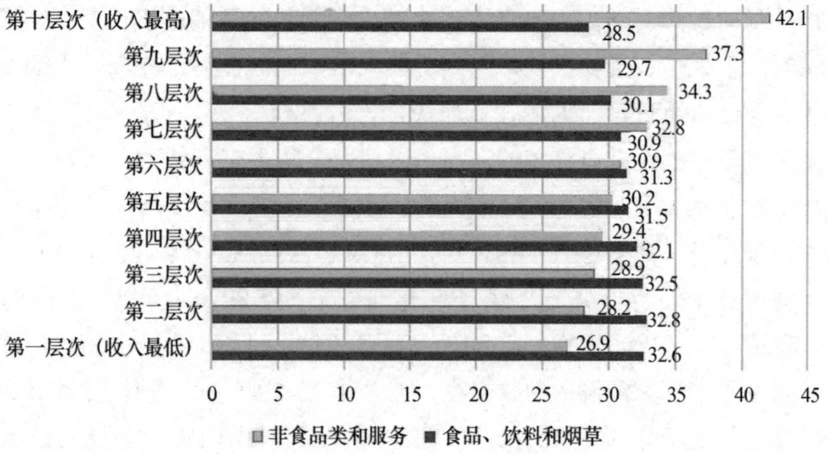

图2　不同阶层基于食品与非食品类通货膨胀率（%）差异

数据来源：同上。

程度。可以看出，收入越低的群体在基本食品、饮料及烟草类支出方面受通胀的影响更大，相对来说受非食品和服务类的通胀影响较小；而收入越高的群体，受基本食品类的通胀影响较小，受非食品和服务类通胀的影响较大。这反映出低收入群体的基本消费开支较大，而高收入群体的非食品及服务类开支比重较大的社会不平等现象。《德黑兰时报》报道，截至2020年7月，伊朗有89种基本商品的价格上涨。其中，36项商品的价格涨幅不到5%，而其他53项商品的涨幅超过5%。① 以汽车制造业为例，制裁引起的零部件短缺及生产成本的上升，使得伊朗汽车价格不断上涨。2020年上半年，伊朗主要汽车制造商霍德罗集团汽车价格上涨10%，塞帕集团汽车价格上涨23%。②

在制裁与疫情之下，伊朗的制造业、旅游业、进出口贸易、就业都表现不佳。从行业表现来说，主要依靠国内技术及在国内销售的产业受影响较小，如炼油、石化工业基本保持了正常的生产活动，甚至规模还在扩大；农业所受影响也比较小，如渔业在2020年的发展势头良好。但是那些

① "Prices of 89 Basic Commodity Items Rise during Pandemic," *Tehran Times*, July 7, 2020, https: //www. tehrantimes. com/news/449713/Prices – of – 89 – basic – commodity – items – rise – during – pandemic.

② 中国驻伊朗大使馆经商处：《伊朗主要汽车生产厂商纷纷涨价》，http: //ir. mofcom. gov. cn/article/jmxw/202005/20200502963682. shtml。

主要依靠外部市场的产业损失惨重，最具代表性的是旅游业。2020 年 2—4 月期间，伊朗的旅游业损失 53 万亿里亚尔（约 3.3 亿美元），大约直接影响到该行业 24 万人的就业，受间接影响的达 55 万人。仅酒店业就造成 30 万亿里亚尔（约 1.87 亿美元）的损失。① 传统手工地毯行业也蒙受重大打击，因为 90% 的手工地毯需要出口到其他国家，疫情之下地毯运输和收汇都极其困难，出口大幅度下降。这也影响到了国内市场的地毯行情。由于成本上升、通胀率高和人民购买力的下降，伊朗国内市场手工地毯的销量在 2020 年下降了 80%。与此同时，地毯的生产成本不降反升。由于通胀和汇率贬值等原因，工人工资和进口原材料的成本都在增加。②

2020 年伊朗与主要贸易伙伴国的进出口贸易都大幅度的萎缩。中国是伊朗第一大贸易伙伴国，但是 2020 年进出口贸易额下降了 38.5%。中国对伊朗出口下降 8.3%，从伊朗进口下降 58.3%。③ 土耳其也是伊朗的主要贸易伙伴，但是 2020 年 1—4 月期间，土耳其与伊朗的双边贸易额较 2019 年同期下降约 75%。其中，伊向土出口下降 86.05%；伊从土进口下降 45.72%。④ 欧盟作为伊朗的主要贸易伙伴，2020 年前 11 个月伊朗与欧盟 27 国贸易额为 40 亿欧元，同比下降 12%。其中，伊朗对欧盟出口同比增长 4.79%；伊朗自欧盟进口同比下降 15.37%。⑤

为了对冲制裁给伊朗对外贸易带来的不利影响，伊朗开始积极地申请加入俄罗斯与中亚四国（哈萨克斯坦、白俄罗斯、吉尔吉斯斯坦和亚美尼亚）组成的“欧亚经济联盟”。这一联盟成立于 2015 年，目前已经在区域经济一体化方面取得了不小的成绩，伊朗对“欧亚经济联盟”的兴趣随着美国制裁的步步加深在不断增强，而该联盟对伊朗总体上也表现出欢迎态度。伊朗于 2019 年 12 月 27 日正式提出申请加入该联盟。如果申请成功，

---

① “COVID - 19 Inflicts $330m in Losses on Iran's Tourism Industry,” *Financial Tribune*, April 29, 2020, https: //financialtribune. com/articles/travel/103099/covid - 19 - inflicts - 330m - in - losses - on - irans - tourism - industry.

② 中国驻伊朗大使馆经商处：《伊朗手工地毯行业衰退明显》，http: //ir. mofcom. gov. cn/article/jmxw/202009/20200902999826. shtml。

③ 商务部亚洲司：《2020 年 1 - 9 月中国与亚洲国家（地区）贸易统计》，http: //images. mofcom. gov. cn/yzs/202010/20201026161640537. pdf。

④ 中国驻伊朗大使馆经商处：《今年 1 - 4 月伊土贸易额下降 75%》，http: //ir. mofcom. gov. cn/article/jmxw/202006/20200602969936. shtml。

⑤ 中国驻伊朗大使馆经商处：《2020 年前 11 个月伊欧双边贸易额 40 亿欧元》，http: //ir. mofcom. gov. cn/article/jmxw/202102/20210203035808. shtml。

伊朗将按照《协定》对欧亚联盟产品征收平均进口关税，制成品由22.4%降至15.4%，农产品由32.2%降至13.2%。欧亚经济联盟对伊朗征收的平均进口关税也将下降，农产品从9.6%降至4.6%，制成品从8%降至4.7%。[①] 但是，受制裁和疫情的拖累，伊朗政府没有足够的精力制定详细的入盟计划，与欧亚经济联盟成员国的谈判也不断推迟，鲁哈尼政府因此受到部分官员的批评。

疫情之下，伊朗的就业情况不容乐观。伊朗的失业率一直较高，但是从伊朗统计中心公布的季度数据来看，总失业率甚至还有所下降。如2020年夏季（2020年9月22日—12月20日），15岁及以上的人口失业率为9.5%，与2019年同期相比下降了1.0%；其中男性的失业率为8.1%，比2019年同期下降0.5%；而女性的失业率为16.5%，比2019年同期下降1.7%。但这并不是有效就业增加的结果，而是劳动参与率下降的结果。该季度伊朗的劳动参与率为41.8%，比2019年同期下降了3.1%。[②] 据伊朗劳工和社会福利部就业和政策制定司司长称，“一年中约有100万人被裁员”，失业人口中有40%是大学毕业生。[③] 这意味着疫情对高校毕业生群体的就业打击更大。

人们对伊朗经济未来前景的担忧使得本币里亚尔贬值越发失去理性。伊朗自由市场汇率从来没有消失过，而且与官方汇率价格的差距越来越大。伊朗本币里亚尔的贬值速度惊人。据伊朗《金融论坛报》报道，伊朗本币里亚尔兑主要货币汇率在6月24日创下新低，美元汇率突破了1美元兑20万里亚尔的心理关口。[④] 2020年9月16日美元在非官方市场上的售价高达263500里亚尔，2020年伊朗本币里亚尔贬值了49%。[⑤] 伊朗里亚尔币值在美国大选期间一度上涨，但是2020年12月2日，自由市场美元兑

① Amat Adarov and Mahdi Ghodsi, “The Impact of the EAEU - Iran Preferential Trade Agreement,” The Vienna Institute for International Economic Studies, https://wiiw.ac.at/the-impact-of-the-eaeu-iran-preferential-trade-agreement-dlp-5335.pdf.

② “A Selection of Labor Force Survey Results Summer 1399 (21 June - 21 September 2020),” Statistical Center of Iran, p.4, https://www.amar.org.ir/Portals/1/releases/lfs/LFS%20Summer%201399.pdf.

③ 中国驻伊朗大使馆经商处：《伊朗当前失业人数达240万人》，http://ir.mofcom.gov.cn/article/jmxw/202102/20210203037322.shtml。

④ 中国驻伊朗大使馆经商处：《伊朗本币里亚尔持续贬值》，http://ir.mofcom.gov.cn/article/jmxw/202006/20200602977988.shtml。

⑤ “Iran's Rial Hits New Low against Dollar as Economy Reels,” *Reuters*, September 16, 2020, https://www.reuters.com/article/iran-economy-rial-int-idUSKBN2630VS.

里亚尔汇率突破1:300000万大关。[①]

三、2020年伊朗的对外关系

2020年伊朗的对外关系总体上比较紧张。特朗普在执政的最后一年，加紧了对伊朗的全面遏制。如何抗击美国制裁是该年伊朗对外政策的主要议题。

（一）美伊关系一度濒于战争的边缘，极限施压继续发挥影响

2020年1月3日，伊朗伊斯兰革命卫队“圣城旅”指挥官卡西姆·苏莱曼尼被炸死在伊拉克巴格达机场。事件发生后，特朗普在白宫发布会上称：“昨晚在我的指挥下，美国军方成功实施了一次完美的精确打击，击毙了世界头号恐怖分子卡西姆·苏莱曼尼。”[②] 多年来，苏莱曼尼指挥的军队是伊朗在中东地区搞代理人战争的核心力量。苏莱曼尼不仅在伊朗，而且在伊拉克什叶派、叙利亚及也门都享有极高的威望，是伊朗伊斯兰共和国的忠实守护人。苏莱曼尼被暗杀在伊朗国内引起了强烈的反美民族主义情绪，民众在自发送别苏莱曼尼遗体过程中还因为人数过多不幸发生了踩踏事件。2020年1月8日，伊朗宣布对美国驻扎在伊拉克的两个军事基地发射导弹实施“报复”，所幸的是美军无一人死亡。但是几个星期之后，五角大楼宣布这次袭击中大约100名士兵得了脑震荡。[③] 很多迹象显示，伊朗有意“克制”了复仇行动，而特朗普也担心美国被拖入另一场不可预料的战争。美军没有死亡给了特朗普顺势而退的借口，从而避免了一场战争的发生。但是，苏莱曼尼的死亡加深了伊朗人民对美国的仇恨，并直接导致了2月份强硬保守派横扫议会的局面，使得温和派和改革派的影响更加式微。伊朗民族的仇恨记忆在纪念苏莱曼尼一周年之际又爆发出来。

① “Rial Plunges to All - Time Low,” *Financial Tribune*, October 2, 2020, https://financialtribune.com/articles/business - and - markets/105554/rial - plunges - to - all - time - low.

② “Remarks by President Trump on the Killing of Qasem Soleimani,” The White House, January 3, 2020. https://www.whitehouse.gov/briefings - statements/remarks - president - trump - killing - qasem - soleimani/.

③ Lolita C. Baldor, “Pentagon: 109 Troops Suffer Brain Injuries from Iran Strike,” *AP News*, February 10, 2020, https://apnews.com/eabf6766d717a2dd518a3c6319bb2430.

2021 年 1 月初，上至最高领袖哈梅内伊，下至平民百姓都在悼念苏莱曼尼，并发生了谴责美国的游行示威。① 这为拜登上台后试图与伊朗重新谈判增添了更多的障碍。

2020 年，特朗普政府对伊朗的制裁还在不断加码。虽然特朗普政府已经对伊朗施加了数不清的制裁，但是 2020 年“查缺补漏”“打补丁”式的制裁断断续续一直都有。如在 2020 年 1 月 8 日伊朗对美国实施“报复”之后，特朗普政府宣布制裁伊朗的 8 位高级官员，并对伊朗的金属工业实施了 17 项制裁。② 特朗普在执政的最后几个月里对伊朗实施了更加疯狂的制裁。10 月，美国财政部对伊朗 18 家银行进行制裁，试图将伊朗彻底排除出国际金融体系；还对伊朗石油部、伊朗国家石油公司及其油轮子公司实施制裁，理由是它们向伊朗伊斯兰革命卫队提供财政支持。③

伊朗的反应是以更加强硬的姿态回应美国。伊朗手中最大的筹码还是核问题，伊朗通过一步步提高浓缩铀丰度的方式对美国及欧洲国家发出警告，促使后者要么退却，要么重视伊朗的诉求。但是伊朗不断提高浓缩铀丰度的行为却令欧洲方面与伊朗的关系紧张起来，而伊朗与国际原子能机构的关系也日趋紧张。2020 年 3 月，联合国原子能监督机构表示，自 2019 年 11 月以来，伊朗的浓缩铀储备增加了近两倍，这违反了它与世界大国达成的协议。伊朗还拒绝回答三个可能未申报的核设施问题。④ 2020 年 6 月，联合国原子能监督机构表示，伊朗浓缩铀规模已经超出了 2015 年伊核协议的 8 倍。⑤ 不仅浓缩铀的规模在扩大，浓缩铀丰度也在不断提高。截至 2021 年 1 月 4 日，伊朗浓缩铀的丰度已经提高到 20%，远远超出了伊核协

---

① Maziar Motamedi, “Khamenei renews revenge vow as Soleimani death anniversary nears,” *Aljazeera*, December 16, 2020, https: //www. aljazeera. com/news/2020/12/16/khamenei - renews - revenge - vow - before - soleimani - killing - anniversary.

② Jean Galbraith, “U. S. Drone Strike in Iraq Kills Iranian Military Leader Qasem Soleimani,” *American Journal of International Law*, 2020, Vol. 114, No. 2, p. 322.

③ Katrina Manson and Najmeh Bozorgmehr, “US Sanctions 18 Iranian Banks,” *Financial Times*, October 9, 2020, https: //www. ft. com/content/9362dbbe - 07fd - 4210 - b957 - 3c8fccfa6d08.

④ “Iran Triples Stockpile of Enriched Uranium in Breach of Nuclear Deal,” *The Guardian*, March 3, 2020, https: //www. theguardian. com/world/2020/mar/03/iran - triples - stockpile - of - enriched - uranium - in - breach - of - nuclear - deal.

⑤ “Iran Stockpiled Enriched Uranium at Nearly 8 Times the Limit—UN,” *Aljazeera*, June 5, 2020, https: //www. aljazeera. com/news/2020/6/5/iran - enriched - uranium - stockpile - almost - eight - times - 2015 - limit - un.

议中3.67%的限制，不过与90%浓缩丰度的核武器级别还相差甚远。[①] 伊朗不断突破浓缩铀限制的确给拜登政府带来了压力，促使后者试图加快与伊朗谈判的进程。但是伊朗似乎对美国已经无法再次轻易信任，在拜登上台之后，伊朗并没有停止浓缩铀活动，也没有表达出积极谈判的意愿。拜登政府试图挽回伊核协议的前景不容乐观。

（二）从地缘政治角度来说，2020年以色列与部分阿拉伯国家正式建交，对伊朗是一次沉重的打击

2020年8月13日，特朗普突然在个人推特上宣布阿联酋与以色列建交。2020年9月14日，阿联酋、巴林与以色列在白宫签署《亚伯拉罕协议》，正式建立外交关系并达成了多项合作协议。迄今阿联酋、巴林、苏丹、摩洛哥已经与以色列实现了关系正常化，沙特、卡塔尔、阿曼等国虽然还没有与以色列正式建交，但是与以色列长期保持密切交往。在阿联酋宣布与以色列建交后，伊朗给予了猛烈的批判。如伊朗伊斯兰革命卫队谴责阿联酋和以色列关系正常化，是“历史性的愚蠢行为”，是刺进伊斯兰共同体的一把“有毒的匕首”。[②] 为了撇清与伊朗的关联，在与以色列宣布关系正常化后，阿联酋外交部长安瓦尔·加尔加斯（Anwar Gargash）称，“阿联酋与以色列关系正常化协议是一个‘主权决定’，不是针对伊朗的。”[③] 但是另一名阿联酋高级官员却表示，阿联酋不需要与以色列和平共处来对抗伊朗，但伊朗30年来咄咄逼人的政策吓坏了许多阿拉伯国家，使他们重新审视与以色列的关系。[④]

实际上，阿拉伯国家与以色列关系走近甚至建交的动机不尽相同。苏丹、摩洛哥与以色列关系正常化主要是考虑到自身利益，如苏丹是为了让

① 《伊朗议长：伊朗已生产出17千克丰度为20%的浓缩铀》，https：//www.yicai.com/brief/100932629.html。

② “IRGC Slams Israel – UAE Agreement as ‘Historic Idiocy’,” *Tehran Times*, August 15, 2020, https：//www.tehrantimes.com/news/451260/IRGC – slams – Israel – UAE – agreement – as – historic – idiocy.

③ “UAE Says Agreement with Israel is ‘not Directed at Iran’,” *Aljazeera*, August 17, 2020, https：//www.aljazeera.com/news/2020/8/17/uae – says – agreement – with – israel – is – not – directed – at – iran, 2020 – 11 – 10.

④ Edith M. Lederer, “UAE: Iran's Aggressive Policies Made Arabs Look at Israel,” *AP News*, September 26, 2020, https：//apnews.com/article/bahrain – israel – iran – united – arab – emirates – united – nations – general – assembly – f2f7971130d3c64286e4d7f791e064ad, 2020 – 11 – 10.

美国从“国家支持恐怖主义”名单上除名，而摩洛哥主要是为了西撒哈拉领土的归属。但在海湾地区，这些已经与以色列关系正常化的国家（阿联酋、巴林）和想要与以色列关系正常化的国家（沙特），主要目的之一就是联合以色列对抗伊朗地区影响力的增强。近年来，以沙特为首的阿拉伯国家与伊朗的矛盾逐渐上升为中东地区的主要矛盾。阿拉伯国家认为，巴勒斯坦问题是被伊朗利用来增强自身影响力的工具。阿拉伯国家对巴勒斯坦事业的集体“背叛”，将伊朗置于尴尬的境地。自伊斯兰革命以来，伊朗以巴勒斯坦事业的维护者自居，并与巴勒斯坦哈马斯、伊斯兰吉哈德组织形成了代理人关系，是伊朗泛伊斯兰事业的主要支柱。但在阿拉伯国家相继将巴勒斯坦问题边缘化之后，作为非阿拉伯人身份的伊朗在巴勒斯坦问题上的立场显得越来越不合时宜。

然而，阿拉伯国家与以色列改善关系已经是大势所趋，不论在经济、安全还是外交方面都符合阿拉伯国家的利益。中东格局的这一变化，早在多年之前就开始酝酿，即使拜登不再积极支持某些阿拉伯国家继续与以色列改善关系，也不会阻拦这一进程，因此未来以色列可能与更多的阿拉伯国家握手言和。但从伊朗角度来说，如何审时度势接受中东格局的这一变化却面临严重的认知障碍。目前伊朗还无法接受这一变化，在未来，阿以关系的继续改善将会令伊朗的地缘政治环境更加孤立。

（三）伊朗与其他世界大国关系呈现“疏远西方、亲近东方”的趋势

欧洲一直是伊朗重要的经济与外交伙伴，但是近年来双边关系不断疏远。虽然欧洲三国（英法德）反对美国退出伊核协议并试图建立 INSTEX 机制绕过美元主导的 SWIFT 系统与伊朗进行交易，但是伊朗多次批评该系统的有效性，认为它并没有发挥应有的作用。2020 年 3 月 31 日，欧洲三国确认通过该系统为伊朗完成了一笔医疗用品的交易。[①] 但除此之外，该机制在促进欧洲与伊朗贸易方面的作用十分有限。2020 年受疫情叠加因素的影响，伊朗与欧盟的贸易额大幅度下降，经济关系不断受损。同时，伊朗多次违反伊核协议提高浓缩铀丰度的行为也引起了欧洲国家的批评。从伊核协议存续的角度来说，伊朗与欧洲国家关系的疏离削弱了欧洲在

① Alexandra Brzozowsk，“EU's INSTEX Mechanism Facilitates First Transaction with Pandemic - hit Iran,” *EURACTIV*，April 1，2020，https：//www. euractiv. com/section/global - europe/news/eus - instex - mechanism - facilitates - first - transaction - with - pandemic - hit - iran/.

美伊关系上的协调人作用，增加了欧洲国家试图让伊朗重回伊核协议的难度。

在美国“极限施压”下，伊朗进一步加强了与俄罗斯在政治、经济、外交的全方面合作关系。苏莱曼尼遇刺之后，俄罗斯对防止美国进攻伊朗方面发挥了一定的作用。2020 年 1 月 7 日，普京突访叙利亚、土耳其，并出席了俄罗斯海军在黑海举行的大规模海军演习。演习的时机和地点表明，俄罗斯通过展示其军事实力警告美国及其盟友：如果伊朗受到攻击，俄罗斯不会袖手旁观。① 这是特朗普政府不敢轻易对伊朗动武的重要外部因素。在 2020 年围绕伊核协议的争论中，俄罗斯一直都站在维护伊朗的立场，使得两国关系更加亲密。俄罗斯也对伊朗加入欧亚经济联盟持欢迎态度。随着俄罗斯受到欧盟、美国制裁的压力越来越大，与伊朗进一步形成紧密关系也是大势所趋。

2020 年，伊朗与中国继续保持了稳定的友好关系。中伊贸易额虽然受到疫情影响而出现下降，但这是暂时性的，并不影响两国贸易投资关系的长期向好局面。中伊在疫情合作方面令人印象深刻。在中国疫情暴发之初，伊朗尽管经济困难，仍向中国捐赠了口罩等防护物资，并点亮德黑兰自由塔为中国武汉加油。在伊朗疫情暴发之后，中国及时向伊朗派遣了医疗队、捐赠了大量的防疫物资，还向伊朗提供了生产口罩的生产线。② 在伊核问题上，中国坚定地维护伊核协议，并号召相关各方致力于伊核问题的公正解决。

2020 年，虽然伊朗受到美国、以色列甚至部分阿拉伯国家的挤压，但是地区影响力并没有实质性的下降。伊朗在地区热点问题上依然发挥建设性的作用，如塔利班多次率团访问德黑兰，伊朗在阿富汗和解进程中的角色不容低估；在阿塞拜疆和亚美尼亚的纳卡冲突中，伊朗也扮演了调停者角色。另外，伊朗在叙利亚、也门、伊拉克的影响力并未有实质性衰弱。

---

① Alexey Muraviev, "Russia Makes its Presence Known in Iran Crisis," *The Interpreter*, January 24, 2020, https://www.lowyinstitute.org/the-interpreter/russia-makes-its-presence-known-iran-crisis.

② 《感谢中国！伊朗最大口罩生产厂宣布投产》，https://baijiahao.baidu.com/s?id=1664092499907015350&wfr=spider&for=pc。

四、结语

2020 年，伊朗在美国极限施压与疫情打击中艰难生存。鲁哈尼政府面临前所未有的执政压力，强硬保守派重新夺回议会主导权；国内经济民生继续恶化；美伊矛盾异常尖锐。虽然拜登上台对伊朗是一件好事，但是从当前伊朗的反应来看，伊朗并没有表达出积极和谈的迹象，美伊矛盾并没有缓和。相反拜登还下令打击了位于叙利亚的由伊朗支持的军事基地，并造成了人员伤亡。美伊关系的前景并不乐观，但并不排除双方接触的可能性。美伊接触将是一个长期的、不断反复的过程，但是拜登政府大概率会部分解除特朗普时期对伊朗的“极限施压”政策，伊朗正常的石油出口和贸易活动会得到一定的恢复。因此伊朗会面临国力恢复的一个新的窗口期。但是这个窗口期到底能持续多久？这取决于鲁哈尼任期结束之后伊朗新一届政府的政策偏好与执政能力，也取决于拜登政府的智慧与耐心，还取决于相关大国在其中的斡旋努力。美伊关系虽然已经积重难返，但是对伊朗来说有限的解除制裁与经济的恢复还是可以期待的。

2020 年以色列的政治、经济和对外关系

钮　松　张　璇*

【摘　要】

2020 年以色列政治稳定和经济发展受到新冠肺炎疫情的巨大冲击，政局仍呈现动荡态势。以色列政治生态持续右倾化，教俗矛盾也在新冠肺炎疫情中更加突出。疫情和三次全国封锁导致以色列国内生产总值呈现较大降幅，失业率攀升。然而在安全形势方面，2020 年以色列国内发生恐怖袭击的次数总体呈下降趋势，与 2019 年同期相比安全局势向好。以色列对外关系在美国特朗普政府的斡旋下取得了重大突破，以色列先后同阿联酋、巴林、苏丹和摩洛哥等四个阿拉伯国家实现关系正常化。然而美国拜登政府上台将使美以关系在一定程度上发生转折，以色列在巴以问题和伊核问题上将面临更大的压力。

【关键词】

以色列　政治形势　经济形势　对外关系

2020 年，在新冠肺炎疫情的影响下，以色列的政治、经济和外交关系总体发展“危中有机”，在应对疫情的过程中取得了一定的抗疫成绩与政局缓和。新冠肺炎疫情在以色列传播迅速，以色列一度成为全球人均患病率最高的国家，2020 年因疫情共进行了三次全国性封锁。疫情危机促使以色列各政党暂时搁置分歧，左右翼政党联合成立新政府，但因内部矛盾仍难以调和，仅维持 6 个月便宣告终结。以色列迎来两年中的第四次大选。

* 钮松，上海外国语大学中东研究所研究员；张璇，复旦大学国际关系与公共事务学院 2019 级博士生。本文是第三届上海外国语大学青年教师科研创新团队“百年未有变局之下的中东政治变迁”的成果。

以色列国内恐袭次数较2019年有所减少，内部安全环境获得改善。以色列在外交方面取得了重大进展，四个阿拉伯国家同以色列关系的全面正常化成为以色列2020年最为重要的外交成就。随着美国拜登政府上台，美以关系将面临更多分歧，以色列外交压力呈现上升趋势。

一、以色列的政治形势

（一）2020年以色列的政局情况

2020年初期，新冠肺炎疫情的暴发在一定程度上推动了以色列联合政府的成立。新冠肺炎疫情暴发之际，以色列正处于接连进行大选、政府缺位的特殊政治时期。以色列于2019年4月、9月和2020年3月共经历了三次大选，但前两次大选在利库德集团与蓝白党的组阁“拉锯战”中陷入僵局，得票最多的政党都无法组成达到61个议席的执政联盟。

以色列第一例新冠肺炎确诊病例出现于2020年2月21日，2月期间以色列新增病例均以境外输入为主。自3月开始，社区传播已成为以色列新冠病毒传播的主要方式。以色列政府于3月9日开始对入境人员实行隔离措施，并于3月19日宣布进入国家紧急状态。2020年3月2日的大选后，利库德集团和蓝白党在组阁最后期限前达成协议，宣布暂时搁置分歧，共同领导国家渡过新冠肺炎疫情及其带来的经济危机，结束了长达一年半之久的看守内阁。两党协议建立联合政府并实行总理轮换制度，即前18个月总理职务将先由内塔尼亚胡担任，蓝白党领袖本尼·甘茨（Benny Gantz）于2021年11月起接任。内塔尼亚胡总理和以色列新政府于5月17日宣誓就职。

此届联合政府控制了议会120个席位中的73个，表面上呈现出较为稳定的政治局势；然而从蓝白党方面来看，甘茨加入联合政府即意味着失去了拉皮德（Yair Lapid）为首的中左翼政治力量的支持；在利库德集团方面，内塔尼亚胡已因三项指控而被正式起诉，在被蓝白党分走重要部长职位的情况下，内塔尼亚胡只能通过增设新内阁部委的方式来兑现对右翼盟友的政治承诺，即为稳固政治支持而导致以色列内阁的空前庞大和臃肿。

2020年5月，随着新政府上台和限制措施的有序实施，以色列第一波疫情基本得到控制。然而由于封锁解除过快、宗教社区不服从限制命令等原因，7 月以色列疫情出现大幅反弹，以色列成为世界人均感染病例最多的国家。以色列随即成立疫情防控工作小组和控制中心，制定实行新冠“交通灯”计划，按照各城市的疫情严重程度分别制定封锁措施。政府对学校、餐馆和商场等人群聚集地做出了详细的限制性规定，并对部分重点传染地区进行了有限封闭。9 月 14 日，以色列政府宣布从 9 月 18 日起再次进行为期三周的封锁，以色列成为世界首个进入二次封锁的国家。12 月 27 日，以色列第三次进入全国封锁状态，并于 2021 年 2 月逐步解封。据以色列卫生部数据，截至 2021 年 2 月 19 日，以色列感染新冠病毒总人数达 741934 人，其中死亡人数为 5509 人，治愈病例 688411 人，现有确诊病例 48014 人。①

以色列于 2020 年 12 月 19 日开始接种新冠疫苗，总理内塔尼亚胡成为第一位接种疫苗的以色列公民。内塔尼亚胡将疫苗接种视为其重要的政治成就，大力推动全国的疫苗接种工作。截至 2021 年 2 月，已有 400 万以色列人接种了疫苗，60 岁以上以色列公民（包括治愈患者）的疫苗接种率为 90%，这意味着以色列已在易受感染的脆弱人口中建立了保护措施。当时预计到 4 月中旬，将有 500 万人完成第二针新冠疫苗的接种。② 2021 年 2 月以色列成年人中有 49.1% 至少已接种一剂疫苗，33.3% 的人已经完成了疫苗接种，以色列成为世界上疫苗接种人口最多的国家。③

在应对新冠肺炎疫情的同时，具有临时妥协性的执政联盟内部也在进行着激烈的政治斗争。利库德集团和蓝白党围绕预算案进行博弈，其核心问题实质上是总理轮换制度是否会得到执行。在总理内塔尼亚胡及其亲密盟友财政部长伊斯拉尔·卡茨（Yisrael Katz）的运作下，预算案迟迟无法得到通过。12 月 23 日，第二次推迟预算案截止日期的议案最终以 47 票赞成、49 票反对的结果未获通过，直接引发了政府的解散与新一轮大选的开启。当地时间凌晨，以色列议长亚里夫·莱文（Yariv Levin）在全体会议

---

① 关于以色列疫情的详细数据参见以色列卫生部网站“Data Dashboard”或“Corona Virus”栏目，https://datadashboard.health.gov.il/COVID-19/general; https://govextra.gov.il/ministry-of-health/corona/corona-virus-en/。

② Ido Efrati, “Israel Takes First Steps toward Post-COVID Normal, but It Faces a Winding Road,” *Haaretz*, February 16, 2021, https://www.haaretz.com/israel-news/.premium-israel-takes-first-steps-toward-post-covid-norm al-but-it-faces-a-winding-road-1.9541603.

③ Lahav Harkov, “Is Netanyahu Offering COVID-19 Vaccines in Exchange for Normalization?” *Jerusalem Post*, February 21, 2021, https://www.jpost.com/israel-news/is-netanyahu-offering-covid-19-vaccines-in-exchange-for-normalization-659695.

上宣布解散宣誓就职仅7个月的以色列议会，于2021年3月举行两年内的第四次大选。

2020年以色列政治生态的特征之一就是选民右倾化更为明显。以色列政治力量和选民倾向集体“向右转”，是利库德集团与中左翼蓝白党无法维持其执政联盟的深层原因。关于第四次大选的民调显示，3月23日大选后，大约会有80名以色列议会成员属于右翼政党，包括利库德集团、“新希望”党、联合右翼党、“以色列是我们的家园”党、沙斯党、圣经犹太教联盟以及犹太力量党等极右翼政党。然而即使拥有相似的意识形态，这些政党也无法通过联合组阁来推动右翼议程。“新希望”党领袖萨尔（Gideon Sa'ar）与“以色列是我们的家园”党党魁利伯曼（Avigdor Lieberman）都公开明确表示拒绝与内塔尼亚胡组成联盟；利伯曼同宗教政党的分歧也使其无法同后者共同组阁。右翼政治力量总体上分化为利库德集团同宗教政党、极右翼政党组成的“内塔尼亚胡联盟”，以及愿意同中左翼联合的“反内塔尼亚胡联盟”，这两大政治力量构成了下届政府最有可能的两种组成形式。而在两大阵营中间，贝内特（Naftali Bennett）领导的联合右翼党并未明确加入任何一方，因此他在大选中最有可能成为最后的“造王者”。

2020年以色列政治生态的第二个特点是教俗矛盾呈现上升态势。据以色列民主研究所的民调，超过半数的民众认为极端正统派违反了封锁相关规定，尽管极端正统派受访者中只有1%的人同意这一观点[①]；而极端正统派群体中有43%认为目前国内对病毒的限制措施过于严格，75%的受访者表示对政府抗击新冠病毒的努力没有信心，90%的受访者只相信拉比在疫情期间的决定。[②] 新冠肺炎疫情导致以色列失业救济金用尽、财政紧张，政府对宗教犹太社区的高额补贴开始成为一个关键问题，极端正统派犹太人与其人口份额不成比例的高确诊率也引发了世俗犹太人的不满。宗教政党当前仍是利库德集团最亲密的伙伴，是其组阁联盟中不可或缺的盟友。因此世俗派认为，极端正统派拉比对政府疫情管控措施的态度已使该国的

① Maayan Jaffe - Hoffman, “Erekat's Hadassah Care Must be Top Priority for Israel - Comment,” *Jerusalem Post*, October 20, 2020, https://www.jpost.com/israel - news/erekats - hadassah - care - must - be - top - priority - for - israel - 646363.

② Jeremy Sharon, “Ultra - Orthodox Trust Rabbis on COVID - 19 Far More than Medical Officials,” *Jerusalem Post*, November 24, 2020, https://www.jpost.com/israel - news/ultra - orthodox - trust - rabbis - on - covid - 19 - far - more - than - me dical - officials - 650078.

封锁延长了数周①，以色列政府在政策上被宗教挟持了。据以色列《国土报》报道，调查显示 61% 的以色列人不希望沙斯党和圣经犹太教联盟这两大宗教政党加入下届政府。② 然而，无论是鼎力支持宗教政党的内塔尼亚胡，还是其主要竞争对手拉皮德和萨尔，都不会排除与极端正统派宗教政党联盟的可能性。

总理内塔尼亚胡的诉讼案件是影响以色列政局稳定性的另一个重要因素。2020 年 1 月 28 日，以色列总检察长曼德尔卜利特（Avichai Mandelblit）以受贿、欺诈和违反信任等 3 项指控正式向法院起诉内塔尼亚胡。2019 年和 2020 年的三轮选举以及新冠肺炎疫情危机拖延了内塔尼亚胡三起案件的诉讼程序。此次政府解散的消息一经发布，甘茨随即发推特称，内塔尼亚胡将国家带进新一轮选举的目的只是为了让他本人不必上法庭。2021 年 2 月 8 日，耶路撒冷地方法院开庭审理以色列总理内塔尼亚胡涉嫌贪腐案，内塔尼亚胡出庭并正式否认指控。一旦在 3 月的大选中失败，内塔尼亚胡将无法通过担任政治职务的方式免于定罪，因此大选成为了他争取个人自由和延续政治生命的重要舞台。内塔尼亚胡所涉三起案件以及涉及内塔尼亚胡亲信人士的潜艇案件，都将成为其政治对手攻讦的焦点，对选情将会产生重要影响。如果无法赢得大选，他可能会竭力利用反对派之间的分歧，以确保无人可以组建政府，那么内塔尼亚胡将在新一轮大选失败后继续担任看守总理，直到以色列在两年半的时间内举行第五次大选。③ 内塔尼亚胡的愿望最终落空。

（二）以色列国内安全局势

2020 年以色列国内发生恐怖袭击的次数总体呈下降趋势，与 2019 年同期相比安全局势向好。据辛贝特的报告，2020 年以色列遭遇的恐袭数分别为：1 月为 236 次，与 2019 年 12 月的 116 次相比显著增加，加沙及西岸

---

① Avraham Avi – Hai, "Coronavirus and Prayer: Embracing the Impact of the Virus on All of Us," *Jerusalem Post*, May 7, 2020, https://www.jpost.com/judaism/coronavirus – and – prayer – embracing – the – impact – of – the – virus – on – all – of – us – 630294.

② Anshel Pfeffer, "Analysis | From COVID to Corruption, Eight Issues that Will Decide the Outcome of the Israeli Election," *Haaretz*, February 17, 2021, https://www.haaretz.com/israel – news/elections/.premium – from – covid – to – corruption – eight – issues – that – will – shape – israel – s – election – 1.9543676.

③ 张璇：《两年内第四次大选：以色列政治困局从何而来，将走向何方?》，http://m.thepaper.cn/rss_newsDetail_10518822。

地区增幅明显[①]；2 月为 332 次，其中西岸为 142 次，加沙地带为 161 次[②]；3 月为 89 次，自 3 月起各区域恐袭数量均有显著下降[③]；4 月为 72 次[④]；5 月为 81 次[⑤]；6 月为 95 次[⑥]；7 月为 94 次[⑦]；8 月为 120 次[⑧]；9 月为 100 次[⑨]；10 月为 124 次，主要发生在西岸和耶路撒冷地区[⑩]；11 月为 83 次[⑪]；12 月为 98 次[⑫]；2021 年 1 月为 131 次[⑬]。

2020 年以色列在遭遇恐袭或打击极端主义的战斗中丧生的人数达到该国历史上最少的记录。2020 年袭击数量和伤亡人数的下降同新冠肺炎疫情危机密切相关。据《耶路撒冷邮报》报道，新冠肺炎疫情降低了西岸和加沙地带武装分子的作战能力、战斗装备和作战动机，哈马斯的火箭弹袭击数量下降尤其明显：2020 年只有 3 名以色列人在恐怖袭击中丧生，而 2019 年为 5 人，2018 年为 12 人；2020 年只有 46 名以色列人在袭击中受伤，而

---

① Israeli Security Agency, "Monthly Summary – January 2020," https: //www. shabak. gov. il/SiteCollectionDocuments/Monthly%20Summary%20EN/Monthly%20Summary/חודשי%20ינואר%20-%202020%20אנגלית. pdf.

② Israeli Security Agency, "Monthly Summary – February 2020," https: //www. shabak. gov. il/SiteCollectionDocuments/Monthly%20Summary%20EN/Monthly%20Summary/דוח%20חודשי%20פברואר%20אנגלית. pdf.

③ Israeli Security Agency, "Monthly Summary – March 2020," https: //www. shabak. gov. il/SiteCollectionDocuments/Monthly%20Summary%20EN/Monthly%20Summary/חודשי%20מרץ%20-%20אנגלית. pdf.

④ Israeli Security Agency, "Monthly Summary – April 2020," https: //www. shabak. gov. il/SiteCollectionDocuments/Monthly%20Summary%20EN/Monthly%20Summary/דוח%20חודשי%20אפריל%20-אנגלית. pdf.

⑤ Israeli Security Agency, "Monthly Summary – May 2020," https: //www. shabak. gov. il/SiteCollectionDocuments/Monthly% 20Summary% 20EN/Monthly% 20Summary/דוח%20חודשי%20מאי%20-%20אנגלית. pdf.

⑥ Israeli Security Agency, "Monthly Summary – June 2020," https: //www. shabak. gov. il/SiteCollectionDocuments/Monthly%20Summary%20EN/Monthly%20Summary/דוח%20חודשי%20יוני%20-אנגלית. pdf.

⑦ Israeli Security Agency, "Monthly Summary – July 2020," https: //www. shabak. gov. il/SiteCollectionDocuments/Monthly%20Summary%20EN/Monthly%20Summary/דוח%20חודשי%20יולי%20-%20אנגלית. pdf.

⑧ Israeli Security Agency, "Monthly Summary – August 2020," https: //www. shabak. gov. il/SiteCollectionDocuments/Monthly% 20Summary% 20EN/Monthly% 20Summary/דוח%20חודשי%20אנגלית%20-%20אוגוסט. pdf.

⑨ Israeli Security Agency, "Monthly Summary – September 2020," https: //www. shabak. gov. il/SiteCollectionDocuments/Monthly%20Summary%20EN/Monthly%20Summary/דוח%20חודשי%20ספטמבר%20-%20אנגלית. pdf.

⑩ Israeli Security Agency, "Monthly Summary – October 2020," https: //www. shabak. gov. il/SiteCollectionDocuments/Monthly%20Summary%20EN/Monthly%20Summary/דוח%20חודשי%20אוקטובר%20-אנגלית. pdf.

⑪ Israeli Security Agency, "Monthly Summary – November 2020," https: //www. shabak. gov. il/SiteCollectionDocuments/Monthly%20Summary%20EN/Monthly%20Summary/דוח%20חודשי%20נובמבר%20-%20אנגלית. pdf.

⑫ Israeli Security Agency, "Monthly Summary – December 2020," https: //www. shabak. gov. il/SiteCollectionDocuments/Monthly%20Summary%20EN/Monthly%20Summary/דוח%20חודשי%20דצמבר%20-%20אנגלית. pdf.

⑬ Israeli Security Agency, "Monthly Summary – January 2021," https: //www. shabak. gov. il/SiteCollectionDocuments/Monthly% 20Summary% 20EN/Monthly% 20Summary/דוח%20חודשי%20ינואר%20-%20אנגלית. pdf.

2019年为66人，2018年为83人，呈现逐年下降的趋势。总体而言，2020年极端主义袭击的数量和致命性远低于过去几年。①

随着加沙地带新冠肺炎疫情的流行，以色列与加沙边境的暴力示威活动也呈现消退态势。据以色列国防军的数据，截至2020年12月，加沙地带共向以色列发射174枚火箭弹和迫击炮弹，其中大部分是在2020年2月以色列国防军与加沙的巴勒斯坦伊斯兰圣战组织为期两天的战斗中发射的。这一数目同2018年和2019年的1296枚和1164枚相比减少了大约7倍。此外，以色列即将完成加沙地带外围地下屏障的建设，该屏障将能够找到并封锁从加沙通往以色列的隧道。②

在美国时任总统特朗普的斡旋下，“亚伯拉罕”系列协议的签订极大改善了以色列在中东的安全形势，以色列同周边国家关系开启了正常化的新篇章。目前以色列仍将伊朗视作中东地区面临的主要安全威胁。在网络安全方面，以色列媒体称，2020年4月24－25日伊朗对以色列供水管理设施进行了网络攻击，试图在以色列供水系统中提升氯的含量。以色列国家网络负责人宣布挫败了一次对以色列水系统的重大网络攻击，并称此次袭击为“同步的、有组织的攻击”，旨在破坏以色列关键的国家基础设施。③ 此事件后不久，以色列也被认为对伊朗的沙希德·拉贾伊（Shahid Rajee）港进行了网络攻击，致使该港交通被迫中断。6－7月，伊朗包括纳坦兹核研究设施在内的多处军事设施发生火灾和爆炸；11月，伊朗核科学家穆赫森·法赫里扎德（Mohsen Fakhrizadeh）在德黑兰遭暗杀，这一系列事件都被认为是由以色列的攻击所引起，但尚未得到证实。在北部边境，以色列国防军2020年继续针对伊朗展开军事行动，对叙利亚境内约500个目标进行了50次空袭，其袭击目标多针对伊朗在叙利亚建立的基地

① Yonah Bob, “Corona, Normalization, Biden Have Palestinian Terror on the Run – Analysis,” *Jerusalem Post*, February 5, 2021, https://www.jpost.com/israel-news/corona-normalization-biden-have-palestinian-terror-on-the-run-analysis-657957.

② Judah Gross, “Amid Virus, 2020 on Track for Fewest Security-related Deaths in Israel’s History,” *Times of Israel*, December 10, 2020, https://www.timesofisrael.com/amid-virus-2020-on-track-for-fewest-security-related-deaths-in-israels-history/.

③ “Iranian Cyberattack Aimed to Raise Chlorine Level in Israeli Water, Report Says,” *Haaretz*, June 1, 2020, https://www.haaretz.com/israel-news/iranian-cyberattack-aimed-to-raise-chlorine-level-in-israeli-water-report-says-1.8886235.

和仓库，以及叙利亚的防空军事基础设施。①

2020 年伊朗大幅增加了铀浓缩活动并开始开发铀金属。伊朗伊斯兰革命卫队航空航天部队司令阿米尔·阿里·哈吉扎德（Amir Ali Hajizadeh）在 2021 年 1 月接受采访时称，“如果以色列对伊朗犯下任何愚蠢之举，我们按照领袖哈梅内伊的命令，将海法和特拉维夫夷为平地”，并警告称伊朗多年来一直在致力于发展黎巴嫩和加沙地带代理人的能力，使黎巴嫩和加沙拥有制造导弹的技术。② 随着伊朗伊斯兰革命卫队苏莱曼尼将军（Qasem Soleimani）遇刺周年纪念日的临近，伊朗对美国和以色列发出了系列威胁。2020 年 8 月黎巴嫩港口大爆炸发生后，真主党领导人纳斯鲁拉（Hassan Nasrallah）在电视讲话中表示，“比起贝鲁特港，真主党对海法港的了解更多”，真主党“一直在注视着以色列的海法港”。③ 2021 年 2 月，以色列空军在以色列北部地区开展以真主党为模拟打击目标的军事演习。真主党回应称，这一行为“很可能将以色列人卷入一场大规模战争，以色列将在本土看到其前所未见的景象”。④

二、以色列的经济形势

新冠肺炎疫情的暴发严重影响了 2020 年以色列社会经济的发展。尽管 2018 年和 2019 年以色列经济增长势头强劲，降低了该国应对危机的脆弱性，但由于以色列采取了三次全国范围的封锁，疫情对于供应面和需求面

① Judah Gross, “Amid Virus, 2020 on Track for Fewest Security - related Deaths in Israel's History,” *Times of Israel*, December 10, 2020, https://www.timesofisrael.com/amid - virus - 2020 - on - track - for - fewest - security - related - deaths - in - israels - history.

② “Iran warns: Lebanon, Gaza Terror Groups Can ‘Level Haifa, Tel Aviv to Ground’,” *Times of Israel*, January 3, 2021, https://www.timesofisrael.com/iran - warns - lebanon - gaza - terror - groups - can - level - haifa - tel - aviv - to - the - groun d/.

③ “Nasrallah: We Know More about Haifa Port than Beirut Port,” *Jerusalem Post*, August 9, 2020, https://ww w.jpost.com/middle - east/nasrallah - says - hezbollah - has - nothing - near - beirut - port - 637852.

④ Amos Harel, “Analysis | Iran Gains Nuke Know - how with Uranium Metal Production, Alarming Israel,” *Haaretz*, February 20, 2021, https://www.haaretz.com/israel - news/.premium.HIGHLIGHT - iran - gains - nuke - know - how - with - uranium - metal - production - alarming - israel - 1.9551737.

都造成实质性冲击。2020 年以色列前三季度实际国内生产总值同比收缩 3%①；虽然第四季度的增长相比第三季度 41.5% 的反弹而言呈现大幅下降，但第四季度年化增长率仍高达 6.3%。据以色列中央统计局数据，以色列国内生产总值在 2020 年下降了 2.4%，其中私人支出下降了 9.4%，进口下滑 8.1%，固定资产投资下降 1.5%；但出口却在疫情危机和新谢克尔走强的情况下增长了 0.6%，而 2019 年政府支出增长 29%，也为整体 GDP 贡献了 0.7 个百分点的增长。尽管经济出现萎缩，以色列 2020 年的表现仍优于经济合作与发展组织（OECD）国家 5.5% 的平均收缩率，且降幅远未达到政府和大多数私营部门经济学家的预期。以色列财政部曾预计，封锁导致的失业率飙升和其他限制措施将使 2020 年的 GDP 减少 3.3%；而以色列银行甚至更加悲观地预计了 3.7% 的跌幅。②

表 1　以色列央行公布的 2020 年以色列经济数据③

指标	参考日期	2020 年数据/最新数据	上年同期数据
人均 GDP（千美元，购买力平价基准）	2020 年第三季度	41.2	41.7
经济增长率（%）	2020 年第三季度	39.7	1.9
以色列央行经济增长率预测（%）	2021 年	6.3	6.5
失业率（%）	2020 年第四季度	4.7	4.7
复合经济指数（%）	2020 年 12 月	0.5	0.7
国际收支经常账户盈余占 GDP 的百分比	2020 年第三季度	5.4	1.1
通货膨胀率（%）	2020 年 12 月	-0.7	-0.6
资本市场的通货膨胀预期（%）	2021 年 1 月	0.9	0.3
以色列银行利率（%）	2021 年 2 月	0.10	0.10

① International Monetary Fund, "IMF Executive Board Concludes 2020 Article IV Consultation with Israel," January 21, 2021, https://www.imf.org/en/News/Articles/2021/01/21/pr2119-israel-imf-executive-board-concludes-2020-article-iv-consultation.

② Nati Tucker, "Israel's Economy Shrank Far Less Than Expected in 2020," *Haaretz*, February 17, 2021, https://www.haaretz.com/israel-news/.premium-israel-s-economy-shrank-far-less-than-expected-in-2020-1.9544489.

③ Bank of Israel, "Economic Indicators: Israeli Economic Data," February 2, 2020, https://www.boi.org.il/en/Da taAndStatistics/Pages/Indicators.aspx? Level=1&IndicatorId=1&sId=0.

续表

指标	参考日期	2020 年数据/最新数据	上年同期数据
代表性汇率变化，新谢克尔/美元（%）	2021 年 1 月	-6.9	-6.6
支付手段：M1（百亿新谢克尔）	2020 年 12 月	556.9	432.9
公共债务与 GDP 的比率（%）	2019 年 12 月	60.0	60.9
外债与 GDP 的比率（%）	2020 年 6 月	28.9	25.8
特拉维夫 100 指数变化（%）	2021 年 1 月	-0.7	15.7
未申报 10 年期政府债券毛收益率（%）	2021 年 1 月	0.9	0.9

自 2018 年以来，由于收入增长放缓，以色列预算赤字已超过目标水平；而 2019 年和 2020 年延长的选举期进一步增加了开支，组阁的多次延迟也推迟了必要的政策调整。尽管 2020 年以色列经济受疫情冲击的程度和经济恢复能力都普遍优于预期，但该年 GDP 仍呈现自政府 1950 年开始有记录以来最大的降幅。企业关停、数十万人无薪休假或失业，零售业、旅游业等经济部门因封锁和其他限制措施而瘫痪，致使经济遭受重创。新冠肺炎疫情暴发后，以色列失业率飙升，在 2020 年 4 月升至 27% 左右，随着封锁放松，失业率在 6 月降至 12%。但自第二次封锁实施以来，失业率再次上升。据经济合作与发展组织和以色列中央统计局的计算，以色列失业率在 10 月达到 20% 左右。尽管封锁在第四季度有所缓解，但仍不足以推动就业强劲复苏，截至 2020 年底，以色列失业率降为 15.9%。[①]

以色列经济降幅低于经合组织其他发达经济体的原因：一方面在于以色列庞大的高科技部门的支持，另一方面也得益于以色列经济政策的调整。在财政方面，议会批准了占 GDP 的 10.5% 的一揽子财政计划，投入 800 亿新谢克尔以扩大卫生资金、增加失业和休假工人的福利、提供自雇人士补助金以及中小型企业的补助金和贷款担保。中央银行的应对措施包括实施量化宽松措施来缓解资本市场的压力，提供便利包括家庭和中小企业在内的金融服务和信贷渠道等措施；宏观监管要求也适度放松，允许银

① *Country Economic Forecasts > Israel*. Oxford：Oxford Economics Ltd，January 2021，p. 2.

行利用其资本和流动性来缓冲支持经济。[①] 此外，内塔尼亚胡和财政部长卡茨还提出了对以色列公民的普遍补助计划，为低于全国收入水平 70% 的家庭提供每位成年人 750 新谢克尔、第一至第四个孩子每人 500 新谢克尔、第五个孩子开始每人 300 新谢克尔的补助，并根据企业规模为企业提供赠款。[②]

尽管 2021 年以来以色列逐步开放封锁，但由于国内需求持续疲软，经济自 2020 年 4 月以来一直处于通缩状态。在 2021 年 1 月的政策会议上，以色列央行宣布维持利率不变，并专注于通过非常规货币政策措施来支持经济。以色列央行将购买超过 300 亿美元的外汇，以应对自 2008 年以来最高水平的新谢克尔的升值。[③]

以色列央行预计 2021 年以色列经济将出现反弹性增长，如果以色列持续快速实施新冠疫苗接种计划，预计 2021 年国内生产总值增长将达到 6.3%。以色列财政部长卡茨预测，2021 年第一季度经济将会继续疲软，但后九个月的增长将非常强劲——年增长率高达 9%。高盛预计以色列 2021 年的增长率为 7.5%，高盛经济学家穆拉特·乌努尔（Murat Unur）表示，"随着经济开放，2021 年以色列经济增长将异常强劲，能够实现爆发性增长"。[④] 以色列最大的保险和金融机构哈雷尔保险投资与金融服务公司（Harel Insurance and Finance）预计，由于燃油价格上涨，2021 年 2 月经济指数将上涨 0.1%；随着食品和娱乐消费价格的季节性上涨，预计 3 月指数将上涨 0.3%。[⑤]

---

① International Monetary Fund, "IMF Executive Board Concludes 2020 Article IV Consultation with Israel," January 21, 2021, https://www.imf.org/en/News/Articles/2021/01/21/pr2119-israel-imf-executive-board-concludes-2020-article-iv-consultation.

② Lahav Harkov, "Israel Elections: Will Netanyahu's Coronavirus Campaign Succeed?" *Jerusalem Post*, February 19, 2021, https://www.jpost.com/israel-news/politics-and-diplomacy/israel-elections-will-netanyahus-coronavirus-campaign-succeed-659463.

③ *Country Economic Forecasts > Israel*. Oxford: Oxford Economics Ltd, January 2021, p. 3.

④ Nati Tucker, "Israel's Economy Shrank Far Less Than Expected in 2020," *Haaretz*, February 17, 2021, https://www.haaretz.com/israel-news/.premium-israel-s-economy-shrank-far-less-than-expected-in-2020-1.9544489.

⑤ Zev Stub, "January CPI Falls Less than Expected as Housing Prices Continue to Rise," *Jerusalem Post*, February 16, 2021, https://www.jpost.com/israel-news/january-cpi-falls-less-than-expected-as-housing-prices-continue-to-ri se-659135.

三、以色列的对外关系

（一）巴以关系

在2019年6月巴勒斯坦拒绝了“世纪协议”的经济部分后，美国总统特朗普与以色列总理内塔尼亚胡于2020年1月28日在白宫新闻发布会上正式公布了“中东和平新计划”的政治部分。该计划对“巴勒斯坦国”的规定包括：巴勒斯坦的完全非军事化、巴勒斯坦以耶路撒冷市郊阿布迪斯（Abu Dis）而非东耶路撒冷为首都等条款，这被认为是一份完全偏袒以色列的提议。在此次新闻发布会上，内塔尼亚胡还宣布以色列将吞并约旦河谷和西岸的定居点，同时承诺至少在四年内不在划归巴勒斯坦的地区建立新的定居点。1月29日，巴勒斯坦总统阿巴斯对此表示，“耶路撒冷不可出售”，“巴勒斯坦人的所有权利均不可出售，也不可讨价还价”。[①] 哈马斯也对“世纪协议”严词拒绝，并组织巴勒斯坦人在加沙进行示威活动。

2020年5月，由于内塔尼亚胡在新政府成立后提出了吞并西岸定居点的方案，巴勒斯坦于5月19日表示将停止履行与美国和以色列达成的所有协议，关闭与以色列的所有官方和民间合作渠道，仅保留紧急情况的通信。[②] 然而，在疫情进一步发酵的时期，巴勒斯坦面临严重的经济困境，未能及时接收以色列代收的税收和关税款项进一步加剧了巴勒斯坦的经济危机。8月，以色列和阿联酋之间建立正式关系的协议促使以色列中止了西岸吞并活动。11月，在法塔赫与哈马斯在开罗举行会谈讨论巴勒斯坦内部和解进程后，巴勒斯坦民政部部长侯赛因·谢赫（Hussein al－Sheikh）公开表示，同意恢复与以色列的协调，并称巴勒斯坦已得到以色列保证将遵守与巴勒斯坦间的协定，因此巴勒斯坦与以色列的关系将“恢复到原来的状态”。在巴以中断合作的6个月中，疫情和封锁严重损害了西岸的现金流量和贸易，巴勒斯坦权力机构官员的薪水支付也遇到严重问题。巴勒

---

① “Trump Middle East Plan: Palestinians Reject ‘Conspiracy’,” *BBC News*, January 29, 2020, https://www.bbc.com/news/world-middle-east-51292865.

② Amos Harel, “Analysis | Biden’s First Presidential Miracle: Palestinian Resumption of Coordination with Israel,” *Haaretz*, November 18, 2020, https://www.haaretz.com/us-news/.premium-biden-s-first-miracle-palestinian-resumption-of-coordination-with-israel-1.9314884.

斯坦总理穆罕默德·舒泰耶（Mohammad Shtayyeh）在外交关系协会组织的Zoom 视频会议中称，恢复与以色列接触的决定部分是基于应对新冠肺炎疫情危机；而在西岸的数十万以色列定居者与每天通勤到以色列工作的巴勒斯坦工人之间，也需要进行协调以防止病毒的传播。[①]

在美国大选前夕，以色列右翼议员呼吁内塔尼亚胡尽快将约旦河西岸的 100 个非法犹太定居点合法化，并将美国政府换届前的时间称为以色列兼并定居点的“机会之窗”，认为必须在特朗普任期内对约旦河西岸定居点行使主权。此类定居点在以色列被称为“哨所”（Outpost），因为右翼群体和定居者将住在前哨的定居者视作“反对巴勒斯坦人接管 C 区的最后一道防线”。从利库德集团出走的右翼政党“新希望”党领袖萨尔宣称，必须“立即采取广泛行动”让以色列确保对整个 C 区的控制。[②] 但内塔尼亚胡并未批准这项提案。

拜登胜选后，表示美国将恢复同巴勒斯坦权力机构的接触，并恢复对巴勒斯坦当局和联合国近东巴勒斯坦难民救济和工程处等相关机构的经济援助，该政策转向受到了巴勒斯坦的广泛欢迎。2021 年 1 月 15 日，巴勒斯坦总统阿巴斯宣布将于 2021 年 5 月 22 日举行 15 年来的第一次立法委员会选举，并于 7 月 31 日举行总统选举，而作为阿巴斯主要竞争对手的哈马斯对这一宣布表示欢迎。[③]

在合作应对疫情方面，2021 年 2 月 17 日，以色列允许俄罗斯援助的 1000 剂“卫星 V”新冠疫苗通过埃雷兹过境点进入加沙地带；2 月 19 日，巴勒斯坦权力机构卫生部宣布，已与以色列卫生部达成协议，为在以色列工作的 10 万巴勒斯坦人接种疫苗。以色列卫生部高级官员罕见地前往拉马

---

① Jack Khoury, Noa Landau, Nir Hasson, “Palestinian Authority Announces It will Resume Cooperation with Israel,” *Haaretz*, November 18, 2020, https: //www. haaretz. com/middle – east – news/palestinians/. premium – palestinian – authority – resumes – cooperation – with – israel – minister – announces – 1. 9314412.

② Tovah Lazaroff, “On US Election Eve, MKs Say Netanyahu Must Act Now to Legalize Outposts,” *Jerusalem Post*, November 3, 2020, https: //www. jpost. com/israel – news/on – us – election – eve – mks – say – netanyahu – must – act – now – to – legalize – outposts – 647824.

③ “A Mahmoud Abbas Announces First Palestinian Elections in 15 Years,” *Guardian*, January 16, 2021, https: //w ww. theguardian. com/world/2021/jan/16/abbas – announces – first – palestinian – elections – in – 15 – years.

拉与巴勒斯坦官员进行会谈后，共同宣布了该协议。[①] 以色列也承诺向巴勒斯坦提供5000剂疫苗，截至2021年2月13日，以色列已将2000剂疫苗交付给西岸地区。[②]

2021年2月，以色列同卡塔尔和阿联酋达成了一项针对加沙地区的能源协议，协议规定将在两年半之内修建一条连接加沙和以色列地中海天然气储备的管道。在卡塔尔和阿联酋的资助下，该项目能向加沙的发电站供应以色列的天然气，从而获得500兆瓦的电力供应，以满足加沙地带的大部分能源需求，但该协议未将哈马斯列为正式合作伙伴。[③]

（二）“亚伯拉罕协议”与美以关系

2020年美国特朗普政府同以色列共同公布了“世纪协议”政治部分，先后促使以色列与四个阿拉伯国家实现关系全面正常化，并在巴以问题上继续加大对以色列的支持力度。但随着美国大选与政府换届，美以关系开始面临转折。

在美国时任总统特朗普的大力推动下，以色列先后同阿联酋、巴林、苏丹和摩洛哥等四个阿拉伯国家实现关系正常化，这成为2020年以色列最重要的外交突破。2020年8月13日，美国总统特朗普、以色列总理内塔尼亚胡和阿联酋阿布扎比王储穆罕默德·本·扎耶德（Mohammed bin Zayed Al Nahyan）共同宣布，以色列与阿联酋之间建立“全面和正式的和平”。阿联酋政府表示，该和平协议“停止”了以色列吞并西岸部分地区的计划，并为以色列和巴勒斯坦人提供了重新谈判结束冲突的机会。以色列则使用“暂停”一词，认为对西岸的吞并计划只是暂时搁置。巴勒斯坦民族权力机构召回了驻阿联酋大使，并对此协议表示谴责，认为阿联酋同以色列的关系正常化打破了阿拉伯人长期以来的共识，背叛了耶路撒冷、阿克萨和巴勒斯坦事业。特朗普政府向阿联酋出售“F－35”隐形战斗机

---

① Maayan Jaffe－Hoffman, Khaled Toameh, “Coronavirus: Israel to Vaccinate 100, 000 Palestinian Workers,” *Jerusalem Post*, February 20, 2021, https: //www. jpost. com/israel－news/israel－to－vaccinate－100000－palestinian－work ers－report－659568.

② “Covid－19: Why Are Palestinians behind in Vaccine Efforts?” *BBC News*, February 13, 2021, https: //www. bbc. com/news/55800921.

③ Amos Harel, “Analysis | Iran Gains Nuke Know－how with Uranium Metal Production, Alarming Israel,” *Haaretz*, February 20, 2021, https: //www. haaretz. com/israel－news/. premium. HIGHLIGHT－iran－gains－nuke－know－how－with－uranium－metal－production－alarming－israel－1. 9551737.

和先进武装无人机的军售项目被认为是该协议的隐藏条款，但这一交易于2021 年 1 月 28 日被拜登政府暂停并交付审查。

阿以关系正常化离不开特朗普政府的积极斡旋。美国国务卿蓬佩奥2020 年 8 月下旬访问中东五国，随后美国总统国家安全事务助理奥布莱恩和美国总统高级顾问库什纳接连访问中东，为阿以关系正常化开展穿梭外交。以色列外交部网站发文称，美国推动以色列同阿联酋达成具有开创性的协议，这为以色列和该地区的安全稳定做出了重大贡献；维持美以特殊关系是以色列外交的一个主要方面，对以色列来说具有极其重要的战略和生存意义，因此以色列需要“站在美国一边，并在制定以色列立场时考虑到美国的利益”。①

9 月 11 日，特朗普宣布巴林与以色列也实现关系正常化，巴林将成为同以色列建交的第四个阿拉伯国家。巴勒斯坦召回了驻巴林大使，并再次谴责巴林和阿联酋两国背叛了巴勒斯坦事业。9 月 15 日，巴林与阿联酋在白宫与以色列共同签署了历史性的“亚伯拉罕协议”。由于巴林与沙特有着极亲密的关系，这预示着沙特未来存在同以色列实现关系正常化的可能。11 月，以色列媒体称内塔尼亚胡同沙特王储萨勒曼和美国国务卿蓬佩奥举行了秘密会晤。②

10 月 23 日，苏丹成为 2020 年第三个同以色列关系正常化的阿拉伯国家，美国在不久后将苏丹从支持恐怖主义国家名单上删除。12 月 10 日，美国政府宣布摩洛哥也将同以色列建立全面的外交关系和贸易关系，以摩两国之间将开通直航；同时美国承认摩洛哥对西撒哈拉的主权。除阿拉伯国家外，科索沃也于 2021 年 2 月 1 日与以色列达成正常化协议，成为 2020 年以来第五个在美国斡旋下与以色列实现关系正常化的穆斯林人口占多数的“国家”。

美国国务卿蓬佩奥在 11 月访问以色列的行程中，史无前例地访问了西岸的犹太人定居点，成为首位访问这些争议区域的美国国务卿。在参观西岸酿酒厂后，蓬佩奥宣布美国国务院将“全球抵制、撤资和制裁运动”

---

① Israel Ministry of Foreign Affairs, “The Mutually Beneficial Israel – US ‘Special Relationship’,” September 15, 2020, https://mfa. gov. il/MFA/AboutTheMinistry/Events/Pages/The – mutually – beneficial – Israel – US – Special – Relatio nship – 15 – September – 2020. aspx.

② Noa Landau, “Netanyahu Secretly Flew to Saudi Arabia, Met MBS and Pompeo, Israeli Sources Say,” *Haaretz*, November 23, 2020, https://www. haaretz. com/israel – news/. premium – netanyahu – secretly – flew – to – saudi – arabia – met – mbs – and – pompeo – israeli – sources – say – 1. 9323608.

（BDS）界定为反犹主义运动，并宣布美国将接受在约旦河西岸特别是《奥斯陆协议》中C区生产的货物标明为“以色列产品”或“以色列制造”，停止接受“西岸”或“加沙”相关标记。[①] 随后，蓬佩奥在美国宣布承认以色列对戈兰高地的主权后首次访问戈兰高地，且在同以色列外交部长阿什肯纳齐的对话中表示“这里是以色列的一部分”。[②]

拜登在2020年年底的胜选，在一定程度上成为美以关系的转折点。尽管拜登当选后承诺不会将大使馆迁出耶路撒冷，表示支持“亚伯拉罕协议”以及以色列在中东实现广泛的关系正常化，并支持将在耶路撒冷出生的美国公民出生地登记为以色列等政策，但拜登政府对以色列的政策将不同于特朗普时期的极力支持，两国在中东相关问题上将面临系列分歧。

第一，在巴以问题方面，相较于特朗普政府同巴勒斯坦切断联系、一边倒支持以色列的立场，拜登政府上任伊始就对联合国安理会表示，美国计划重新开放对巴勒斯坦的外交使团，恢复同巴勒斯坦的外交接触。在谈及阿以和平时，美国特使理查德·米尔斯（Richard Mills）表示，“我们认识到阿拉伯国家和以色列的正常化不能替代以色列和巴勒斯坦的和平”。[③] 针对犹太定居点问题，美国国务院发言人内德·普赖斯（Ned Price）呼吁避免采取包括“吞并领土、定居活动、拆除、煽动暴力”等活动在内的单边行动，避免削弱两国解决方案的努力。[④] 2021年2月23日，美国国务卿安东尼·布林肯（Antony Blinken）重申了美国政府对“两国方案”的承诺。

第二，尽管以色列大力支持特朗普政府退出伊核协议的行为，认为“回到旧协议将为伊朗通往核武库铺平道路”，但拜登政府对与伊朗谈判和修改协议持积极态度。美国希望修改并回归伊核协议，在2021年2月19

---

① Jacob Magid, “US Begins to Label Settlement Products as ‘Made in Israel’,” *Times of Israel*, December 24, 2020, https://www.timesofisrael.com/us-begins-to-label-settlement-products-as-made-in-israel/.

② “Pompeo during Rare Golan Heights Visit: ‘This Is Israel’,” *Times of Israel*, November 19, 2020, https://www.timesofisrael.com/pompeo-makes-unprecedented-golan-heights-visit-this-is-israel/.

③ Tovah Lazaroff, “Biden Envoy: US to Reopen Diplomatic Missions for Palestinians,” *Jerusalem Post*, January 27, 2021, https://www.jpost.com/israel-news/biden-envoy-avoid-annexation-settlement-activity-terror-payments-656792.

④ Tovah Lazaroff, “US: It's Critical to Refrain from Settlement Activity, Terror Payments,” *Jerusalem Post*, February 12, 2021, https://www.jpost.com/international/us-its-critical-to-refrain-from-settlement-activity-terror-payments-658733.

日慕尼黑安全会议特别视频会议上表示，准备重新参与“P5 + 1”国家（五个安理会常任理事国加德国）的谈判，以“解决伊朗在整个中东地区破坏稳定的活动”；同日拜登宣布撤回特朗普政府对伊朗的制裁、放松对伊朗外交官的旅行限制[①]，这体现了拜登政府有意缓和对伊施压、打破美伊僵局的意愿。然而与奥巴马政府时期所不同的是，以色列总理办公室表示“以色列在此问题方面与美国保持着密切联系”，而奥巴马政府曾对以色列隐瞒关于伊核协议的部分信息。[②]

第三，在美国新任总统拜登同以色列总理内塔尼亚胡的私人关系方面，拜登宣誓就职后第 28 天才首次致电内塔尼亚胡，这被解读为拜登向内塔尼亚胡传达的负面信号。2016 年美国大选后，内塔尼亚胡曾在随后两天内致电特朗普表示祝贺；而 2020 年内塔尼亚胡在大选 10 天后才致电拜登。奥巴马政府时期副国家安全顾问本·罗德斯（Ben Rhodes）表示，“考虑到内塔尼亚胡曾对奥巴马 - 拜登政府造成的伤害，他不在通话清单的首位，这不会让人感到惊讶”。[③] 拜登上任近一个月才给内塔尼亚胡致电，既是表达了对其在民主党上一任期中“干涉美国政治”的不满，也是为了避免双方通话被内塔尼亚胡在以色列 2021 年大选中用以获取政治利益，同时也体现出以色列和中东问题在美国对外政策中已不再处于优先地位。[④]

（三）中以关系

2020 年中国继续保持以色列全球第二大贸易伙伴国地位，双边贸易额达到 175. 4 亿美元，突破历史新高，同比增长 18. 8% 。[⑤] 2020 年 1 - 11 月，

---

① Herb Keinon, “The Iran Nuclear Deal Dance Begins Anew - Analysis,” *Jerusalem Post*, February 21, 2021, https://www.jpost.com/middle-east/the-iran-nuclear-deal-dance-begins-anew-analysis-659710.

② Lahav Harkov, “Israel’s Strategy as the US Reaches out to Iran - Analysis,” *Jerusalem Post*, February 20, 2021, https://www.jpost.com/arab-israeli-conflict/israels-strategy-as-the-us-reaches-out-to-iran-analysis-659712.

③ Douglas Bloomfield, “Biden Doesn’t Want to Sit through A Lecture by Netanyahu - Opinion,” *The Jerusalem Post*, February 17, 2021, https://www.jpost.com/opinion/biden-doesnt-want-to-sit-through-a-lecture-by-netanyahu-opinion-659315.

④ Ben Samuels, “Biden’s First Call with Mideast Leader will Be with Netanyahu, White House Says,” *Haaretz*, February 17, 2021, https://www.haaretz.com/us-news/.premium-biden-s-first-call-with-mideast-leader-will-be-with-netanyahu-white-house-says-1.9544223.

⑤ 中国驻以色列大使馆：《蔡润大使 2021 年新春贺词》，http://il.china-embassy.org/chn/sgxw/t1853437.htm。

以色列对华出口在疫情中“逆势上扬”，总额达到57.9亿美元，同比上升27.3%。[①] 尽管如此，2020年中以关系仍然深受中美关系低迷的影响，双边基础设施建设与高科技合作受阻。

2020年5月7日，以色列建筑商协会向高等法院提出，对以色列进行投资和基础设施建设运营的中国企业直接或间接都归中国政府所有，这违反了以色列的《反垄断法》（Anti－Concentration Law），因此必须阻止中国国有企业“接管”以色列基础设施建设。该协会指责政府未能阻止中国对以色列重要项目日益增长的控制。[②] 在疫情期间，以色列因担心中国遗传基因组研究所同中国政府的联系会对以色列人的医疗信息造成风险，停止了与中国研究机构的合作。[③]

美国的阻挠是2020年中以关系发展的最主要障碍。5月13日，美国国务卿蓬佩奥在访以过程中，明确提到中以关系和中国在以投资问题，这是近年来对中以关系直接提出关切的美国官员中级别最高的一次。[④] 希伯来语媒体“N12新闻”也报道了一位美国国务院高级官员的发言，警告以色列不要加深中以间的合作，特别是技术领域的合作，因为中国“不公平的贸易惯例、各种形式的剥削贷款和完全无视知识产权”。[⑤] 希伯来语媒体《新消息报》在5月14日称，一位美国官员在访问后表示，蓬佩奥的发言并不是因为与中国贸易方面的问题，而是由于新冠病毒揭示了中国是一个信息不透明、贸易不公平的国家，它“会利用贸易使其合作伙伴蒙受危险”，导致国家安全出现问题。[⑥]

---

① 中国驻以色列大使馆：《中国驻以色列使馆回应美国驻以色列大使弗里德曼涉华言论》，http：//il. china－embassy. org/chn/sgxw/t1847917. htm。

② Eytan Halon, Yonah Bob, “Israeli Builders Ask High Court to Even Competition with China,” *Jerusalem Post*, May 14, 2020, https：//www. jpost. com/israel－news/israeli－builders－ask－high－court－to－even－competition－with－china－627291.

③ Lahav Harkov, “US Concern about Chinese Biotech Investments in Israel Rises with COVID－19,” *Jerusalem Post*, May 14, 2020, https：//www. jpost. com/international/us－china－ties－have－hit－another－low－point－in－the－wake－of－coronavirus－627848.

④ Lahav Harkov, “Pompeo Puts Netanyahu on the Spot over China and Coronavirus,” *Jerusalem Post*, May 13, 2020, https：//www. jpost. com/israel－news/pompeo－and－netanyahu－deliver－remarks－ahead－meeting－in－jerusalem－live －627827.

⑤ “ארה"ב מזהירה את ישראל משיתוף פעולה עם סין: "הם לא שותף אמין",” *N*12, May 14, 2020, https：//www. mako. co. il/news － military/2020 _ q2/Article － efc693ddaa11271027. htm? sCh = 31750a2610f26110&pId = 173113802.

⑥ “ארה'ב במסר לישראל: "סכנה בשיתוף הפעולה עם סין בתשתיות",” *Ynet*, May 14, 2020, https：//ww w. ynet. co. il/articles/0, 7340, L－5730587, 00. html.

在以色列方面，与国家安全机构关系密切的以色列 13 频道政治评论员巴拉克·拉维德（Barak Ravid）发文称，在蓬佩奥访问之前，以色列官员就已经透露将会审查中国参与的海水淡化项目招标并向蓬佩奥报告[①]；蓬佩奥访以结束后，中国公司在该海水淡化项目中流标。在谈到美国对以色列的警告时，以色列主流媒体《环球》称，中国曾公开称新的海法港为一项“政治成就”和“一带一路”建设的组成部分，这被美国视为“公然侵犯美国势力范围”。[②] 针对中美以三边关系，以色列国家安全研究所在给第 35 届新组建的政府的政策建议中指出，美国试图阻止中国在诸如通信和人工智能等敏感领域的投资和影响，以色列在中美以三边关系中将面临更显著的困境，以色列应该密切关注和参考欧盟在处理同中国和美国关系时采取的政策[③]，并与美国政府在事关中国的问题上进行持续密切的对话；以色列国家安全研究所还建议以色列修改对华贸易政策。[④]

2020 年 8 月，以色列向美国承诺在其下一代 5G 移动通信网络中不使用中国技术。2020 年 9 月 8 日，以色列、美国和印度宣布计划在包括 5G 通信网络在内的新兴技术领域展开合作。[⑤] 2021 年 2 月 1 日，以色列主流媒体《国土报》报道，美国政府针对中国公司在以色列最大港口海法港新港运营权的移交问题，提出由美国海岸警卫队对海法港口进行全面的安全审查，但以色列拒绝了这一提议。该报道还强调，预计未来以色列在对华

---

① Barak Ravid, “US Pressure over China Leads Israel to Review Infrastructure Bid,” *Axios*, May 12, 2020, https: //www. axios. com/israel – sorek – b – desalination – bid – hong – kong – pompeo – b5b6e72b – e38c – 4710 – 8e13 – d067a98289f3. ht ml? utmcampaign = organic&utmmedium = socialshare&utmsource = twitter.

② Tal Schneider, Dubi Ben – Gedalyahu, “Pompeo Presses Israel to Distance from China,” *Globes*, May 14, 2020, https: //en. globes. co. il/en/article. aspx? did = 1001328517#utm_source = iglobes&utm_medium = referral&utm_campaign = iglobes.

③ Oded Eran, Shimon Stein, “Israel's Foreign Policy in the Post – COVID – 19 Era,” The Institute for National Security Studies, *INSS Insight*, No. 1317, May 13, 2020, https: //www. inss. org. il/publication/foreign – policy – in – time – of – corona/.

④ Itai Brun, Amos Yadlin, “Updated Strategic Assessment for Israel for 2020 and Recommendations for the New Government,” The Institute for National Security Studies, May 12, 2020, https: //www. inss. org. il/publiccation/upda ted – strategic – survey – for – israel/.

⑤ “India, US, Israel Collaborating in 5G Tech: Official,” *Times of India*, September 8, 2020, https: //timesofindia. indiatimes. com/business/international – business/india – us – israel – collaborating – in – 5g – tech – official/articleshow/77989007. cms.

合作方面将受到美国的全面严格监督。[①] 截至2020年10月，中国已向海法新港项目投入约30亿美元，包括设备和租赁成本。[②] 海法港旧港也进行了运营招标，中国铁路工程集团有限公司与和记黄埔有限公司等两家中国公司参与了竞标。

（四）俄以关系

自2015年以来，俄罗斯与以色列在叙利亚等问题上保持着密切沟通，双方外交往来频繁。尽管在以色列对叙利亚的空袭问题上，俄罗斯对以色列多有指责，但两国2020年对叙利亚的军事行动能够保持协调，以避免摩擦和意外冲突。

2020年1月10日，在俄罗斯斡旋下，以色列释放了两名叙利亚囚犯。1月30日，以色列进行第23届议会选举前一个月，在内塔尼亚胡的请求之下，普京总统签署赦免令释放了因走私毒品而被监禁在莫斯科的以色列公民纳马·伊萨查（Naama Issachar），由内塔尼亚胡从莫斯科亲自带回以色列。这被认为是普京为表现出对内塔尼亚胡大选的支持而释放的信号，展现了内塔尼亚胡与普京亲密的私人关系。

在新冠肺炎疫情的合作方面，2020年8月11日，以色列哈达萨医疗中心首席执行官泽伊夫·罗斯坦（Zeev Rotstein）称，以色列哈达萨医疗中心参与了俄罗斯新冠疫苗的开发工作，并合作进行疫苗临床研究。[③] 11月5日，罗斯坦表示耶路撒冷哈达萨医学中心已订购了150万剂俄罗斯疫苗。[④]

12月，在以色列与阿拉伯国家实现关系正常化的问题上，俄罗斯外长拉夫罗夫在会见阿联酋外交国务部长谢赫·阿卜杜拉·本·扎耶德·阿勒

---

① Amos Harel, "Israel Rejected US Inspection of Haifa Port over Fear of Chinese Surveillance," *Haaretz*, February 1, 2021, https://www.haaretz.com/israel-news/.premium.HIGHLIGHT-u-s-offered-to-inspect-israel-s-haifa-port-du e-to-china-s-involvement-1.9497835.

② Dubi Ben-Gedalyahu, "Could China Take All in Haifa Bay?" *Globes*, October 26, 2020, https://en.globes.co.il/en/article-could-china-take-all-in-haifa-bay-1001347140.

③ "Israel's Hadassah Says It's Involved in Development of Russian COVID-19 Vaccine," *Times of Israel*, August 11, 2020, https://www.timesofisrael.com/israels-hadassah-says-its-involved-in-development-of-russian-covid-19-vaccine/.

④ Asaf Ronel, "Jerusalem Hospital Orders 1.5 Million Doses of Russian COVID Vaccine Despite Concerns," *Haaretz*, November 5, 2020, https://www.haaretz.com/israel-news/.premium-despite-concerns-israel-s-hadassah-hospital-orders-russian-covid-vaccine-1.9289304.

纳哈扬（Sheikh Abdullah bin Zayed al - Nahyan）时指出，“以色列与阿拉伯国家关系的正常化正在迅速发展，这当然是积极的现象”①；但俄罗斯同时表示希望同阿拉伯国家合作以推动恢复巴以和平进程，并强调不应忽视巴勒斯坦事业。②

2021 年，俄罗斯继续就以色列和叙利亚之间的囚犯交换问题进行调解。2 月，以色列和俄罗斯高级官员之间进行了不同层级的沟通，包括总理内塔尼亚胡和俄罗斯总统普京、两国外长、两国国防部长之间进行了电话交谈，以色列驻俄大使也同俄罗斯国防部副部长进行了会谈。2 月 19 日，内塔尼亚胡在新闻发布会中确认，以色列将在俄罗斯的斡旋下同叙利亚签订囚犯交换协议，叙利亚将释放闯入叙利亚边境地区的以色列女子，以色列将遣返两名叙利亚牧羊人、减轻一名戈兰高地德鲁兹居民的刑期。内塔尼亚胡在声明中对俄罗斯总统普京表示感谢，并在接受采访时补充道：“我正在利用与俄罗斯总统（弗拉基米尔·普京的关系）解决问题”。③ 然而据以媒报道，这一囚犯互换协议存在隐藏条款，以色列将为叙利亚提供 120 万美元资金以购买俄罗斯生产的“卫星 V”新冠疫苗，以色列表示这一信息之所以延迟公开是由于俄罗斯的要求，协议规定疫苗问题将被保密。④

以色列目前已订购了超过以色列国民所需剂量的新冠疫苗，2 月 21 日，以色列政府官员透露，以色列正在考虑向发展中国家捐赠新冠疫苗，尤其是与以色列没有外交关系的国家，以此换取两国关系正常化。⑤

---

① David Becker, “ ‘Our Ultimate Goal Is the Establishment of A Palestinian State,’ Russian FM Says,” *Israel Hayom*, December 15, 2020, https://www.israelhayom.com/2020/12/15/our-ultimate-goal-is-the-establishment-of-a-palestinian-state-russian-fm-says/.

② The Ministry of Foreign Affairs and International Cooperation of UAE, “UAE, Russia Share Comprehensive Strategic Ties: H. H. Sheikh Abdullah bin Zayed,” December 14, 2020, https://www.mofaic.gov.ae/en/mediahub/ne ws/2020/12/14/14-12-2020-uae-minister.

③ Lahav Harkov, “Netanyahu Says Using Ties with Putin to Secure Israeli’s Release from Syria,” *Jerusalem Post*, February 17, 2021, https://www.jpost.com/breaking-news/israel-and-syria-negotiate-over-prisoners-russia-acts-as-mediator-659261.

④ Amos Harel, “Analysis | Netanyahu’s Vaccine Deal with Syria’s Assad Will Haunt Him in Dealings with Hamas,” *Haaretz*, February 20, 2021, https://www.haaretz.com/israel-news/.premium.HIGHLIGHT-netanyahu-s-vaccine-deal-with-syria-s-assad-will-haunt-him-in-dealings-with-hamas-1.9554587.

⑤ Lahav Harkov, “Is Netanyahu Offering COVID-19 Vaccines in Exchange for Normalization?” *Jerusalem Post*, February 21, 2021, https://www.jpost.com/israel-news/is-netanyahu-offering-covid-19-vaccines-in-exchange-for-normalization-659695.

四、结语

综合来看，2020 年以色列的政治稳定和经济发展都在一定程度上受到了疫情冲击，但这一年中以色列的安全形势和对外关系都有所改善。2020 年，以色列在新冠肺炎疫情危机下成立了新政府，但在政党博弈下再次解散，以色列政治生态持续右倾化，教俗矛盾也在新冠疫情中更加突出。在疫情背景下，2020 年以色列国内发生恐怖袭击的次数总体呈下降趋势，与 2019 年同期相比安全局势向好。新冠疫情的爆发严重影响了 2020 年以色列社会经济的发展，国内生产总值呈现出较大降幅，但以色列经济受疫情冲击的程度和经济恢复能力都优于预期值。

以色列对外关系在美国特朗普政府的斡旋下取得了重要突破，以色列先后同阿联酋、巴林、苏丹和摩洛哥等四个阿拉伯国家实现关系全面正常化，“亚伯拉罕”系列协议的签订极大改善了以色列在中东的安全形势，为以色列打开了新的外交局面。然而美国拜登政府的上台将使美以关系在一定程度上发生转折，以色列在巴以问题和伊核问题上将面临新的压力。

2020年土耳其的政治、经济和对外关系

邹志强*

【摘　要】

2020年，土耳其国内政治形势基本保持平稳但暗藏危机，埃尔多安的威权化趋势更为明显，为巩固自身执政地位而诉诸民族主义和宗教议题，国内政治极化态势有增无减，人事变动反映了土耳其执政党与埃尔多安阵营的领导危机。土耳其经济形势经历重大起伏，在经济内在动力不足的同时遭遇全球新冠肺炎疫情的严重冲击，经济虽然出人意料地实现了正增长，但脆弱性更为突出，通货膨胀率和失业率高企，货币贬值严重，贸易赤字和外债增加，经济前景并不明朗。土耳其在对外关系上依然保持强势出击，积极介入叙利亚、利比亚、东地中海、外高加索等多个地区热点冲突之中，与美欧关系经历新的考验，并屡遭西方制裁威胁，外部环境依然处于高度紧张之中。

【关键词】

土耳其　政治形势　经济形势　对外关系

2020年1月16日，土耳其总统埃尔多安在讲话中全面回顾了2019年土耳其的内外表现，涉及教育、司法、安全、环境、能源、农业、社会政策、旅游、经济、国防工业和外交政策等众多领域，并预期将迎来经济快速增长和影响力上升。“在国际舞台上，特别是在地中海地区保护了我们

* 邹志强，复旦大学国际问题研究院青年研究员。

的利益和权利，我们正在迎来一个巨大进步的新时代。”① 这体现了土耳其领导人一贯的自信和憧憬式的豪言壮语，实际上2019年土耳其的表现难以令人满意，2020年也遭遇诸多重大挑战。

一、国内政治局势基本稳定，但极化态势有增无减

2020年，土耳其国内政治局势基本保持平稳，没有出现重大的政治动荡或危机，埃尔多安的威权化趋势更为明显。土耳其政府希望从2019年地方选举失利和经济低速增长中扭转局面，为实现“2023年愿景”奠定基础。埃尔多安多次表示，“我们按照承担的责任和做出的承诺，一刻不停地努力实现2023年发展目标。”② 与此同时，执政党内部面临纷争和接班人危机，反对党与正发党的对立情绪上升，支持与反对埃尔多安的力量持续对峙，国内政治极化态势有增无减。在此背景下，埃尔多安为巩固自身执政地位而更为突出地诉诸民族主义和宗教议题，包括将圣索菲亚博物馆改为清真寺、强势介入周边热点问题、塑造伊斯兰世界领袖身份等。

第一，土耳其对“居伦运动”、亲库尔德的人民民主党继续强势打压，对共和人民党等反对党也保持压制，并加强新闻媒体管控，凸显埃尔多安失去制衡的总统权力和威权化特征。

土耳其政府继续在国内外打击“居伦运动”，不断重申其是所有土耳其人的敌人，必须不分党派、理念团结起来坚定反对“居伦运动”。③ 在7月15日为纪念2016年未遂政变设立的“民主与国家团结日”上，土耳其政府高调举行纪念活动，埃尔多安访问了“7·15”烈士纪念碑。他表示，“居伦运动”是土耳其的“敌人”，更是“叛国者”；“7·15”的胜利是一

① “We Are Protecting Our Rights in the International Arena and Ushering in a New Era of Great Progress,” *Presidency of the Republic of Turkey*, January 16, 2020, https://www.tccb.gov.tr/en/news/542/115307/-we-are-protecting-our-rights-in-the-international-arena-and-ushering-in-a-new-era-of-great-progress-.

② “We Work Day and Night to Achieve Turkey’s Goals for 2023,” *Presidency of the Republic of Turkey*, January 30, 2020, https://www.tccb.gov.tr/en/news/542/116477/-we-work-day-and-night-to-achieve-turkey-s-goals-for-2023-.

③ “We Must Act in Unity and Solidarity in the Fight against FETO,” *Presidency of the Republic of Turkey*, February 18, 2020, https://www.tccb.gov.tr/en/news/542/116714/presidential-spokesperson-kalin-we-must-act-in-unity-and-solidarity-in-the-fight-against-feto-.

个历史转折点，也是反对恐怖主义的关键一步，土耳其将继续努力直至将最后一名“居伦运动”成员绳之以法。① 土耳其领导人出访中多次与他国谈及取缔和引渡“居伦运动”有关机构和人员，如 2020 年 1 月埃尔多安出访非洲国家冈比亚时就明确提及在此问题上的合作。土耳其外交部与有关国家合作，继续寻求终止“居伦运动”学校与语言课程，部分“居伦运动”学校被土耳其有关宗教基金会接管，同时还积极在国外开设学校与“居伦运动”竞争影响力。

土耳其继续扩大总统权力，加强了对新闻媒体的管控，埃尔多安和正发党更加倾向于通过强力手段维持权力地位，进一步凸显了总统制下不断扩张和失去制衡的总统权力。7 月 21 日，埃尔多安在讲话中历数近三年来的出访及其与外国领导人的首脑会谈次数，认为土耳其已成为各国领导人寻求解决几乎所有地区和全球问题的磋商或合作对象，认为总统制是土耳其在近 200 年的民主追求中根据国家意愿直接实施的政治改革，高度肯定总统制实行两年来的积极影响，包括在政治、反恐、军队建设、国防工业和全球地位等方面取得了全面进步，土耳其正在迈向全球中心国家。② 9 月 12 日，埃尔多安在讲话中回顾正发党执政 18 年以来的政治改革，认为土耳其民主已经摆脱了政变和监护的威胁，特别是总统制改革消除了对民主的种种束缚，扩大了自由，加强了安全与正义。③ 10 月 1 日，土耳其新的社交媒体法规生效，要求在土耳其拥有超过 100 万用户的社交媒体平台遵守审查和共享用户数据的规定，否则将面临巨额罚款。此外，正发党还计划向议会提交一项新法案，授权总统埃尔多安直接没收个人资产的权力，

① “Ours Is a Parliament Founded Not at the Table but on the Battlefield,” *Presidency of the Republic of Turkey*, July 15, 2020, https://www.tccb.gov.tr/en/news/542/120635/-ours-is-a-parliament-founded-not-at-the-table-but-on-the-battlefield-. “We Will Continue Our Struggle until the Last FETO Member Is Brought to Justice,” *Presidency of the Republic of Turkey*, July 15, 2020, https://www.tccb.gov.tr/en/news/542/120638/-we-will-continue-our-struggle-until-the-last-feto-member-is-brought-to-justice-.

② “Turkey Has Become a Country Every Leader Seeks Consultation from or Cooperation with in Resolving Almost All Regional and Global Problems,” *Presidency of the Republic of Turkey*, July 21, 2020, https://www.tccb.gov.tr/en/news/542/120668/-turkey-has-become-a-country-every-leader-seeks-consultation-from-or-cooperation-with-in-resolving-almost-all-regional-and-global-problems-

③ “With the Reforms We Have Implemented, We Have Eliminated All the Traces of Tutelage over Our Democracy,” *Presidency of the Republic of Turkey*, September 12, 2020, https://www.tccb.gov.tr/en/news/542/122097/-with-the-reforms-we-have-implemented-we-have-eliminated-all-the-traces-of-tutelage-over-our-democracy-.

并允许内政部在没有法院命令的情况下关闭民间社会组织等。埃尔多安在讲话中也多次指责内外势力的威胁，在转移国内矛盾的同时凸显自身治理的成功，“它们从利用恐怖组织发动政变，到设置政治和经济陷阱、实施制裁，采用各种方法阻挡土耳其前进，但是都失败了。”①

第二，土耳其领导人诉诸宗教话语和民族主义政策的倾向更加明显，他将圣索菲亚博物馆改建为清真寺引起国内外巨大争议。

埃尔多安公开参加宗教活动和谈及宗教话题的频率不断上升，2020 年其无数次在伊斯坦布尔或安卡拉的知名清真寺参加周五的聚礼活动，并在讲话中广泛谈及国内与外交问题，反映了他借助宗教话语为国内外政策服务的政治化特征。例如，3 月 6 日和 8 月 27 日其在伊斯坦布尔的恰姆勒贾清真寺（Grand Çamlıca Mosque）、7 月 3 日和 12 月 11 日在伊斯坦布尔的哈吉·阿里清真寺（Hz. Ali Mosque）、12 月 25 日在伊斯坦布尔的厄兹图尔克清真寺（Ömer Öztürk Mosque）参加周五聚礼。7 月圣索菲亚博物馆（Hagia Sophia）正式改为清真寺之后，埃尔多安更是多次前往该地进行访问或参加周五聚礼活动。其中，他参加了 7 月 24 日的周五聚礼，参观了“征服者”穆罕默德的陵墓，当天圣索菲亚作为清真寺正式向公众开放。8 月 7 日、12 月 4 日和 2021 年新年第一天，埃尔多安多次前往圣索菲亚清真寺参加周五聚礼活动。8 月 26 日，埃尔多安参加纪念曼齐克特战役 949 周年的活动，并就内外政策发表演讲。在 10 月 1 日新一年度大国民会议开幕式上，埃尔多安强调土耳其取得的成就，盛赞大国民会议在国家发展中所发挥的作用，并强调对历史的理解与重视，期待迎接和纪念土耳其共和国成立 100 周年、征服君士坦丁堡 600 周年和曼齐克特战役胜利 1000 周年。②

2020 年 7 月，伊斯坦布尔的标志性建筑圣索菲亚博物馆被改为清真寺，引发了西方国家的激烈反应和国际社会的高度关注。7 月 10 日，经土耳其最高行政法院裁决，埃尔多安签署文件正式宣布将圣索菲亚博物馆改

---

① “We Are Determined to Make It Accepted that Turkey Never Shies Away from Exercising Its Sovereign Rights,” *Presidency of the Republic of Turkey*, December 19, 2020, https://www.tccb.gov.tr/en/news/542/123283/-we-are-determined-to-make-it-accepted-that-turkey-never-shies-away-from-exercising-its-sovereign-rights-.

② “We Primarily Opt for a Settlement of Disputes Regarding the Sharing of Political and Economic Potential in the Mediterranean on an Equitable Basis,” *Presidency of the Republic of Turkey*, October 1, 2020, https://www.tccb.gov.tr/en/news/542/122223/-we-primarily-opt-for-a-settlement-of-disputes-regarding-the-sharing-of-political-and-economic-potential-in-the-mediterranean-on-an-equitable-basis-.

为清真寺，交由国家宗教事务委员会管理，随后举行了聚礼活动。西方舆论群情激愤，希腊、俄罗斯反应强烈，美欧国家也纷纷表示反对。土耳其方面对外界的指责进行了强硬反驳，表示这是土耳其国内事务，外人无权干涉。在 7 月 10 日签署文件之后的讲话中，埃尔多安表示圣索菲亚是人类的共同遗产、永远向所有人开放，同时强调这是土耳其的主权事务，符合其国内法，不接受外界指责，并将之与耶路撒冷阿克萨清真寺联系起来，“圣索菲亚恢复为清真寺预示着阿克萨清真寺的解放”。① 在 2020 年 12 月 31 日的新年贺词中，埃尔多安再次为圣索菲亚改为清真寺一事辩护，认为只是恢复了其原来的身份，消除了数十年来的奇怪状态，强调土耳其宗教自由不存在任何问题。② 圣索菲亚博物馆争议反映的是土耳其的国家身份定位之争，这也是国内政治因素直接推动的结果。此举被认为是土耳其的政治风向标。③ 此举通过将 2016 年未遂政变中的民众支持与保守的伊斯兰情绪结合起来，有利于正发党缓解执政压力，提升自身的民意支持度，巩固执政地位。在与西方国家矛盾不断增大和现实政治考量的背景下，西方的压力激起土国内更大的民族主义情绪，加强了土耳其政府最终改变圣索菲亚博物馆定位的动力。④

在此基础上，土耳其一直争夺伊斯兰世界的领导权，试图扛起泛伊斯兰主义的大旗，多次批评西方的伊斯兰恐惧症，抨击欧洲国家对伊斯兰教和穆斯林的政策，为全球穆斯林代言。特别是针对法国的抨击十分激烈，埃尔多安多次公开指责法国总统马克龙的有关言论，并号召抵制法国商品。在 10 月 20 日对伊斯兰合作组织协商会议的视频讲话中，埃尔多安强调政治分歧不应阻碍穆斯林的团结，穆斯林应保持交流，共同反对西方流

---

① “With Its New Status, Hagia Sophia, the Shared Heritage of Humanity, Will Continue to Embrace All,” *Presidency of the Republic of Turkey*, July 10, 2020, https://www.tccb.gov.tr/en/news/542/120584/-with-its-new-status-hagia-sophia-the-shared-heritage-of-humanity-will-continue-to-embrace-all-.

② “We Are Preparing Reforms That Will Strengthen Our Economy,” *Presidency of the Republic of Turkey*, December 31, 2020, https://www.tccb.gov.tr/en/news/542/123431/-we-are-preparing-reforms-that-will-strengthen-our-economy-.

③ 李亚男：《土耳其圣索菲亚清真寺的“回归”》，载《世界知识》，2020 年第 15 期，第 54 页。

④ 邹志强：《圣索菲亚博物馆争议背后的土耳其身份政治》，载《法治周末》，2020 年 7 月 9 日。

行的伊斯兰恐惧症，并认为欧洲国家对穆斯林群体的治理是反伊斯兰的。[①] 11月28日埃尔多安对美国穆斯林协会大会发送了长篇视频演讲，表示穆斯林在西方受到日益严重的不公正对待，侮辱伊斯兰无关言论自由，不能对此保持沉默，要共同捍卫伊斯兰的神圣价值。[②]

第三，土耳其执政党阵营内部出现权力纷争迹象，精英出走和女婿离职影响了埃尔多安阵营的稳定性。近年来正发党内精英纷纷出走，特别是2019年正发党地方选举失利，反对党影响力上升，埃尔多安的前盟友达武特奥卢、巴巴詹等人纷纷脱离正发党组建新政党，加入反埃尔多安阵营。在正发党内，内政部长索伊鲁（Süleyman Soylu）地位有所上升，而埃尔多安的女婿辞职凸显了正发党和埃尔多安阵营内部的问题，接班人危机更加凸显。11月8日，埃尔多安的女婿贝拉特·阿尔巴伊拉克（Berat Albayrak）辞去财政与国库部长一职。阿尔巴伊拉克是土耳其政坛的明星，曾一度被认为是埃尔多安的继承人，在政府和执政党内部拥有十分广泛的权力和影响力。但其依靠裙带关系上位本就受到质疑，一年多来因为经济上的糟糕表现更是广受诟病，在遭遇埃尔多安的质疑和压力之后，他通过社交媒体主动请辞，这被视为是对埃尔多安权威的严重挑衅，引发外界诸多猜测。11月9日，土耳其总统府证实阿尔巴伊拉克已经辞职。阿尔巴伊拉克辞职有些出人意料，既反映了土耳其国内挑战的严重性，其辞职后销声匿迹也体现了正发党与埃尔多安阵营的领导危机。

虽然面临诸多挑战和压力，土耳其领导人一直以宣扬取得的成就和设定的目标鼓舞人心。埃尔多安在讲话中多次表示2023年发展目标一定能够实现，必将带领土耳其进入一个“新时代”。7月初，埃尔多安宣称已经前所未有地接近实现伟大强盛土耳其的目标，2023年发展目标必定能够实

---

① “We Will Never Allow Daily Political Arguments to Overshadow Our Understanding of the Ummah or Harm the Brotherhood amongst Us,” *Presidency of the Republic of Turkey*, October 20, 2020, https://www.tccb.gov.tr/en/news/542/122425/-we-will-never-allow-daily-political-arguments-to-overshadow-our-understanding-of-the-ummah-or-harm-the-brotherhood-amongst-us-.

② “In the Face of Attacks against Our Sacred Values, It Is the Duty of All of Us to Put Aside All Our Differences and Meet on the Common Ground of Islam,” *Presidency of the Republic of Turkey*, November 28, 2020, https://www.tccb.gov.tr/en/news/542/122979/-in-the-face-of-attacks-against-our-sacred-values-it-is-the-duty-of-all-of-us-to-put-aside-all-our-differences-and-meet-on-the-common-ground-of-islam-.

现。[①] 9 月 7 日，埃尔多安表示土耳其正在迎来一个新的时代，并准备在人权、司法、商业、国防与科技领域推行新的改革，土耳其已成为世界上有影响力的重要国家，并坚决运用外交、军事等方式捍卫自身的独立和未来。[②] 在纪念建国 97 周年的讲话中，埃尔多安再次表示土耳其已经日益接近实现 2023 年目标，且当这一目标实现时土耳其将开启一个崭新的时代。[③]

二、疫情冲击下经济实现正增长，但脆弱性更为突出

2020 年，土耳其的经济状况经历重大起伏，在经济内在动力不足的同时遭遇新冠肺炎疫情的严重冲击，经济虽然出人意料地实现了正增长，但脆弱性更为突出，前景依然堪忧。为此，土耳其调整了经济政策，致力于稳定与增长，大力开展基础设施建设和吸引外来投资，希望抓住世界经济转型的机会实现土耳其的可持续增长。

土耳其政府原计划 2020 年实现经济增长 5% 以上的目标，但现实却再次打碎了美好预期。疫情暴发扩散后，国际货币基金组织（IMF）预测 2020 年土耳其经济将萎缩 5%，进入下半年，虽然土耳其政府比较乐观，但外界普遍预计其经济将发生衰退，但土耳其经济最终实现了正增长。根据土耳其国家统计局的数据，在第二季度经济剧烈下滑 10% 以后，第三、第四季度经济迅速反弹，分别增长了 6.7% 和 5.9%，2020 年土耳其全年经济增长率为 1.8%。[④] 据初步统计，2020 年土耳其的 GDP 约为 7170 亿美

① "Turkey Has Become a Powerful Regional Actor," *Presidency of the Republic of Turkey*, July 4, 2020, https://www.tccb.gov.tr/en/news/542/120571/ - turkey - has - become - a - powerful - regional - actor -.

② "Turkey Will Continue to Pursue a Determined and Active Policy Regarding its Rights in the Eastern Mediterranean," *Presidency of the Republic of Turkey*, September 7, 2020, https://www.tccb.gov.tr/en/news/542/122070/ - with - its - current - level - of - self - confidence - turkey - has - become - a - country - that - has - a - say - in - its - region - and - the - world -.

③ "Our Nation Is Building Its Future in Unity, Solidarity and Brotherhood," *Presidency of the Republic of Turkey*, October 28, 2020, https://www.tccb.gov.tr/en/news/542/122543/ - our - nation - is - building - its - future - in - unity - solidarity - and - brotherhood -.

④ "Quarterly Gross Domestic Product, Quarter IV: October - December, 2020," Turkstat, March 1, 2021, https://data.tuik.gov.tr/Bulten/Index? p = Quarterly - Gross - Domestic - Product - Quarter - IV: - October - December, - 2020 - 37180&dil = 2.

元，人均 GDP 为 8599 美元，下降了 6.7%；以里拉计价的人均 GDP 为 60537 里拉，上升了 15.7%。[①] 而根据 IMF 2020 年 10 月的预测数据，土耳其 GDP 约为 6524 亿美元，经济增长率为 1.2%，通货膨胀率（CPI）为 11.9%。[②] 土耳其是在 2020 年保持经济增长的少数世界主要经济体之一，在 G20 国家中是仅次于中国实现经济正增长的国家，在周边地区更是一枝独秀。

2020 年土耳其的通货膨胀率和失业率高企不下，年度通货膨胀率达到 12.28%，其中 11 月和 12 月更是达到 14.03% 和 14.6%，2021 年 1 月继续升高至 14.97%；2020 年土耳其的月度失业率均在 12% 以上，部分月份接近 14%，因疫情失业和需要救济的人群大幅增加。[③] 国内通货膨胀率不断上升、疫情导致失业增加、货币贬值等因素加剧了民众收入水平的下降，需要救助的国内贫困人口不断增加，反映了土耳其经济增长中的水分与危机。

受到外部环境的影响，2020 年土耳其的出口明显下降，而进口增加，导致经常账户赤字大幅上升。2020 年土耳其对外贸易总额约为 3889 亿美元，其中出口 1695 亿美元，同比下降了 6.3%；进口 2194 亿美元，同比上升了 4.3%；贸易赤字达到约 499 亿美元，同比扩大了 56.5%。2020 年，土耳其主要的出口市场是德国、英国、美国、伊拉克和意大利，土耳其对上述五国的出口额达到 474 亿美元，占到其出口总额的 32.2%；其中德国一国就占到 160 亿美元。土耳其最大的进口来源地是中国，进口额达到 232 亿美元；德国、俄罗斯、美国和意大利是土耳其第二至第五大进口贸易伙伴，土耳其自五国进口额近 835 亿美元，占到年度进口总额的 38%。[④] 疫情对土耳其重要经济支柱之一的旅游业影响很大，游客数量和旅游收入出现断崖式下降。土耳其国家统计局的数据显示，2019 年土耳其接待游客 5186 万人次，创造了 345.2 亿美元收入；而 2020 年仅接待游客 1582 万人

① “National Accounts,” Turkstat, https://data.tuik.gov.tr/Kategori/GetKategori?p=National-Accounts-113.

② IMF, “Turkey,” https://www.imf.org/en/Countries/TUR.

③ “Consumer Price Index,” Turkstat, https://data.tuik.gov.tr/Bulten/Index?p=Consumer-Price-Index-January-2021-37379.

④ “Foreign Trade Statistics, December 2020,” Turkstat, January 9, 2021, https://data.tuik.gov.tr/Bulten/Index?p=Foreign-Trade-Statistics-December-2020-37412.

次，下降了 69.5%；旅游收入为 125.9 亿美元，下降了 65.1%。[①]

在严峻的经济形势和外部不利因素冲击下，土耳其里拉持续贬值，一再跌破历史纪录。根据土耳其中央银行的数据，从 2020 年 1 月初的 1 美元兑 5.9478 里拉贬值到 12 月底的 1 美元兑 7.4194 里拉。[②] 其中，10 月 22 日晚间土耳其央行意外宣布维持基准利率在 10.25% 不变，引发里拉新一轮大幅贬值。10 月 26 日里拉跌破 8.0 的心理关口（8.0285），11 月 6 日更跌至近 8.5 里拉的创纪录低点。土耳其央行表示将继续采取流动性措施，直到通胀前景出现明显改善。土耳其央行在 9 月底曾将基准利率上调了 200 个基点，但此后里拉依然继续贬值，因此上调基准利率也并不能有效阻止土耳其里拉的贬值。从土耳其的外汇储备状况来看，2020 年以来土央行外汇总储备量大幅下降，最低时不到 470 亿美元。截止到 2021 年 1 月，土耳其官方储备资产共 957 亿美元，其中外汇储备为 519 亿美元，另有黄金储备 422 亿美元。[③] 而土耳其的短期外债在 2020 年末达到 1387 亿美元，相对于 2019 年末大幅增加了 12.9%；其中 43.6% 为美元计价外债，28.3% 为欧元计价外债，二者合计占到约 72%。[④]

结合里拉汇率、通货膨胀率、失业率、经常账户赤字、外汇储备等指标来看，土耳其经济增长显著不平衡，脆弱性依然十分突出。面对国内糟糕的经济局面，总统埃尔多安终于也坐不住了，逐步改变了之前对利息的一贯敌视态度，表态希望按照经济规律办事，开始逐步调整经济政策。埃

---

① “Tourism Statistics, Quarter IV: October – December and Annual, 2020,” Turkstat, January 29, 2021, https://data.tuik.gov.tr/Bulten/Index? p = Tourism – Statistics – Quarter – IV: – October – December – and – Annual, –2020 –37438.

② “Indicative Exchange Rates,” The Central Bank of the Republic of Turkey (TCMB), https://www.tcmb.gov.tr/wps/wcm/connect/EN/TCMB + EN/Main + Menu/Statistics/Exchange + Rates/Indicative + Exchange + Rates.

③ “International Reserves and Foreign Currency Liquidity,” The Central Bank of the Republic of Turkey (TCMB), https://www.tcmb.gov.tr/wps/wcm/connect/EN/TCMB + EN/Main + Menu/Statistics/Balance + of + Payments + and + Related + Statistics/International + Reserves + and + Foreign + Currency + Liquidity/.

④ “Short Term External Debt Statistics,” The Central Bank of the Republic of Turkey (TCMB), https://www.tcmb.gov.tr/wps/wcm/connect/EN/TCMB + EN/Main + Menu/Statistics/Balance + of + Payments + and + Related + Statistics/Short + Term + External + Debt + Statisticss/.

尔多安在3月曾表示，将采取坚定措施解决经济问题。① 埃尔多安对负责经济的财长与央行行长表达了不满，直至撤换了其极为信任的亲近之人。先是土耳其央行行长穆拉特·乌萨尔（Murat Uysal）被解职，后是阿尔巴伊拉克辞去了财政与国库部长。经济部门负责人的更换反映出土耳其经济面临的巨大压力。此后埃尔多安多次表示，土耳其的经济政策将建立在三个支柱上，即价格稳定、金融稳定和宏观经济稳定，开始以稳定、增长和就业为导向，致力于增加长期储蓄，改善投资环境，并称土耳其已经做好结构性改革的准备。②

从影响因素和应对措施来看，首先，新冠肺炎疫情和外部经济环境恶化严重影响了土耳其经济的表现。疫情在土耳其暴发的时间较晚，土耳其一度认为自己迎来发展机会并能够有效控制疫情，但侥幸心理并没有持续多久，3月中旬以后疫情在土耳其迅速蔓延。土耳其政府应对疫情畏手畏脚，加之民众防疫意识较为淡薄，虽然多次宣布已经成功应对了疫情，但国内疫情不断蔓延和扩大。然而，也正是土耳其没有持续和全面进行封锁，使得经济能够迅速反弹，成功实现正增长。

3月12日埃尔多安首次主持召开应对疫情的会议，表示土耳其有能力战胜疫情，加强管控而不制造恐慌。③ 此后，土耳其政府多次要求民众尽可能呆在家中，寄希望于民众自觉遵守防疫要求，随后公布了150亿美元的经济援助计划，埃尔多安还发起全国募捐活动，帮助受疫情波及的贫困群众。4月，埃尔多安多次表示土耳其有能力控制疫情，甚至着手回归正常，但实际上疫情在持续扩散。虽然土耳其政府多次实行临时禁足措施，

---

① "We Will Determinedly Implement Measures to Resolve Economic Problems While Continuing Our Diplomatic Efforts in the International Arena," *Presidency of the Republic of Turkey*, March 11, 2020, https://www.tccb.gov.tr/en/news/542/117013/-we-will-determinedly-implement-measures-to-resolve-economic-problems-while-continuing-our-diplomatic-efforts-in-the-international-arena-.

② "We Will Show the Entire World That Turkey Is One of the Top Countries That Will Yield the Highest and the Most Secure Income When Invested In," *Presidency of the Republic of Turkey*, November 11, 2020, https://www.tccb.gov.tr/en/news/542/122762/-we-will-show-the-entire-world-that-turkey-is-one-of-the-top-countries-that-will-yield-the-highest-and-the-most-secure-income-when-invested-in-.

③ "Presidential Spokesperson Kalın: We Have the Capability to Get through the Fight against Coronavirus without Any Panic or Complacency," *Presidency of the Republic of Turkey*, March 12, 2020, https://www.tccb.gov.tr/en/news/542/117023/presidential-spokesperson-kalin-we-have-the-capability-to-get-through-the-fight-against-coronavirus-without-any-panic-or-complacency-.

但始终没有做出全面封锁的决定，而是敦促民众“自觉隔离”，不限制工作人群出行，封锁政策具有临时性、多变性，政策效果有限。土耳其政府的做法主要是出于保经济、促民生，因而疫情稍有好转就要回归正常化，不愿放弃国家经济增长和发展目标。[①] 土耳其政府努力保持控制疫情和保障经济之间的平衡，这一方面导致了疫情无法得到有效遏制，另一方面也避免了经济大幅度萎缩。

新冠肺炎疫情让土耳其认识到加强卫生基础设施建设和医疗服务的重要性[②]，2020 年埃尔多安多次参加国内新建医院和医疗研发中心的仪式。土耳其也积极开展抗疫国际合作和外交，在疫苗研发方面与欧洲、美国、中国开展合作，并向 100 多个国家进行了医疗物资援助。土耳其接连从中国、俄罗斯、德国和美国等地购买疫苗，并进行了 8 种疫苗的开发研究。11 月底，土耳其宣布已进口第一批 5000 万剂疫苗，国内民众都将可以免费接种。在 12 月 31 日的新年贺词中，埃尔多安表示土耳其为应对疫情提升了医疗服务能力，提供了 455 亿里拉的资金，向 156 个国家和 11 个国际组织提供了医疗物资援助，未来将进行综合性改革以加强经济增长。[③]

其次，土耳其采取了加大国内投资和吸引外资力度，促进科技创新和对外贸易等多种措施，以稳定经济增长。

土耳其大力加强国内交通和能源基础设施建设，打造国际交通枢纽和能源枢纽，增强投资吸引力。2020 年，埃尔多安多次出席国内各地的公路、铁路、桥梁、能源管道和天然气开发等相关仪式，足迹几乎遍及全国。其中 5 月 16 日，埃尔多安参加 1915 恰纳卡莱大桥桥塔建成仪式，表

---

① “We Are Now More Determined about and Closer to Achieving Our Goal of a Strong Turkey,” *Presidency of the Republic of Turkey*, June 6, 2020, https: //www. tccb. gov. tr/en/news/542/120396/ – we – are – now – more – determined – about – and – closer – to – achieving – our – goal – of – a – strong – turkey –.

② “The Pandemic Process Has Shown the Importance of the Strong Healthcare Infrastructure and Free Medical Services in Turkey,” *Presidency of the Republic of Turkey*, April 20, 2020, https: //www. tccb. gov. tr/en/news/542/119142/ – the – pandemic – process – has – shown – the – importance – of – the – strong – healthcare – infrastructure – and – free – medical – services – in – turkey –.

③ “We Are Preparing Reforms That Will Strengthen Our Economy,” *Presidency of the Republic of Turkey*, December 31, 2020, https: //www. tccb. gov. tr/en/news/542/123431/ – we – are – preparing – reforms – that – will – strengthen – our – economy –.

示随着多项交通基础设施项目的完成，土耳其将发展成为地区交通枢纽。[①] 6月14日出席伊斯坦布尔机场新建设施落成仪式时，埃尔多安表示伊斯坦布尔新机场是土耳其2023年发展目标的象征之一。[②] 11月1日参加萨姆松至锡瓦斯铁路现代化改造工程仪式，这是土耳其最大的铁路投资项目，总投资3.5亿欧元。埃尔多安还一直力推伊斯坦布尔运河建设，认为这将使伊斯坦布尔在国际上拥有截然不同的前景和力量。12月18日参加北马尔马拉公路第六段建成仪式，他强调18年来土耳其在交通基础设施领域投入了8800亿里拉，公路里程从6100千米增加至2.8万千米。[③] 埃尔多安也多次表示，土耳其将致力于发展成为全球投资中心。在11月土耳其工商业联合会博览会和12月的国际投资峰会等场合，其表示致力于提升投资环境，大力吸引国际投资，未来将通过改革进一步改善投资环境，决心使土耳其成为低风险、高信心和收益令人满意的投资吸引中心。[④]

在能源领域，1月8日，埃尔多安和俄罗斯总统普京、塞尔维亚总统武契奇、保加利亚总理鲍里索夫共同出席了在伊斯坦布尔举行的“土耳其溪”管道启动仪式，他重申土耳其致力于打造全球能源枢纽。[⑤] 经过六年建设“土耳其溪”管道正式通气，计划年输气量315亿立方米，这也成为土俄关系的重要纽带。[⑥] 8月21日，土耳其宣布在黑海地区发现了一座大型天然气田，储量达3200亿立方米（10月17日宣布增加至4050亿立方

---

① “Turkey Will Become a Regional Transportation Hub,” *Presidency of the Republic of Turkey*, May 16, 2020, https://www.tccb.gov.tr/en/news/542/119243/-turkey-will-become-a-regional-transportation-hub-.

② “We Can Pave the Way for Growth in Our Country to the Extent We Invest in Transportation,” *Presidency of the Republic of Turkey*, June 14, 2020, https://www.tccb.gov.tr/en/news/542/120433/-we-can-pave-the-way-for-growth-in-our-country-to-the-extent-we-invest-in-transportation-.

③ “We Are Determined to Make It Accepted That Turkey Never Shies Away from Exercising Its Sovereign Rights,” *Presidency of the Republic of Turkey*, December 19, 2020, https://www.tccb.gov.tr/en/news/542/123283/-we-are-determined-to-make-it-accepted-that-turkey-never-shies-away-from-exercising-its-sovereign-rights-.

④ “We Are Determined to Make Turkey a Centre of Attraction for Investors with Low Risk, High Confidence and Satisfactory Earnings,” *Presidency of the Republic of Turkey*, December 7, 2020, https://www.tccb.gov.tr/en/news/542/123072/-we-are-determined-to-make-turkey-a-centre-of-attraction-for-investors-with-low-risk-high-confidence-and-satisfactory-earnings-.

⑤ “We Aim to Make Turkey A Global Energy Hub,” *Presidency of the Republic of Turkey*, January 8, 2020, https://www.tccb.gov.tr/en/news/542/115220/-we-aim-to-make-turkey-a-global-energy-hub-.

⑥ 程春华：《土耳其溪天然气管道影响几何》，载《中国石油报》，2020年5月19日。

米)，埃尔多安还宣布将在 2023 年实现向国内供气。[①] 这对于极度缺乏油气资源、每年能源进口赤字巨大的土耳其来说绝对是一个好消息，也提振了土耳其的经济发展信心。土耳其还致力于提升科技发展水平，2 月，埃尔多安表示未来土耳其将成为信息和通信技术领域的全球领先国家之一，努力成为设计、开发、制造和出口高科技产品的国家，[②] 土耳其的未来在于技术创新。[③] 6 月 27 日他在泰基尔达一项工程仪式上表示，希望将土耳其打造为全球生产基地，成为高科技领域的领先国家。[④] 12 月底，埃尔多安宣布土耳其将于 2022 年将第一颗通信卫星送入太空，提升本国信息通信安全。

最后，经贸合作一直是土耳其外交中重要内容之一，土耳其领导人与多国设定了一系列双边经贸发展目标，为国内经济增长寻求外部动力。埃尔多安在 1 月访问非洲三国期间宣布，计划将土非贸易额提升至 500 亿美元；2 月 19 日接见来访的乌兹别克斯坦总统时提出将两国贸易额提升至 50 亿美元；2 月 25 日，访问阿塞拜疆时表示在 2023 年将两国贸易额提升至 150 亿美元。土耳其还大力发展国防工业和军工产品出口，埃尔多安多次自豪地阐述土国防工业取得的成就，在与乌克兰、巴基斯坦等国领导人互访中积极推介本国军工产品。2002 年以来，土耳其的军工企业数量从 56 家增加到 1500 家，营业额从 10 亿美元提升至 110 亿美元；国防和航空出口从 2.48 亿美元提升至约 30 亿美元，特别是在无人机和舰艇方面的成就

---

① "Turkey Has Discovered the Largest – ever Natural Gas Reserve of Its History in the Black Sea," *Presidency of the Republic of Turkey*, August 21, 2020, https://www.tccb.gov.tr/en/news/542/121868/ – turkey – has – discovered – the – largest – ever – natural – gas – reserve – of – its – history – in – the – black – sea –.

② "We Will Make Turkey One of the Leading Countries in Information and Communication Technologies," *Presidency of the Republic of Turkey*, February 10, 2020, https://www.tccb.gov.tr/en/news/542/116593/ – we – will – make – turkey – one – of – the – leading – countries – in – information – and – communication – technologies –.

③ "Turkey's Future Lies in Technology and Innovation," *Presidency of the Republic of Turkey*, February 16, 2020, https://www.tccb.gov.tr/en/news/542/116677/ – turkey – s – future – lies – in – technology – and – innovation –.

④ "We Want to Make Turkey a Production Base at Global Level," *Presidency of the Republic of Turkey*, June 27, 2020, https://www.tccb.gov.tr/en/news/542/120498/ – we – want – to – make – turkey – a – production – base – at – global – level –.

显著。[1] 12 月，土耳其还宣布即将与英国达成自由贸易协定。

在 10 月 1 日新一年度大国民会议开幕式上，埃尔多安表示土耳其经济降低了脆弱性，有更高的抗风险能力，已经成为地区和世界经济增长的新星。12 月 14 日，他宣称土耳其经济将实现快速反弹和发展，后疫情时代将成为强大的全球行为体。

三、在周边地区强势出击，对外关系高度紧张

2020 年，土耳其强势介入利比亚、叙利亚、东地中海、外高加索等周边地区热点冲突之中，与多个国家交恶的同时地区影响力有所上升；与美欧关系经历新的考验，并屡遭西方制裁威胁，外部环境依然处于高度紧张之中。埃尔多安在各种场合多次阐述了土耳其的外交政策特别是在周边热点问题上的立场，强调将根据形势变化做好在谈判桌和战场上坚持斗争的准备，维护自身合法权益。[2]

（一）周边外交

土耳其在周边地区十分活跃，强势介入叙利亚、利比亚、外高加索和东地中海等地冲突，并偏好使用军事化手段塑造有利地位和获取现实利益，引发地缘政治格局的复杂变化。土耳其宣称，在周边地区采取行动是为了挫败一切企图侵犯其权利并在地区内孤立土耳其的情况，保护其及友国免遭任何不公正待遇，并将采取政治、外交和军事等各种方式关注和介

---

① “Turkey Has Become a Country That Can Meet the Needs of Friendly and Allied Countries Together with Its Own Needs,” *Presidency of the Republic of Turkey*, November 12, 2020, https://www.tccb.gov.tr/en/news/542/122776/ – turkey – has – become – a – country – that – can – meet – the – needs – of – friendly – and – allied – countries – together – with – its – own – needs –.

② “We Maintain Our Struggle Both at the Table and on the Ground in Line with the Requirements of the New Era,” *Presidency of the Republic of Turkey*, July 27. 2020, https://www.tccb.gov.tr/en/news/542/120729/ – we – maintain – our – struggle – both – at – the – table – and – on – the – ground – in – line – with – the – requirements – of – the – new – era –; “We Are Now a Country Which Has an Essential Place Both on the Ground and at the Table,” *Presidency of the Republic of Turkey*, October 2, 2020, https://www.tccb.gov.tr/en/news/542/122237/ – we – are – now – a – country – which – has – an – essential – place – both – on – the – ground – and – at – the – table –.

入地区事务。①

在叙利亚，2019 年 12 月以来叙利亚政府军对伊德利卜地区发动进攻，而土耳其以维护冲突降级区协议为由不断增兵，2020 年 2 月 36 名土军士兵遭袭击丧生，形势骤然紧张。埃尔多安强硬表示，任何对土耳其军队的攻击都将遭到直接回击，将从地面和空中做出任何必要反击。土耳其发起“春季盾牌”军事行动，冲突升级。但由于正面冲突并无胜算，土耳其的态度逐步软化，强调回归索契协议和避免出现人道主义危机。3 月 5 日，埃尔多安访问俄罗斯，两国领导人经过磋商后宣布自 3 月 6 日 0 时起在伊德利卜地区停火，设立“安全走廊”，自 15 日起俄土沿 M4 公路进行联合巡逻，局势得到缓解。伊德利卜冲突升级是土耳其矛盾的对叙政策和土叙俄利益冲突的必然结果。从长远看，美俄与欧俄等大国关系的复杂性、叙利亚地缘政治格局的逐步明朗以及土耳其自身实力的局限，都决定了土耳其难以在叙利亚问题以及其他地区事务中“任性而为”。造成当地紧张局势的因素仍在，伊德利卜依然前途未卜。② 后来疫情暴发和扩散后，叙利亚北部局势保持了基本稳定，土耳其也陆续撤离多个观察哨。7 月 1 日，土耳其与俄罗斯、伊朗举行三方首脑会议，埃尔多安表示尊重叙利亚的统一和领土完整，强调其阿斯塔纳进程担保人的角色。

在伊拉克，土耳其依然经常越境打击库尔德武装，这成为土伊两国关系的重大挑战。6 月土军在伊拉克北部分别发动代号为“鹰爪行动”的空袭行动和“虎爪行动”的地面行动，其后还在伊拉克北部纵深约 40 公里的范围内建设大小不等的多处军事设施，并派出装甲部队对新建军事设施加以保护。8 月 11 日，土耳其出动无人机空袭伊拉克北部边境地区，造成两名伊拉克边防部队成员身亡，这是首度造成伊拉克军人死亡。伊拉克总统和伊拉克外交部都进行了强烈抗议。12 月 17 日埃尔多安与伊拉克总理卡迪米会谈，他强调“土耳其、伊拉克和叙利亚没有分离主义和恐怖主义分子的容身之地”，愿意加强土伊两国合作，计划将两国贸易额提升至 200

① “Turkey's Recent Steps Will Shape the Next Century,” *Presidency of the Republic of Turkey*, January 14, 2020, https: //www. tccb. gov. tr/en/news/542/115285/ – turkey – s – recent – steps – will – shape – the – next – century – ; “We Will Use All the Political, Diplomatic and Military Means Concerning Syria, the Mediterranean and Libya,” *Presidency of the Republic of Turkey*, January 18, 2020, https: //www. tccb. gov. tr/en/news/542/115325/ – we – will – use – all – the – political – diplomatic – and – military – means – concerning – syria – the – mediterranean – and – libya – .

② 王晋:《伊德利卜 前途未卜》，载《解放军报》，2020 年 3 月 10 日。

亿美元。①

在利比亚，土耳其支持西部民族团结政府，并通过军援和派兵参战显著改变了利比亚内战格局，使利比亚国内形成新的僵持局面，代理人战争特征更加突出。1月土耳其议会通过授权派兵决议，随着土耳其直接深度介入，利比亚战局在5月之后发生了扭转，原本占有优势的哈夫塔尔“国民军”节节败退。土耳其对利比亚的军事干预着眼于多重目标。② 土耳其的强势介入引起了法国和埃及等其他相关国家的不满，土法、土埃关系趋向紧张。土耳其数次被指控违反联合国对利比亚的武器禁运，但其依然我行我素。6月10日，法国“库尔贝”号护卫舰在利比亚海岸附近检查由土耳其军舰护卫的货船“切尔金”号，遭到土耳其军舰的3次雷达锁定。土耳其在利比亚影响显著扩大，利西部民族团结政府对土耳其的安全依赖大幅上升。利比亚民族团结政府总理萨拉杰（Fayez Al Sarraj）在1月12日、2月20日、6月4日、7月25日、9月6日、10月4日多次访问土耳其。9月份原本宣布辞职的萨拉杰在与埃尔多安等人会谈之后收回了辞职承诺，可见土耳其的影响力。

在外高加索，9月27日亚美尼亚和阿塞拜疆新一轮武装冲突爆发后，土耳其政府态度鲜明地高调支持阿塞拜疆，并提供武器和人员等直接支持，介入深度前所未有。在冲突爆发前后，埃尔多安多次明确表示，土耳其将毫不犹豫地站在阿塞拜疆一边。③ 利比亚和纳卡战事中，无人机成为土耳其干预的“拿手好戏”。11月11日，土耳其宣布将与俄罗斯一起部署维和部队，以监督亚阿两国的停火协议。土耳其和俄罗斯一起成为影响外高加索局势的主要大国。12月9－10日，埃尔多安访问阿塞拜疆，共同庆祝收复卡拉巴赫地区，彰显两国特殊关系和土耳其的影响力。

在东地中海，土耳其推行“蓝色家园”战略，利用海上资源勘探和军事化护航展现强硬姿态，拓展海上权益和权力。2019年成立的“东地中海

① “There Is No Place for Separatist Terrorism in the Future of Turkey, Iraq and Syria,” *Presidency of the Republic of Turkey*, December 17, 2020, https://www.tccb.gov.tr/en/news/542/123262/-there-is-no-place-for-separatist-terrorism-in-the-future-of-turkey-iraq-and-syria-.

② 王金岩：《利比亚战后乱局中的外部干预》，载《现代国际关系》，2020年第3期，第61页。

③ “Equations in Which Turkey and the Turkish Republic of Northern Cyprus Are Not Fairly Included Cannot Yield a Pax Mediterranean,” *Presidency of the Republic of Turkey*, September 28, 2020, https://www.tccb.gov.tr/en/news/542/122196/-equations-in-which-turkey-and-the-turkish-republic-of-northern-cyprus-are-not-fairly-included-cannot-yield-a-pax-mediterranea-.

天然气论坛”和2020年1月希腊、塞浦路斯、以色列三国在欧盟支持下签署的《东地中海天然气管道政府间协议》均将土耳其排除在外，使土耳其在地区能源合作中被孤立。① 东地中海天然气开发所引发的矛盾分歧形成两大对立阵营，土耳其的地区孤立十分明显。② 6月和7月土耳其声称，不少国家对土耳其充满敌意，土耳其将毫不妥协地维护在陆地、海洋和空中的权利与利益。虽然面临地区国家的反对和欧美大国的制裁威胁，土耳其依然持续在争议地区进行勘测，并使用军舰护航。8月初，希土两国军舰发生海上对峙事件，希腊和埃及签署海上划界协议，8月10日土耳其重启东地中海勘探活动，此后各方各自拉拢盟友开展军事演习。埃尔多安表示，土耳其拥有本地区最长的地中海海岸线，坚决反对无视其在爱琴海和地中海权利的企图，任何国家都不能利用几个几平方千米的小岛将拥有78万平方千米的土耳其限定在海岸上，这是荒谬和毫无根据的。③ 土耳其既希望在东地中海地区争取更大权益，也一直期待能建立包括其在内的地区对话合作机制。而黑海的天然气发现提升了土耳其在地中海的勘探热情。8月至9月，埃尔多安多次表示东地中海权益事关本国能源安全，还将当前事态与一战之后的历史联系起来，“就像100年前拒绝《色佛尔条约》一样，如今土耳其也不会接受外来强加的协议，任何殖民主义者都不能剥夺土耳其在地中海的油气资源。”④ 面对孤立局面和欧洲的制裁威胁，土耳其呼吁以国际法为基础开展严肃对话来解决争端，但表示任何排除土耳其的地区行动都不可能取得成功。

此外，土耳其继续扮演巴勒斯坦的“代言人”。对于美国推出的巴以问题“世纪协议”，埃尔多安在1月底和2月初的讲话中多次将之称为

① 孙黎等：《东地中海天然气管道建设前景及影响》，载《国际石油经济》，2020年第11期，第66页。

② 王晋：《能源撬动政治：博弈东地中海天然气开发》，载《西亚非洲》，2020年第5期，第21页。

③ “Turkey Will Continue to Implement Its Own Plans Both on the Ground and in Diplomacy,” *Presidency of the Republic of Turkey*, August 10, 2020, https://www.tccb.gov.tr/en/news/542/120779/ – turkey – will – continue – to – implement – its – own – plans – both – on – the – ground – and – in – diplomacy – .

④ “Turkey Has Been Waging a Struggle on Different Fronts Ranging from the Eastern Mediterranean to Libya Not Only for Its Rights but Also for Its Future,” *Presidency of the Republic of Turkey*, August 19, 2020, https://www.tccb.gov.tr/en/news/542/121850/ – turkey – has – been – waging – a – struggle – on – different – fronts – ranging – from – the – eastern – mediterranean – to – libya – not – only – for – its – rights – but – also – for – its – future – .

"美国的占领计划"，强调耶路撒冷是土耳其的"红线"，绝不会接受消灭巴勒斯坦和夺取耶路撒冷的方案。① 在5月24日开斋节演讲中，埃尔多安表示，土耳其不允许将巴勒斯坦的土地交给其他任何人，耶路撒冷是所有穆斯林的"红线"。8月阿联酋宣布与以色列建交之后，埃尔多安随即表示土耳其永远支持巴勒斯坦，并可能召回其驻阿大使或终止两国外交关系。10月1日，埃尔多安从历史和宗教角度阐述耶路撒冷对于土耳其的特殊意义，强调其不是一个普通的地缘政治问题，决不允许其被掠夺。②

总体上看，土耳其积极介入周边热点问题是其近年来强势外交政策的延续，并将相关热点问题联系起来，致力于谋求地缘政治利益与塑造大国地位，寻找与外部大国博弈的新杠杆，以提升自身影响力与话语权。③ 土耳其的强势介入政策推动了地区局势的复杂化，提升自身影响力的同时也更加孤立，但未来依然不会轻易改变行事方式。在11月21日哈利法克斯安全论坛的致辞中，埃尔多安表示，"我们的立场是成为解决方案的一部分，而不是成为问题。将土耳其限制在一个狭窄的外交框架内不仅是错误的，也是不可能的。"④

（二）土欧关系

2020年初，埃尔多安与欧洲领导人多次会面商讨国际和双边问题。1月，埃尔多安先后会见欧盟理事会主席米歇尔、意大利总理孔特、参加德

① "We Will Never Accept Plans That Erase Palestine and Usurp Al－Quds," *Presidency of the Republic of Turkey*, January 31, 2020, https://www.tccb.gov.tr/en/news/542/116484/－we－will－never－accept－plans－that－erase－palestine－and－usurp－al－quds－; "Any Attack on Our Troops Will Be Responded to in Kind without any Warning," *Presidency of the Republic of Turkey*, February 5, 2020, https://www.tccb.gov.tr/en/news/542/116547/－any－attack－on－our－troops－will－be－responded－to－in－kind－without－any－warning－.

② "We Primarily Opt for a Settlement of Disputes Regarding the Sharing of Political and Economic Potential in the Mediterranean on an Equitable Basis," *Presidency of the Republic of Turkey*, October 1, 2020, https://www.tccb.gov.tr/en/news/542/122223/－we－primarily－opt－for－a－settlement－of－disputes－regarding－the－sharing－of－political－and－economic－potential－in－the－mediterranean－on－an－equitable－basis－.

③ 邹志强：《土耳其扰动地缘政治格局》，载《联合早报》，2020年11月6日。

④ "Regarding All the Problems in Our Region, the Stance of Our Country Is Always in Favor of Being Part of the Solution, Not the Problem," *Presidency of the Republic of Turkey*, November 21, 2020, https://www.tccb.gov.tr/en/news/542/122908/－regarding－all－the－problems－in－our－region－the－stance－of－our－country－is－always－in－favor－of－being－part－of－the－solution－not－the－problem－.

国主持召开的利比亚问题国际峰会，1 月 24 日，德国总理默克尔还访问了土耳其。但土欧关系依然是高开低走，双方满怀希望并努力缓和关系，现实却是更加趋向紧张。

首先，土欧在难民和叙利亚等问题上分歧依旧，土耳其再次利用难民问题要挟欧盟。由于在叙利亚问题上未能得到欧盟支持，2 月 27 日，土耳其宣布不再阻止难民进入欧洲，大批难民涌向土耳其西部边境，这引起欧盟的紧张，邻国希腊、保加利亚更是如临大敌。3 月 2 日，埃尔多安表示，欧盟在难民问题上采取双重标准，150 万伊德利卜难民已经抵达土耳其边境，土耳其希望公平分担难民压力。[①] 3 月 3 日英国外交大臣拉布、3 月 4 日欧盟理事会主席米歇尔先后与埃尔多安会面。3 月 4 日埃尔多安宣称，如果欧盟想解决难民问题就应该支持土耳其在叙利亚的解决方案。土耳其认为，难民问题的成本必须公平分担，土方已经承担了责任，而欧盟并未履行承诺。[②] 3 月 9 日，埃尔多安前往布鲁塞尔访问，会见了北约秘书长斯托滕贝格和欧盟理事会主席米歇尔、欧盟委员会主席冯德莱恩。埃尔多安表示，没有一个欧洲国家承受得起叙利亚人道主义灾难的代价；作为盟友，欧美应坚定支持土耳其。[③] 在 3 月 11 日的国内讲话中，埃尔多安表示土耳其为维持和平和阻止难民危机做出了巨大牺牲，而欧盟却完全没有支持土耳其；并指责希腊用暴力方式阻止和遣返难民。3 月 17 日，埃尔多安与德国总理默克尔、法国总统马克龙、英国首相约翰逊举行四方首脑会谈，讨论叙利亚局势、难民问题和土欧关系，但双方分歧明显，成果寥寥。

其次，土欧在民主人权、反恐和入盟等问题上的分歧根深蒂固，土耳其以宗教为旗号对欧盟进行持续抨击。埃尔多安表示，无论土耳其如何改

---

① "European Union Applies Double Standards on Refugee Issue," *Presidency of the Republic of Turkey*, March 2, 2020, https://www.tccb.gov.tr/en/news/542/116866/ - european - union - applies - double - standards - on - refugee - issue -.

② "Presidential Spokesperson Kalın: The Cost Will Be Heavier for Everyone unless the Burden Is Shared," *Presidency of the Republic of Turkey*, March 4, 2020, https://www.tccb.gov.tr/en/news/542/116916/presidential - spokesperson - kalin - the - cost - will - be - heavier - for - everyone - unless - the - burden - is - shared -.

③ "NATO Is Going through a Period of Critical Importance during Which It Should Display Alliance Solidarity with Turkey in a Clear Manner," *Presidency of the Republic of Turkey*, March 9, 2020, https://www.tccb.gov.tr/en/news/542/116977/ - nato - is - going - through - a - period - of - critical - importance - during - which - it - should - display - alliance - solidarity - with - turkey - in - a - clear - manner -.

革，西方从没有将土耳其视为自己的一员，欧盟从未打算接受土耳其，指责欧盟支持“居伦运动”和库尔德工人党，在反恐问题上的虚伪态度表明欧盟并不是一个价值观联盟，甚至标志着欧盟自身的终结。[①] 9月12日，针对法国总统马克龙批评土耳其的言论，埃尔多安表示，土耳其的民主已经摆脱了政变和监护的威胁；“马克龙对历史一无所知，法国历史上屠杀数百万非洲人民，根本就没有资格和土耳其谈人权。”[②] 埃尔多安多次批评西方国家的种族主义、伊斯兰恐惧症和对穆斯林的仇视情绪。2020年9月至10月，法国漫画事件和马克龙的有关言论引发多个中东国家的抗议。埃尔多安多次对此进行抨击，在10月24日和25日两次称马克龙需要“做心理治疗和精神检查”[③]，在26日又呼吁民众不要购买法国商品。埃尔多安也对德国警察搜查清真寺进行了批评，让荷兰“认清自己的身份”，认为这些事情都是当前欧洲伊斯兰恐惧症的表现。埃尔多安进一步认为，“西方的伊斯兰恐惧症已经转变为对我们的经典、先知和所有神圣价值的全方位攻击”，数百万欧洲穆斯林遭受歧视和种族主义的压迫，这将带来严重后果，欧盟不能再对伊斯兰恐惧症视而不见。[④] 10月底和11月埃尔多安再次表示，“种族主义就像瘟疫一样在许多西方国家蔓延，欧洲穆斯林面临

---

① “We Have Built a Turkey Which Makes Its Own Decisions and Implements Its Own Projects,” *Presidency of the Republic of Turkey*, August 24, 2020, https://www.tccb.gov.tr/en/news/542/121900/-we-have-built-a-turkey-which-makes-its-own-decisions-and-implements-its-own-projects-.

② “We Build our Plans for the Future on Our Allegiance to the Superiority of the National Will,” *Presidency of the Republic of Turkey*, September 12, 2020, https://www.tccb.gov.tr/en/news/542/122090/-we-build-our-plans-for-the-future-on-our-allegiance-to-the-superiority-of-the-national-will-.

③ “Turkey Will Never Allow the Establishment of a Terror State Right Beside Its Borders,” *Presidency of the Republic of Turkey*, October 24, 2020, https://www.tccb.gov.tr/en/news/542/122475/-turkey-will-never-allow-the-establishment-of-a-terror-state-right-beside-its-borders-; “Turkey Has Enshrined Itself in the Hearts across the World as the Guardian of the Oppressed and the Advocate of Justice,” *Presidency of the Republic of Turkey*, October 25, 2020, https://www.tccb.gov.tr/en/news/542/122482/-turkey-has-enshrined-itself-in-the-hearts-across-the-world-as-the-guardian-of-the-oppressed-and-the-advocate-of-justice-.

④ “The Rising Islamophobia in the West Has Turned into an All-out Attack on Our Book, Our Prophet and All Our Sacred Values,” *Presidency of the Republic of Turkey*, October 26, 2020, https://www.tccb.gov.tr/en/news/542/122501/-the-rising-islamophobia-in-the-west-has-turned-into-an-all-out-attack-on-our-book-our-prophet-and-all-our-sacred-values-.

着系统性歧视，他们的权利和自由受到侵害。"① 但欧洲国家和欧盟领导人普遍支持马克龙的立场。土欧之间在此问题上来回隔空对战反映了双方根深蒂固的分歧，也进一步侵蚀了双边互信。

此外，欧洲人权法院涉土裁决也引发土欧关系紧张。欧洲人权法院的裁决认定，土耳其长期拘留人民民主党领导人德米尔塔什等人的行为违反《欧洲人权公约》，要求土政府立即将其释放。土耳其对此十分不满，埃尔多安强调，欧洲人权法院不能取代土耳其法院的裁决，特别是无法容忍其双重标准和伪善态度。②

最后，东地中海地区争端叠加利比亚问题上的矛盾，加剧了土耳其与欧洲国家关系的紧张。2020年希腊和土耳其的矛盾更趋激化，6月之后由于土耳其坚持进行海上勘探活动，引发希土两国激烈摩擦。法国力挺希腊和塞浦路斯，希、土及法国相互指责和发出强硬表态，在利比亚问题上土耳其和法国也相互指责，海上局势持续紧张。9月10日马克龙呼吁欧洲国家对土耳其采取一致立场，并对土耳其发出最后通牒式警告。11月30日，希腊、塞浦路斯、埃及、法国和阿联酋五国在地中海地区举行联合海上军事演习，针对土耳其的意图凸显，可以说对土耳其发出了空前强硬的信号。③

由于欧盟在东地中海地区争端中支持希腊，并威胁制裁土耳其，埃尔多安多次抨击欧盟的偏袒做法。10月17日，埃尔多安表示欧盟在此问题上已经成为希腊的"人质"，最大受害者是欧盟。④ 虽然屡次释放狠话，但土耳其也多次表示将保持与欧盟对话和长期关系，对欧盟的制裁威胁也颇为忌惮。11月土耳其再次强调其欧洲国家身份，希望与欧洲共建未来，

① "European Muslims Are Facing a Systematic Discrimination, and Their Rights and Liberties Are Being Usurped," *Presidency of the Republic of Turkey*, November 1, 2020, https://www.tccb.gov.tr/en/news/542/122643/-european-muslims-are-facing-a-systematic-discrimination-and-their-rights-and-liberties-are-being-usurped-.

② "We Will Continue Our Efforts for Peace, Justice and Prosperity and Particularly for the De-escalation of Tensions in Our Region," *Presidency of the Republic of Turkey*, December 23, 2020, https://www.tccb.gov.tr/en/news/542/123324/-we-will-continue-our-efforts-for-peace-justice-and-prosperity-and-particularly-for-the-de-escalation-of-tensions-in-our-region-.

③ 邹志强：《意味深长的军演 空前强硬的信号》，载《解放军报》，2020年12月5日。

④ "The Natural Gas Reserves in the Tuna-1 Zone of the Sakarya Field Have Reached 405 Billion Cubic Meters in Total," *Presidency of the Republic of Turkey*, October 17, 2020, https://www.tccb.gov.tr/en/news/542/122395/-the-natural-gas-reserves-in-the-tuna-1-zone-of-the-sakarya-field-have-reached-405-billion-cubic-meters-in-total-.

“土耳其是欧洲的一部分，是西方联盟最强大的成员。土耳其反对的是不公正待遇和双重标准。”[①] 12 月中旬随着欧盟峰会的临近，埃尔多安对欧洲密集喊话，强调欧盟投资对土耳其的重要性，排斥和惩罚土耳其不会带来任何好处。[②] 虽然屡次对土耳其发出制裁威胁，但 12 月的欧盟峰会只是决定对土耳其进行个别制裁，并授权欧盟外交和安全政策高级代表博雷利制定制裁方案，留待 2021 年 3 月的欧盟峰会再行讨论。

（三）土美关系

2020 年，“居伦运动”、库尔德问题、土耳其购买俄罗斯 S－400 防空导弹等争议依然困扰着美土关系，土俄之间保持务实合作，都导致土美两国关系始终紧张，同时美国大选又使两国关系面临新的变数。总体看，土美关系疏离的趋势和本质并未改变。[③]

虽然埃尔多安与特朗普建立了比较密切的私人关系，但特朗普政府最后一年在对土政策上依然起伏不定，对土进行制裁威胁，并最终在卸任前制裁落地。10 月土耳其在演习中测试了 S－400 防空导弹系统，引发美国强烈不满。11 月以后，面对美欧的制裁威胁和美国总统大选后的新局势，土耳其在对外关系上放低了姿态，表示愿意与各方合作。埃尔多安表示，周边地区和世界的局势发展都再次彰显了土耳其的重要性，土耳其与欧洲、美国、俄罗斯、中国以及本地区国家均没有任何无法解决的问题，愿

① “We Have Initiated a New Era in Our Struggle to Develop, Enhance and Strengthen Every Inch of Our Country,” *Presidency of the Republic of Turkey*, November 21, 2020, https://www.tccb.gov.tr/en/news/542/122900/－we－have－initiated－a－new－era－in－our－struggle－to－develop－enhance－and－strengthen－every－inch－of－our－country－;“We Have Always Been the Strongest Member of Western Alliances,” *Presidency of the Republic of Turkey*, November 22, 2020, https://www.tccb.gov.tr/en/news/542/122917/－we－have－always－been－the－strongest－member－of－western－alliances－.

② “Sanction Agendas, Imposed with Political Motivations and without any Rational Basis, Constitute an Approach That Is Beneficial to No One,” *Presidency of the Republic of Turkey*, December 11, 2020, https://www.tccb.gov.tr/en/news/542/123158/－sanction－agendas－imposed－with－political－motivations－and－without－any－rational－basis－constitute－an－approach－that－is－beneficial－to－no－one－;“It Is Extremely Wrong to Let the Long－standing Turkey－EU Relations Become a Hostage to the Tricks of One or Two States,” *Presidency of the Republic of Turkey*, December 12, 2020, https://www.tccb.gov.tr/en/news/542/123173/－it－is－extremely－wrong－to－let－the－long－standing－turkey－eu－relations－become－a－hostage－to－the－tricks－of－one－or－two－states－.

③ 宫小飞、石斌：《叙利亚危机与美土关系的疏离》，载《国际问题研究》，2020 年第 5 期。

意在尊重其主权、权利前提下与任何国家会谈、达成协议和开展合作。[①] 12 月 14 日，美国宣布根据《通过制裁反击美国敌人法》对土耳其国防工业局实施制裁，停止所有向该机构出口武器的许可和贷款，并对局长伊斯梅尔·德米尔和其他高级别成员实行资产冻结、拒绝入境等制裁措施，以惩罚土购买俄罗斯 S-400 防空导弹系统。美国此番对土制裁范围和力度有限，但对于主要依托安全合作维系的美土关系具有前所未有的警示意义。针对美国制裁，埃尔多安表示土耳其将加快国防工业发展，实现完全独立和摆脱外部制裁，表现出不妥协的态度。[②]

在美国总统大选尘埃落定之后，土耳其向美国表达了改善关系的意愿。11 月 10 日，埃尔多安先于其他中东国家祝贺拜登当选，强调土美关系是战略性的，应进一步强化双方关系。此后，埃尔多安强调美国仍是土耳其外交优先方向，土俄关系不会替代土美关系。土耳其希望积极利用与美国长期而紧密的联盟关系解决所有地区和全球问题。[③] 12 月 8 日，土耳其政府任命驻日本大使梅尔詹转任驻美大使，外界认为，土耳其任命在国内具有较大政治影响力的梅尔詹出任驻美大使，显然是希望推动改善土美关系。埃尔多安表示，土美关系在 2020 年受到了考验，希望在 2021 年能够翻开新的一页。而拜登政府在一些关键问题上的立场将决定着两国关系的前景，包括在民主人权问题、库尔德问题、叙利亚问题上的政策等。

此外，土耳其重视开拓外交阵地，为国内经济发展提供助力和扩大国际影响力。其中，土耳其将非洲作为其积极进取的人道主义外交的重点地区，通过对非洲的重视、增加驻非使领馆和经济援助等方式扩大影响力。2020 年 1 月下旬埃尔多安访问了阿尔及利亚、冈比亚和塞内加尔三国，强调多层次扩大对非开放政策，在互利基础上提升与非洲国家的经济关系，

---

① "We Are Ready to Talk and Cooperate with Anyone on the Condition That Our Sovereignty and Rights Be Respected," *Presidency of the Republic of Turkey*, December 26, 2020, https://www.tccb.gov.tr/en/news/542/123375/-we-are-ready-to-talk-and-cooperate-with-anyone-on-the-condition-that-our-sovereignty-and-rights-be-respected-.

② "We Will Work Twice as Hard to Make Our Defense Industry Fully Independent," *Presidency of the Republic of Turkey*, December 16, 2020, https://www.tccb.gov.tr/en/news/542/123235/-we-will-work-twice-as-hard-to-make-our-defense-industry-fully-independent-.

③ "We Have Initiated a New Era in Our Struggle to Develop, Enhance and Strengthen Every Inch of Our Country," *Presidency of the Republic of Turkey*, November 21, 2020, https://www.tccb.gov.tr/en/news/542/122900/-we-have-initiated-a-new-era-in-our-struggle-to-develop-enhance-and-strengthen-every-inch-of-our-country-.

并计划将土非贸易额提高至500亿美元。① 在10月8日召开的土耳其－非洲经济商业论坛上，埃尔多安表示，土耳其与非洲拥有共同的历史与命运，我们建立了土非人民心连心的桥梁，土耳其将对非洲防控疫情进行真诚援助。②

四、结语

作为中东地区的重要国家之一，土耳其国内政治、经济面临的挑战巨大，积极强势的外交政策特征突出，影响力广泛。在9月22日的联合国大会讲话中，埃尔多安提及联合国安理会改革、多边主义、抗疫合作、难民问题、叙利亚、利比亚、伊拉克与反恐问题、巴勒斯坦问题、东地中海局势、消除大规模杀伤性武器、反对种族主义和伊斯兰恐惧症、低收入发展中国家等其关心的主要议题，重复了土耳其在上述问题上的外交政策，体现了土耳其外交上的大国抱负。③ 在10月1日新一年度大国民会议开幕式上，埃尔多安总结土耳其政治经济和外交所取得的成绩，誓言向2023年百年发展目标迈进；就阿塞拜疆与亚美尼亚冲突、叙利亚问题、东地中海问题、巴勒斯坦问题等重复了土耳其的政策立场，体现了土耳其当前的主要内外关切。④ 可见土耳其始终坚持在地区内的主要诉求以及大国抱负，依然会强势地介入周边和全球事务，致力于提升大国地位和影响力。

---

① "We Will Increase Our Trade Volume with African Countries to $50 Billion," *Presidency of the Republic of Turkey*, January 26, 2020, https://www.tccb.gov.tr/en/news/542/116415/－we－will－increase－our－trade－volume－with－african－countries－to－50－billion－.

② "We Have Built Bridges from Heart to Heart between Our Nation and the Africans," *Presidency of the Republic of Turkey*, October 8, 2020, https://www.tccb.gov.tr/en/news/542/122326/－we－have－built－bridges－from－heart－to－heart－between－our－nation－and－the－africans－.

③ "Our Priority in the Eastern Mediterranean Is to Settle Disputes in a Sincere Dialogue, Based on International Law," *Presidency of the Republic of Turkey*, September 22, 2020, https://www.tccb.gov.tr/en/news/542/122153/－our－priority－in－the－eastern－mediterranean－is－to－settle－disputes－in－a－sincere－dialogue－based－on－international－law－.

④ "We Primarily Opt for a Settlement of Disputes Regarding the Sharing of Political and Economic Potential in the Mediterranean on an Equitable Basis," *Presidency of the Republic of Turkey*, October 1, 2020, https://www.tccb.gov.tr/en/news/542/122223/－we－primarily－opt－for－a－settlement－of－disputes－regarding－the－sharing－of－political－and－economic－potential－in－the－mediterranean－on－an－equitable－basis－.

2020 年海湾五国的政治、经济和对外关系

余　泳*

【摘　要】

2020 年，科威特、巴林、卡塔尔、阿联酋和阿曼中东地区海湾五国总体上政局平稳，阿曼苏丹卡布斯和科威特埃米尔萨巴赫当年先后去世，但阿曼新苏丹和科威特第十六任埃米尔都顺利接任。五国社会经济发展受到低油价和新冠肺炎疫情的较大影响，同时油气价格的低迷和不稳定也给其经济发展带来更多不确定性，各国不得不采取一些紧急措施来应对经济社会发展面临的巨大挑战。疫情某种程度上为其缓和与加强内部交往和开展对外关系提供了一些新的机遇，而阿联酋和巴林先后与以色列建立外交关系则备受瞩目，也使得地区形势变得更加复杂。

【关键词】

海湾国家　新冠疫情　低油价　与以色列建交

一、政治局势总体稳定 社会发展面临挑战

（一）科威特

2020 年 9 月 29 日，科威特埃米尔萨巴赫（Sabah al – Ahmed al – Jaber al – Sabah）病逝，同日，王储纳瓦夫·艾哈迈德·贾比尔·萨巴赫

---

* 余泳，上海外国语大学中东研究所副研究员。本文为上海外国语大学规划基金一般项目“‘一带一路’沿线小国群体研究——以中东地区海湾五国为例”（项目编号：2020114067）的阶段性成果。

（Nawaf Al – Ahmed Al – Jaber Al – Sabah）继位，成为科威特第十六任埃米尔；10 月 8 日，米沙勒·艾哈迈德·贾比尔·萨巴赫（Mishal Al – Ahmad Al – Jaber Al – Sabah）被任命为新王储；12 月 8 日，萨巴赫·哈立德·哈马德·萨巴赫（Sabah Al – Khalid Al – Hamad Al – Sabah）连任政府首相。至此，科威特从王室承继到政府内阁总体上平稳渡过了重大考验期，但仍面临一些现实问题：一是埃米尔和王储均已年逾 80 岁，相较于其他四国，科威特“老人政治”状况未有改观，国家元首及未来国家元首相较周边海湾国家领导人日益年轻化的趋势，其思维理念会更显保守，对于该国早已饱受诟病亟待进行的各项改革更加不利；二是政府内阁架构的认同度有待提高，虽然哈立德首相再次连任，但毕竟是在经过提交内阁集体辞呈并获批准后获得，因为科威特内阁和议会关系长期紧张，议员曾多次发起针对内阁大臣的质询，内阁辞职后有关质询的动议自动失效，也就是说，一些实质性问题和矛盾并未得到有效解决。

12 月 24 日，科威特首相萨巴赫当天在疫苗接种中心接种了该国第一剂新冠疫苗，科威特卫生部也宣布正式启动新冠疫苗接种，计划在数月内为所有在本国公民和居民提供免费接种。根据此前一天的统计数据，科威特累计新冠确诊病例 148773 例，累计死亡 924 例，累计治愈 144594 例。稍早前，科威特宣布将从 2021 年 1 月 1 日暂停所有往返科威特的国际商业航班，同时关闭所有陆、海边境口岸。此外，科威特也还面临着其他一些比较严峻的社会问题，其中之一就是新冠肺炎疫情及其连锁反应。有报道称，2020 年即使不考虑病毒导致的死亡，科威特境内的死亡人员数量还是增加了 28%，特别是由于新冠肺炎疫情引起的财务和社会的负担与压力，导致了非科威特籍人员自杀的数量增加。① 但科威特政府实施的“劳动力科威特化”在 2020 年取得了重大进展。据媒体援引的报告称，当年 9 – 12 月有 83574 名外籍劳工离境，这使科威特劳动力市场的外籍劳工人数减少到 150 万，且仅后三个月科威特家庭中的外籍女佣人就减少了 7385 人，而“本国化”工作人员数量明显增至 400909 人。②

---

① 《科威特：2020 年相对于 2019 年死亡人数激增 40%》，https：//xw. qq. com/cmsid/20210302A06TFV00。

② 安国章：《科威特劳动力“本国化”取得重大进展》，http：//world. people. com. cn/n1/2021/0118/c1002 – 32003076. html。

（二）巴林

2020 年，巴林政府继续采取举措改善民生，应对新冠肺炎疫情，巴林社会局势总体稳定。3 月，由于新冠肺炎疫情造成了健康风险，巴林释放了 1486 名囚犯，但不包括反对派领导人，不过在 6 月 9 日巴林著名异议人士纳比尔·拉贾布（Nabeel Rajab）获释，并将在国内服完剩余刑期。9 月，在巴林与以色列宣布关系正常化后不久，王储就以志愿者身份参加了中国国药集团在当地进行的新冠疫苗 III 期临床试验，并成功接种疫苗，这一定程度上缓解了民众多方面的不满和焦虑情绪。11 月 11 日，世界上任职时间最长的首相——巴林王室成员、内阁首相谢赫·哈利法·本·萨勒曼·阿勒哈利法（Sheikh Khalifa Bin Salman Al Khalifa）在美国去世。哈利法亲王生于 1935 年，自巴林 1971 年独立以来一直担任首相，在政治和经济事务中扮演了关键角色，但一直是个有争议的人物，特别是在什叶派民众中极不受欢迎，2011 年什叶派领导的抗议者占领麦纳麦珍珠广场主要诉求即是要其下台。同日，巴林国王任命王储萨勒曼·本·哈马德·阿勒哈利法（Salman bin Hamad Al Khalifa）为新任首相，他也是巴林国防军总司令和武装力量最高副统帅。

巴林政府针对疫情采取了一些坚决而快速的措施，以保障有效抗疫和社会稳定，比如：（1）和亚马逊云服务合作，第一时间推出线上学习平台，帮助那些不能去学校的学生可以集中进行相关联的学习；（2）对于侨居在本国的外籍人士都提供了免费的新冠检测和治疗；（3）专门成立了统一的线上志愿平台；（4）卫生部推出了 I－SEH 的线上预约平台，公众可以第一时间获得疫情的动态，进行相关的检验检测的预约；（5）推出 24 小时双语（阿拉伯语和英语）热线，而且采取先进的 Drive－Thru 检测设施，不用下车就可以进行相关的检测等等，使得巴林成为新冠患者治愈率和人均核酸检测最高的国家之一。①

（三）卡塔尔

2020 年，巴林政府适度推进政治改革，保持社会稳定。1 月 28 日，卡塔尔埃米尔接受首相兼内政大臣阿卜杜拉·本·纳赛尔·本·哈利法·阿

① 参见《海湾与巴林健康行业发展机遇与智慧抗疫》，http：//www. codafair. org/index. php? m = content&c = index&a = show&catid = 196&id = 2043。

勒塔尼（Abdullah bin Nasser bin Khalifa Al Thani）的辞职请求，并任命哈立德·本·哈利法·本·阿卜杜勒·阿齐兹·阿勒萨尼（Khalid Bin Khalifa Bin Abdulaziz Al Thani）为新的首相兼内政大臣。据卡塔尔规划和统计局发布的最新数据，4 月卡塔尔常住人口总数为 280 万，其中卡塔尔籍公民约占 15%，外籍人口约占 85%，主要来自阿拉伯国家和东南亚国家。2020 财年卡塔尔医疗卫生预算 226 亿卡塔尔里亚尔，占国家预算总支出的 10.7%，人均医疗预算支出约 2200 美元（1 美元≈3.65 卡塔尔里亚尔）。失业率一直保持在较低水平，自 2006 年以来一直在 1% 以下。①

2 月 29 日，卡塔尔确认了首例新型冠状病毒病例，3 月中旬开始，确诊感染人数开始出现快速增长。此后，卡塔尔政府陆续宣布了包括阶段性关闭所有学校、终止飞往多哈的航班、关闭清真寺和礼拜场所等多项举措以防范新冠病毒扩散，政府出台的一系列政策也确保了生活消费和疫情防护物资供应。随着新冠肺炎疫情防控措施的不断升级，卡塔尔疫情防控措施影响到商务人员往来。货物检验检疫工作有所加强，货物通关效率较疫情发生以前有一定程度的下降。虽然遭受疫情冲击，但国际足联 2022 年卡塔尔世界杯的基础设施建设截至 2020 年 11 月已完成近 90%②，且在 12 月 18 日世界杯赛倒计时两周年之际，第 4 座世界杯比赛球场也落成投入使用。

（四）阿联酋

2020 年 1 月 29 日，阿联酋确认了首例新型冠状病毒病例，2 月 10 日该名患者康复出院，截至 12 月 31 日，该国新冠肺炎确诊人数为 206092，其中治愈 183007 人、死亡 665 人。③ 尽管有新冠肺炎疫情大流行，但阿联酋仍取得了众多首创性成就，甚至视该年为“未来 50 年的肇始之年”④。阿联酋全年总共拥有超过 2000 万人次的病毒测试，在人均测试次数方面名

---

① 参见商务部国际贸易经济合作研究院、中国驻卡塔尔大使馆经济商务处、商务部对外投资和经济合作司：《对外投资合作国别（地区）指南——卡塔尔（2020 年版）》，第 3、11、16 页，http：//www.mofcom.gov.cn/dl/gbdqzn/upload/kataer.pdf。

② 杨元勇：《卡塔尔世界杯基础设施建设接近完成》，新华社多哈 2020 年 11 月 18 日电。

③ 参见《阿联酋疫情汇总（12.31）》，http：//www.dubairen.com/79062.html。

④ “The UAE in 2020：the year of historic achievements，” December 29，2020，https：//gulfnews.com/opinion/editorials/the-uae-in-2020-the-year-of-historic-achievements-1.76167183.

列全球第一，同时也是第一批接受“COVID－19”灭活疫苗 III 期试验的国家。7 月，阿联酋成功发射“希望号”火星探测器，开启了阿拉伯世界首次星际探索之旅，对其国民尤其是年轻人带来巨大鼓舞。11 月，总统哈利法批准了数项法律修正案，包括《遗产法》《婚姻法》《民法》《刑法》等，被认为是该国近年来法律体系的最大一次改革，基本覆盖到一切领域。在 12 月 14 日的年度最后一次内阁会议上，阿联酋政府宣布成立独立的国家人权机构（National Human Rights Authority），“负责监督人权档案，制定政策，并与相关地方和国际机构协调，以维护阿联酋的文明形象。”[①]

在各酋长国内部也出现一些积极现象。《海湾时报》2020 年 1 月 2 日消息，阿布扎比王储穆罕默德·本·扎耶德（Mohammad Bin Zayed）在《今日俄罗斯》网站的“2019 年最杰出阿拉伯领导人”投票中名列榜首，沙特王储、副首相兼国防部长穆罕默德·本·萨勒曼位居第二，位列第三和第四位的分别是约旦国王阿卜杜拉二世和埃及总统塞西。[②]《海湾新闻》7 月 5 日报道称，阿联酋副总统、总理兼迪拜酋长穆罕默德·本·拉希德·阿勒马克图姆（Mohammed Bin Rashid Al Maktoum）宣布政府改组。穆罕默德在官方推特上称总统对新的政府架构表示祝福，并指示要利用一切资源维护权益，加速实现国家发展目标。他还提到阿联酋将在两年内取消 50% 的政府服务中心并转换成数字平台，同时将约 50% 的联邦机构整合或在各部委之间合并设立新政府部长职位。[③] ZAWYA 网站 12 月 18 日报道，副总统、总理兼迪拜酋长穆罕默德在个人官方推特上表示，根据英国 Brand Finance 发布的全球软实力指数，阿联酋在应对“COVID－19”大流行效率方面，排名中东地区首位和全球第十四位。[④]

（五）阿曼

2020 年 1 月 10 日，阿曼苏丹卡布斯逝世。长期以来，因卡布斯苏丹

---

① Varun Godinho, “UAE to form an independent National Human Rights Authority,” Gulf Business, December 15, 2020, https://gulfbusiness.com/uae－to－form－an－independent－national－human－rights－authority/.

② 中国驻阿联酋大使馆经商处编译：《阿布扎比王储穆罕默德被评选为“2019 年最杰出阿拉伯领导人”》，http://ae.mofcom.gov.cn/article/jmxw/202001/20200102929795.shtml。

③ 参见中国驻阿联酋大使馆经商处编译：《阿联酋总理宣布政府改组》，http://www.mofcom.gov.cn/article/i/jyjl/k/202007/20200702981142.shtml。

④ 中国驻阿联酋大使馆经商处编译：《阿联酋是应对 COVID－19 大流行最有效的中东国家》，http://ae.mofcom.gov.cn/article/jmxw/202012/20201203026467.shtml。

无子嗣也无明确的王位继承人而引起阿曼人的极大焦虑，但在他逝世后 24 小时内，其堂弟海赛姆·本·塔里克·阿勒赛义德（Haitham bin Tariq Al Said）顺利继承王位，既结束了长期以来阿曼和地区国家的猜忌和不安，同时也迎来了特定时期阿曼新的征程。该国的经济特点和封闭的政治环境在过去已经导致了多起反对事件，并有可能导致新苏丹治下的进一步抗议活动，所以为了减少异见，新苏丹必须集中精力应对该国已入困境的经济状况，并扭转其政治环境以更好地适应不断变化的需求。① 8 月，阿曼内阁完成新苏丹继位后首次重大改组，共有成员 26 名，其中女性阁员 3 名。②

据《阿曼时报》报道，为给本国人民提供更多就业机会，阿曼劳工部宣布，2020 年旅游、物流、工业三大领域阿曼化比例要求将进一步提高，分别为 44.1%、20%、35%。近年来，三大行业阿曼化比例要求逐年提高。旅游业，从 2017 年 41.1% 上升到 42.2%（2018 年）、43.3%（2019 年）、44.1%（2020 年）；物流业从 14%（2017 年）上升到 16%（2018 年）、18%（2019 年）、20%（2020 年）；工业领域，由 32.5%（2017 年）上升到 33%（2018 年）、34%（2019 年）、35%（2020 年）。阿曼劳工部将为旅游、物流、工业三大领域的公司提供培训设施和激励措施。劳工部将为部分岗位的外籍劳务和本地兼职员工提供临时工作许可，只要兼职员工的比例不超过所要求的阿曼化比例的 20%。参加就业培训的人也可以算入阿曼化比例。阿曼化比率达到或超过要求数量的公司将被视为优秀公司，如满足相关条件，将被纳入政府的“绿卡”计划，且可获得更多审批便利。如果公司未能达到规定的阿曼化比例要求，或者没有制定合理的实现阿曼化比例要求的计划，将不被允许雇佣更多的员工，并在 30 天宽限期后，按照《劳动法》第 114 条的规定进行罚款。③

---

① Yasmina Abouzzohour, “As Oman enters a new era, economic and political challenges persist,” January 15, 2020, https://www.brookings.edu/blog/order-from-chaos/2020/01/15/as-oman-enters-a-new-era-economic-and-political-challenges-persist/.

② 外交部：《阿曼苏丹国国家概况（最近更新时间：2021 年 2 月）》，https://www.fmprc.gov.cn/web/gjhdq_676201/gj_676203/yz_676205/1206_676259/1206x0_676261/。

③ 中国驻阿曼大使馆经商处编译：《阿曼劳工部公布 2020 年阿曼化比例计划》，http://om.mofcom.gov.cn/article/jmxw/202001/20200102930460.shtml。

二、油气价格低迷叠加疫情 经济复苏需多渠道努力

（一）科威特

据科威特国民银行 2021 年 2 月发布的分析报告称，科威特 2020 年的平均通胀率水平为 2.1%，较 2019 年的 1.1% 近乎翻番。报告指出，通胀率的大幅攀升主要是受食品价格上涨因素影响，其中肉类、家禽、水果和蔬菜价格都有较大涨幅。一方面，国际市场食品价格上涨和供应链周期变长致使当地零售商提价；另一方面，持续数周的封锁和国际旅行限制迫使更多人留在本国，致使国内需求旺盛。[①] 3 月，国际评级机构穆迪发布报告称，2020 年石油输出国石油收入将大幅下滑，其降低幅度约为国内生产总值的 4%—10%，其中科威特则可能高达其国内生产总值的 10%。[②] 10 月，穆迪再次预计 2020 年科威特在海合会成员国中受低油价冲击最大，油气收入或将下降 29.2%。这一预测是以全年油价平均价格 35 美元/桶为假设前提。穆迪高级副总裁亚历山大·佩列西（Alexander Perjessy）分析指出，阿联酋、卡塔尔和阿曼都有可能通过大幅削减政府开支来部分抵消油气收入的损失，而科威特和巴林目前采取的财政措施对弥补损失并无实质性帮助，只可能进一步扩大财政赤字。[③]

科威特经济的风险偏向下行，这是因为可能存在持续的经济疲软，等待全面复苏以及议会与政府之间在发行更多债务上长期僵持，从而增加了主权流动性风险。但是，风险水平在一定程度上受到近期全球石油价格上涨以及随之而来的近期经济活动的积极溢出的影响。科威特 2020 - 2021 财年（截至 2021 年 3 月）预算为 460 亿美元，财政赤字比最初预计的赤字增

---

① 中国驻科威特大使馆经商处编译：《科威特 2020 年通胀率较上年近乎翻番》，http：//kw. mofcom. gov. cn/article/jmxw/202102/20210203039737. shtml。

② “Research Announcement：Moody's – Lower oil prices to weaken credit profiles of oil – exporting sovereigns，” 24 March 2020，https：//www. moodys. com/research/Moodys – Lower – oil – prices – to – weaken – credit – profiles – of – oil – – PBC_1220733.

③ Imogen Lillywhite，“Kuwait is the GCC state most impacted by the low oil price – Moody's，” https：//www. zawya. com/mena/en/economy/story/Kuwait_is_the_GCC_state_most_impacted_by_the_low_oil_price__Moodys – ZAWYA20201027172333/.

加一倍以上，为52%，估计占GDP的25%。[1] 尽管科威特拥有数额庞大的主权财富资产，但可动用的资金一直在过度消费，而不合时宜的立法也阻止了债务发行。鉴于债务极低，主权债务不能偿付的风险很小，但可能会中断公共工资的支付。因此，经济多元化可能会被视为科威特的当务之急。

（二）巴林

受新冠肺炎疫情等多重因素影响，2020年上半年，巴林政府共实现收入9.1亿巴第（折合24.27亿美元），同比下降29%。其中，受国际原油价格下降影响，石油收入减少35%；受国内、区域和全球经济放缓影响，非石油收入减少13%。预计巴林政府2020财年上半年的实际赤字将达到7.98亿巴第（折合21.28亿美元），同比增长98%。[2] 在吸引外商直接投资方面，全年累计8.85亿美元，同比则增长6%，预计将在未来3年创造4300个就业岗位。过去10年，巴林每年吸引外商直接投资均保持在10亿美元上下。巴林首相萨勒曼表示，巴林政府将继续推进实施吸引外商投资的经济战略，促进国民经济快速发展。[3] 进出口方面，2020年巴林实现的贸易总额为209.04亿美元，相比2019年的214.81亿美元，下降2.69%；全年贸易赤字为46.14亿美元，同比减少8%。根据中国外交部公布的数据，2020年巴林的国内生产总值（GDP）为366亿美元，增长率为-5.3%。[4]

为支付抗击新冠肺炎疫情过程中发生的各类费用，巴林国王哈马德签署谕令，向2020财年国家预算紧急注资1.77亿巴第（约折合35.4亿元人民币）。同时，将从巴林未来储备基金中一次性提取4.5亿巴第（约折合90亿元人民币），用于支持本财年的国家一般预算支出。[5] 而为降低新冠

---

① IHS Markit Ltd, "Country/Territory Report - Kuwait," *Economics and Country Risk*, 1 Apr 2021, p. 2.

② 中国驻巴林大使馆经商处编译：《2020年上半年，巴林政府收入9.1亿巴第，同比下降29%》，http://bh.mofcom.gov.cn/article/jmxw/202008/20200802991338.shtml。

③ 中国驻巴林大使馆经商处编译：《2020年，巴林吸引外商直接投资8.85亿美元，同比增长6%》，http://bh.mofcom.gov.cn/article/jmxw/202101/20210103032405.shtml。

④ 外交部：《巴林王国国家概况（最近更新时间：2021年2月）》，https://www.fmprc.gov.cn/web/gjhdq_676201/gj_676203/yz_676205/1206_676356/1206x0_676358/。

⑤ 中国驻巴林大使馆经商处编译：《巴林紧急增加2020财年国家预算支持抗疫工作》，http://bh.mofcom.gov.cn/article/jmxw/202007/20200702983150.shtml。

疫情对本国经济的不利影响，2020 年巴林政府还推出了规模达 114 亿美元（相当于 2019 年巴林 GDP 的 29.6%）的一揽子经济刺激计划[①]，具体内容包括：（1）将利用失业保险的富余资金承担 4－6 月份私营企业巴林籍员工的工资；（2）免除所有水电用户（个人和企业）4－6 月份的水电费；（3）免除巴林公民和居民 4－6 月份的市政费；（4）免除 4－6 月份政府工业用地的租金；（5）免除 4－6 月份国内游客接待机构的管理费；（6）把“流动性基金”的规模扩大一倍，达到 5.31 亿美元；（7）巴林央行把各银行的借贷总能力提高到 98 亿美元，鼓励银行对客户的贷款偿还进行延期，并在必要时为客户提供额外的贷款支持。

（三）卡塔尔

2008 年 6 月，卡塔尔 2030 年国家愿景规划被批准通过，2010 年 12 月卡塔尔获得国际足联 2022 年世界杯主办权，长期以来，为实现 2030 年国家愿景目标和筹备 2022 年世界杯足球赛而开展的大规模基础设施投资，已成为卡塔尔经济增长的主要拉动因素，因此，非油气经济平均增速逐步加快，高于整体经济增长率，油气领域收入占 GDP 的比重逐渐下降。卡塔尔投资合作环境较好，但总体空间有限。卡塔尔政府目前重点开发与 2022 年世界杯足球赛相关的基础设施项目、水电以及为提升液化天然气产能的能源和石化工业等其他产业，以实现卡塔尔经济兼具竞争性和多样化的目标。卡塔尔吸收外资传统上主要集中在石油天然气上游开发和石化项目上，但近年来卡塔尔政府为推进经济多元化发展，加大了引资工作力度，出台一系列的引资政策，采取了诸多引资举措。2020 年 5 月 31 日，卡塔尔政府正式发布了“2020 第 12 号法律”，明确了在卡塔尔实施政府和社会资本合作（PPP）的法律框架，该法成为在卡塔尔开展政府和社会资本合作的基本法。[②] 鉴于卡塔尔人对高工资的期望，政府将难以将就业负担转移到私营部门，私营企业的工作时间也比公共部门长。2020 年 6 月，内阁

---

① 商务部国际贸易经济合作研究院、中国驻卡塔尔大使馆经济商务处、商务部对外投资和经济合作司：《对外投资合作国别（地区）指南——巴林（2020 年版）》，第 68 页，http://www.mofcom.gov.cn/dl/gbdqzn/upload/balin.pdf。

② 商务部国际贸易经济合作研究院、中国驻卡塔尔大使馆经济商务处、商务部对外投资和经济合作司：《对外投资合作国别（地区）指南——卡塔尔（2020 年版）》，第 35 页，http://www.mofcom.gov.cn/dl/gbdqzn/upload/kataer.pdf。

设定了国有企业或国有资本占60%的企业的卡塔尔人必须占60%的最低配额。[①] 世界银行《2020年营商环境报告》中，卡塔尔经商环境在190个国家（地区）中排名第77位，得分68.7，分数及排名均有所提高。[②]

新冠肺炎疫情暴发以来，卡塔尔政府推出财政、经济、金融等纾困措施，缓解了实体经济特别是中小企业受疫情的影响。中国铁建国际集团有限公司（中铁建）承建的2022年卡塔尔世界杯主体育场，将承担2022年世界杯开幕式、闭幕式和决赛等重要活动，2020年初当地政府因为疫情采取了一些区域的人员进出限制措施，而且计划从中国国内派遣的人员因无法办理签证而不能按时进场，这些因素致使主体育场项目缺员25%以上，工程进度受到影响。另外，疫情已造成卡塔尔市场物资紧张和价格上涨，很多日常消耗材料因封闭措施无法运抵，物资供应不及时也影响项目进展。卡塔尔世界杯项目技术标准高，工程进度要求严格，更不能因疫情等因素延长工期。为确保工程如期完工，项目部采取疫情期间不停工、合理调配人力物力、加强疫情防护等多项措施，努力把防疫工作落实到位，把疫情影响降到最低，确保工程如期完工。[③]

（四）阿联酋

据阿通社2020年10月11日消息，联合国和世界经济论坛组成的研究小组“地平线”（Horizon）近期发布的全球122个国家新冠疫情复苏指标显示，阿联酋居阿拉伯世界之首，多项指标处于全球前列，其中包括“人口健康水平”指数排名第五、“劳动力市场实力”指数排名第15、“债务水平”指数排名第17、“治理与社会资本”指数排名第19、“数字经济”指数排名第21。[④] 而6月洛桑管理学院（Institute for Management Development，IMD）最新发布的《世界竞争力年报》显示，阿联酋在全球排名第9，从2017年起已连续第四年排名中东和北非地区第一。IMD报告评比内

① IHS Markit Ltd，“Country/Territory Report – Qatar，” *Economics and Country Risk*，30 Mar 2021，p. 6.

② 《对外投资合作国别（地区）指南——卡塔尔（2020年版）》，第14页，http：//www. mofcom. gov. cn/dl/gbdqzn/upload/kataer. pdf。

③ 中国驻卡塔尔大使馆经商处：《“疫”刻不停加快工程进度》，http：//qa. mofcom. gov. cn/article/jmxw/202003/20200302949324. shtml。

④ 中国驻阿联酋大使馆经商处编译：《阿联酋经济复苏指数居阿拉伯国家之首》，http：//ae. mofcom. gov. cn/article/jmxw/202010/20201003008716. shtml。

容涵盖经济表现、政府效能、企业效能、基础建设等四大方面。阿联酋在该年报告涵盖的 338 项指标中，23 项指标和子要素排名全球第一，59 项指标排名全球前五，106 项指标排名全球前十。[①] 11 月根据英国品牌价值咨询公司 Brand Finance 最新发布的《2020 年国家品牌》，阿联酋以 6720 亿美元成为中东地区最有价值的国家品牌，在全球 100 个国家中排名第 18 位。[②] 2020 年迪拜多种商品交易中心（DMCC）自由区新注册企业数量达到 2025 家，创下五年来的新高。[③] 阿联酋在黄金和贵金属贸易领域保持了全球重要枢纽地位。阿联酋是国际黄金和贵金属贸易领域最领先和最具吸引力的目的地之一，黄金贸易占阿联酋非石油出口总额的 29% 以上。目前，阿联酋黄金出口占到全球出口总量的 11%，凸显出阿联酋在该领域的领先地位和竞争力进一步稳固提升。尽管新冠肺炎疫情给全球贸易活动带来挑战，但黄金贸易对阿联酋的出口作出了很大贡献，推动 2020 年 1－8 月阿联酋出口同比增长 6%，其中 7 月和 8 月黄金出口额和出口量分别同比增长 84% 和 38%。[④] 阿联酋《联合报》5 月 23 日报道，主权财富基金学院数据显示，阿联酋主权财富基金规模达 1.3 万亿美元，居全球第二，仅次于中国（1.55 万亿美元）。从单一实体看，阿布扎比投资局资产总额居全球第三，仅次于挪威养老基金和中国中投公司。[⑤]

2 月，迪拜王储根据阿联酋副总统兼总理兼迪拜酋长的指示，批准了一项免除迪拜政府的一些服务费的决定，旨在降低生活成本，改善生活成本、商业环境和支持投资者，此次共审查了 22 家政府实体的 2356 项行政收费，并出台了新的立法来规范和限制新的行政收费，其中在医疗保健部门免除部分费用，如医疗培训活动费、学校宣传活动费、销售费、公共图书馆入场费等。这项决定是迪拜市政府一系列倡议举措的一部分，旨在刺激迪拜的经济增长，并提高其竞争力。阿联酋《海湾时报》《宣言报》称，

① 中国驻阿联酋大使馆经商处编译：《2020 年阿联酋“世界竞争力”排名第九名》，http://ae.mofcom.gov.cn/article/jmxw/202006/20200602976630.shtml。

② 中国驻阿联酋大使馆经商处编译：《阿联酋被评为中东地区最有价值的国家品牌》，http://ae.mofcom.gov.cn/article/jmxw/202011/20201103016703.shtml。

③ 中国驻阿联酋大使馆经商处编译：《2020 年迪拜 DMCC 自由区新增企业 2025 家》，http://ae.mofcom.gov.cn/article/jmxw/202101/20210103029452.shtml。

④ 中国驻阿联酋大使馆经商处编译：《阿联酋黄金出口占全球总量的 11%》，http://ae.mofcom.gov.cn/article/jmxw/202012/20201203024688.shtml。

⑤ 中国驻阿联酋大使馆经商处编译：《阿联酋主权财富基金规模居全球第二》，http://ae.mofcom.gov.cn/article/jmxw/202006/20200602969739.shtml。

2020 年 1 - 5 月，阿联酋消费者线上购物需求增长了 300% 以上。Visa 公司进行的调查研究显示，49% 的阿联酋消费者倾向于线上购物，其中 60% 使用信用卡或电子钱包支付。[①] 10 月 24 日，迪拜政府批准规模为 5 亿迪拉姆（约 1.36 亿美元）的经济刺激计划，以帮助当地经济走出困境。具体举措包括对部分企业租金、市场推广及注册、证书更新等费用进行减免等。这是自新冠疫情发生以来，迪拜第四次推出经济刺激计划，使计划总额达到 68 亿迪拉姆（约 18.53 亿美元）。[②]

（五）阿曼

2020 年阿曼的国内生产总值（GDP）为 763 亿美元，增长率为 -6.2%。[③] 而据《阿曼观察家报》报道，根据国家统计和信息中心（NCSI）发布的最新数据，截至 2020 年 12 月底，阿曼的石油产量（包括凝析油）为 3.494 亿桶，其中，原油产量 2.7884 亿桶，同比下降 9.1%；凝析油产量 6910 万桶，同比增长 45.2%。日均原油产量 95.07 万桶，2019 年同期为 97.09 万桶。原油均价 46 美元/桶，下跌 27.6%。截至 2020 年 12 月底，阿曼出口原油 2.8704 亿桶，同比下降 7.5%。中国是阿曼原油出口主要目的地，阿曼向中国出口原油 2.4812 亿桶，占出口总量的 86.44%。其次是印度 1780 万桶（6.2%）、韩国 499 万桶（1.74%）、日本 392 万桶（1.37%）。截至 2020 年 12 月底，阿曼天然气产量和进口量为 463.96 亿立方米，同比增长 0.4%。其中，非伴生气 388.70 亿立方米，同比增长 2.6%；伴生气 75.27 亿立方米，同比减少 9.4%。[④]

据阿曼通讯社（ONA）11 月 1 日报道，阿曼财政大臣公布了政府的《中期财政平衡计划（2020 - 2024 年）》（The Fiscal Balance Plan 2020 -

---

① 中国驻阿联酋大使馆经商处编译：《阿联酋电子商务规模显著增长》，http://ae.mofcom.gov.cn/article/jmxw/202007/20200702980228.shtml。

② 中国驻阿联酋大使馆经商处编译：《迪拜推出年内第四次经济刺激计划》，http://ae.mofcom.gov.cn/article/jmxw/202010/20201003011073.shtml。

③ 外交部：《阿曼苏丹国国家概况（最近更新时间：2021 年 2 月）》，https://www.fmprc.gov.cn/web/gjhdq_676201/gj_676203/yz_676205/1206_676259/1206x0_676261/。

④ 中国驻阿曼大使馆经商处编译：《阿曼 2020 年凝析油产量增长 45.2%》，http://om.mofcom.gov.cn/article/jmxw/202102/20210203038956.shtml。

2024）。[①] 这一计划由海赛姆苏丹 10 月 22 日批准，以兑现其在就职演讲时的承诺——以最佳的方式引导财政资源、把实现财政平衡作为政府的首要任务。计划包括系列方案，其总目标是：为阿曼财政可持续性发展奠定基础、减少债务、通过优先财政措施提升政府支出效率、增加政府非油气收入、增加国家储备基金、增加政府资产收入以提高应对金融挑战的能力并促进阿曼经济增长。海赛姆苏丹已发布谕令，要求加快建立国家社会保障综合体系，以保护低收入群体。谕令包括在多个省份实施的发展项目，总额达 3.71 亿里亚尔。这些举措表明了苏丹海赛姆支持金融活动和促进阿曼发展的决心。[②]

三、外部势力干预与内部积极求变 地缘政治结构发生激烈变动

（一）科威特

科威特秉持传统中立的对外关系立场，维护其在美国、沙特、伊朗等域外大国和地区对立大国间的平衡关系，不断在海湾地区有关当事国之间斡旋，以期不发生军事冲突或对抗升级。但 2020 年 1 月和 11 月，伊朗伊斯兰革命卫队指挥官和高级核物理学家先后被暗杀死亡，使得伊朗与美国、以色列等国对抗的风险加大。一方面，科威特还是积极通过维系与美国的关系来增强自身的防护能力。2020 年 5 月，美国国务院批准对科威特的三项军售计划，总价超过 14 亿美元，以升级科威特“爱国者”导弹防御系统。另一方面，科威特继续积极斡旋化解地区冲突风险。科威特与伊朗保持着良好的关系，但同时不愿成为区域内有可能产生冲突的一方，因为一旦外部力量针对伊朗发动打击，科威特的海洋资源和能源资产无疑将处于危险之中。推动解决卡塔尔断交危机也是科威特一直努力的方向。2020 年 1 月 5 日卡塔尔与科威特在科威特城签署协议，卡塔尔将从 2022

---

① “Fiscal Balance Plan 2020 - 2024 Announced,” Oman News Agency, https://omannews.gov.om/NewsDescription/ArtMID/392/ArticleID/22559/Fiscal - Balance - Plan - 2020 - 2024 - Announced.

② 中国驻阿曼大使馆经商处编译：《阿曼苏丹海赛姆批准中期财政平衡计划》，http://om.mofcom.gov.cn/article/jmxw/202010/20201003010812.shtml。

年开始在 15 年内每年向科威特提供约 300 万吨液化天然气，以满足其不断增长的能源需求，卡塔尔方期待通过在未来向科威特提供可靠的液化天然气以进一步巩固两国之间的伙伴关系。而借重海湾地区最主要的政治、经济、安全组织海合会弥合地区国家分歧也是科威特行之有效的做法。12 月 4 日，始终致力于斡旋断交危机的科威特外交大臣艾哈迈德发表声明称，相关各方近期展开的谈判“富有成果”，各方均希望维持海湾和阿拉伯国家的团结稳定，并有望于近期签署最终协议，沙特、卡塔尔和巴林等国随后也做出积极表态。[①] 同时，科威特支持也门各方在联合国安理会有关决议、海合会倡议及其实施机制、也门全国对话会议成果文件基础上，达成实现也门和平的解决方案。

科威特是最早与中国建交的海湾阿拉伯国家，也是最早同中国签署共建“一带一路”合作文件的国家。全球疫情发生以来，中科两国真心诚意相互支持，科威特在关键时刻向中国捐赠了 300 万美元物资，中国石油化工集团则帮助科威特建成了当地首个方舱医院。2020 年 4 月 27 日深夜，中国政府派遣的赴科威特抗击新冠疫情医疗专家组就抵达科威特，以协助科方开展疫情防控工作，用自己的行动切实践行人类命运共同体理念，双方也树立了国与国合作抗疫的典范。

（二）巴林

作为海合会中最小、最穷、军事实力最弱的成员国，巴林在财政和政治支持方面主要倾向于依赖沙特，其宣布削减燃料补贴、增加税收和进行立法改革等举措很可能都与沙特领导层密切相关，因为巴林不太可能主动提出相反或创新型的举措。[②] 也许正是得到沙特领导层的明确许可，9 月 11 日，美国、以色列和巴林发表联合声明说，以色列与巴林已同意建立全面外交关系。以色列摩萨德情报机构负责人尤西·科恩（Yossi Cohen）于 9 月底访问了巴林，会见了巴林情报和安全官员。10 月 18 日，以色列与巴林签署联合公报，正式建立全面外交关系。11 月 18 日，巴林外交大臣率团访问以色列。双方就恢复建立全面外交关系达成一系列协议，其中包

---

① 李超：《海合会峰会将于明年 1 月 5 日举行 卡塔尔断交危机或迎转机》，http://m.news.cctv.com/2020/12/26/ARTImkiiF9McfY6nRInRcMUl201226.shtml。

② IHS Markit Ltd, “Country/Territory Report - Bahrain,” *Economics and Country Risk*, 2 Mar 2021, pp. 11 - 12.

括：（1）开通两国直飞航班，从 2021 年初开始，每周执行 14 个客运航班和 5 个货运航班；（2）启动两国互设使馆进程，巴林政府已经批准以色列在巴设馆申请，并向以政府提交在以设馆申请；（3）建立网上签证申请系统，双方宣布从 2020 年 12 月 1 日开始，两国公民可以在线申请对方国家的入境签证。[①] 巴林作为沙特阿拉伯领导的联盟的一部分，继续参加也门军事行动。据巴林信息和电子政务局统计数据显示，中国与巴林进出口贸易总额为 18.98 亿美元，同比减少 4.84 亿美元，降幅 20.33%。中国蝉联巴林第一大进口来源国，但中国在巴林出口目的地国家排名中从 2019 年的第六位下滑至第 14 位。[②]

（三）卡塔尔

肇始于 2017 年 6 月 5 日的断交风波进入到 2020 年仍无转圜的迹象，“断交国”中的沙特尽管于前一年与卡塔尔有所接触但无果而终，卡塔尔埃米尔也未应邀出席当年的海合会峰会。但海合会自身并未放弃努力来弥合成员国之间的分歧，阿联酋等国也在试着用自己的方式改进与卡塔尔的交往。2020 年 1 月 29 日，巴林、埃及、卡塔尔、沙特和阿联酋的代表在瑞士伯尔尼万国邮政联盟（Universal Postal Union）总部会见了总干事比沙尔·侯赛因（Bishar A. Hussein），讨论必要的安排以确保有关国家之间继续进行国际邮政交流，2 月 25 日总干事声明，卡塔尔与四国间中断的国际邮政往来得以恢复。[③] 尽管其后卡塔尔与沙特、阿联酋、巴林等国还是不断有纷争，但进入下半年，由于美国大选临近，特别是阿联酋、巴林等与以色列建立外交关系使得地区形势变得愈加复杂，而什叶派伊朗与海湾逊尼派君主国之间的关系总体上并无缓解，再加上科威特和阿曼的斡旋，在美国特朗普政府的强力运作下，断交危机终于迎来转机。12 月，科威特方面首先宣布“危机有关各方近期展开的谈判‘富有成果’，各方都希望维持海湾和阿拉伯国家的团结稳定，并有望于近期签署最终协议。”随后，阿联酋、沙特、巴林均释放了愿意达成和解的信号，2021 年 1 月 5 日，在

---

① 中国驻巴林大使馆经商处编译：《巴林、以色列就互设使馆、开通直航达成一致》，http：//bh. mofcom. gov. cn/article/jmxw/202011/20201103017026. shtml。

② 中国驻巴林大使馆经商处编译：《2020 年，巴林进出口总额同比减少 2.69%，中国蝉联巴林第一大进口国》，http：//bh. mofcom. gov. cn/article/ztdy/202102/20210203036776. shtml。

③ 《万国邮联宣布：卡塔尔与四个中东国家的邮政往来得以恢复》，https：//news. un. org/zh/story/2020/02/1051481。

沙特召开的第41届海合会峰会签署《欧拉宣言》，沙特、巴林、阿联酋和埃及与卡塔尔恢复全面外交关系。

但此前就有分析认为，即使卡塔尔与沙特等国签署和解协议，双方的深层矛盾也不会在一夕之间化解。就卡塔尔而言，三年多的制裁和封锁都没能让其屈服，危机结束后，其势必继续坚持国家独立性和外交多元化的政策，在国家发展和外交事务上不会轻易听从于沙特，大概率保持与伊朗的友好关系。而危机持续的期间内，卡塔尔与沙特等国民间的对立情绪越发严重，昔日的兄弟情谊变成了怨恨和猜忌。[1] 另外，即使危机双方达成和解，上述的心理隔阂以及难以调和的深层矛盾，海合会的前途和团结一致很难有坦途，因为真正要恢复与相关成员国的和睦关系，卡塔尔可能需要切实改变对待穆兄会、萨拉菲以及巴林、沙特和阿联酋的国内反对派等人员的态度，降低与伊朗和土耳其合作水准，收紧对半岛电视台等更多媒体的限制等等。

2020年卡塔尔与中国在共同抗疫、经贸合作以及“一带一路”建设等方面进展良好。在中国抗疫最困难时刻，塔米姆埃米尔第一时间同习近平主席通电话，卡塔尔航空公司使用全球航运网络免费向中方运送抗疫物资。两国务实合作，前9个月中国对卡塔尔出口同比逆势增长10%，一跃成为卡塔尔最大贸易伙伴。中卡签署了总金额约30亿美元的液化天然气船建造合同，卡塔尔Q－MAX型世界最大天然气运输船首航驶向了中国天津南港。中方愿同卡方加强“一带一路”倡议与卡塔尔“2030国家愿景”对接，向卡方分享庞大市场和发展机遇，精耕以油气合作为主轴、以基础设施建设为重点、以金融投资和高科技合作为新增长点的合作格局，积极拓展数字经济、电子商务等新产业新业态合作，为中卡务实合作提供源源不断的动力。[2]

（四）阿联酋

阿联酋与世界上所有主要经济体都有着较紧密的经济和政治联系。自扎耶德总统执政以来，该国一直有效利用联合国等国际机构框架开展对外

---

① 赵远方：《中东面面观丨2020年卡塔尔断交危机——特朗普留给海湾的外交“遗产”》，http：//m.news.cctv.com/2020/12/30/ARTIbPhxD1pBhKyi0bQ40t2m201230.shtml。

② 参见中国驻卡塔尔大使馆：《周剑大使就卡塔尔国庆接受卡塔尔通讯社书面采访》，http：//qa.chineseembassy.org/chn/zkgx/t1840857.htm。

关系，同时积极开展对外援助活动。根据联合国经合组织（OECD）的数据，2019 年，阿联酋在官方发展援助（ODA）方面是第九大捐助国。就官方发展援助占国民总收入（GNI）的百分比而言，阿联酋是最大的捐助国之一，2019 年的净援助占国民总收入的 0.55%。新冠肺炎疫情发生后，阿联酋积极开展对外援助活动，援助国家和机构包括：向美国提供医疗物资和本国人员回国机票，向世界卫生组织捐赠价值 1000 万美元的医疗包，以及向突尼斯、意大利、巴拉圭、阿根廷、缅甸、柬埔寨、伊朗和叙利亚等不同类型国家提供各种医疗物资。① 特别是援助伊朗、叙利亚等国显得较为醒目。2020 年 3 月 27 日，阿布扎比王储穆罕默德同叙利亚总统巴沙尔通电话，讨论了新冠肺炎疫情的最新进展并许诺阿联酋将全力支持叙利亚人民抗击疫情。在也门内战中，阿联酋和沙特都在对抗伊朗支持的胡塞武装，2019 年 7 月，阿联酋宣布将从也门撤出部分军事力量并支持南方的过渡委员会，反对沙特支持的哈迪政权，2020 年，也门这两个武装之间发生了激烈的交火和人员伤亡。② 以上种种行为表明了阿联酋在海合会国家中具有较为独特的对外交往模式。

而更加令世界震惊的消息发生在 8 月 13 日，美国总统特朗普宣布以色列和阿联酋在其斡旋下达成协议，两国同意建立外交关系并开展各领域合作，以色列则同意暂停吞并约旦河西岸部分地区的计划。阿联酋正式成为第三个与以色列建交的阿拉伯国家，也是第一个与以色列建交的海湾国家。特朗普在联合声明中表示，阿以双方代表将在未来几个星期开会讨论并签署协议，内容涉及直航、安全、通信、能源、旅游和医疗等领域。受现实利益驱动和外部力量促动，阿联酋选择与以色列建立外交关系，成为 1994 年以后阿拉伯世界又一个与以色列签署和平协议的国家，尽管承担着一定的风险，但以色列为投桃报李，扩大对其他阿拉伯国家的示范和辐射效应，可能会加大对阿联酋在网络安全技术和反导系统等军事方面的援助，而这些领域都是阿联酋特别感兴趣的领域。

（五）阿曼

2020 年 1 月 10 日卡布斯苏丹逝世后公开的信件透露，新苏丹海赛姆

① See Hagai Amit, "The Real Deal for Israel and the UAE Is Weapons," https://www.haaretz.com/israel - news/business/.premium - the - real - deal - for - israel - and - the - uae - isweapons - 1.9077725.

② MarketLine, *The United Arab Emirates: In - depth PESTLE insights*, February 2021, pp. 22 - 23.

将负责维护阿曼的外交政策，该政策可以概括为“不与任何人为敌、与所有人为友”，虽然该地区的冲突正变得两极化。[①] 在宣誓就职中，海赛姆承诺将坚持国家的外交政策，继续“协助和平解决争端”。长期以来，阿曼在外交上给人以中立、平衡、温和等形象，而在该地区特别是美伊关系紧张的时候，中立的阿曼就能够传递信息并促进对话，这在当前及今后都显得尤为重要。而可能与科威特在地区发挥的作用还有所区别，即科威特通常真正成为某项棘手事务的调解（停）人，但阿曼更多的时候是在有分歧的双方之间扮演联系人的角色。究其原因，阿曼及其领导人很好地维持了与各方的关系。比如，作为如今冲突一方的伊朗伊斯兰共和国，其政权建立后，阿曼一直都与其保持沟通渠道畅通；再比如，阿曼也没有加入到与卡塔尔断交国家行列中，更没有参与有关封锁和所谓制裁卡塔尔的行动；更为关键的是，阿曼一直与美国、英国等维持着传统合作关系。在 2 月中旬召开的慕尼黑安全会议上，阿曼外交大臣表示，阿曼愿意继续成为“一个接受和平的国家”，“重要的是要继续奉行由美国近半个世纪的领导形成的外交政策。”[②] 2 月 21 日和 8 月 27 日，美国国务卿两次到访阿曼，并与海赛姆苏丹进行了会晤，同样表明美国也非常看重阿曼在地区国家间关系改进方面的独特影响。

阿曼多年来开展的多元化外交，不仅为王国赢得了应有的地区国家地位，也顺利地通过了地区外交和王位继承等重大事件的考验，同时很好地发展了同中国的各方面关系。2020 年 1 月，习近平主席特使、科技部部长王志刚赴阿曼出席阿曼苏丹卡布斯吊唁活动。2020 年两国经贸合作发展顺利，中阿双边贸易额达 186. 43 亿美元，中国从阿进口原油 3783. 83 万吨，同比增长 11. 7%，仍是阿原油出口的最大市场。[③]

---

① 《阿曼新苏丹面临外交和经济上的挑战》，https：//chinese. aljazeera. net/news/2020/1/12/oman – new – sultan – faces – diplomatic – economic – challenges。

② Sebastian Castelier，“Oman's foreign policy after Sultan Qaboos，” https：//www. al – monitor. com/originals/2020/03/oman – foreign – policy – gulf – sultan – qaboos – haitham. html.

③ 外交部：《中国同阿曼的关系（最近更新时间：2021 年 2 月）》，https：//www. fmprc. gov. cn/web/gjhdq_676201/gj_676203/yz_676205/1206_676259/sbgx_676263/。

四、结语

2020 年，受新冠肺炎疫情叠加世界石油供应严重过剩的影响，油价再次暴跌，海湾五个阿拉伯君主国为应对疫情和低油价，一方面，出台了一系列政策支持油气行业发展；另一方面，继续推进能源绿色转型，加快在天然气和可再生能源领域的布局和投资。在这一主要背景下，五国各自采用相对符合本国国情的做法，尽力改善国计民生境况，国内局势总体平稳，特别是阿曼、科威特都以较为稳妥有序的流程完成了王位的继承和权力架构的重组，尽管它们都还面临一定的挑战。在对外关系方面，由于美国的竭力促成，阿联酋和巴林先后与以色列建立全面外交关系，使得海湾地区地缘政治格局产生剧烈变动，巴以问题进一步受到挤压和弱化。同样，由于美国因素的强力作用，以及海合会和科威特等地区国家的努力，持续三年多的卡塔尔断交危机迎来峰回路转。但也门战事、伊朗与美国及沙特等国家间关系仍然紧张等多重博弈，海合会能否走向团结统一，抗击新冠肺炎疫情和经济转型发展等能否顺利推进等，都将深刻影响海湾五国未来政治、经济和对外关系的发展。

2020年伊拉克的政治、经济和对外关系

潜旭明　徐张敏*

【摘　要】

2020年，伊拉克国内民众举行的抗议潮持续时间长、死伤人数众多、对政府的不信任升级，导致迈赫迪政府垮台。伊拉克新任总理卡迪米上任后采取了一系列富有成效的措施，重建了公众信任，但依然面临着严峻的挑战。在经济方面，新冠肺炎疫情以及低油价给伊拉克国家经济发展带来了不利影响，伊拉克经济结构失衡，经济增长率急剧下滑，财政赤字不断攀升，融资压力增大；在油气开发方面，全球石油供过于求，石油市场需求疲软，伊拉克原油产量和出口量均有所下降。卡迪米新政府提出了一系列有抱负的、全面的经济改革计划，以挽救因战争、贪腐、治理失败等导致的经济困境，但其有效程度仍有待检验。在对外关系方面，美国、伊朗两国在伊拉克博弈是伊拉克政局及对外关系发展的主线。海湾阿拉伯国家对伊拉克重视和介入的力度不断加强，也对伊拉克的对外关系产生一定的影响。

【关键词】

伊拉克抗议潮　政治形势　新冠肺炎疫情　美伊关系

---

* 潜旭明，上海外国语大学中东研究所副研究员；徐张敏，上海外国语大学国际关系与公共事务学院硕士研究生。本文系上海市社科规划一般项目“中东能源地缘政治与中国能源安全研究”（项目编号：2020BGJ008）的阶段性成果。

一、伊拉克的政治形势

从2019年10月起至2020年初，伊拉克政局持续动荡。伊拉克国内民众对于国内腐败贪污现象严重、经济发展停滞、民生服务落后以及国外势力干预积压已久的不满情绪在2019年底彻底爆发，包括首都巴格达在内的国内多地均发生了大规模的抗议潮。政府在镇压示威活动的过程中，造成多人死伤，进一步导致了国内外对伊拉克未来发展的担忧。此轮抗议潮持续时间长、死伤人数众多、对政府的不信任升级。随着抗议潮的进一步升级，伊拉克总理迈赫迪（Adil Abdul - Mahdi）在压力之下宣布辞职，12月1日，伊拉克国民议会批准迈赫迪辞职，现任政府成为看守政府留任直至组建新政府。由于各政治力量难以达成一致，新总理人选一直未能产生。2020年2月，前通讯部长阿拉维（Muhammad Tawfiq Allawi）出任政府总理，由于政治精英无法形成合力，阿拉维组阁失败辞职。3月17日，前纳杰夫省省长祖尔菲（Adnan al - Zurfi）出任政府总理，其后再次尝试组阁失败。

2020年4月9日，伊拉克总统萨利赫（Barham Salih）任命情报部门负责人穆斯塔法·卡迪米（Mustafa Kadhemi）为新任总理，并授权他在30天内组建新政府。5月7日，伊拉克国民议会举行特别会议投票通过卡迪米提交的组阁名单中的多数内阁人选，随后卡迪米宣誓就任伊拉克总理。[①] 伊拉克国会于2020年6月完成了对内阁的确认，从而结束了伊拉克国内长达数月的政治真空。与前两任被授权组阁的人选不同，卡迪米组阁得到了不同势力团体的认可，这与他自身特殊的经历、背景和个人能力分不开，一方面，卡迪米在伊拉克政治精英圈中人脉广博；另一方面，卡迪米的不错政绩和清新形象相对来说较易被示威者接受。[②]

2020年2月以来，由于新冠肺炎疫情肆虐以及国内群众长期抗议所遭受的失落与疲惫，伊拉克国内街头静坐和游行示威活动基本暂停。随着城市的封锁和新政府的执政，伊拉克的社会和政治形势逐渐稳定下来。2020

---

① 杨婷：《穆斯塔法·卡迪米宣誓就任伊拉克总理》，http：//www. xinhuanet. com/world/2020 - 05/07/c_1125952493. htm。

② 唐恬波：《伊拉克新总理卡迪米上台前后》，载《世界知识》，2020年第11期，第51页。

年5月新政府采取了一系列富有成效的措施重建了公众信任。政府加强了海关管制，在国家安全和国家治理方面取得了进步。2020年10月13日，伊拉克政府颁布了一份白皮书，白皮书旨在重新平衡伊拉克经济发展，帮助经济重回正轨，通过一系列措施将伊拉克打造成为一个富有活力和多样性的经济体，为公民创造就业机会，提供体面的生活。白皮书绘制了未来3—5年伊拉克经济改革的蓝图，概述了伊拉克存在结构性挑战的关键领域，这些领域是改革的基础，有利于伊拉克走上经济可持续性发展的道路。这次改革方案有助于伊拉克朝着一个新的、更有活力的经济轨道迈进。但这一新的改革尝试能否取得成功，很大程度上取决于选举的结果以及实施改革的政治意愿和共识。

油价下跌和新冠肺炎疫情给伊拉克经济带来了前所未有的压力。社会多个方面发展不够完善加剧了经济的脆弱性，包括岌岌可危的政治局势、尚未完善的医疗保健系统、无效的社会安全网系统、猖獗的腐败和糟糕的服务质量。新政府致力于解决安全危机，但在应对经济挑战方面却举步维艰。尽管“伊斯兰国”势力和暗杀活动又重新抬头，新政府采取的措施还是取得了一定进展，有效遏制了武装团体的发展蔓延，控制了边界，为伊拉克争取到更广泛的国际支持。为应对伊拉克青年民众的抗议，政府宣布将于2021年6月提前举行大选，向下届政府提供明确的授权，以实施所提议的经济改革措施。

由于卡迪米就任后面临的国内外形势较为复杂，想要顺利执政对他而言并非易事。总的来说，伊拉克国内政体的缺陷、境外国家的干预、与反政府武装的矛盾冲突、民众的游行示威活动等导致了伊拉克政治局势的复杂化，从而给新任总理带来严峻的挑战。在国内民众抗议活动中，示威者把矛头对准政治精英，要求改革2003年伊拉克战争后所实行的教派分权制度。卡迪米需要带领他的团队提高政府效率、加大向基础设施建设资源投入、改善民生服务，并设法恢复伊拉克经济。在外交层面，卡迪米需要处理好与美国和伊朗等国家的关系。务实的卡迪米有良好的人脉关系，有助于他带领伊拉克渡过危机。①

针对伊拉克所面临的国内外局势，同时考虑到国内民意，卡迪米政府亟待解决的任务主要有以下几点：（1）新冠肺炎疫情的冲击。据约翰斯·

① 《卡迪米：伊拉克新总理》，载《中国外汇》，2020年第9期，第13页。

霍普金斯大学统计的新冠疫情相关数据，截止至 2021 年 3 月 19 日，伊拉克国内新冠肺炎疫情感染确诊病例为 779458 例，死亡人数为 13896 人，[①] 伊拉克政府需要合理盘活资源以应对新冠疫情所带来的挑战。同时，伊拉克邻国伊朗是中东地区的疫情重灾区之一，两国间的人员流动会导致伊拉克疫情的严重化。因此，新政府在出入境人员管理、伊拉克国内医疗系统改善等方面都需要有所作为以应对此次疫情。（2）在国内政治方面，卡迪米政府需要为大选做好准备，2020 年 11 月 5 日，伊拉克总统批准通过了新的国家选举法，[②] 如何确保监督以及投票的完整性都需要政府进一步协调与合作，从而尽快满足进行公正和自由选举的条件。其次，卡迪米新政府需要重视对武器的限制。美国与伊朗的代理人冲突会造成伊拉克国内外的紧张局势。尤其是在 2020 年 1 月美军在伊拉克巴格达暗杀伊朗圣城旅司令苏莱曼尼（Qasem Soleimani）和伊拉克民兵组织（PMF）指挥官穆罕迪斯（Abu Mahdi al Muhandis）后，美国与伊朗在伊拉克的博弈又重新成为影响伊拉克国内政治的重要因素。[③]（3）国内经济发展面临难题。针对国内经济发展面临的难题与危机，卡迪米政府提交预算草案法，实行一系列有抱负的、全面的经济改革计划以促进国内经济的健康发展。（4）在安全方面，尽管伊拉克的“伊斯兰国”（ISIS）已于 2017 年被击溃，但在偏远地方还有部分残余势力存在。因此，卡迪米新政府需要继续应对恐怖主义斗争以及境外国家的干预，从而确保伊拉克国家政治能够在新政府领导下稳定发展。

总而言之，美伊持续的紧张关系给伊拉克政府外交决策带来的困难与风险、国家石油收入减少所带来的财政压力、新冠肺炎疫情的反复持续以及“伊斯兰国”（ISIS）的残余势力与其他恐怖组织发起的袭击行为都是卡迪米政府所需要面对的困难挑战，在其执政过程中，能否反暴乱、维护国家稳定发展都是对卡迪米执政能力的考验。

---

① “World Countries - - Iraq,” Coronavirus Resource Center, Johns Hopkins University & Medicine, February 22, 2021, https: //coronavirus. jhu. edu/region/iraq.

② Republic of Iraq Ministry of Foreign Affairs, “President Ratifies Country's New Electoral Law,” November 9, 2020, https: //presidency. iq/EN/Details. aspx? id = 2070.

③ Christopher M. Blanchard, “Iraq: Issues in the 116th Congress,” *CRS Report*, July 17, 2020, p. 12.

二、新冠肺炎疫情与低油价背景下的伊拉克经济

伊拉克实行美式民主政体近20年，仍无法摆脱由发展陷阱、政治与社会动荡的频发以及公民与国家间日益加剧的分歧所带来的困扰。在应对这些困难时，由于政府无法制定有效的经济政策、国家经济缺乏改革以及无法及时应对国家贪污腐败问题，导致国家发展受困。在2020年，伊拉克国家经济发展还面临着新冠疫情、油价震荡以及抗议游行活动等带来的巨大挑战，国家经济形势不容乐观。

第一，经济结构失衡，经济增长率急剧下滑。由于油价下跌和新冠疫情的扩散，根据世界银行数据，2020年伊拉克经济收缩9.5%，这是自2003年以来伊拉克经济年度表现最差的一年。2020年伊拉克国内生产总值（GDP）为1720亿美元，人均GDP为4286美元；2020年经济增长率为-9.5%，与2019年4.4%的增速相比大幅降低（表1）。由于OPEC+生产协议的限制，伊拉克2020年石油产量削减比例达到了约13%。因新冠疫情有关的遏制措施以及因此导致的国际旅行和贸易中断，使得伊拉克2020年非石油实际GDP减少8%。具体而言，2020年伊拉克非石油产业发展仅有农业呈正发展趋势，增长率达到了3%，受疫情影响，制造业和服务业均呈负增长，分别是-6.2%与-17.5%。①

表1　伊拉克部分重要经济、财政指标及预测（2017-2022年）②

	实际				估计	预测
	2017	2018	2019	2020	2021	2022
实际GDP增长（以不变市场价格）	-2.5	-0.6	4.4	-9.5	2.0	7.3

① World Bank Group, *Iraq's Economic Update*, *October* 2020, p. 157, http://pubdocs.worldbank.org/en/362391603047351818/6-mpo-am20-iraq-irq-kcm.pdf.

② 数据来源：World Bank Group, *Iraq's Economic Update*, *October* 2020, p. 157, http://pubdocs.worldbank.org/en/362391603047351818/6-mpo-am20-iraq-irq-kcm.pdf; IMF, *2020 Article IV Consultation—Press Release*, *Staff Report*, *And Statement By The Executive Director For Iraq*, February 11, 2021, p. 21, https://www.imf.org/en/Publications/CR/Issues/2021/02/10/Iraq-2020-Article-IV-Consultation-Press-Release-Staff-Report-and-Statement-by-the-Executive-50078。

续表

	实际				估计	预测
	2017	2018	2019	2020	2021	2022
非石油部分实际 GDP（百分比变化）	-3.1	4.7	5.7	-8.0	5.0	1.1
人均 GDP（美元）	5179	5691	5687	4286	4287	4498
GDP（十亿美元）	192.3	216.9	222.4	172.0	176.5	190.0
消费者价格指数（百分比变化）	0.1	0.4	-0.2	0.9	2.0	2.0
政府石油收入（占 GDP 的百分比）	29.3	37.9	35.2	27.0	34.3	33.4
政府非石油收入（占 GDP 的百分比）	4.2	3.2	2.6	3.0	6.5	7.1
债务（占 GDP 的百分比）	58.9	46.0	46.8	65.7	66.0	64.3
财政平衡（占 GDP 的百分比）	1.3	11.2	1.3	-16.8	-13.9	-10.4
汇率（第纳尔/美元；期平均）	1182	1182	1182	1191	1450	1450

但较好的一方面是伊拉克面临的通货膨胀压力较小。近年来，随着政府对电力，食品和燃料的补贴，伊拉克的通货膨胀压力较小，2020 年伊拉克通货膨胀率为 0.9%。尽管油价低廉，但目前尚无明确改革补贴制度的计划。此外，持续的局势动荡将继续给当局施加压力以避免财政整顿，这又会压制价格。但随着国家总需求和商品价格逐渐上升，通货膨胀率也将有所增加，IMF 预测，2021 年伊拉克通货膨胀率将达到 2.0%。①

伊拉克政府的财政赤字不断攀升，融资压力增大，现有国债存量不断增长。由于无法进入国际市场，赤字主要是通过伊拉克中央银行和国有银行获得融资来实现货币化。过度依赖国内融资对汇率构成压力，不利于私营部门的融资。2019 年，伊拉克国债占国内生产总值的 44.6%，赤字水平

① World Bank Group, *Iraq's Economic Update*, *October* 2020, p. 157.

较高，经济增长放缓，到2020年底，国债占国内生产总值的比例将高达约65.7%。债务和财政管理面临着重大挑战。①

第三，在油气开发方面，全球石油供过于求，石油市场需求疲软。尤其是“欧佩克+”减产协议达成后，伊拉克原油产量和出口量均有所下降。疫情暴发以来，全球经济活动普遍停滞，石油需求大大下降。为了应对市场上的大量石油过剩问题，欧佩克成员国在2020年4月达成协议，初步减产量为970万桶/日，并在两年内逐步恢复到正常生产水平②。作为成员国，伊拉克5月—7月的石油生产配额定为359万桶/日。③ 石油减产导致伊拉克2020年1-8月原油日均产量和出口量分别下降14.2%和12.2%（参见图1）。

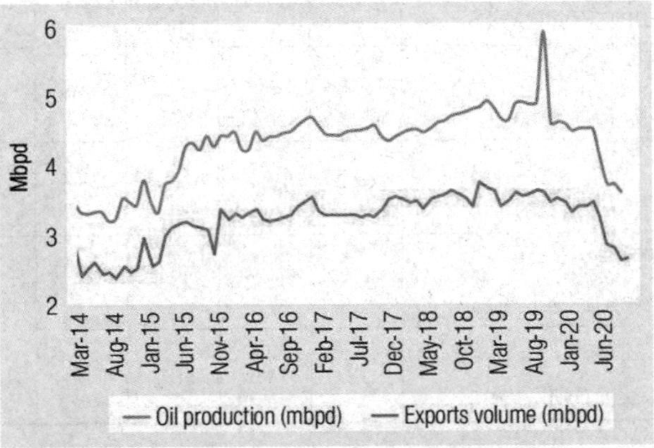

图1　2020年3-6月伊拉克石油生产和出口④

为应对此前超出的商定配额，伊拉克大幅削减了石油产量，至2020年8月达到358万桶/日，这是五年以来的最低点。针对“OPEC+”减产计划，伊拉克方面积极配合。伊拉克石油部在就2020年下半年石油出口发表意见时表示其将会进一步执行“OPEC+”减产计划，倾向于出口低成本

---

① World Bank Group, *Iraq Economic Monitor: With a Special Focus on Impacts of COVID-19 and weak oil prices on household poverty in Iraq*, Fall 2020, p. 7.

② https://www eia gov/todayinenergy/detail php? id=45236.

③ https://www argusmedia com/en/news/2130086-iraqpledges-to-produce-400000-bd-under-opec- quota.

④ World Bank Group, *Iraq Economic Monitor: With a Special Focus on Impacts of COVID-19 and weak oil prices on household poverty in Iraq*, Fall 2020, p. 5.

石油。伊拉克石油部发言人阿塞姆·吉哈德（Assem Jihad）接受采访时称，伊拉克已开始着重出口成本最低，质量最好的石油，特别是西古尔纳和鲁迈拉油田的石油。①

当前，伊拉克仍然是欧佩克第二大产油国，石油生产力超过500万桶/天。石油部门计划通过进一步的开采和勘探投资来提高石油产能。2020年5月，新政府与美国主要能源公司签署了一系列投资合同，价值超过80亿美元②。这些协议旨在提高美国国内的能源发电能力，减少油田伴生气的燃烧。伊拉克政府还在能源进口多样化方面取得了进展，与海湾合作委员会成员国和约旦达成了连接电网的协议③。2020年10月13日，伊拉克石油部长伊赫桑还与BP公司中东地区经理斯蒂芬、BP公司伊拉克负责人举行了视频会议，讨论鲁迈拉油田的生产维护以及石油和天然气的投资机会。伊赫桑强调提高生产规格，改善原油质量的重要性，并强调必须加快制订计划和机制，以投资石油伴生气并解决碳排放问题，④ 此举体现伊拉克将寻求在石油工业方面的可持续发展，向有利于国家经济长期发展的方向转变，以优化石油业投资开发结构，巩固发展其国民经济。

为应对伊拉克的经济颓势，卡迪米新政府提出了一系列有抱负的、全面的经济改革计划白皮书。伊拉克内阁于2020年10月13日通过了经济改革计划白皮书，以挽救因战争、贪腐、治理失败等导致的经济困境。这一计划将主要通过削减公共开支、停止浪费、打击腐败、减少对石油收入的依赖，以应对经济和财政危机。⑤

总的来说，这一系列改革措施的主要目的有以下几点：首先，通过对财政的整合以及保证公共财政管理的改革以达成国家财政框架运行的可持

---

① 中国驻伊拉克大使馆经商处：《伊拉克石油部就下阶段石油出口发表意见》，http://iq.mofcom.gov.cn/article/jmxw/202007/20200702988061.shtml。

② https://www.reuters.com/article/us-usa-iraq-visit/u-scompanies-unveil-iraq-investments-before-premiers-whitehouse-visit-idUSKCN25F2MT；https://english.alarabiya.net/en/News/middle-east/2020/08/20/Iraq-US-companiessign-deals-worth-more-than-8-billion-ahead-of-KadhimiTrump-meet.

③ https://www.middleeastmonitor.com/20200718-gccrenews-support-for-project-to-link-power-grids-with-iraq/；https://www.mees.com/2020/10/2/geopolitical-risk/jordan-iraq-ink-power-deal/b1e05a00-04b4-11eb-8503-6b7ebe8cfb8c.

④ 中国驻伊拉克大使馆经商处：《伊拉克石油部长与BP公司讨论鲁迈拉油田生产事宜》，http://iq.mofcom.gov.cn/article/jmxw/202010/20201003008710.shtml。

⑤ 中国驻伊拉克大使馆经商处：《伊拉克内阁通过经济改革计划》，http://iq.mofcom.gov.cn/article/jmxw/202010/20201003008708.shtml。

续性。这一领域的变革将给公共财政管理带来迅速的改善，从而有利于更高效地管理国家税收以及公共服务的有效供给，便于管理外汇变动影响。其次，新政府将通过对包括银行业、保险业、资本市场在内的金融领域改革，支持农业、油气领域的进一步发展，促进私营部门的参与度，改组自负盈亏的国有企业等手段来实现宏观经济改革以及制造部门的进一步发展。这一做法将为居民创造更多的工作机会，从而降低居民失业率。通过上述深化金融部门发展，增加私营部门的贷款以及引入现代支付系统的举措，有助于对伊拉克金融和银行部门的结构调整，使其逐渐成为国家经济发展的主要增长动力。同时还将促进例如农业、制造业等部门的发展，提高其产业竞争力。再次，新政府将注重对必要基础设施的改善，以此来支持包括能源，电信，运输等行业在内的其他领域的经济增长，这也有利于复兴国家经济，形成一个更有活力和竞争性的经济体。此外，伊拉克在经济改革过程中也将注意优先考虑最贫困人群的生活并为其提供保护，使其免受改革可能为其带来的不利影响，从而进一步提供基本服务并巩固包括养老金在内的社会保护体系。一国经济的健康发展需要建立在一个稳定社会的基础之上，为最弱势群体提供社会保护等举措有助于巩固国家的社会稳定，从而有利于政府进一步进行经济改革。最后，通过对例如采购和公共投资管理以及公务员制度的改革将推动社会治理、法律和行政环境的发展，促进机构和个人实施改革，为国家民主发展提供动力。

在未来几年，伊拉克经济或能在挑战中得以发展，接下来本文通过态势分析法（SWOT 分析）对伊拉克经济进行展望。就伊拉克国家内部而言，主要从优势与劣势两方面进行分析。在优势方面，伊拉克地理条件得天独厚，石油、天然气资源十分丰富，石油工业是其经济主要支柱。石油探明储量为 1469 亿桶，约占世界总储量的 9%，居世界 第 5 位。天然气探明储量为 3.16 万亿立方米，占世界总储量的 1.7%，居世界第 12 位。伊拉克人口众多，据世界银行统计，截止 2018 年末，伊拉克全国人口为 3812.4 万人,[①] 基础设施建设与电信发展已有基数较低，因此其还有较大的发展潜力。在其劣势方面，政府部门中的相关雇员大多缺乏国家采取开放经济模式的经验，而且他们的技术专长有限，难以应对国家经济发展过

① 商务部国际贸易经济合作研究院、中国驻伊拉克大使馆经济商务参赞处、商务部对外投资和经济合作司：《对外投资合作国别（地区）指南—伊拉克》（2019 版），第 3 页，http://www.gdqy.gov.cn/qysfj/attachment/0/23/23998/1333257.pdf。

程中出现的难题。同时，由于伊拉克石油业与非石油业发展极其不平衡，在经历了十年的战乱和投资不足之后更是如此，非石油部门的基础设施愈发减少，不利于国家经济健康发展以及 2020 年油价的疲软走势将吞噬伊拉克的储备并加剧债务积累，伊拉克国内较高成本的政治运作和政治风险也会阻止其获取急需的外国投资。

在外部环境上，主要以机会和威胁两个角度来分析。伊拉克经济发展中的机会主要有：政府积极寻求包括不同类型的基础设施建设项目在内的外国投资，从而为国家经济发展提供新的增长动力。伊拉克获得了支持重建的强有力的投资承诺，这将有助于在接下来几个季度中增加固定投资。同时，卡迪米新政府所采取的一系列改革措施都将为伊拉克经济健康发展带来契机。但伊拉克经济发展面临的威胁主要有：美伊（朗）紧张局势使美国或美国盟国在伊拉克的资产成为军事打击的目标。恐怖主义的持续存在威胁伊拉克国内的发展环境，恐怖袭击会给伊拉克国家发展带来消极影响，不仅会造成无辜平民伤亡、基础设施受损，同时也会影响伊拉克国家风险和信用评级，使得他国在伊拉克投资意愿降低，不利于国家经济发展。同时，新冠肺炎疫情的影响依然存在，全球石油市场恢复平衡的态势依旧“脆弱”，由于疫情带来的人员流动、经济活动限制，国际能源署下调 2021 年全球石油消费预期 20 万桶/天，认为疫情的依然存在推迟了石油市场的复苏。但同时，国际能源署仍看好 2021 年下半年的经济发展前景，IEA 月报将 2021 年原油需求预期下调 20 万桶/日，预计 2021 年非欧佩克的原油供应量将为 83 万桶/日，预计 2021 年全球石油需求量将增长 540 万桶/日至 9640 万桶/日，[①] 这或将促进伊拉克经济的发展。

尽管伊拉克经济发展前景仍充满挑战，据 IMF 预测，到 2024 年，伊拉克实际 GDP 将回到新冠肺炎疫情前的水平。[②] 财政和外部经常账户赤字预计将减少。预计政府债务将在 2023 年达到顶峰，此后逐渐下降。议会选举前的政治限制，新一轮的社会动荡或安全隐患可能破坏卡迪米政府的改革努力，使宏观经济的稳定处于危险之中。此外，新冠肺炎疫情带来的相

---

① 《国际能源署：预计 2021 年全球石油需求量将增长 540 万桶/日》，https：//new. qq. com/rain/a/FIN2021021100932719。

② IMF, *IMF Executive Board Concludes* 2020 *Article IV Consultation with Iraq*, February 11, 2021, https：//www. imf. org/en/Publications/CR/Issues/2021/02/10/Iraq – 2020 – Article – IV – Consultation – Press – Release – Staff – Report – and – Statement – by – the – Executive – 50078.

关风险和石油市场的不确定性可能使经济形势进一步复杂化。

三、伊拉克的对外关系

在伊拉克的对外关系中，美国和伊朗对其影响最大，美国、伊朗两国在伊拉克博弈是伊拉克政局及对外关系发展的主线。此外，海湾阿拉伯国家对伊拉克重视和介入的力度也在不断加强，弱化教派差异拉拢伊拉克，也对伊拉克的对外关系产生一定的影响。

（一）伊拉克与美国的关系

自2018年5月时任美国总统特朗普宣布退出《伊核协议》以来，美国与伊朗的关系便逐渐恶化，双方在交往中呈敌对的博弈状态，而作为两国利益争夺交汇点的伊拉克与这两国的外交关系也因此受到影响。2019年年末，伊拉克民众对美国大使馆发动的围攻行动，2020年1月，美军暗杀伊朗将领苏莱曼尼的行为更是进一步恶化了美国与伊朗的关系。因此，由于作为伊拉克外交重点的美国与伊朗两国持续存在的矛盾对立状态，2020年伊拉克外交面临着严峻挑战。美国与伊朗两国在伊拉克境内的军事行动造成了伊拉克国内民众的不满，伊拉克领导人谴责美国的袭击和伊朗的反击是对伊拉克主权的侵犯，伊拉克议会投票决定要求所有外国军事力量撤离伊拉克，伊拉克与美国的关系一度陷入停滞。

实际上，美国与伊拉克存在着矛盾的同时，两国在经济、反恐等领域依然重视双方的合作关系。在经济领域，2020年5月，卡迪米成功就任伊拉克总理后，时任美国总统特朗普便致电卡迪米，在对其表示祝贺的同时，表示美国愿意加强双边关系，并提供必要的经济援助以支持伊拉克经济发展。在声明中，双方同意在应对新冠肺炎疫情方面扩大合作，并为服务两国利益加强经济投资。① 美国对卡迪米政府所提出的经济改革新计划也表示支持，表现出乐于帮助伊拉克实现其目标的意愿。在能源合作方面，美国能源部于2020年8月发布消息称，美国和伊拉克已经签署了80

① 白平：《伊拉克与美国同意加强双边关系与经济合作》，http：//m. xinhuanet. com/2020－05/12/c_1125972994. htm。

亿美元的能源合同，[①] 与伊拉克相关部门在石油、天然气等领域明确合作项目，进一步推动两国建设“强有力且成果丰硕的”双边关系。在反恐合作方面，2020 年 2 月，美军与伊拉克军队打击极端组织“伊斯兰国”的联合行动已经重新开始。6 月，美国和伊拉克官员在高层战略对话的框架下进行了涉及安全、经济合作、公共卫生和其他事项的谈判。其中，反恐领域一直是双方合作的重点领域。8 月 20 日，伊拉克总理卡迪米访问美国首都华盛顿与美国总统特朗普在白宫会晤。继续合作打击极端组织“伊斯兰国”，成为双方会晤的首要成果。[②] 伊拉克针对“伊斯兰国”残余的军事和反恐行动仍在进行中，美军及其在联合特遣部队联合行动（CJTF－OIR）中的盟军伙伴也继续应伊拉克政府要求，努力为其提供支持。迄今为止，该联合行动已在协助伊拉克部队打败“伊斯兰国”武装力量、维持地区安全以及追捕剩余的“伊斯兰国”分子等方面提供了大量帮助。[③]

美国与伊拉克继续维持健康的双边关系对拜登新政府仍具有重要意义。首先，两国都有必要采取合作以对抗恐怖主义活动，维持伊拉克国家安全，防止伊拉克沦为“圣战”恐怖分子的潜在避风港和温床，[④] 有助于维持中东地区的稳定。其次，两国维持友好合作关系有利于防止伊拉克被美国敌对势力所控制。美国与其他势力抗衡有助于伊拉克维持相对稳定的国内环境，从而可以使伊拉克专心于国内政治经济改革。同时，美国与不同势力在伊拉克的博弈从某种角度上为伊拉克外交带来了契机，伊拉克政府在对外交往时或可以获得更大的政策选择空间。于美国而言，防止伊拉克落入其他势力之手有利于维持美国在中东实际上的主导地位并实现其国家利益。最后，伊拉克作为国际能源市场的重要参与者，美国与之维持良好合作关系有利于巩固和扩大彼此的经济利益。

（二）伊拉克与伊朗的关系

伊朗与美国自 2019—2020 年以来的冲突、尤其是苏莱曼尼之死，在伊

---

① 俄罗斯卫星通讯社：《美伊签署 80 亿美元能源合同》，http：//sputniknews. cn/economics/202008201031997684/。

② 陈孟统：《伊拉克总理卡迪米访美 聚焦反恐合作》，https：//www. chinanews. com/gj/2020/08－21/9270491. shtml。

③ Christopher M. Blanchard, “Iraq: Issues in the 116th Congress,” *CRS Report*, July 17, 2020, p. 38.

④ Munqith Dagher, *The U. S. －Iraqi Relationship: A Healthier Partnership is Indispensable*, February 1, 2021, p. 3.

拉克掀起了一股反美浪潮。伊朗通过向伊拉克什叶派民兵提供武器和资金，使他们成为强大的民兵和政治运动力量。这些团体进而获得重要的政治合法性，在全国议会选举和政府内阁中赢得席位，从而影响伊拉克国家领导人的选举。伊朗近年来强化对伊拉克内政的干预愈发增加了伊拉克民众的不满情绪。伊朗对伊拉克的干预还体现在其他领域。如伊朗在伊拉克重视软实力的使用，伊朗是伊拉克运营其电厂所需的主要天然气供应商。但由于伊朗是中东地区新冠肺炎疫情蔓延最为严重的国家之一，伊拉克自2020年3月起便关闭了与伊朗的边界以防止新冠肺炎疫情的扩散传播，这也导致了两国经贸联系的显著下滑。

总体看来，伊朗与伊拉克关系仍处于持续升温之中。在库尔德人问题上，尽管伊朗与伊拉克库尔德政治领导人关系良好，但伊朗支持伊拉克的领土完整，反对库尔德地区就独立问题所举行的全民公决。在两国经济合作方面，伊朗和伊拉克高层互动频繁并签署多项协议，涉及天然气和电力出口、能源合作、以及其他经贸合作等。在2020年9月，伊拉克外长访问伊朗时表示将继续致力于发展和深化两国关系，为执行此前达成的协议奠定基础。伊朗总统鲁哈尼也在会晤中强调，两国将继续深化发展政治、经济和文化等双边关系，并加快执行两国此前签署的协议，[①] 这体现了两国政府对于强化彼此友好合作关系的重视与信心。

伊拉克作为美国与伊朗展开战略博弈的重要区域，两国所采取的不同行动都将对伊拉克政府外交倾向和政策产生重要影响。2021年伊始，拜登总统上任后便采取对叙利亚的空袭行动，招致了多数中东国家的强烈谴责，其中包括伊拉克、伊朗两国，由此促进了两伊国家间形成共同立场，有助其增进友好交往与合作，从而有利于伊拉克推行国内经济改革以及缓解伊朗遭受美国严厉制裁的压力。

（三）伊拉克与沙特的关系

沙特作为中东地区一股重要的政治经济力量，其与伊拉克双边关系的健康与否对彼此都具有重要意义。沙特奉行独立自主的外交政策，积极参与中东地区事务，对伊拉克主张维护其独立、主权、领土完整与阿拉伯属性。由于沙特国内逊尼派穆斯林占多数，沙特在中东最为重要的战略之一

---

① 《伊拉克外长访问伊朗 两伊同意深化合作》，https：//mil. news. sina. com. cn/2020 - 09 - 27/doc - iivhuipp6800973. shtml。

便是与以什叶派为主体的伊朗相抗衡，希望通过增强在伊拉克的政治影响力来遏制伊朗在伊拉克与日俱增的政治存在。在 2020 年，伊拉克与沙特的关系总体上得到了提升，7 月，伊拉克和沙特在两国协调委员会框架内签署了几项联合协议，包括投资、能源、教育和卫生等领域。在 8 月 11 日，伊拉克与沙特之间就便利人员往来和开放新的过境口岸进行了相关磋商。① 伊沙两国除了在石油市场问题上通过协调达成了合作，在 2020 年 11 月 18 日更是时隔 30 年重开阿尔阿尔这一重要边界口岸，伴随口岸重开，两国间经济合作与贸易往来得到加强。② 双方合作的加强有利于纾解伊拉克自新冠肺炎疫情以来国内进一步加剧的经济压力，同时这也体现出卡迪米政府在美国与伊朗对立给伊拉克带来影响时的政策方向是改善与沙特关系，从而为国家发展提供更多筹码。

（四）伊拉克与中国的关系

中伊两国自 1958 年建立外交关系以来便一直保持着友好关系，双方在经济、贸易、人文交流等方面都有着良好合作。尤其是中国“一带一路”倡议的提出更是为两国合作带来了更多机遇。中国作为能源消费大国，国内能源需求对外依存度较大，即便受新冠肺炎疫情影响，中国作为全球最大原油进口国，2020 年原油进口依然强劲，伊拉克 2020 年对华出口原油 6012 万吨，同比增幅 16.1%，保持在第三位。③ 在 2020 年，两国的双边贸易、中国在伊拉克的投资以及承包劳务都有所上升，两国经贸合作发展态势良好。2020 年 1－12 月，我国与伊拉克双边贸易额为 301.77 亿美元，同比下降 9.6%，其中，中方出口为 109.24 亿美元，同比增长 15.5%，进口为 192.53 亿美元，同比下降 19.5%。我国企业对伊直接投资 7293 万美元。我国在伊新签承包工程合同额 50.7 亿美元，同比下降 5.8%，完成营业额 32.9 亿美元，同比下降 20.6%。④ 此外，在 2020 年新冠肺炎疫情席

---

① 中国驻伊拉克大使馆经商处：《伊拉克驻沙特大使谈伊沙合作》，http://iq.mofcom.gov.cn/article/jmxw/202008/20200802992810.shtml。

② 侯强：《时隔 30 年　沙特与伊拉克重开重要边境口岸》，http://www.xinhuanet.com/world/2020-11/20/c_1210894074.htm。

③ 中国驻伊拉克大使馆经商处：《伊拉克继续保持中国第三大石油进口来源国地位》，http://iq.mofcom.gov.cn/article/jmxw/202102/20210203036813.shtml。

④ 中国驻伊拉克大使馆经商处：《2020 年中伊经贸合作数据》，http://iq.mofcom.gov.cn/article/zxhz/202103/20210303045295.shtml。

卷全球之时，中国积极参与全球卫生治理，通过向伊拉克派遣医疗专家团队支援当地疫情防控、提供医疗物资等手段帮助伊拉克完善本国的医疗防御体系，最大程度降低新冠疫情给伊拉克带来的不利影响，巩固发展了两国的双边交往关系。

2020 年约旦的政治、经济和对外关系

章　远　於宾强*

【摘　要】

2020 年，约旦的政治局面基本稳定，11 月国内和平举行国民议会大选，政府顺利换届。2020 年约旦经济缓慢发展，受新冠肺炎疫情影响，约旦陷入整体经济萎缩。与此同时，中国与约旦的双边贸易、投资和各领域合作对促进约旦经济复苏起到积极作用。约旦在中东事务上有独特的外交地位。约旦与以色列在巴勒斯坦地位问题以及古玛尔和巴古拉两块土地租借到期问题上有对立。除以色列外，约旦与世界各国外交关系良好，既特别重视与世界大国的友好关系，也积极促进与邻国的睦邻关系。

【关键词】

约旦　政治形势　经济形势　对外关系

约旦位于阿拉伯半岛西北部，与以色列、巴勒斯坦、叙利亚、伊拉克和沙特阿拉伯接壤。约旦国家规模虽然不大，但在文化、地缘政治和外交地位上是中东地区不可忽视的重要国家。中国与约旦于 1977 年建交，两国于 2015 年建立战略伙伴关系。约旦是“一带一路”倡议的积极参与者。2020 年，约旦在政治、安全和经济领域均面临一定的策略调整，但与过去数年相似的是，约旦的应对方式仍然既依赖外部力量扶助，也显著受到外部政治局势变化和大国在中东外交策略变动的影响。

---

* 章远，上海外国语大学中东研究所研究员；於宾强，上海外国语大学国际关系与公共事务学院、中东研究所博士研究生。本文为上海外国语大学青年教师科研创新团队项目“百年未有大变局之下的中东政治变迁研究”（项目编号：2020114046）的阶段性成果。

2019年中国与约旦的双边贸易额达到41.12341亿美元[①]，2020年双边贸易额为36.07364亿美元，相比2019年减少了5.04977亿美元，同比下降12.3%。[②] 尽管约旦与中国直接的人员经贸往来在2020年受到新冠肺炎疫情的波及而有所缩减，然而在广泛的双边贸易和投资领域，两国仍然保持良好的合作前景。2020年全球遭遇新冠肺炎疫情的重大考验，百年未有之大变局加速演进。约旦王室、政府和民众在动荡的2020年以共克时艰的精神，积极维护国家利益和保护人民生命安全。2019年约旦经济缓慢发展，及至2020年，约旦陷入整体经济萎缩将近4%的困境，而与此同时，中国与约旦的双边贸易、投资和各领域合作对促进约旦经济复苏起到积极作用。

在政治发展意义上，约旦近年的政治局面基本稳定，国王的声望和合法性均未受根本动摇，国内族群间未发生直接对抗冲突，政府经历数次内阁改组，首相从欧马尔·拉扎兹（Omar Razzaz）过渡到比希尔·哈尼·哈苏内赫（Bisher Al－Khasawneh）。鉴于传统对外交往文化和国内发展需求，约旦在外交方面持续保持理性、克制、开放、活跃且亲英美的国家形象。

一、约旦的政治与安全形势基本稳定

从族群构成上来看，约旦绝大部分人口为阿拉伯人，其他还有极少数的亚美尼亚人、车臣人、库尔德人、波斯人等其他族裔人口。尽管阿拉伯人是约旦的绝对主要人群，但相较于同为阿拉伯裔的约旦人而言，生活在约旦的巴勒斯坦裔长期存在政治上不满情绪。中东变局以来，约旦自上而下的政治改革多采用：重新任命首相、更换内阁、惩治官员腐败、修改部分法律、提前举行议会选举以及全国对话等方式。约旦自下而上试图推进政治改革的方式多采取街头政治、示威游行的形式，而并不大范围采用共和制国家常规的议会政治、政党政治等政治参与形式。2019年，约旦的政

① 中华人民共和国海关总署：《（2）2019年12月进出口商品国别（地区）总值表（美元值）》，http：//www.customs.gov.cn/customs/302249/zfxxgk/2799825/302274/302277/302276/2851396/index.html。

② 中华人民共和国海关总署：《（2）2020年12月进出口商品国别（地区）总值表（美元值）》，http：//www.customs.gov.cn/customs/302249/zfxxgk/2799825/302274/302277/302276/3515719/index.html。

治改革基本沿袭此前的措施。2020 年 11 月，约旦举行议会大选，新内阁随后产生。在安全形势方面，约旦与多个动荡国家接壤，导致跨境安全问题一直困扰约旦的安全部门。新冠肺炎疫情暴发之后，在避免疫情失控和提振经济两个关键目标之间，涉及是否关闭边境和国门的选择上，约旦政府的决策出现反复。随着疫情的发展，约旦本土的安全议题在包含以往重视反恐以维护社会治安之外，延展出维护国民和境内难民公共卫生安全的新领域。

（一）国内政治改革艰难而缓慢地推进

2020 年前后，约旦国内高层政治变化首先体现在继续频繁调整内阁成员，历经两任首相。其次，约旦政治制度改革基本停滞。尽管 2020 年上半年，为了提升国家的疫情防控能力，约旦政府一度显示出与民众及时沟通的开放形象，而被外界寄予约旦政治有望在公共卫生安全压力下提升透明度从而削弱腐败顽疾的期许。然而随着 2020 年下半年疫情恶化，政治反腐在国家整体政治议程的重要性位序上被延后。再次，约旦的社会运动伴随着暴力升级。西亚北非局势动荡发生以来，虽然约旦并没有发生激烈到推翻统治政权程度的社会运动，然而对政治不满的示威游行活动却始终不断。2018 年以来，因示威对抗活动与约旦国内枪支散播严重化交织，导致上街游行多次演变为冲突对抗。

1. 频繁组阁与首相更替

面对国内压力，约旦内阁从 2019 年起经历了三次改组与一次重组，直至首相更替。2019 年，在 2018 年 6 月就任首相欧马尔・拉扎兹的领导下，约旦分别于 1 月、5 月和 11 月进行了三次内阁改组。2019 年 1 月，按照法令，拉扎兹内阁进行第二次改组，此次改组主要针对民生与公共服务领域，具体方面涉及教育、城镇事务、旅游与交通。2019 年 5 月，为了更好应对国家经济发展所面临的风险与挑战，拉扎兹第三次对内阁进行了改组，涉及经济、劳工、卫生等方面。2019 年 11 月，在地区形势动荡的背景下，面对与以色列关系持续恶化、经济形势延续低迷未见好转以及社会矛盾突出的窘境，首相欧马尔・拉扎兹命令内阁成员全体总辞，这是拉扎兹领导的内阁自上台以来的第四次大规模改组，也是 2019 年内的第三次改组。改组后，政府推出了包括刺激经济发展、提升社会公共服务和进行政治改革在内的多项“新政”。拉扎兹也表示，新改组的内阁将努力保持政府政策连续和稳定不受改组影响。

在拉扎兹担任首相期间，经历了四次内阁改组后，第十九届国民议会选举于2020年11月开始举行。根据约旦宪法，内阁应在国王下令解散众议院的一周内辞职。国王阿卜杜拉二世10月批准以拉扎兹为首的内阁递交的集体辞呈，随后任命贝希尔·哈苏奈为新首相，同时批准了哈苏奈提交的内阁名单，新内阁宣布成立。从2018年6月至2020年10月将近两年半的时间内，拉扎兹带领内阁取得了不少成就。2020年1月，在年度政府报告会议上，拉扎兹指出，2019年政府完成了63项承诺中的58项，完成率达到92%。他强调2019年前10个月全国出口增长了8.2%，进口下降了5.5%，贸易平衡逆差从2018年的73.46亿迪拉姆下降到2019年的6.391亿迪拉姆，下降了14%。[①]

新任首相哈苏奈曾任约旦国王阿卜杜拉二世政策顾问、外交事务国务大臣、法律事务国务大臣等。同时在法国、埃及与埃塞俄比亚等国担任过大使，外交经验丰富。就新内阁而言，较上届内阁相比，除了人员的增减与变换外，新内阁的职能也发生了部分变化。教育、财政、文化、能源与矿产等8名上届内阁大臣继续留任，新增设数字和创业大臣、卫生大臣等3个职位。此届政府受命于约旦新冠肺炎感染数量暴增之际，根据国王的任命要求，新首相及其内阁的使命主要是在新冠肺炎疫情防护与经济发展之间寻求平衡，同时维持社会稳定。新政府上台后立即推出了一系列强化疫情防控和保持经济发展的措施，例如，2020年12月内阁会议上，政府推出新冠肺炎疫情影响下中小企业发展应对计划，以及同月约旦开设首家新冠野战医院等。

2. 惩治反腐面临困难

近年来，越来越多的约旦民众认为国家机构中腐败现象愈发严重。[②]2018年6月，首相哈尼·穆勒吉面对民主的大规模抗议被迫辞职，而腐败问题是引起抗议的重要原因之一。遂即就任的新首相欧马尔·拉扎兹直接将打击腐败作为施政的重要内容。然而在2019年3月，约旦爆发了近年来最大的贪腐案，29名高级政要和商界人士卷入，当中不乏主管海关、水利

① "PM reviews government's 2019 achievements," *The Jordan Times*, Jan 28, 2020, https://jordantimes.com/news/local/pm-reviews-governments-2019-achievements.

② *Jordan Country Report* -2019, Arab Barometer, 2019, p.5, https://www.arabbarometer.org/wp-content/uploads/ABV_Jordan_Report_Public-Opinion-2019.pdf.

的高级官员。该案件由约旦国家安全法庭审理，而约旦的国家安全法庭属于军事法庭，可见该贪腐案已经超出了普通贪腐案的范畴。2019—2020 年间，两任首相均采取了诸多措施打击腐败，例如，拉扎兹呼吁民众向约旦廉政与反腐败委员会（JIACC）报告任何“敏感”腐败案件或公共资金浪费行为，哈苏奈政府宣布采用的开发数字电子服务项目，旨在通过政府相关部门和机构的流程数字化改造，打击偷税漏税行为和金融及行政腐败。

虽然约旦政府采取了更为严格的反腐手段，然而约旦国家机构的整体腐败态势并没有发生大的变化，民众依然对政治机构充斥着大量的不信任感。据阿拉伯晴雨表（Arab Barometer）发布的《2019 约旦国家报告》显示，在 2018 年 10 月和 11 月进行的调查中，绝大多数受访者认为国家腐败问题是仅次于经济问题之后的第二大挑战，89% 的约旦人认为在国家机构中存在很大或中等程度的腐败。① 根据透明国际（Transparency International）发布的全球 180 个国家腐败感知指数（CPI）排行显示，约旦 2019 年腐败感知指数为 48②，排名第 61 名，2020 年的腐败感知指数为 49③，排名第 60 名，两个年度腐败程度变化幅度不大，均位列腐败较严重序列国家。

3. 社会示威活动愈加频繁

受经济发展水平低迷、政府腐败严重以及地区安全形势变动等影响，约旦国内近年来爆发多轮示威活动，仅 2019 年就有超过 1000 场示威活动。④ 示威主体既有普通民众，也有行业行会和地区部落等，示威的诉求主要包括改善经济、政治改革与社会公共服务等方面。这些示威活动中部分游行示威活动在遭受当局镇压时最后演变为暴力冲突。例如，2020 年 8 月 4 日，在约旦中心城市卡拉克，教师联合组织工会总部的抗议者聚集在一起，抗议政府当局将其在该城市的关闭，以及在 7 月底拘留该组织的一些成员，而后安全部队使用催泪瓦斯驱散抗议者，抗议者向安全部队投掷石块，造成 7 人受伤，对该问题的抗议活动演变为暴力冲突。此外，有些

---

① *Jordan Country Report* - 2019, Arab Barometer, 2019, p. 4.

② “CPI 2019: Tabellarische Rangliste,” Transparency International, https://www.transparency.de/cpi/cpi-2019/cpi-2019-tabellarische-rangliste/.

③ “CPI 2020: Tabellarische Rangliste,” Transparency International, https://www.transparency.de/cpi/cpi-2020/cpi-2020-tabellarische-rangliste/.

④ Overseas Security Advisory Council, “Jordan 2020 Crime & Safety Report,”, May 1, 2020, https://www.osac.gov/Country/Jordan/Content/Detail/Report/12471973-f3d6-4fb4-9689-18948264c63d.

社会示威活动已呈常态化，造成民众对政府机构的不信任日益增长。例如，从2018年12月开始，每周四都有以谴责国际货币基金组织支持的紧缩措施、反对网络犯罪法以及当前的经济和政治政策为目的的示威活动，时间跨度长达几个月。

表1　2018年末至2021年初约旦主要社会示威活动

时间	示威主体	示威内容	示威方式
2018年12月	普通民众	国际货币基金组织支持的紧缩措施、反对网络犯罪法以及当前的经济和政治政策。	游行
2019年1月	普通民众	经济和政治改革、释放政治犯、惩办腐败，降低物价	游行
2019年2月	青年人	高失业率和不稳定就业	游行、罢工
2019年3月	部落①	政府体制改革	游行
2019年8月	普通民众	新海关措施	游行
2019年9月	教师	薪资	罢工
2020年1月	普通民众	特朗普中东和平计划以及以色列和约旦之间签署的天然气协议	游行
2020年1月	约旦工程师协会	薪资	罢工
2020年2月	农民	农业税	静坐
2020年5月	约旦各党派、普通民众	以色列吞并巴勒斯坦土地	集会
2020年8月	教师联合组织工会总部成员	关闭教师联合工会总部以及该工会几名成员被拘留	游行
2020年10月	约旦消费者保护协会	疫情防控措施	抗议

注：作者根据《约旦时报》、中国驻约旦大使馆等发布的事件整理。

（二）跨境安全问题

相对于邻国叙利亚、伊拉克动荡的国内安全局势而言，约旦国内政治形势比较稳定。真正影响约旦跨境安全局势的主要因素来自于以色列的强权政策以及因与动荡国家接壤而出现的边境安全问题。

① 主要指哈桑部落（Hassan）、阿巴德部落（Abbad）、哈米德部落（Hamida）。

1. 巴以争端问题

巴勒斯坦问题从来不是简单的两国矛盾。美国特朗普政府所支持的一国方案、“新中东和平计划” 均不符合约旦的国家利益。从国内安全视角来看，约旦国内有大量的巴勒斯坦裔居住者①，巴勒斯坦人占约旦总人口的 60%。政治地位上，巴勒斯坦裔在约旦是被边缘化的群体，政治参与度不高。在政党方面，约旦目前共有 40 多个政党。其中，仅有反对派伊斯兰行动阵线（Islamic Action Front）的成员多数是巴勒斯坦裔约旦人，然而近年来该党内部矛盾不断，2015 年该党改革派和非改革派公开分裂，导致约有 400 名成员退党，其中包括前秘书长哈姆泽·曼苏尔（Hamzeh Mansour），他 2017 年从伊斯兰行动阵线中分离出来的成员组建了中间政党－救援与合作党（Rescue and Partnership Party）。此外，经历了 2010 年与 2013 年抵制选举的伊斯兰行动阵线影响力也日渐衰落。2020 年 11 月第十九届国民议会选举中，该党在众议院中拥有 10 个席位（总数 130 个席位）。包括伊斯兰行动阵线在内的约旦反对党主要政治立场是反对巴以和谈和阿以和谈。

2. 与以色列的领土争议

2019 年 11 月，约旦国王阿卜杜拉二世出席国民议会时表示，约旦正式废止 1994 年在美国推动下与以色列签订的和平协定部分内容，收回租借给以色列 25 年的古玛尔和巴古拉两块土地。早在 2018 年，约旦就表示不会在土地租借到期后再与以色列续约。虽然两国签署了和平协议，然而两国关系一直紧张，特别是以色列对巴勒斯坦采取的政策导致约旦人对以色列好感度下降。在租借古玛尔和巴古拉两块土地问题上约旦国内曾经发生多次游行示威，要求政府收回这两块土地的使用权，保证约旦对两地的完整主权。在经济形势恶化和政治改革迟缓的局面下，面对民众的抗议和舆论压力，约旦当局最终决定收回两地的使用权，以安抚民众，但这也导致以色列深为不满，两国关系降至冰点。

3. 与叙利亚和伊拉克的边境问题

至今仍未得到妥善解决的叙利亚冲突近年来造成了规模庞大的叙利亚难民危机，这些难民纷纷越过边境涌入临近国家，对两国之间的边境安全带来了新的挑战。根据联合国难民署最新资料显示，来自叙利亚的难民自

① “Jordan,” *UNRWA*, https：//www. unrwa. org/where－we－work/Jordan.

2018 年以来略有下降。截至 2019 年年底，全世界接收登记在册的叙利亚难民共计 6615249 人，其中在约旦登记的叙利亚难民为 654692 人，这一人数较 2018 年的 676283 人[①]下降幅度不大，2019 年约旦接收的难民数占全世界叙利亚难民的 9.9%，是继土耳其和黎巴嫩之后世界第三大叙利亚难民接受国。[②] 2019 年约旦也从伊拉克接收了 34336 名难民。[③] 约旦北接叙利亚，东北与伊拉克接壤，如此数量庞大的难民进入或驻扎在边境难民营给双方边境带来了巨大压力。

新冠肺炎疫情暴发后，约旦于 2020 年 3 月宣布进入紧急状态，采取了限制人员与货物流动、完全关闭陆地边界港口机场以及长达数周的封锁和延长宵禁时间等一系列疫情防控措施，这也造成了援助组织和国家的援助活动中止。面对疫情的扩散和严格的疫情防控条款，难民的处境更加艰难，在物资缺乏的情况下，矛盾与冲突也随之增加。自疫情暴发以来，约旦除了要求难民严格遵守疫情防控措施外，同时积极推进难民营的免费综合 COVID－19 疫苗接种计划。根据最新报道，2021 年年初约旦已经在扎塔里（Zaatari）开设了世界上第一个在难民营中开放的疫苗接种中心。

（三）本土安全问题

约旦境内所发生的安全问题在新冠肺炎疫情暴发前集中表现为恐怖主义威胁持续存在，自 2020 年起，反恐的重要性位序让渡给公共卫生安全威胁带来的抗击疫情需求。很大程度上由于“伊斯兰国”的彻底式微，2019 年约旦的反恐局势相较于 2017 年和 2018 年已经有明显的缓解。由于疫情的影响深远，此前一度引发约旦国内民众警惕的数据信息被滥用等问题并未在 2020 年获得有效的公共讨论。

1. 恐怖主义事件偶有发生但基本可控

新冠疫情暴发前，约旦在国内和沿其边界继续面临恐怖主义活动的持续威胁，部分原因是约旦接近伊拉克和叙利亚的区域冲突，而且官方拒绝接受萨拉菲－圣战派对伊斯兰教的解释。[④] 根据经济与和平研究所（IEP）

---

① The UN Refugee Agency, “Refugee Data Finder,” https://www.unhcr.org/refugee－statistics/download/?url＝B4FMhx.

② Ibid.

③ Ibid.

④ U.S. Department of State, “Country Reports on Terrorism 2019: Jordan,” https://www.state.gov/reports/country－reports－on－terrorism－2019/jordan/.

《2019年全球恐怖主义指数》显示，约旦在163个国家中排名第57，2019年中发生了4次恐怖袭击。[①] 其中最著名的当属发生在杰拉什（Jerash）针对游客的袭击事件。2019年11月，来自附近难民营的22岁巴勒斯坦人在约旦的旅游胜地杰拉什刺伤了包括4名外国游客在内的8人。2020年，约旦的恐怖主义威胁依旧不容小觑，在美国海外安全咨询委员会（OSAC）于2020年5月发布《约旦2020年犯罪与安全报告》后，美国国家旅行咨询部评估约旦的安全等级为2级，这提醒旅行者因应约旦国内可能出现的恐怖主义行为而提高警惕，特别是由于恐怖主义和武装冲突，应避免前往恐怖袭击多发的叙利亚和伊拉克边界。

2. 新冠肺炎疫情和公共卫生安全威胁

自新冠肺炎疫情暴发以来，疫情已经对约旦的经济和社会造成了严重的危害。截止2020年年底，约旦新冠肺炎疫情累计确诊病例294494例，死亡3834例。[②] 首先，疫情对经济发展造成严重损害。受新冠肺炎疫情影响，约旦公共债务占GDP的比重将从2019年的98.9%上升至2020年的111.7%，预计约旦经济2021年将萎缩3.5%，贫困、失业问题将进一步加剧。[③] 在新冠肺炎疫情蔓延、本国经济发展缓慢、以及地区经济环境恶化叠加的冲击下，2021年的约旦国家预算法案对约旦来讲是历史上最艰难的一次。其次，疫情期间，民众因宵禁等措施爆发了数次抗议示威活动，影响了社会的稳定。最后，在疫情的冲击下，因国内外大部分经济活动停滞，普通民众无法获取正常的经济收入。据约旦社会发展部长艾曼·穆勒（Ayman Al-Mufleh）透露，疫情大流行直接影响了约25万个约旦家庭的收入，他们无法支付基本生活费用。[④]

3. 保护数据安全的紧迫性被延后

近年来，除了面临难民危机、恐怖主义威胁以及边界冲突外，约旦在预防网络和数据安全方面的攻击更具挑战性，原因在于约旦缺乏相关的数

① Vision of Humanity, "Jordan," https://www.visionofhumanity.org/maps/global-terrorism-index/#/.

② "Jordan Coronavirus," *Worldometers*, https://www.worldometers.info/coronavirus/country/jordan/.

③ 中国驻约旦大使馆经商处：《约旦新冠疫情舆情动态第119期》，http://jo.mofcom.gov.cn/article/jmxw/201809/20180902786268.shtml。

④ "During Pandemic, 250,000 Jordanian Families Unable to Meet Main Living Costs: Government," *Roya News*, Dec. 29, 2020, https://en.royanews.tv/news/24481/2020-12-29.

据保护法律和专业的保护机构。2020 年 1 月，约旦数字经济与创业部发布了类似通用数据保护条例（General Data Protection Regulation）的数据保护法案，但是尚未获得批准。在该法律生效之前，约旦的数据保护仍将通过《宪法》和部门立法加以规范。

二、约旦的经济形势下行

根据世界经济论坛（World Economic Forum）发布的《全球竞争力报告》显示，2019 年约旦在全球 141 个国家中排第 70 名①。2020 年考虑到特殊形势，世界经济论坛暂停了发布“全球竞争力指数”排名，称 2021 年将恢复对各经济体的竞争力进行排名的做法。然而在瑞士洛桑管理学院（IMD）最新公布的《2020 年全球竞争力报告》中，2019 年约旦在全球 63 个国家或地区中排名第 57 名，2020 年较 2019 年略微下降，排第 58 名。② 在中国官方提供的年度《约旦对外投资合作指南》③ 报告中，约旦的经济表现被视为得益于政府重视经济发展、积极颁布吸引投资的法律并重视建设良好的营商环境，因而具有一定的投资优势。根据世界银行发布的《营商环境报告》显示，在全球 190 个国家和地区中，2019 年约旦排第 104 名④，2020 年排第 75 名⑤。但是同时，外国投资会受制于约旦国家体量较小，资源有限和当地劳工比例高等结构性缺陷。新冠肺炎疫情对约旦经济的负面影响到 2021 年第一季度仍在持续，按照外界推测，约旦的国民经济下行风险并未消除，债务可持续性和失业率上升始终是困扰约旦官方的难题。

---

① “The Global Competitiveness Report 2019,” World Economic Forum, http: //www3. weforum. org/docs/WEF_TheGlobalCompetitivenessReport2019. pdf.

② IMD World Competitiveness Center, “World Competitiveness Rankings 2020 Results,” https: //www. imd. org/wcc/world - competitiveness - center - rankings/world - competitiveness - ranking - 2020/.

③ 商务部国际贸易经济合作研究院、中国驻约旦大使馆经济商务处、商务部对外投资和经济合作司:《对外投资合作国别（地区）指南：约旦（2019 年版）》，2019 年版，第 17 页;《对外投资合作国别（地区）指南：约旦（2020 年版）》，2020 年版，第 18 页。

④ World Bank Group, *Doing Business* 2019: *Training for Reform*, 2019, p. 5, https: //www. doingbusiness. org/content/dam/doingBusiness/media/Annual - Reports/English/DB2019 - report_web - version. pdf.

⑤ World Bank Group, *Doing Business* 2020, 2020, p. 4, http: //documents1. worldbank. org/curated/en/688761571934946384/pdf/Doing - Business - 2020 - Comparing - Business - Regulation - in - 190 - Economies. pdf.

综合来看，无论是2019年还是2020年，约旦的经济结构性弱点未被克服。约旦经济严重依赖外部投资和外国援助。从历史上看，约旦经济一直得益于海湾国家的大量投资，经济发展严重依赖于外资。根据联合国贸易与发展会议（United Nations Conference on Trade and Development）发布的《2020年世界投资报告》显示，约旦2019年外国直接投资流入总额为9.16亿美元，与上一年的9.55亿美元相比有所减少。2019年外国直接投资存量估计为362.03亿美元。[①] 外贸领域，2019年和2020年，美国仍然是约旦的第一大出口市场，其中绝大部分贸易品类是服装。

2015年约旦发布了《约旦2025年：国家愿景和战略》，详细介绍了约旦面临的公民、社会、经济和政府等方面的挑战，并提出了预期的发展方向与目标。2020年，突如其来的新冠肺炎疫情首先打乱了约旦实现规划的预期部署，多项计划均在疫情防控下暂时中止。其次，特别是对经济发展预期造成重大创伤。3月份进入紧急状态后，经济活动也随即停止，后续在严格的疫情防控措施下部分必要经济部门才被容许开展活动。根据规划，到2025年，在设想期内的年经济增长率为5.7%，而基线情景的目标是实现4.8%的经济增长。[②] 然而根据国际货币基金报道，2020年全球经济负增长，约旦经济增长率也大幅萎缩，远低于规划的预期构想。此外，规划中关于降低国家债务赤字的目标也因疫情而夭折。为解决约旦的债务问题，IMF为约旦制定了一揽子经济和金融改革方案，要求约旦在2021年将公共债务占GOP比重降至77%. IMF的方案限制了约旦政府不断扩大向外举债的行为，但也引发约旦国内民众对IMF的不满。

旅游业是约旦的支柱产业。2019年，约旦国内生产总值增长中13%来自于旅游业和旅游相关行业。[③] 旅游业、酒店业和相关行业为约旦提供了大量的工作岗位。然而2020年，疫情导致约旦先后出台一系列人员旅游限制，重创约旦旅游业，经济下行明显。尽管受到疫情影响，除旅游业之外，约旦的侨汇和海外投资也均因疫情而大幅度缩水，但疫情客观上也在新媒体电子商务、医疗合作等领域制造了经济发展与合作增长点。

---

① United Nations Conference on Trade and Development, "World Investment Report 2020: International Production Beyond the Pandemic," p. 244, https://unctad.org/system/files/official-document/wir2020_en.pdf.

② "Jordan 2025: A National Vision and Strategy," http://jordanembassyus.org/sites/default/files/jo2025part1.pdf.

③ 《对外投资合作国别（地区）指南：约旦（2020年版）》，第22页。

三、约旦的务实外交

作为现代国家的约旦并不是国际政治舞台上的大国，自然资源储备总体也谈不上富足，然而约旦在中东地区有不可忽视的重要影响力。约旦的影响力既来自于独特的群强环伺的地理位置，也源于国内政局相对安定以及国家精英的积极外交。对于周边国家，约旦奉行睦邻的外交政策，是追求和平、关心难民、承担国际道义的美誉度较高的中东国家。

一方面，对邻国而言，约旦是周边国家活跃的睦邻国。约旦的整体定位是周边国家的睦邻国。但约旦不是内敛的消极式和平主义信奉者，相反，约旦始终活跃在中东外交舞台的第一线。在和平解决巴以问题上，约旦官方坚持“两国方案”。特朗普在巴以问题上单方面偏袒以色列的行为，恶化了约旦和以色列的双边关系。尽管约旦是巴勒斯坦方面坚定的支持者，但是，2020 年年末四个阿拉伯国家先后与以色列建交一定程度上削弱了约旦在巴以问题外交层面的重要性。约旦与伊拉克、叙利亚、埃及、沙特等阿拉伯兄弟国家多保持克制、温和的伙伴式的良好双边关系，罕见激进的外交决策。

另一方面，约旦外交战略基本上始终没有偏离亲欧美的方向。约旦极为重视与美国的特殊盟友关系。解决约旦庞大的经济压力、难民压力的支持来源主要是欧美和欧美国家财力支持下的重要国际组织世界银行、联合国计划开发署、联合国粮食计划署等，以及发达国家的直接援助。英国与约旦的历史渊源也在此次新冠肺炎疫情跨国合作和经济援助方面有所体现。比如 2020 年 4 月 26 日英国开始实施“约旦社会经济救助”（Emergency Social Protection in Jordan）项目，旨在通过国家援助基金（NAF）向约旦提供 2500 万英镑的紧急援助，以支持受新冠肺炎疫情经济影响的 20 万约旦家庭，该项目将持续至 2022 年 3 月 31 日。[①] 6 月 4 日约旦国王积极响应并参加英国首相鲍里斯·约翰逊倡议召开的全球疫苗首脑视频会议。[②]

① UK – Foreign, Commonwealth and Development Office (FCDO), “Emergency Social Protection in Jordan (ESPJ),” Feb 12, 2021, https: //devtracker. fcdo. gov. uk/projects/GB – GOV – 1 – 301169.

② “Remarks by His Majesty King Abdullah II at the Global Vaccine Summit,” King Abdullah II Official Website, June 4, 2020, https: //kingabdullah. jo/en/speeches/global – vaccine – summit.

有25位国家元首、政府首脑、联合国秘书长和世卫组织总干事等要人参加此次视频峰会。① 5月初到6月间，英国中东事务大臣承诺向中东国家提供3000多万英镑用于重症患者提供医疗设备、培训医护人员，用于帮助伊拉克、黎巴嫩和被占巴勒斯坦领土抗击疫情，以及为也门弱势群体减轻新冠肺炎疫情冲击。② 8月底，英国通过世界银行向约旦提供了880万美元③的额外资金应对新冠肺炎疫情带来的影响，以增加就业机会，促进经济复苏，并支持约旦城镇和城市的市政服务。

中国是约旦最大的三个进口来源国之一，也是约旦重要的贸易伙伴。④中国有力地扭转本国疫情局势以来，尽己所能地为有需要的国家提供用于抗击疫情的大量经济和物资援助。官方层面，2020年5月中国政府向约旦捐赠75万美元防疫医疗物资，其中包括2万份检测测试盒、1万件医用防护服、6万只口罩、1万副防护镜、1万双手套和200台额温仪。⑤ 驻约旦大使潘伟芳于5月31日代表中国政府与约旦计划与国际合作大臣维萨姆·拉巴迪签署援助物资交接证书。⑥ 为阐明中国的国际抗疫合作观念，时任驻约旦大使潘伟芳在约旦主流媒体发表《守望相助、共克时艰，携手打造人类卫生健康共同体》署名文章，向约旦读者阐释中国基于多边主义构建

① 中国国务院李克强总理在此次全球疫苗峰会视频会议上致辞，支持疫苗研发和抗疫合作，参见《外交部就李克强总理在全球疫苗峰会视频会议上致辞等相关情况等答问》，http://www.gov.cn/xinwen/2020-06/05/content_5517559.htm。

② Department for International Development, UK, "UK aid supporting the fight against coronavirus in the Middle East," May 23, 2020, https://www.gov.uk/government/news/uk-aid-supporting-the-fight-against-coronavirus-in-the-middle-east.

③ "US $8.8 million Top-Up Grant to Support Jordanian Municipalities Scale-up Service Delivery and Deal with the COVID-19 Impact," https://www.worldbank.org/en/news/press-release/2020/08/24/us88-million-top-up-grant-to-support-jordanian-municipalities-scale-up-service-delivery-and-deal-with-the-covid-19-impact.

④ 近年来，约旦最重要的进口来源国为中国、沙特和美国。参见中国驻约旦大使馆经商处：《2016年中国成为约旦第一大进口来源国》，http://jo.mofcom.gov.cn/article/zxhz/tjsj/201703/20170302525477.shtml；中国驻约旦大使馆经商处：《2017年中国保持约旦第一进口来源国地位》，http://jo.mofcom.gov.cn/article/zxhz/tjsj/201807/20180702767783.shtml；中国驻约旦大使馆经商处：《潘伟芳大使出席第十六届中国贸易博览会》，http://jo.mofcom.gov.cn/article/jmxw/201912/20191202921524.shtml。

⑤ 中国驻约旦大使馆：《潘伟芳大使出席中国政府援助约旦抗疫物资交接仪式》，https://www.fmprc.gov.cn/ce/cejo/chn/zygxyw/t1785043.htm。

⑥ 中国驻约旦大使馆经商处编译：《约旦新冠疫情舆情动态第68期》，http://jo.mofcom.gov.cn/article/xgyq/202006/20200602969389.shtml。

人类卫生健康共同体紧迫性的认知。[①] 民间层面，中国在约旦投资和入股的企业，比如中国国投集团既帮助约旦本土企业采购医疗物资，也直接捐款和捐赠医疗防护用品。在约旦官方佩特拉通讯社 4 月的报道中，中国商人马云向约旦捐赠包括 10 万个检测试剂盒、30 台呼吸机、50 台红外体温检测仪、30 万个医用口罩和 1 万套防护服在内的医疗物资和医用设备用以控制约旦和全球新冠病毒的传播。马云通过捐赠强调国际和人道主义医疗合作的重要性。[②] 中国的跨国援助既是双边深厚友谊的表现，也是倡导国际间团结协作抗击疫情、构建人类卫生健康共同体的积极努力。

四、结语

在《约旦史》作者菲利普·罗宾斯（Philip Robins）看来，约旦作为一个政治共同体，政权建设惠及国家的政治表现和国际地位，然而其政权建设的成就优于政治共同体建设的进展。[③] 即便没有中东变局的影响，约旦的国内社会群体间相对割裂状态已经与约旦建国以来一直致力建构的现代政治制度有不适应问题。长期以来，约旦的政治发展没有彻底解决国内约旦裔与巴勒斯坦裔、宗教保守派与自由主义派、部落主义和后部落政治文化相互之间的摩擦和矛盾。一旦冲突的条件具备，群体间的隔绝张力很容易转化为抑制政治发展的障碍。叙利亚绵延十余年的战争制造了数量巨大的难民涌入约旦，加剧约旦国内人口结构问题，约旦的难民治理始终考验着历届内阁的治理能力。2020 的特殊性在于原有的社会问题都增加了疫情影响下的变数。尽管约旦 2020 年危机不断突发且政府疲于应对，但总的来说，约旦政局是稳定的，外交局面是平和的。随着 2021 年疫情的缓和，约旦重新开放国门逐步复工复产，在国民包括境内难民普遍完成疫苗接种之后，约旦经济形势有望趋好。

① 中国驻约旦大使馆：《约旦主流媒体刊登潘伟芳大使第三篇署名文章 <守望相助、共克时艰，携手打造人类卫生健康共同体 >》，https：//www. fmprc. gov. cn/ce/cejo/chn/zygxyw/t1763625. htm。

② 中国驻约旦大使馆经商处编译：《约旦新冠疫情舆情动态第 39 期》，http：//jo. mofcom. gov. cn/article/xgyq/202004/20200402953089. shtml。

③ ［英］菲利普·罗宾斯：《约旦史》，叶如帆、曾湘琴译，上海：东方出版中心，2020 年版，第 1 页。

2020 年埃及的政治、经济和对外关系

李　意*

【摘　要】

2020 年是塞西总统第二任期的第三年。尽管受到全球新冠肺炎疫情的影响，但埃及国内局势相对稳定，经济运行稳中向好，独立外交优势不断显现。在国内政局方面，议会多数党完成改革，参议院法批准实施，投诉制度进一步完善。在改善民生方面，启动社会医疗保险制度，解决贫民窟居民安置问题，推动性别平等和妇女赋权。在国民经济方面，进一步深化新经济改革，修订促发展的法律法规，发展绿色经济，吸引国外投资。在外交方面，保持平衡务实的姿态，与美俄等大国和大国集团的国际合作富有成效，与中国关系在抗疫合作中取得进展。通过抓住时机延展自身优势，塞西政府顺势而为，努力恢复埃及在中东地区的实力和地位。

【关键词】

埃及　政治形势　经济形势　对外关系

2020 年是国际局势纷乱频仍、充满变数的一年。一方面，近年来持续不断演变的老问题反映了处在转型期的国际秩序依然面临挑战，如中美关系、美俄关系、美伊冲突、英国“脱欧”、朝鲜半岛局势、乌克兰局势、拉美政局等；另一方面，新增的新冠肺炎疫情、人工智能、气候治理等传统安全之外的议题，凸显了人类社会面临新的危机与机遇。对埃及而言，2020 年是埃及总统塞西第二任期的第三年，也是埃及政府克服重重困难加

---

* 李意，上海外国语大学中东研究所副研究员。

大改革力度的一年。其工作重点如下：一是维护国家安全和社会稳定，进一步深化政治改革；二是加快国民经济发展进程并提供新的就业机会，多举措保障和改善民生；三是团结国内外力量，积极应对新冠肺炎疫情，为埃及疫情防控奠定基础。

一、2020年埃及政治形势

国家安全和社会稳定一直是塞西政府工作的重中之重。早在2018年7月，埃及外长舒凯里就指出："埃及带领中东地区走出困境的关键在于推进政治改革和促进经济发展，而安全与稳定是推动中东和平与发展的关键前提。"① 为此，塞西政府注重平衡各主要政治力量，完善各项制度；引领舆论导向，营造支持政府氛围；聚焦百姓关切，解决热点难点问题；严密组织疫情防控，积极开展抗疫国际合作。这一系列措施保证了埃及社会秩序的正常运转，缓解了新冠肺炎疫情的危机。2020年，埃及的政治形势主要体现在推动政治改革、全力改善民生、积极防控疫情等三个方面。

（一）推动政治改革，完善各项制度

实施多数党改革，为议会选举做准备。2020年3月11日，埃及议会多数党祖国未来党（Nation's Future Party）进行彻底改革。最高宪法法院前院长阿卜杜－瓦哈卜·阿卜杜－拉扎克（Abdel－Wahab Abdel－Razek）被任命为祖国未来党主席。原主席艾什拉夫·拉沙德（Ashraf Rashad）为第一副主席兼秘书长。该党于2015年8月成立，前身是组织并参与"1·25"革命和"6·30"革命的祖国未来运动。其成员主要由商人、前司法官员和律师组成，以政党政治替代街头政治为宗旨，通过合法、和平的方式使民众参与国家政治生活。这次人事变动被视为2020－2021年埃及议会选举的前期准备工作。2020年8月和10月，埃及开始举行参议院（协商会议）选举和众议院（人民议会）选举。作为埃及"最年轻的政党"，祖国未来党在上届议会选举中因斩获53席而成为议会第二大党，有可能在埃及政坛中发挥更大作用。

---

① 马翩宇：《埃及外长：政治稳定是推动中东和平与发展的关键前提》，载《经济日报》，2018年7月11日。

批准参议院法，议会回归两院制。2020年6月15日，埃及议会批准参议院法。参议院共设300个席位，议员任期5年，其中200个席位由政党提名候选人和独立候选人组成，另外100个席位由埃及总统指定。[①] 参议院将受委托就宪法修正案、国家五年社会经济发展计划、和平与联盟条约、国家安全协议，以及总统或众议院提交的法律草案提出意见。它将确保立法得到谨慎通过，政府受到有效监督。2014年，埃及新宪法规定埃及议会实行一院制，原本相当于议会参议院的协商会议被废除。2019年，埃及议会通过了宪法修正案，决定重新设立议会参议院。其回归不仅意味着埃及参议院在被撤销后时隔6年多重新回归政坛，而且是埃及政治生活和民族团结的有力补充。2020年8月11日，埃及议会参议院投票选举工作启动；2020年10月24日，埃及议会众议院投票选举工作启动。

完善统一投诉制度，开辟沟通新渠道。2020年1月11日，埃及总理审查了2019年有关政府服务的64万起投诉报告，该数据比2018年增长了50%。[②] 统一的投诉制度是确保政府与公民及时沟通的一种机制。政府对投诉作出更高级别的反应，有助于开辟政府与公民沟通的新渠道，通过执行总统的指示来改善政府服务，解决民众生活中遇到的疑难杂症，维护民众的应有权益。所有投诉都通过统一的投诉系统，即第314/2017号总统令进行电子处理，包括接收、审查和回应。在民众提出的上述投诉中，主要涉及供应、住房和公用事业、保险和养老金、人力和就业、教育和医疗等诉求。而投诉数量的增加，也证明该系统已经赢得埃及民众的信任。

重新任命信息部部长，整顿非法经营的通讯社。鉴于社交媒体和传统媒体在塑造政治形态和政治发展等方面的重要作用，埃及政府十分重视对媒体的监管与控制。2019年12月22日，埃及政府重新任命埃及通讯和信息技术部部长，这是信息部在内阁改组解散近六年后的重新任命。过去几年来，埃及新闻媒体行业的风气不断下滑，有些甚至违背了媒体的职业道德自律和新闻行业从业规范的约束。为此，2016年底，埃及媒体监管最高委员会成立。其任务是对埃及媒体实施监管，并对违规者实施处罚，确保其独立性和中立性。奥萨马·海哈尔（Osama Heikal）被任命为埃及信息部部长后，其首要任务是改变媒体形象，以及对媒体监管最高委员会的权

① Gamal Essam El-Din, "Egypt Parliament Approves Senate Law," *Al-Ahram*, June 15, 2020.

② "Egypt's Prime Minister Reviews Complaints about Gov't Services in 2019," *Al-Ahram*, January 11, 2020.

责进行再分配。[1] 2020 年 1 月 16 日，埃及警方突袭了土耳其阿纳多卢通讯社（Anadolu Agency）在开罗非法活动的办公室。据悉，阿纳多卢通讯社自 2013 年以来一直在埃及非法经营。此次查封行为是埃及政府行使主权的体现，旨在重申埃及维护新闻自由和尊重国际公认的新闻行业工作原则。

（二）全力改善民生，聚焦百姓关切

启动社会医疗保险制度。2019 年 11 月 26 日，埃及启动全面的社会医疗保险制度。医保系统经试点后逐步在全国推行，旨在为国民提供更好的医疗保障。在新制度下，每人每次治疗的平均费用将从 180 埃镑提高到至少 2000 埃镑，有效保证了医疗服务的质量。政府拨款 90 亿埃镑来实施第一期全面医疗保险制度，预计 2032 年拨款将达到 6000 亿埃镑，人均将高达 5500 埃镑。[2] 据悉，该系统的资金部分来自公民缴纳的国家税收，占总预算的 30%—40%，还有部分来自烟草和香烟衍生品费用等额外资源，以及国库的税款。

解决贫民窟居民安置问题。埃及首都开罗是中东贫民窟最集中的地区之一。社会经济形势的不断变化加剧了开罗住房供给的缺口，贫民窟在整座城市蔓延，危房触目惊心，为各种社会矛盾激化埋下了隐患。据悉，埃及有 351 个危房贫民窟，大多数是贫民在首都建的缺乏水电等基本设施的危房。塞西政府一直致力于解决贫民窟居民安置问题。早在 2016 年，塞西就承诺在三年内将所有生活在不安全贫民窟的居民搬迁至新公寓，这个项目预计花费约 15.8 亿美元。2020 年 2 月 2 日，塞西命令有关部门加大力度改善全国贫民窟地区的生活环境。目前来看，改善棚户区和社会住房项目已经取得成就，埃及政府将继续在全国范围内加大改善贫民窟的力度，为贫民窟居民提供更好的服务，以确保他们过上较为体面的生活。

稳步推动性别平等和妇女赋权。近年来，为应对联合国妇女署发起的一项旨在推动性别平等、实现女性权益的全球倡议运动——“他为她”（He For She）运动，塞西总统号召所有人尤其是男性公民加入，旨在赋予妇女真正的权力。2020 年 7 月，埃及和国际金融公司推出支持女性劳工的

---

① Ayat Al Tawy, “Egypt's Media Minister Returns in New Government Shake - up,” *Al - Ahram*, December 22, 2019.

② Sama Osama, “Sisi Launches Comprehensive Social Health Insurance System in Egypt,” *Al - Ahram*, November 26, 2019.

新计划。该计划着重推动私营企业充分利用庞大的女性人才库，从而改善埃及妇女的就业机会并进一步刺激经济增长。10 月 1 日，在联合国举行的纪念北京世界妇女大会 25 周年高级别在线会议上，塞西强调让妇女融入建设和平磋商过程的重要性，他表示，埃及在实现妇女平等和赋权方面已经采取了“稳定步骤”。在内阁和埃及议会中，妇女代表比例已增至 25%，她们有的还担任了重要职位，包括省长和国家安全顾问等。[①] 此外，为应对新冠肺炎疫情大流行中妇女和女童的特殊需求，埃及积极参与到发展阿拉伯地区有关妇女、和平和安全战略的努力中，是全球首个发布相关政策文件的国家。鉴于此，埃及已成为中东和非洲第一个加速消除性别差距的国家。

（三）积极组织力量，防控新冠肺炎疫情

在国内政策方面。自 2020 年 3 月新冠肺炎疫情在埃及暴发以来，埃及政府采取了一系列抗疫举措。首先，塞西总统要求国家各个机构协调合作，按照世卫组织的标准联合阻止疫情的蔓延。埃及议会通过修正案赋予总统更大权力，以有效控制疫情。4 月 5 日，埃及议会通过了 2019/2020 财年预算的议案，决定拨专款 1000 亿埃镑用于实施国家抗击疫情计划。[②] 其次，塞西呼吁官员向民众提供准确的信息，加强对埃及港口和机场的健康检查和控制。4 月 7 日，埃及卫生和人口部宣布与推特合作，开展宣传活动，提供有关冠状病毒大流行的权威健康信息。此外，议会还通过多项法律修正案，采取减少或免除公司房地产税、允许公司分期缴纳社会保险、减少个人所得税等措施，从而减轻疫情对经济造成的影响。

在国际合作方面。2020 年年初，新冠肺炎疫情首先在中国暴发，埃及各方大力支持中方抗疫：塞西总统表示埃及政府和人民坚定支持中方；埃及向中国提供了 10 吨医疗物资；埃及主流媒体纷纷报道中国人民如何团结一心，坚决打赢这场疫情阻击战的实况。2 月 16 日，《人民日报》与《金字塔报》合作推出了中国抗击疫情的专版，刊发了 7 篇阿拉伯语文章，为埃及读者呈现了中国抗击疫情做出的努力，同时向提供帮助的埃及各界朋

---

① “Egypt Has Taken ‘Steady Steps’ towards Achieving Women’s Equality and Empowerment, Sisi Tells UN,” *Al-Ahram*, October 1, 2020.

② 肖天祎：《抗疫情迎难而上 思善治期盼团结》，载《光明日报》，2020 年 4 月 5 日。

友表达了感谢之情。[①] 在应对地区疫情方面，4 月 4 日，塞西在非洲领导人视频峰会上强调，必须继续与非盟成员国和国际伙伴携手帮助非洲应对疫情，特别是在调动资金和提供国际援助方面。这一呼吁获得非盟发言人的一致赞同。为此，世卫组织也赞扬埃及在处理新冠肺炎疫情病例方面的专业水平，包括报道的透明度和迅速性。

二、2020 年埃及经济形势

对塞西政府而言，经济发展具有“最高优先性”。自 2015 年 3 月埃及举办了经济发展大会并向全世界展示埃及的经济改革议程后，埃及政府一直在努力兑现对经济改革的承诺。2016 年，塞西总统宣布“埃及 2030 愿景”战略报告，旨在稳定宏观经济，实现经济可持续发展。该报告强调将发展与环保、就业与提升劳动力素质相结合，以公平公正、平衡多样的方式全面推进埃及经济和社会同步发展，建成善于创新、注重民生、可持续发展的新埃及。如今，塞西治下的新经济改革已取得一些成效，埃及经济复苏势头明显。惠誉咨询（Fitch Solutions）报告显示，2019/2020 财年埃及 GDP 增长率将从 2018/2019 财年的 5.6% 增长至 5.9%。[②] 2020 年 6 月，埃及财政部发布了 2020/2021 财政年度总预算的财务报表，旨在向疫情中最需要的部门和类别提供援助和支持，加快国民经济发展进程并提供新的就业机会。尽管受到新冠疫情影响，但埃及经济运行总体平稳且稳中有增。

（一）推动经济改革，修订相关法规

出台刺激经济新举措。2020 年 5 月，埃及央行将承包部门纳入 1000 亿埃镑支持计划。该计划由政府和埃及中央银行共同发起，通过支持埃及的本土产业，提高埃及的经济增长率和国内生产总值。[③] 这笔资金的贷款

① 中国驻埃及大使馆：《〈人民日报〉与埃及〈金字塔报〉合作推出中国抗击新冠肺炎疫情专版》，http://eg.china-embassy.org/chn/ztbd/kjxxgzbdgrfyyq/t1746816.htm。

② 中国驻埃及大使馆经商处：《惠誉预计 2019/20 财年埃及 GDP 增长率为 5.9%，经济保持强劲增长》，http://eg.mofcom.gov.cn/article/jmxw/202003/20200302943397.shtml。

③ Doaa A. Moneim, “Egypt's Central Bank Engages Contracting Sector in EGP 100 bln Initiative Amid Covid-19 Crisis,” *Al-Ahram*, May 14, 2020.

利率十分优惠，将平均分配给承包工程领域的所有公司。2020 年 9 月，埃及建立首个商品交易所，总资本为 9100 万埃镑。[①] 作为促进国内贸易循环计划的一部分，这是埃及贸易体系基础设施建设的重要举措，旨在鼓励小型贸易商加入交易所和贸易体系。该交易所通过在线交易，减少商品流通的中间环节，进而提高价格竞争力，以惠及更多的消费者和生产者。2020 年 10 月，埃及电信公司宣布启动“数字埃及”计划。埃及政府在 2020 - 2021 财年专门拨款 127 亿埃镑用于发展数字产业，“数字埃及”计划将成为促进经济增长的催化剂。[②]

调整原有的法律法规。2020 年 5 月 7 日，埃及内阁批准了一项法律草案，修改了印花税法和所得税法的某些规定。该法案对在埃及证券交易所上市的证券交易印花税和资本利得税继续予以免征税收的优惠，但买卖国债的除外。8 月 23 日，埃及众议院中小型企业委员会批准了金融监管局《小额信贷法》的六项修正案。该法案规定中小企业贷款人（包括金融公司和非政府组织）将受小额信贷法约束，允许中小型企业融资提供方成为埃及小额信贷联合会成员，并对中小型企业贷款人的注册资本进行了限定。9 月 8 日，埃及总理批准《资本市场法》修正案，允许私募基金有条件依法经营。9 月 24 日，塞西总统批准了 2020 年第 194 号法律《银行法》，决定将隔夜存款利率、隔夜贷款利率和主要操作利率分别下调 50 个基点至 8.75%、9.75% 和 9.25%，贴现率也降低了 50 个基点至 9.25%。[③]

（二）发展绿色经济，吸引国外投资

加快经济的绿色转型。近年来，埃及政府大力提倡发展低碳经济，开发绿色清洁能源，旨在更好地协调埃及新能源产业发展，实现国家经济转型。2020 年 8 月 30 日，埃及与丹麦就绿色转型与可再生能源达成总额约为 5.6 亿美元的协议，签署了埃及—丹麦能源合作（2019 - 2022）计划，旨在推动埃及的绿色转型并投资可再生能源。[④] 10 月 15 日，埃及在伦敦证

① Doaa A. Moneim, “Egypt Establishes First Commodities Exchange with EGP 91 mln Capital,” *Al - Ahram*, September 9, 2020.

② 景玥、黄培昭：《埃及加快数字化建设步伐》，载《人民日报》，2020 年 11 月 17 日。

③ 吴爱民：《后疫情时代下的埃及面面观》，https://finance.sina.com.cn/roll/2020 - 10 - 10/doc - iivhuipp8789409.shtml。

④ Doaa A. Moneim, “Egypt, Denmark Ink Agreement on Green Transformation, Renewable Energy,” *Al - Ahram*, August 30, 2020.

券交易所发行了价值7.5亿美元的绿色债券,[①] 成为第一个发行绿色债券的阿拉伯国家。五年期绿色债券所得款项将用于为可再生能源和能源效率等部门的绿色项目提供资金或再融资，重点考虑温室气体减排、污染物削减、资源节约、生态保护等方面的环境效益，旨在推动传统的经济结构转型升级和能源转型。11月10日，欧洲复兴开发银行（EBRD）、欧盟（EU）和绿色气候基金（GCF）联合启动了总额为2.2亿欧元的两个发展计划,[②] 向埃及企业提供次级贷款，用于能源、水和资源节约型解决方案的绿色投资。

吸引国际组织融投资。鉴于埃及经济不可避免地受到疫情冲击，吸引国外融投资成为国家经济要务。2020年9月，埃及财政部颁布了新的关税修正案，旨在提高埃及生产能力和扩大出口量，在鼓励本地制造业发展的同时，增加外国在埃及的投资。12月15日，世界银行的两大附属机构之一的国际金融公司与埃及美国商会达成协议，为妇女提供更灵活、更具包容性的工作场所，进而提高工作场所性别平等中的就业机会。12月19日，国际货币基金组织完成了埃及经济改革计划的首次审查后决定拨款16亿美元，帮助埃及采取进一步行动，包括放松货币政策和进行结构性改革。[③] 12月24日，埃及中央银行与世界粮食计划署启动了投资项目，旨在资助包括卢克索、阿斯旺在内的上埃及40个村庄的中小微企业的发展。12月29日，埃及与欧洲投资银行签订融资协议，用以支持公共交通和基础设施的发展。

与欧洲国家签署合作协议。2020年1月22日，埃及与英国在投资峰会上签署了价值数十亿美元的多项投资协议。此次峰会是英国和非洲政商界人士最大规模的一次互动交流，英国将对来自非洲大陆的移民更加开放，并承诺对非洲采取更加可持续的贸易和援助方式。[④] 不仅如此，峰会还计划构建诸多伙伴关系，为非洲大陆提供更多投资机会及体面的工作机会，从而推动非洲2063年议程的实现。11月16日，埃及从德国获得

---

① Doaa A. Moneim, "Egypt Launches Its First of Kind Green Bonds in London Bourse, Worth $750 mln," *Al-Ahram*, October 15, 2020.

② Doaa A. Moneim, "EBRD, EU, GCF Launch Two Programs Worth □ 220 mln to Boost Egypt's Green Economy," *Al-Ahram*, November 10, 2020.

③ Doaa A. Moneim, "IMF Completes Egypt's SBA Loan Review, $1.6 bln to be Disbursed," *Al-Ahram*, December 19, 2020.

④ 强薇：《英非投资峰会聚焦"脱欧"后机遇》，载《人民日报》，2020年1月23日。

1.328 亿欧元的资金，用于 2021 年在埃及实施的 11 个新项目。这些项目多为私营企业，旨在促进技术和职业教育发展、推动社区治理创新以及创造新的就业机会。

（三）国内国际联动，合作防控疫情

在国内层面，通过多举措保障国民生活。2020 年 3 月，埃及中央银行针对冠状病毒暴发启动新程序，简化银行业务和货币运营流程。提高包括 ATM 在内的每日交易限额，鼓励民众使用信用卡而非现金，以限制新冠病毒的迅速传播。埃及政府拨款 1000 亿埃镑保障国民生活和复工复产并宣布应对疫情十五条经济举措，包括财政部拨款、降低工业用电价和天然气价、取消延期支付的罚款和滞纳金、支持旅游从业者并启动“旅游融资计划”、降低央行税率等内容。① 7 月，旅游局在确保防控措施的前提下恢复国际航班营运，重新开放包括吉萨金字塔、狮身人面像等著名景点在内的旅游场所。政府部门还根据需要实施紧急援助措施。全面启动“数字未来”倡议，旨在为私营部门提供专业支持，帮助中小企业数字化转型。9 月，人力资源部向近 40 万名工人提供了 6.98 亿埃镑的紧急援助；社会保障部也宣布免除 110 万困难学生的学费，豁免总额高达 2.8 亿埃镑。② 为了避免疫情对农业出口的影响，农业部开拓了包括澳大利亚、新西兰、毛里求斯、印度尼西亚等国在内的七个果蔬产品出口新市场。与 2019 年同期相比，包括葡萄、大蒜、草莓和豆类在内的农产品出口量出现大幅增长。

在国际层面，通过多途径抵抗新冠肺炎疫情。一是寻求国际组织和欧洲银行的帮助。2020 年 4 月 3 日，世界银行专门向埃及拨款 790 万美元，帮助埃及应对新冠肺炎疫情大流行期间的预防、发现和治疗。③ 12 月 31 日，埃及银行从欧洲投资银行获得 4.25 亿欧元以支持在疫情期间埃及的中小企业，通过增强中小企业带动埃及经济增长的能力，从而有效保持和推

① 郑蓉：《为什么埃及经济能在中东北非率先回暖》，载《中国青年报》，2020 年 10 月 19 日。

② 吴爱民：《后疫情时代下的埃及面面观》，https://baijiahao.baidu.com/s?id=1680140768577116828&wfr=spider&for=pc。

③ “World Bank Offers Egypt $7.9m to Fund its Measures against COVID-19,” April 3, 2020, https://www.egypttoday.com.

动疫情环境下的增长和就业。[①] 二是寻求世界大国的帮助，中国对埃及投资依然活跃。在埃中企防疫保产双管齐下，承建项目未受重大影响。截至2020年年底，中埃·泰达苏伊士经贸合作区（泰达合作区）共吸引96家企业入驻，实际投资额超12.5亿美元，累计销售额超25亿美元，缴纳税费近1.76亿美元，直接解决约4000人就业，产业带动就业3.6万余人。[②]

三、2020年埃及对外关系

塞西总统将埃及国家利益的优先考量定位在巩固国家政权、维护国家安全、解决民生关切等方面。在外交政策领域，埃及前外长法赫米曾指出："埃及外交政策的目标就是让埃及有更多的选择，它不会以谁来替换谁，它要的是增加。"此处的"增加"主要是指外交圈的扩大。对塞西政府而言，在经历了中东剧变后，原先的"三个圈子"外交（对阿拉伯国家、非洲国家、伊斯兰世界的外交）无论从内涵还是外延方面，都增添了新的内容。特别是针对新形势制定的平衡外交政策，有助于塞西政府完成多项迫在眉睫的任务。其政策目标包括：在中东地区层面，提升地区影响力，维护地区大国的地位；在伊斯兰世界层面，"重回历史使命"，维护伊斯兰世界和阿拉伯国家的稳定；在全球层面，加强在国际事务中的作用和影响力，真正发挥地区性大国的作用。[③]

（一）区域外交主动务实

支持阿拉伯国家与以色列达成和平协议。自2020年8月以来，以色列和多个阿拉伯国家陆续签署和平协议。埃及对此表示支持，认为阿拉伯国家与以色列达成的和平协议有助于地区稳定。8月13日，阿联酋和以色列达成《亚伯拉罕协定》，双方实现关系正常化。塞西总统对美、以、阿三

① Doaa A. Moneim, "Banque Misr Receives □425 mln from EIB to Support Egyptian SMEs amid Coronavirus Crisis," *Al-Ahram*, December 31, 2020.

② 吴丹妮、李碧念、闫婧：《中国与埃及经贸务实合作疫情下稳中有升》，http://www.gov.cn/xinwen/2021-01/14/content_5579858.htm。

③ 李意：《埃及塞西政府的平衡外交政策述评》，载《西亚非洲》，2019年第5期，第98页。

方联合声明表示赞赏，认为新协议将给中东带来和平。[①] 9月11日，塞西总统欢迎巴林—以色列关系正常化协议。塞西称，“这是朝着地区稳定与和平迈出的‘历史性一步’，同时认为这是实现巴勒斯坦问题和平和永久解决的方式”。[②] 10月23日，塞西总统对苏丹和以色列签订协议表示支持。作为地区大国，埃及的舆论有可能引领整个中东地区，这种强大的软实力也成为埃及外交的重要资源。

推动政治解决巴勒斯坦问题。巴勒斯坦问题在埃及政治中占据优先地位，推动巴勒斯坦问题的解决是埃及地区外交的重要内容。1月28日，埃及支持特朗普政府的“中东和平计划”。该计划长达181页，文件名为《从和平走向繁荣：改善巴勒斯坦和以色列人民生活的愿景》。埃及呼吁有关方面认真考虑美国实现和平的愿景并开放对话渠道，通过达成一项全面和公平的和平协议，满足两国人民的愿望和希望并建立一个独立的巴勒斯坦国。5月18日，埃及外长和挪威外长通话讨论了巴勒斯坦问题，两国希望推动双边关系在政治、经济和文化等各个领域取得进展，支持旨在恢复政治解决巴勒斯坦问题的各项努力。6月3日，埃及外长重申为巴勒斯坦问题达成一个和平方案。同时表示要保持巴勒斯坦权力机构的稳定并支持其财政状况，以应对现有的挑战，特别是应对新冠病毒大流行的经济和社会影响方面。[③] 9月17日，塞西与世界犹太人大会负责人讨论中东和平进程与埃美关系。塞西强调，“必须恢复巴勒斯坦和以色列的谈判，实现巴勒斯坦事业的全面解决，这将为该地区所有人民打开通往稳定、繁荣与和平共处的大门”。[④] 11月30日，塞西与巴勒斯坦总统阿巴斯会面时表达了对巴勒斯坦内部政治和解进程的“全力支持”。他呼吁阿拉伯国家努力恢复巴以和平谈判，并根据国际法支持巴勒斯坦人民恢复其民族合法权利，改善加沙地带的人道主义状况。

有限缓和与土耳其关系。埃及与土耳其之间的竞争和冷淡关系持续了几十年。自2013年7月3日埃及政变以来，两国关系更是不断恶化。埃及

---

① “Egypt’s Sisi Welcomes UAE – Israel Agreement,” *Al – Ahram*, August 13, 2020.

② “Egypt’s Sisi Welcomes Bahrain – Israel Agreement to Normalise Relations,” *Al – Ahram*, September 11, 2020.

③ “Egypt’s Foreign Minister Asserts Necessity of Reaching Just Solution for Palestinian Issue,” *Al – Ahram*, June 3, 2020.

④ “Sisi Discusses Middle East Peace Process, Egyptian – American Relations with Head of World Jewish Congress,” *Al – Ahram*, September 17, 2020.

在许多区域问题上都与土耳其意见相悖。在利比亚问题上，2020 年年初，埃及外交部谴责土耳其向利比亚部署军队，认为土耳其对利比亚的军事干预威胁了阿拉伯国家的安全，特别是埃及的国家安全。在亚美尼亚问题上，9 月 14 日，埃及、亚美尼亚同意排除外部干涉对区域的重要性，反对土耳其介入亚美尼亚和阿塞拜疆的争执。10 月以来，土耳其延长了在东地中海的天然气勘探任务，并强调不会放弃在东地中海的权利。埃及总统对土耳其的挑衅表示反感，认为应该在三方合作机制框架内执行联合项目。[①] 鉴于土耳其和埃及在一系列问题上具有共同利益，双方有可能缓和紧张关系，开放合作之路，但区域结盟和先入为主的立场将使它们采取有限合作，双方联系仅限于安全和情报沟通等问题。

与利比亚弥合多年裂痕。自 2014 年 8 月以来，利比亚两大政治势力割据对峙并出现两个议会、两个政府并立的局面。民族团结政府控制西部地区，得到联合国承认，受土耳其支持；军事强人哈利法·哈夫塔尔领导的"国民军"控制东部等地区，受埃及等国支持。鉴于利比亚境内不稳定局势和土耳其对利比亚民族团结政府的强势支持可能威胁埃方国家安全，2020 年 12 月 27 日，埃及政府高级别代表团访问的黎波里，会见利比亚民族团结政府内政和外交部长。这是自 2014 年以来的埃及首次访问，意味着两国开始恢复双边关系。双方讨论了安全领域面临的共同挑战，就如何加强安全合作，如何巩固利比亚国内停火和利比亚联合军事委员会"5 +5"和谈[②]成果进行了商讨。出于向国际社会表达和平解决利比亚问题的愿望，埃及表示支持利比亚问题的政治解决方案，承诺尽快重开驻利大使馆，双方同意恢复的黎波里与开罗之间的航班。

围绕复兴大坝展开磋商。长期以来，埃及与埃塞俄比亚的争端主要围绕复兴大坝（GERD）展开。近年来，埃及、埃塞俄比亚和苏丹已就此问题举行了多轮磋商。2020 年 6 月 26 日，三国同意成立一个由法律和技术专家组成的委员会，起草一份具有约束力的最终协议，并在达成协议之前，不采取任何单边措施，包括填筑大坝并推迟水库的蓄水。埃塞俄比亚的表态标志着有关争议项目的谈判取得进展。然而，2021 年 1 月，新一轮

---

① "Turkey Extends Controversial Mediterranean Gas Exploration," *Al-Ahram*, October 25, 2020.

② "5 +5"联合军事委员会谈判机制于 2020 年 1 月 19 日在柏林举行的利比亚问题国际会议上确立，并得到联合国安理会认可，由利比亚民族团结政府和利比亚"国民军"各派五名高级官员或代表进行谈判。

三方谈判宣告失败。鉴于埃塞俄比亚在谈判中持顽固立场，埃及有可能采取以下替代方案：一是军事解决方案，其“打击目标是中止埃塞俄比亚发电站的工作，而不是轰炸大坝本身”；二是经济解决方案，“将埃及巨大的过剩电力直接出口至埃塞俄比亚邻国，并且以有竞争力的价格向埃塞俄比亚出口，从而使大坝在地区失去作用”等。

（二）国际合作富有成效

与国际组织加强联系。2020 年 9 月 15 日，埃及候选人穆罕默德·埃泽尔丁（Mahmoud Ezzeldin）在获得委员会成员多数票后，再次当选为联合国经济、社会及文化权利委员会委员，体现出国际社会对埃及在相关工作中的肯定与赞赏。9 月 20 日，埃及外长舒凯里和联合国黎巴嫩问题特别协调员库比什在开罗会晤，一致强调各方必须继续支援黎巴嫩，以帮助黎巴嫩摆脱贝鲁特港大爆炸后的严峻局势。10 月 3 日，埃及外长在联合国大会上敦促各方根据 2019 年联合国就建立无核武器区达成的共识，着手建立中东无核武器区，为国际裁军事业做出贡献。它不仅体现了各国主动的共同努力，也是推进区域安全建设的一种手段，联合国大会决议将采取一系列监督和控制手段以保障有关条约的施行。

与俄罗斯开展多领域合作。2020 年 7 月 11 日，埃及国防与军事生产部与俄罗斯达成协议，计划建造 500 辆 T－90MS 主战坦克。[①] 根据协议，这批主战坦克将由俄罗斯乌拉尔瓦贡扎沃德公司（UVZ）负责，引进散件后自行在埃及完成组装工作。8 月 12 日，埃及与俄罗斯就生产俄制新冠疫苗展开接触。由于埃及部分医药公司有能力生产和出口俄制疫苗，这使得双方在研制和销售疫苗方面的合作成为可能。9 月以来，埃及开始研究生产俄罗斯“卫星－V”新冠疫苗的可行性以及这款疫苗在埃及医药市场的获得性问题。9 月 30 日，俄罗斯直接投资基金表示，该基金与埃及制药巨头之一法可药业（Pharco Pharmaceuticals）达成协议，向埃及供应 2500 万剂“卫星－V”新冠疫苗，满足埃及 25% 的接种需求。[②] 11 月 17 日，俄罗斯与埃及在黑海举行“友谊之桥－2020”联合军演。此次演习是为了增强

① 《埃及签订协议向俄罗斯购买大批 T－90 坦克》，https：//www. sohu. com/a/407085072_120649655。

② 《俄罗斯直投基金将向埃及供应 2500 万剂新冠疫苗》，https：//finance. sina. com. cn/tech/2020－09－30/doc－iivhuipp7371640. shtml。

俄罗斯与埃及在海上安全方面的军事合作，双方联合对水面和空中目标进行打击，共同进行防御演练，并开展对失事船只搜寻、对落水人员救助等演练。

与美国关系稳中有变。长期以来，埃及因在阿拉伯及非洲的特殊地位和作用，与美国形成了相互借重的关系。埃及需要美国的经济和军事援助，美国需要通过埃及来推行中东战略。自2013年7月埃及军方解除穆尔西的总统职务后，美国暂停部分对埃及援助，双方关系趋于冷淡。特朗普执政期间，随着塞西2017年4月成功访美，双方关系稳步发展。2020年11月7日，美国新任总统拜登发表讲话指出，美国外交会更强调人权，对有强权色彩的政权会持较强硬态度，这预示着双方关系有可能出现变化。[①]面对拜登政府可能出现的变化，埃及依然将安全作为外交政策中的首要诉求，要在不稳定的局势中维持平衡。鉴于此，只有通过积极寻求与美国、俄罗斯、中国利益的最大共识，埃及才有可能在新的国际格局中迅速自我定位并更深地融入国际社会。

（三）中埃合作取得进展

密切高层交往，深化政治互信。政治互信是中埃两国关系的基石，“一带一路”倡议已成为中埃合作的主线。2019年11月13日，中国政协主席汪洋率领中国高级代表团对埃及进行访问。会谈重点讨论了在“一带一路”框架内促进全面战略伙伴关系以及各领域的有效合作，积极推进了中埃全面战略伙伴关系取得更大发展。2020年1月7日，中埃两国外长进行会谈。作为“一带一路”倡议的一部分，两国就重大地区和国际问题交换意见，不断推动政治合作和达成共识。1月8日，由埃及内阁信息与决策支持中心、中国国务院发展研究中心和中国驻埃及大使馆共同主办的治国理政与“2030愿景”论坛在开罗召开，讨论议题包括减贫、可持续发展、“一带一路”倡议与埃及“2030愿景”的对接等。[②] 可以预见，中埃双方将在“一带一路”倡议和政治互信的基础上，进一步推动全面战略伙伴关系的发展。

联合抗击疫情，体现两国情谊。在新冠肺炎疫情危机下，中国以分享

---

① 于潇清：《拜登“胜选”，会给美国和世界带来什么改变》，https：//www. thepaper. cn/newsDetail_forward_9903958_1。

② 吴丹妮：《治国理政与“2030愿景”论坛在埃及举行》，新华社开罗2020年1月9日电。

诊疗经验、捐赠医疗物资的形式对埃及提供援助。2020 年 2 月 27 日，埃及举办首届中阿冠状病毒外交沙龙。会上围绕中国防治新冠肺炎疫情蔓延的措施展开交流。4 月 16 日，埃及从中国收到 4 吨医疗用品，包括 2 万个 N95 呼吸口罩、1 万件防护服和 1 万个聚合酶链反应（PCR）测试包。[①] 4 月 19 日，中埃合作建成口罩生产线助力埃及抗击疫情。中方提供设备、技术、资金以及部分原料，埃方解决原料采购、无菌车间、人工等问题，双方合作抗疫堪称国际典范。为进一步帮助埃及走出疫情下的困境，中国商务部 2020 年 1 月至 9 月数据显示，中国对埃及新增直接投资达 8933 万美元，同比增长 19.3%。[②] 双方还在医用物资、钢铁、纺织、交通、新能源、垃圾回收和污水处理等领域商谈新合作。12 月 11 日，埃及获得首批中国国药集团生产的疫苗。埃及开始大规模接种中国疫苗，有序开展疫苗接种运动。这不仅对埃及而言是一个历史性转机，而且意味着双方的多元化合作向纵深发展。

四、结语

在政治方面，埃及政府 2020 年的工作重点是继续推动政治改革。一是通过议会多数党改革、批准参议院法和回归两院制、完善投诉制度等举措，不仅增强了埃及政府立法的及时性、系统性、针对性和有效性，而且确保执法受到有效监督，为之后的议会选举扫清了障碍。二是在新闻舆论方面加大了对舆论的监控，重新任命了通讯和信息技术部部长，旨在优化埃及官方媒体的形象，应对社会转型关键时期的舆论宣传问题。三是持续关注民生。塞西政府通过启动社会医疗保险制度、解决贫民窟居民安置问题以及推动性别平等和妇女赋权，推动社会保障体系的不断完善，一定程度上缓解了社会矛盾。在新冠肺炎疫情暴发时期，塞西政府组织国内外力量携手共同抗疫，使埃及国内疫情处于可防可控状态。

在经济方面，埃及经济受到疫情冲击，但权威机构的数据显示其运行稳中向好。在 2019 - 2020 财年，埃及的经济总值保持稳定增长的态势，部分产业延续稳中有升的发展势头，多项指标显示出经济复苏的迹象。2020

① "Egypt Receives 4 tons of Medical Supplies from China," *Al - Ahram*, April 16, 2020.

② 《中国与埃及经贸务实合作疫情下稳中有升》，新华社开罗 2021 年 1 月 13 日电。

年10月19日，国际货币基金组织（IMF）发布的《中东和中亚地区经济展望》报告显示，埃及是2020年中东北非地区唯一实现GDP正增长的国家，预计增长率可达3.5%。这与惠誉国际信用评级有限公司（Fitch Ratings）的评价基本一致，即埃及在2020－2021财年的增长仍可达3.4%。不仅如此，2020年12月3日，埃及中央公共动员和统计局（CAPMAS）的数据显示，埃及的贫困率下降到29.7%，这是自1999年来该数据首次下降。埃及经济能够逐步回暖，不仅与近年来塞西政府在金融、税收等领域进行的一系列结构性改革密切相关，而且得益于其较好地平衡了经济活动与疫情防控的关系，增强了国家经济抵御风险的能力。

在外交方面，以稳固国家政权、维护国家稳定为核心，埃及外交呈现平衡和独立特征。一是寻求重塑区域主导地位，旨在进一步发挥地区影响力。在区域外交方面主动务实，支持阿拉伯国家与以色列达成和平协议、推动政治解决巴勒斯坦问题、缓和与土耳其和利比亚关系、围绕复兴大坝问题展开磋商。二是在大国外交方面取得成效，不但与国际组织加强联系，而且与俄罗斯开展多领域合作，埃美关系逐步缓和，埃中抗疫合作取得进展。可以说，塞西总统的外交充分体现了埃及平衡外交政策的特点。借此，埃及不但可以使本地区的大国权力相互抵消，而且可以通过延展自身优势，减少对传统世界性大国的依赖，从而维护国家的政治、经济和安全等各方面的利益。

2020年阿尔及利亚的政治、经济和对外关系

舒　梦*

【摘　要】

与2019年相比，2020年阿尔及利亚的政治、经济和安全形势都有所恶化。在政治方面，阿尔及利亚的政治稳定性依然存在变数，特本政府无力回应反对派“希拉克”运动的诉求，政治改革推进缓慢，不排除抗议浪潮再次涌现、政局再次动荡的可能。在经济方面，阿尔及利亚经济结构有所改善，但依然严重不平衡，政府财政赤字严重、财政储备降至多年最低点，而经济改革进展艰难，无法满足民生需求。在对外交往方面，由于西撒哈拉问题的升级，阿尔及利亚的地区影响力有所下降，其地区地位逐渐边缘化。再加上新冠肺炎疫情对阿尔及利亚的政治、经济等方面带来的严重影响难以在短期内恢复，阿尔及利亚在2021年的发展不容乐观。从短期来看，现任特本政府已经开始逐步回应抗议民众的需求，并逐步推进政治与经济方面的结构性改革。但从长期来看，阿尔及利亚目前并不具备推进改革所需的基本财力和基本环境。如果民生无法在短期内得到改善，阿尔及利亚的政权稳定性堪忧。

【关键词】

阿尔及利亚　政治形势　经济形势　安全形势　对外交往

* 舒梦，上海外国语大学中东研究所助理研究员。

一、2020 年阿尔及利亚的政治形势

2020 年阿尔及利亚的政治形势相对稳定，但自年底以来，反政府的抗议活动逐渐频繁，抗议强度愈演愈烈，阿尔及利亚政治局势处于动荡的边缘。

2020 年初，新冠肺炎疫情来袭，阿尔及利亚同样受到了严重的影响。阿尔及利亚于 2 月 25 日宣布了首例确诊病例。随后，政府采取了严厉的防控措施防范疫情的进一步蔓延。3 月 17 日，阿尔及利亚总统阿卜杜勒·马吉德·特本（Abdelmadjid Tebboune）发表电视讲话，宣布进入国家紧急状态以应对新冠肺炎疫情。阿尔及利亚政府同时宣布关闭所有边境通道，暂停一切航空和海洋运输，禁止游行集会，且不排除动用军队和警察来帮助维持秩序和抗击疫情。在严峻的疫情威胁下，政府采取了“封城”等措施，但确诊病例数量依然居高不下。2020 年 11 月，甚至出现了包括阿尔及利亚总统特本在内的多名高层官员被感染的情况。

新冠肺炎疫情的出现对阿尔及利亚的政治形势造成了两方面的影响：

一方面，疫情阻碍了阿尔及利亚抗议浪潮的发展，缓解了阿尔及利亚的动荡态势。2019 年，阿尔及利亚抗议运动“希拉克”运动成功将已生病多年的阿尔及利亚前总统阿卜杜拉齐兹·布特弗利卡（Abdelaziz Bouteflika）赶下台。特本上台后，阿尔及利亚的结构性政治问题依然没有得以解决，抗议民众坚持每周一次的游行示威以表达依然存在的不满情绪。然而，新冠肺炎疫情暴发后，阿尔及利亚政府采取了隔离措施，限制游行与集会等相关抗议活动。在这种情况下，“希拉克”运动决定推迟其活动，以避免疫情扩散。自 2020 年 3 月以来，阿尔及利亚的抗议示威活动数量明显减少，一些抗议活动被迫改至线上进行。[①] 线上抗议示威活动虽然扩大了观看抗议活动的受众，但其影响效力大不如前。此外，线上活动让很多海外的阿尔及利亚反政府人士得以参与到抗议示威的活动中来，反而扩大了阿尔及利亚反政府阵营内流亡派与本土派之间的内部分歧。

另一方面，疫情的暴发让民众对阿尔及利亚的医保、福利等问题给予

---

① “ALGERIA: Protests Restart,” *Internal Development*, 24 November 2020, https://onlinelibrary.wiley.com/doi/full/10.1111/j.1467-825X.2020.09706.x.

了更多的关注。在疫情快速蔓延的压力下，阿尔及利亚政府无法在短期内向民众提供足够的口罩和呼吸机等医疗用品。阿尔及利亚主要由国营医疗机构提供服务，缺乏现代化的医院和卫生条件。

据媒体猜测，阿尔及利亚对外报道的感染病例数字远低于实际情况。[①] 除卫生系统之外，疫情也给国内金融体系和食品供应等方面带来了重大影响。由于阿尔及利亚的政治僵化，各部门无法对疫情带来的危机进行充分的应对，因而出现了商店与超市排队抢购牛奶、面粉等基础食品、自动提款机旁排队取款等情况。疫情还凸显了阿尔及利亚的社会不平等问题。2020 年，阿尔及利亚的不平等指数高达 35. 3。阿尔及利亚总统一边宣称阿尔及利亚有北非优秀的医疗体系，一边在确诊感染新冠肺炎后迅速远赴欧洲进行治疗，引发了民众的强烈不满。

阿尔及利亚的新冠肺炎疫情在 2020 年 8 月开始好转，政府随之开展了解封政策。但在 9 月和 10 月解除封锁后，商店、公共交通和市场的警惕性有所减轻，导致确诊病例的数量再次激增。在几次反复之后，2021 年 2 月，阿尔及利亚的疫情得到控制后，政府宣布放松部分管控措施。阿尔及利亚的反政府抗议活动浪潮再次涌现。2021 年 2 月，反政府抗议活动“希拉克”运动每周一次的抗议示威活动恢复，并进行了规模盛大的纪念“希拉克”运动两周年的抗议活动。示威者要求进行真正的政治变革并结束全国的军事统治，他们宣称阿尔及利亚应该成为“一个平民国家而不是一个军事国家”[②]。针对抗议活动，阿尔及利亚警察在多个城市实施了交通管制措施以限制示威者的参与。此外，近千名示威者被逮捕，进一步激化了国内矛盾。

为了回应日趋严峻的抗议浪潮，阿尔及利亚政府出台了一系列安抚政策。2 月 21 日，阿尔及利亚总统特本签署了第 78 号总统令，对阿尔及利亚政府进行改组。承诺部级部门的数量将会从 39 个减少至 34 个，一些部级部门将被合并，还有一些部门将被撤除。政府还将通过引入新进人才来提高行政效率。此外，特本还逐步履行自己的就职承诺，修改宪法、制定

① “Protests for Jobs in Algeria’s Marginalized South Turn Violent Ahead of Hirak Anniversary,” *The North Africa Post*, February 11, 2021, https://northafricapost.com/47551-protests-for-jobs-in-algerias-marginalized-south-turn-violent-ahead-of-hirak-anniversary.html.

② “Algeria: Hirak is back, divide between people and power persists,” *The North Africa Post*, February 23, 2021, https://northafricapost.com/47838-algeria-hirak-is-back-divide-between-people-and-power-persists.html.

新选举法以回应阿尔及利亚民众在2019年大规模抗议活动中提出的一些诉求。新选举法对参选候选人和政党的支出门槛进行了规定，并完善了资金监控方面的要求，杜绝了购买选票及席位的可能。

然而，阿尔及利亚政府的回应政策并没有得到抗议民众的认可。民众的不满主要源于以下原因：

第一，政治改革未触及根本。在西亚北非局势动荡发生后，阿尔及利亚就出现了抗议浪潮，彼时布特弗利卡总统通过加强补贴等措施平息民怨，并承诺进行政治改革，在短期内恢复了局势的稳定。但多年过去，直到布特弗利卡下台都没有履行自己对国家进行“全面、深入”的政治改革的承诺。2019年特本上台后，同样承诺进行政治改革。然而在他当选后的一年时间里，阿尔及利亚的政治改革进展缓慢，无法满足民众的需求。抗议者认为现有改革仅仅是粉饰太平的被动举措，尽管国民议会的改组换了一部分亲近前总统布特弗利卡的议员，但国家政权依然主要控制在军事势力手中。抗议活动要求国家政权与军方之间彻底分割，这对于目前的阿尔及利亚来说是难以实现的。

第二，人权事件频发。在政府力量与抗议人群进行对峙的过程中曾逮捕多名反对派成员，其中包括部分参与抗议示威的学生和记者。根据联合国人权高级专员办公室的报道，在阿尔及利亚很多地方，“安全部队通过不必要的或过度的武力和任意逮捕来镇压和平示威，一些表达异议的维权人士、人权捍卫者、学生、新闻记者、博客作者和普通公民受到了刑事起诉”，阿尔及利亚《刑法》措词含糊不清，被用来过分限制言论自由，并起诉表达异议的人。① 被捕的几名囚犯宣称在逮捕期间曾经受到酷刑与性虐待，对此，阿尔及利亚的检察官办公室已下令进行初步调查。阿尔及利亚人权组织“阿尔及利亚捍卫人权联盟”警告称“该国的未来走上了一条危险的道路”。②

第三，社会危机加剧。2020年4月，新冠肺炎疫情导致世界石油消费水平出现了历史性急降，2020年布伦特原油期货的均价较之前一年跌幅达

① 《历史重演：阿尔及利亚民主运动成员遭镇压》，联合国，2021年3月5日，https：//news. un. org/zh/story/2021/03/1079682。

② “Algerian Human Rights League Depicts Bleak Picture of Situation in the Country,” *The North Africa Post*, February 18, 2021, https：//northafricapost. com/47713 - algerian - human - rights - league - depicts - bleak - picture - of - situation - in - the - country. html.

32.65%。在油价下跌和新冠肺炎疫情的双重影响下，阿尔及利亚的社会危机日趋严重，本国货币第纳尔持续贬值。国内社会治安状况日益恶化，偷盗、抢劫等犯罪案件频发。阿尔及利亚失业率保持在 15% 左右，其中年轻人失业率高于 30%，导致民众的不满情绪攀升。一些年轻人走上街头燃烧轮胎、阻碍交通以示对社会现状的愤怒。2021 年初，相继有两名年轻人在家中自尽，引发了阿尔及利亚社会的关注。[①] 2021 年 3 月 6 日，阿尔及利亚北部地区发生强降雨，河水暴涨，引发洪水，造成多个城市的市区内涝积水，公路交通受到严重影响。[②] 在阿尔及利亚南部地区，跨境犯罪、人口贩卖等活动非常猖獗。自然灾害与人为犯罪的出现更加加剧了阿尔及利亚民众的不安全感。

第四，民生危机加剧。根据阿尔及利亚国家统计局测算，2020 年阿尔及利亚的全年通货膨胀率为 2.4%，超过了 2020 年的 2%。在 2021 年 1 月，这一数值进一步增加，在 1 月底达到 2.6%。其中食品价格，尤其是新鲜农产品的价格上涨较为明显。红肉价格增加了 0.9%，蔬菜价格增加了 6.7%，鱼肉价格上涨了 8.5%。包括牛奶在内的工业食品的价格也上涨了 0.8%。制成品价格上涨了 0.3%，服务价格上涨了 0.1%。[③] 而同时，政府的补贴政策力度不足，人民生活水平不断下降，民众戾气积聚，威胁着国家的政治稳定。

在上述问题的压力之下，阿尔及利亚的政治局势已经处于动荡的边缘。一方面，阿尔及利亚政府在现阶段无法与军方划清界限，政治改革推进缓慢，无法满足民众的需求。另一方面，阿尔及利亚的民生危机源于该国长期的政治、经济等方面的结构性问题，无法在短期内得以改善，而“希拉克”运动将持续进行，很可能会撼动阿尔及利亚的权力核心。[④] 因

---

① “An Algerian Dies By Setting Fire to Himself In Western Algeria,” *The North Africa Post*, March 5, 2021https://northafricapost.com/48059 – an – algerian – dies – by – setting – fire – to – himself – in – western – algeria.html.

② 《阿尔及利亚北部发生洪水造成 7 人死亡》，https://news.online.sh.cn/news/gb/content/2021 – 03/08/content_9726222.htm。

③ 中国驻阿尔及利亚大使馆经商处：《阿尔及利亚：1 月底的年通胀率为 2.6%》，http://dz.mofcom.gov.cn/article/jmxw/202102/20210203041514.shtml。

④ “CIA depicts gloomy picture of situation in Algeria, warns of risk of general popular conflagration,” *The North Africa Post*, February 25, 2021, https://northafricapost.com/47874 – cia – depicts – gloomy – picture – of – situation – in – algeria – warns – of – risk – of – general – popular – conflagration.html.

此，2021年阿尔及利亚政治稳定性堪忧。2021年3月，美国国务院将前往阿尔及利亚旅行的美国旅客的不安全警告等级提高到了最高等级4级。

如果特本政府无法在短期内进行重大政治制度方面的调整，抗议浪潮的加剧可能会让阿尔及利亚再次陷入混乱态势。而在应对抗议示威活动的过程中，军方力量可能会再度增强，军方与反对派之间的对峙将更加激化。

二、2020年阿尔及利亚的经济形势

2020年阿尔及利亚的经济出现了负增长的情况，实际GDP增长为-5.5%。通货膨胀进一步加剧、物价继续上涨。2020年初疫情的暴发给阿尔及利亚经济带来了严重影响。阿尔及利亚严重依赖能源出口收入，油价大幅下降给阿尔及利亚经济平衡带来了巨大冲击。此外，疫情对阿尔及利亚的对外贸易也产生了重大影响。阿尔及利亚与中国之间的贸易受阻，对中国的出口占阿尔及利亚的8%，中国还是阿尔及利亚的第一大进口来源地，来自中国的进口额曾达到78亿美元。欧洲也是阿尔及利亚的重要贸易伙伴。尤其是疫情一度非常严重的意大利曾经是阿尔及利亚的主要出口目的地。此外，疫情还影响了阿尔及利亚的旅游业收入。2020年阿尔及利亚全国游客较之2019年减少了1650万人次，航班数量（所有航空公司合计）减少了75.96%[①]。

随着疫情有所好转，2021年阿尔及利亚的经济形势依然不容乐观。目前，阿尔及利亚经济风险主要来源于以下方面：

第一，经济结构失衡。阿尔及利亚失衡的经济结构已经存在多年，能源出口占其出口总额的95%，石油价格的波动对国家经济状况的影响非常巨大。2020年，碳氢化合物出口总量达到8220万标准吨，价值200亿美元，与2019年相比分别下降11%和40%，阿尔及利亚原油的年度平均价格从2019年的64.49美元/桶下降至2020年的42.12美元/桶。[②] 在国家收

① 中国驻阿尔及利亚大使馆经商处：《边检警察：2020年旅客减少1260万》，http：//dz.mofcom.gov.cn/article/jmxw/202102/20210203035887.shtml。

② 中国驻阿尔及利亚大使馆经商处：《石油：阿尔及利亚撒哈拉混合油2020年底上涨7.4美元》，2021年1月17日，http：//dz.mofcom.gov.cn/article/jmxw/202101/20210103031816.shtml。

入方面，该国外汇收入的 96% 来自石油和天然气，2020 年石油收入共向阿尔及利亚公共财政转移了 1.85 万亿第纳尔的石油税，石油价格的下降导致国家收入减少了 110 亿美元，比 2019 年减少了 31%。由于疫情的原因，不仅国外市场，国内市场的能源消费需求也显著下降。全国能源（天然气和石油产品）消费量从 2019 年的 6700 万标准吨下降到 2020 年的 5900 万标准吨，下降了 13%。石油产品的需求急剧下降 17%，在电力需求和家庭需求的影响下，天然气全国消费量下降了 7%。① 在失衡的经济结构之下，能源需求的减少严重影响了阿尔及利亚的经济平衡。尽管阿尔及利亚政府一直宣称要改革不合理的经济结构，但一直未能实现。2020 年阿尔及利亚的出口额从 2019 年的 358 亿美元下降至 238 亿美元，贸易逆差达到了 106 亿美元。

第二，外汇储备持续降低。2014 年以来，阿尔及利亚的国家外汇储备额不断走低。2019 年，阿尔及利亚的外汇储备为 726 亿美元，2018 年底为 798.8 亿美元，2017 年底为 973.3 亿美元。而至 2021 年 3 月，特本总统公开称，由于进口费用上升和石油收入下降，阿尔及利亚的外汇储备水平在 420 亿美元至 430 亿美元之间波动。尽管特本总统辩解称是因为“现在是时候只进口我们真正需要的东西了”才会导致进口额的减少，进而导致外汇储备的减少，且现有外汇储备的“80 亿美元的预算足以满足我们的需求，尤其是粗面粉和食用油”②。然而毫无疑问，日益减少的外汇储备已无法起到经济减震器的作用，储备额的持续走低将严重影响本国货币的稳定性，国内的福利政策和补贴政策也难以持续。因此，随着阿尔及利亚外汇储备的持续降低，国际社会关于阿尔及利亚经济可能处于动荡边缘的论调不断出现。在这种情况下，阿尔及利亚政府必须控制进口开支并支持国内投资与经济发展，降低经济风险。

面对日益严峻的经济形势，阿尔及利亚政府也采取了一系列措施来改善经济环境。

首先，取消限制外国投资的“49/51”规则。阿尔及利亚一直对外来投资持怀疑态度。依照原来的金融法，为维护国家主权，外资在阿尔及利

① 中国驻阿尔及利亚大使馆经商处：《碳氢化合物：2020 年出口值下降》，http://dz.mofcom.gov.cn/article/jmxw/202101/20210103032062.shtml。

② 商务部：《特本：外汇储备在 420－430 亿美元之间波动》，http://www.mofcom.gov.cn/article/i/jyjl/k/202103/20210303042046.shtml。

亚的项目中占比不能超过49%，国内资本的项目占比不得低于51%，这在很大程度上限制了外资投资阿尔及利亚的热情。在疫情带来的经济压力下，阿尔及利亚取消了相关限制。在2020年6月通过的《2020年财政法补充法》第49条规定，除商品买卖活动或具有战略性质的活动外，所有从事生产和服务的活动均向外国投资者放开。也就是说，除了该《财政法补充法》第50条列出的国有矿产开采、能源部门的上游活动、受国防部管理的军事工业相关的工业、铁路、港口和机场以及制药工业以外的非战略活动外部投资将不再受到项目占比的限制。

其次，鼓励初创企业发展。例如根据《2021年财政法》的规定，对于初创公司，从获得标签之日起可以享受免征2年的专业活动税和公司所得税的优惠。上述公司购买的直接用于投资项目的设备，也将免征增值税，并仅按5%缴纳关税。对于带有"孵化器"标签的公司，自获得该标签之日起两年内，免征专业活动税、公司所得税和个人所得税。阿尔及利亚商务部和微型企业部还签订协议来支持和协助年轻的创业者开展出口活动，该协议包括培训、组织参加国际博览会、联合监管等多方面内容。阿尔及利亚商务部门期待能通过支持初创企业来改善经济结构的失衡，并促进非能源产品的出口。

最后，鼓励可再生能源发展。2020年5月，阿尔及利亚宣布计划建设价值36亿美元的光伏项目，用于生产出口和满足日益增长的国内电力需求的可再生电力，并有助于保存其石油和天然气资源。整个项目将需要32亿-36亿美元的投资，预计在建设阶段将创造5.6万个就业岗位，在运营阶段将创造2000个就业岗位。根据阿尔及利亚官方通讯社《阿通社》报道，阿尔及利亚能源过渡和可再生能源部长称阿尔及利亚需要建立一个到2030年的新能源模式，以逐步实施可再生能源计划，希望得到中国、德国、美国等可再生能源领导者伙伴的支持。① 此外，阿尔及利亚可再生能源和能源效率委员会也表示该国地热资源拥有巨大潜力，已开启试点项目用于农业供暖。②

除了采取措施以改善经济环境以外，阿尔及利亚政府也对可能出现的

① 全国能源信息平台：《阿尔及利亚即将推出两个500MW光伏发电项目》，https：//www. sohu. com/a/416907846_99999896。

② 商务部：《地热资源：阿尔及利亚潜力巨大》，http：//www. mofcom. gov. cn/article/i/jyjl/k/202101/20210103032974. shtml。

经济风险进行了一定的应对：

其一，继续加强对必要生活用品的补贴。贸易部门对运输货物到南部省份的费用进行补贴，同时对补贴产品清单进行了修订，添加水果和蔬菜、红肉、白肉、大麦类产品，以及玉米和大豆等基础产品，保证民众基本生活的维持。然而，随着政府收入的减少以及公共支出的增多，阿尔及利亚政府长期入不敷出，补贴制度难以持久。《2021 年财政法》预计阿尔及利亚在 2021 年的预算赤字将增加到 GDP 的 13.57%。且补贴力度不大，无法真正缓解阿尔及利亚民众的经济压力。根据评估，即便石油价格上涨至 60 美元/桶，阿尔及利亚的收支依然无法平衡。只有油价回升至 135 美元/桶，阿尔及利亚的补贴制度才能在不影响财政收支的情况下得以维持。① 但从近年的油价走势来看，这几乎是不可能实现的。

其二，改变进口付款方式。疫情导致的隔离与封锁让信息与通信技术的重要性得以凸显，在客观上促进了阿尔及利亚电子商务的发展，线上交易变得更加普遍。阿尔及利亚邮政和通信部援引联合国贸易和发展会议的年度报告称，阿尔及利亚在电子商务领域全球排名上升 29 位。② 在这种情况下，为规避风险，阿尔及利亚废除现行的进口现金付款制度，规定必须使用“远期”（à terme）付款工具为进口交易付款，该付款方式为自货物装运之日起 30 天后支付。根据该规定，只有在“金融担保”期满后才进行相应的外汇转移，从而使海关服务可以确保进口货物在商业、财务票据和技术文件方面严格遵守规定，防止非法资金流动与资金转移，以加强对外贸活动的监管和对可能出现的风险的预防。

然而，即便在政府的重重举措之下，阿尔及利亚的经济形势依然存在风险，因为经济改革和结构性调整的进展缓慢，短期内难以取得成效，阿尔及利亚政治局势动荡也会给经济带来更大压力。如果政局无法恢复稳定，油价出现大幅度波动的话，阿尔及利亚有陷入经济危机的可能。

---

① Souhail Karam and Abeer Abu Omar, “Economic Reckoning Is Coming for Algeria,” *Bloomberg*, April 20, 2020, https://www.bloomberg.com/news/articles/2020-04-20/economic-reckoning-is-coming-for-arabworld-s-last-debt-recluse.

② 中国驻阿尔及利亚大使馆经商处：《电子商务：阿尔及利亚全球排名上升 29 位》，http://dz.mofcom.gov.cn/article/jmxw/202102/20210203040109.shtml。

三、2020 年阿尔及利亚的对外交往

2020 年，阿尔及利亚继续坚持独立自主的外交政策，但由于西撒哈拉问题，阿尔及利亚的外交环境相对孤立。

西撒哈拉问题已存在多年，是非洲西北地区稳定与发展的重要阻碍。1976 年西班牙殖民统治结束时，西撒哈拉地区在摩洛哥和毛里塔尼亚之间进行了划分。1979 年毛里塔尼亚放弃对该地区的主张，随后摩洛哥占领该地区且宣布行政控制权，并与争取西撒哈拉独立的波利萨里奥阵线之间发生了战斗。而阿尔及利亚长期以来一直是波利萨里奥阵线的支持者，因此，西撒哈拉问题长期是阿尔及利亚与摩洛哥关系交恶的原因之一。目前，该地区包括整个大西洋沿岸在内的 80% 的争议领土在摩洛哥的控制之下，另外 20% 是波利萨里奥阵线控制的撒哈拉阿拉伯民主共和国。

2019 年以来，阿尔及利亚陷入了长期的政治动荡之中。阿尔及利亚政府和军队的主要关注点集中于国内政治与安全等相关问题，对地区问题，尤其是对西撒哈拉问题的关注度不足。2020 年新冠肺炎疫情暴发后，由于对疫情的控制能力和医疗条件的差距，阿尔及利亚与摩洛哥之间的差距更加明显。在全球健康安全指数排名的 195 个国家中，摩洛哥排名第 68 位，是非洲第四高的国家，而阿尔及利亚排名第 175 位。[①] 在阿尔及利亚受困于国内政治问题和疫情蔓延问题之时，摩洛哥在西撒哈拉问题方面取得了重要外交进展。2019 年 12 月，科摩罗成为首个在西撒哈拉地区建立领事馆的国家。2020 年 2 月，科特迪瓦成为第 7 个在西撒哈拉地区建立领事馆的非洲国家。2020 年 11 月 4 日，阿联酋成为第一个在西撒哈拉开设领事馆的阿拉伯国家，两周后，约旦和巴林也随之宣布建立领事馆的决定。至 2020 年底，已有 15 个国家在该地区设立领事馆。这标志着摩洛哥对西撒哈拉地区的占领和控制开始取得国际认可，这对波利萨里奥阵线非常不利，让其支持者阿尔及利亚对该地区的影响力也逐渐边缘化。

2020 年 12 月 11 日，美国对摩洛哥在西撒哈拉问题的支持和促进摩洛哥 - 以色列关系正常化的努力进一步削弱了阿尔及利亚的地区影响力。美

---

① Elizabeth E. Cameron, Jennifer B. Nuzzo and Jessica A. Bell, *Global Health Security Index*, p. 233.

国宣称承认摩洛哥对西撒哈拉或“摩洛哥撒哈拉”地区的主权，还将对摩洛哥出售无人机等武器。美国的这一决定引起了阿尔及利亚的强烈谴责，阿尔及利亚认为美国对摩洛哥的支持是“非法的”[①]。同时，阿尔及利亚也对以色列提出警告，警告其不要采取旨在破坏阿尔及利亚稳定的“演习”。

因此，2020 年阿尔及利亚与摩洛哥之间的关系再度紧张。在摩洛哥宣称对争议地区的主权后，2020 年 11 月，波利萨里奥阵线打破了西撒哈拉地区长达 29 年时间的停火协议，并警告“整个地区将开始一场新的战争”。该阵线恢复了武装抵抗摩洛哥占领的政策，并得到了阿尔及利亚的支持。

就阿尔及利亚的国内形势来说，西撒哈拉局势的升级有助于转移国内民众的关注度，缓解特本政府的改革压力。2020 年 5 月，摩洛哥皇家武装部队宣布将在距离阿尔及利亚边界 38 千米之处建造军营，尽管摩洛哥军方明确表示该设施不具备进攻能力[②]，但却受到阿尔及利亚媒体的广泛关注。阿尔及利亚官方媒体在对内宣传的过程中将摩洛哥形容为地区敌人，将西撒哈拉形容为“非洲最后一块殖民地”。通过这些描述，阿尔及利亚政府希望改善国内民众对于军事政权的负面形象，缓解抗议示威人群要求将军事政权变为平民政权的施压。

就阿尔及利亚的外部形势来说，西撒哈拉局势的升级让阿尔及利亚的地区环境变得更加恶化。

首先，阿尔及利亚与摩洛哥之间的关系再度恶化。2020 年 11 月 1 日，阿尔及利亚通过了宪法修正案，授权阿尔及利亚军队可以在阿尔及利亚边界以外的地区对相关安全事件进行干预。这项修正案引起了周边国家的关注。[③] 11 月 16 日，阿尔及利亚官方首次公开关于伊斯坎德尔巡航导弹的试射画面视频以对摩洛哥提出警告。2020 年，阿尔及利亚和摩洛哥双方在军备购买方面的投入均大幅度加强，以应对可能升级的地区紧张态势。

其次，阿尔及利亚在非洲和阿拉伯世界的影响力进一步降低。一方面，随着越来越多的国家在西撒哈拉地区建立领事馆，摩洛哥占领西撒哈

① “Algeria says U. S. declaration on Western Sahara ‘illegal’,” *Xinhua News Agency*, December 13, 2020, http://www.xinhuanet.com/english/2020-12/13/c_139585549.htm.

② “FAR: Pas de construction de base militaire à Jerada, mais d’une caserne,” *Le Matin*, May 30, 2020, https://m.lematin.ma/amp/article.php?id=338210.

③ “Révision constitutionnelle:《 le oui 》l’emporte largement,” *TSA Algérie*, November 2, 2020, https://www.tsa-algerie.com/revision-constitutionnelle-le-oui-lemportelargement-2.

拉地区的国际认可度不断增加，而阿尔及利亚支持的波利萨里奥阵线的合法性逐渐减少。另一方面，随着阿拉伯世界内越来越多的国家与以色列建立外交关系，一直明确表示不参加阿以和解也不会对以色列开放的阿尔及利亚的影响力逐渐降低。

最后，阿尔及利亚的反恐形象受损。阿尔及利亚近年来对恐怖活动保持高压打击态势，积极与周边国家进行反恐合作，以“打击恐怖主义”为抓手提升自己的地区影响力。然而，随着西撒哈拉地区硝烟再起，一直活跃在该地区的恐怖主义、跨国犯罪和人口贩卖活动再度受到广泛关注。阿尔及利亚也被外界质疑为西撒哈拉地区的反摩洛哥组织提供资金，这些组织在反对摩洛哥的同时也参与地区的犯罪活动，阿尔及利亚的支持可能间接纵容了这些组织的发展。

在这种情况下，阿尔及利亚在外部地区环境之中逐渐孤立。为了改善周边的外交环境，阿尔及利亚政府也做出了种种努力。其一，阿尔及利亚继续加强与法国之间的外交关系。此前，法国电视台播发的关于“希拉克”反政府抗议运动的资料曾经引发了双方的外交危机。但 2020 年 6 月，双方领导人迅速承诺双方在僵局后将重启双边关系，继续在区域安全与稳定方面进行协商。其二。阿尔及利亚加强与周边国家发展合作。在 2020 年度，阿尔及利亚继续聚焦于区域合作，与突尼斯、南非等地区国家就共同关心的区域和国际问题继续进行协调和协商。其三，阿尔及利亚继续加强对利比亚相关事务的参与。基于其“独立自主”的外交导向，阿尔及利亚不断重申支持利比亚人民、反对一切形式的干涉其内政的立场。阿尔及利亚外长萨布里·布卡杜姆还强调，阿尔及利亚是为数不多的、没有向利比亚输送武器和士兵的国家。[①] 在与周边国家进行协商时，阿尔及利亚也将利比亚问题列入协商话题，时刻保持对利比亚局势的关注。然而，即便阿尔及利亚为改善地区环境做出了外交努力，其逐渐孤立的地区地位依然没有得到改善。

对阿尔及利亚来说，其外交政策面临着两难的局面。一方面，它无法改变自己长期以来的支持独立自主的外交方针，它将继续支持西撒哈拉人民通过自决的方式决定地区归属，不会承认摩洛哥对西撒哈拉地区占领的合法性。而另一方面，阿尔及利亚对波利萨里奥阵线的继续支持必将进一

① 《阿尔及利亚重申支持政治解决利比亚冲突》，https://world.huanqiu.com/article/40Af1rSnIrf。

步影响它与地区和欧洲国家之间的关系，导致其地区影响力更加弱化。

四、结语

与 2019 年相比，2020 年阿尔及利亚的政治、经济、对外交往的环境均有所恶化。在政治方面，阿尔及利亚的政治稳定性依然存在变数，特本政府无力回应反对派“希拉克”运动的诉求，政治改革推进缓慢，不排除抗议浪潮再次涌现、政局再次动荡的可能。在经济方面，经济结构有所改善但依然严重不平衡、政府财政赤字严重、财政储备降至多年最低点，而经济改革进展艰难，无法满足民生需求。在对外交往方面，由于西撒哈拉问题的升级，阿尔及利亚的地区影响力有所下降，其地区地位逐渐边缘化。再加上新冠肺炎疫情对阿尔及利亚的政治、经济等方面带来的严重影响难以在短期内恢复，阿尔及利亚在 2021 年的发展不容乐观。

从短期来看，现任特本政府已经开始逐步回应抗议民众的需求，并逐步推进政治与经济方面的结构性改革。但从长期来看，阿尔及利亚目前并不具备推进改革所需的基本财力和基本环境。如果民生无法在短期内得到改善，阿尔及利亚的政权稳定性堪忧。

伊斯兰合作组织参与国际治理的现状与前景

丁　隆　刘国熙*

【摘　要】

在一些重大国际问题上，伊斯兰合作组织推动成员国合作，提供人道主义援助，发挥政治协调作用。新冠肺炎疫情暴发以来，伊合组织加强成员国抗疫合作，提供经济援助，缓解疫情影响。伊合组织参与国际治理取得了一些成就，但也面临诸多挑战，如成员国经济实力较弱、政治互信不高、缺乏有效议事机制等。在部分阿拉伯国家与以色列建交背景下，如何应对伊斯兰国家共同事业遭受的冲击，弥合成员国分歧，实施机构改革，是伊合组织面临的重大课题。

【关键词】

伊斯兰合作组织　国际治理　新冠肺炎疫情　阿以建交

伊斯兰合作组织是仅次于联合国的世界第二大政府间组织，成员国覆盖亚洲、非洲、南美洲以及部分欧洲国家。伊合组织成员国所在地区是世界上人口最多，族裔冲突最为严重，国家治理最为失衡的地区之一。全球60%的冲突，90%的恐怖主义伤亡人员，61.5%的流离失所者，67%的难民集中于此。[①] 2020年新冠肺炎疫情全球大暴发，人类生命安全遭受严重威胁。疫情改变了人类生活方式，阻碍了各国间交往，伊斯兰国家也未能幸免，多个国家深受疫情影响。疫情并未平息战争与动荡。伊斯兰世界的安全状况仍不乐观，叙利亚、利比亚、也门战事经久历年。教派矛盾、极

---

* 丁隆，上海外国语大学中东研究所教授；刘国熙，对外经济贸易大学外语学院博士研究生。

① Elisabeth Johansson - Nogués, “The Organization of Islamic Cooperation and the Arab League,” in *Group Politics in UN Multilateralism*, Karen E. Smith, eds., Boston: Brill, 2020, p. 107.

端主义、恐怖主义仍在蔓延。特朗普执政后期，美国推出“中东和平新计划”，促成阿联酋、巴林、苏丹、摩洛哥等阿拉伯国家与以色列建交，使伊斯兰共同事业遭受巨大挫折。

面对伊斯兰世界的诸多挑战，伊合组织致力于维护成员国合法权益，同联合国、欧盟等国际组织一道积极参与国际治理。伊合组织在解决成员国内部冲突与争端，加强伊斯兰国家团结与合作，捍卫伊斯兰国家切身利益等方面发挥着重要作用。本文拟回顾伊合组织参与国际治理的历程，分析伊合组织面临的挑战，展望后疫情时代伊合组织发展前景。

一、伊斯兰世界变化与伊合组织转型

进入新世纪以来，国际秩序经历深刻变化与调整。“9·11”事件后，“伊斯兰恐惧症”在国际上泛起，引发对伊斯兰世界的误解与偏见。与此同时，伊斯兰世界面临内战、族群冲突、边界纠纷、教派矛盾、极端主义等传统与非传统安全挑战。新冠肺炎疫情暴发后，加剧了伊斯兰世界内部的矛盾。伊合组织参与国际治理，应对内外挑战，致力于伊斯兰国家共同事业。

（一）为应对伊斯兰世界内外挑战而生

伊合组织在伊斯兰世界面临内外挑战之际诞生。1969 年 9 月，伊斯兰国家领导人齐聚摩洛哥首都拉巴特，召开伊斯兰国家首脑会议，商讨伊斯兰世界面临的困境。1972 年 3 月，第三届伊斯兰外长会议通过《伊斯兰会议组织宪章》。该宪章的目标包括：“促进成员国的团结，加强在经济、社会、文化等领域的合作；消除种族歧视，结束一切形式的殖民主义；支持建立在正义基础上的国际和平与安全；守卫耶路撒冷，支持巴勒斯坦人民的斗争，帮助他们重获权利，解放土地；支持穆斯林的斗争，维护他们的尊严、独立与民族权利；促进成员国与其他国家之间的合作与理解。”①

伊斯兰世界动荡与冲突持续不断，对安全与发展构成巨大威胁。1948 年以来，由于外来干涉和内部利益冲突，伊斯兰世界战乱不断。阿拉伯国

① https://treaties.un.org/doc/Publication/UNTS/Volume%20914/volume-914-I-13039-English.pdf.

家与以色列之间爆发五次战争。两伊战争、海湾战争、阿富汗战争、伊拉克战争不仅造成伊斯兰世界的分裂，还加剧了外国势力对中东的干涉，伊斯兰世界成为大国角逐、打代理人战争的重要战场。车臣战争、科索沃战争、罗兴亚人问题成为国际社会关注的焦点问题；“基地”组织、“伊斯兰国”等非国家行为体趁机发展势力，对地区与国际安全构成严重挑战。伊斯兰世界传统安全与非传统安全挑战交织，要求伊合组织同其他国际组织一道发挥作用，实现伊斯兰世界的和平与稳定。

全球化对伊斯兰世界带来强烈冲击。虽然全球化改变了部分伊斯兰国家的经济状况，但是伊斯兰世界总体上未能充分受益。与发达国家的知识、资本与技术鸿沟不断扩大。民主、自由、女权等西方理念进入伊斯兰社会后，与本土传统不适应，伊斯兰世界未能充分享受全球化的红利，却承受了许多全球化带来的负面影响。[①]

（二）伊斯兰合作组织参与国际治理的途径

解决巴勒斯坦问题、协调成员国关系是伊合组织成立时设定的主要目标，为此伊合组织专设巴勒斯坦和耶路撒冷事务部。然而，随着伊斯兰世界发生深刻变化，伊合组织关注的议题日趋多元，涵盖伊斯兰国家的政治、经济、文化、社会、人道主义等各项利益，如促进成员国积极参与全球政治、经济和社会治理，传播伊斯兰教真实形象，鼓励文明对话；尊重人权，实现宗教和顺，反对极端主义，加强人道主义援助等方面。[②]

一是提供人道主义援助。2020 年，伊合组织在应对突发公共卫生事件、自然灾害以及少数族裔冲突方面发挥重要作用。伊合组织通过伊斯兰团结基金（ISF）向 21 个成员国提供紧急财政拨款，开设 100 万美元的专设账户，支持成员国中最不发达国家的卫生部门，提供必要的医疗预防设备，包括新冠检测和实验室用品、药品、医用口罩和床，增强应对新冠病毒的能力。伊斯兰开发银行启动一项 23 亿美元的援助计划，缓解新冠肺炎疫情对成员国带来的社会和经济影响，解决成员国经济、卫生、社会、人道主义等方面的困难。

2020 年 8 月 4 日，黎巴嫩贝鲁特港口发生大爆炸，造成严重人道主义

① “The Muslim World and the Challenge of Modernity,” *Lawfare*, June 23, 2016, https: //www. lawfareblog. com/ muslim - world - and - challenge - modernity.

② https: //www. oic - oci. org/upload/documents/charter/en/oic_charter_2018_en. pdf.

危机。伊合组织通过附属机构伊斯兰团结基金（ISF）向黎巴嫩提供援助，缓解大爆炸对黎巴嫩人民带来的影响。受叙利亚战争的影响，黎巴嫩境内滞留了大量叙利亚难民。据统计，目前在黎巴嫩注册的叙利亚难民大约有150万，新冠肺炎疫情的暴发使得难民营的生活更为窘迫。过去几年，伊斯兰团结基金共向黎巴嫩学校、医院、宗教机构提供了399.8万美元的援助。[①] 伊合组织呼吁向伊斯兰世界遭受战争、病患的孤儿提供援助。2013年12月，伊合组织第40届外长会议在几内亚科纳克里举行，会议决定将每年斋月的第15日设为穆斯林世界的孤儿日。目前，伊合组织同阿盟合作，制定照顾、抚养以及保护孤儿的标准，以此引起伊斯兰世界政府和社会的重视。此外，伊合组织向成员国提供10项新的财政援助，满足成员国卫生、学校等部门的需要。

二是加强同国际组织和机构合作。伊合组织与联合国等国际机构保持密切关系，双方互派代表团。过去20多年来，伊合组织与联合国共同促进和平、倡导宽容文化。在维护中东和平和巴勒斯坦问题，支持阿富汗和平进程、苏丹达尔富尔问题、索马里安全问题、马里全国对话、应对埃博拉病毒等方面，发挥了重要作用。

三是反恐与反对“伊斯兰恐惧症”是全球亟待解决的非传统安全问题。虽然“伊斯兰国”实体已被摧毁，但是其成员分散于世界各地，萨赫勒地区[②]、东南亚地区仍是恐怖主义的重灾区。伊合组织反对一切形式的暴力极端主义，重申对极端主义和恐怖主义的坚定立场。2020年11月，第47届伊合组织外长会议的主题是“团结应对恐怖主义，实现和平与发展”，强调成员国团结合作，应对极端主义和“伊斯兰恐惧症”的威胁。2020年以来，萨赫勒地区恐怖袭击频发。伊合组织在第39届马里《和平与和解协议》监测委员会会议上，支持马里国家和平与安全的建设。

为应对全球蔓延的“伊斯兰恐惧症”，《伊斯兰合作组织宪章》规定设立专门的少数民族事务部，关注伊合组织非成员国的穆斯林状况，维护穆斯林的权利。伊合组织还设立“伊斯兰恐惧症观察站”（the Islamophobia Observatory）、“伊斯兰智慧之声”（Sawt Al - Hikma Center）、国际伊斯兰教法学院、独立永久人权委员会（Independent Permanent Human Rights

① “OIC：$3.998 Million in Development Aid to Lebanon,” OIC, July 1, 2020, https://www.oic-oci.org/topic/? t_id=23589&ref=14070&lan=en.

② 萨赫勒地区指马里、毛里塔尼亚、布基纳法索、尼日尔和乍得等5个国家。

Commission）等重要机构。[①] 近年来，“伊斯兰智慧中心”借助社交媒体，揭露极端思想，在解决非洲穆斯林群体问题方面发挥显著作用。2020 年 1 月，“伊斯兰智慧之声”在摩加迪沙举办培训班，增强索马里应对跨国恐怖主义的能力。“伊斯兰恐惧症观察站”发布报告，监测成员国“伊斯兰恐惧症”状况。

四是关注穆斯林少数族裔问题。穆斯林少数族裔问题事关成员国内政。《伊斯兰合作组织宪章》规定，“尊重成员国的自决权，不干涉其内政、主权和领土。”2005 年 12 月，麦加峰会通过伊斯兰会议组织《未来十年行动纲领》（2005－2015），应对成员国在政治、经济、科学技术和社会领域的挑战。在此框架下，关注穆斯林少数族裔成为伊合组织新世纪的首要任务之一。2008 年 7 月，首届亚洲穆斯林少数族裔会议在韩国首尔召开，会议呼吁解决菲律宾、缅甸、泰国和斯里兰卡等少数族裔问题。2009 年，伊合组织第 39 届外长会议将菲律宾、缅甸、泰国以及希腊西色雷斯土耳其少数民族等问题纳入议程。[②] 2011 年 6 月，伊斯兰会议组织更名为“伊斯兰合作组织”后，新设立穆斯林少数族裔部门，将少数族裔问题纳入其日常业务。为应对克什米尔、索马里、马里、也门、纳卡地区、缅甸等地区冲突，伊合组织成立联络小组（the OIC Contact Group）。例如，2020 年 6 月 22 日，阿塞拜疆、尼日尔、巴基斯坦、沙特和土耳其共同参与克什米尔联络小组会议。该小组支持克什米尔人民权益，呼吁联合国秘书长斡旋解决克什米尔冲突，要求印度遵守联合国安理会决议，反对印度实施《查谟—克什米尔重组法》，单方面改变克什米尔人口行政区域划分。[③]

五是加强抗疫合作。伊合组织国家受疫情影响较严重，尽管疫苗使用有望缓解疫情压力，但是由于民众防护意识淡薄，公共卫生水平低下，伊合组织国家疫情状况并未出现拐点，有些国家还暴发了第二波疫情。土耳其、伊朗、印度尼西亚、伊拉克、巴基斯坦等国家成为受影响最严重的国家。

---

① “Organization of Islamic Cooperation: Institutional Efforts to Address Islamophobia,” OIC, October 19, 2020, https://www.oic-oci.org/topic/?t_id=24833&ref=15181&lan=en。

② “OIC CFM in Damascus to discuss paper on future OIC role in peacekeeping in the Muslim world,” OIC, May 20, 2009, https://www.oic-oci.org/topic/?t_id=2285&ref=998&lan=en.

③ “OIC Contact Group Renews Commitment for a Peaceful Settlement of Jammu and Kashmir Issue,” OIC, June 22, 2020, https://www.oic-oci.org/topic/?t_id=23539&ref=14053&lan=en.

伊合组织协调成员国统一立场，形成抗疫共识。2020 年 4 月 9 日，伊合组织卫生健康指导委员会召开特别会议，商讨成员国应对新冠肺炎疫情之策。会议指出，成员国应制定国家应急准备与响应计划，加强预防与指导。伊合组织呼吁发挥伊斯兰咨询小组（IAG）、伊斯兰宗教机构以及穆斯林团体的作用，同世界卫生组织、全球疫苗免疫联盟（GAVI）等国际机构的联系。① 2020 年 4 月 16 日，伊合组织举行国际伊斯兰教法学院第二届伊斯兰教法专题研讨会，研究教法学家对新冠病毒的教法阐释。2020 年 4 月 22 日，伊合组织举行特别外长会议，讨论新冠肺炎疫情对卫生和金融部门的影响。伊合组织秘书长优素福・欧塞敏（Yousef Al – Othaimeen）指出，面对新冠肺炎疫情的全球传播，伊合组织成员国要比以往任何时候都要团结与合作，共克时艰。②

因部分国家发布疫情不实信息，将疫情与特定国家或机构捆绑，给民众造成误解。伊合组织新闻通讯联盟（the Union of News Agencies）发布疫情即时信息，向国际社会发布成员国抗击疫情的努力。伊合组织秘书长欧塞敏认为，伊合组织的新闻机构发布真实信息、提高认识和揭露假新闻，从而阻止新冠病毒的传播。③ 伊合组织在社交媒体上发布新冠病毒预防信息，并在其官网建立专栏，实时更新成员国疫情统计数据。

二、伊斯兰合作组织与大国的关系

伊合组织加强同中国、美国、俄罗斯及其他国际组织的合作，增强在国际事务中的话语权，提升了伊合组织的国际影响力。

---

① "Statement Issued by the Extraordinary Meeting of The OIC Steering Committee on Health on COVID – 19 Pandemic," OIC, April 9, 2020, https://www.oic – oci.org/topic/? t_id = 23322&t_ref = 13979&lan = en.

② "OIC Executive Committee holds Extraordinary Foreign Ministerial Meeting to Explore Means to Scale Up National Measures to Alleviate COVID – 19 Implications," OIC, April 22, 2020, https://www.oic – oci.org/topic/? t_id = 23351&t_ref = 13987&lan = en.

③ "Al – Othaimeen: News Agencies in OIC Member Countries Refute Fake News on the Coronavirus Pandemic," OIC, May 16, 2020, https://www.oic – oci.org/topic/? t_id = 23419&t_ref = 14010&lan = en.

（一）伊合组织与西方国家的关系

美国有近700万穆斯林，宗教团体和社会团体众多。尽管美国发动军事战争，在巴勒斯坦问题上偏袒以色列，对伊斯兰世界的认知裹挟意识形态色彩，制造“伊斯兰恐惧症”，但是伊合组织认为同美国保持建设性关系，能够使伊合组织赢得全球影响力，从而更好参与国际事务。① 伊合组织前秘书长伊赫桑奥卢指出，美国是伊合组织的重要伙伴。② 2020年2月，美国与阿富汗塔利班在卡塔尔首都多哈签署和平协议后，伊合组织秘书长欧塞敏指出，该协议的签署有助于为实现阿富汗人主导的政治和平进程奠定基础。③ 欧塞敏在会见美国驻沙特大使约翰·阿比扎伊德时（John P. Abizaid）指出，伊合组织与美国在打击恐怖主义、极端主义，应对“伊斯兰恐惧症”方面拥有共识，强调应启动双边战略对话，签署《经济、和平与安全领域以及赋予女性权力的谅解备忘录》。

为增强在周边地区的地缘政治影响力，以及反对恐怖主义和极端主义的需要，④ 俄罗斯积极申请加入伊合组织，2005年，俄罗斯成为伊合组织观察员。对于伊合组织而言，俄罗斯既是合作伙伴，也是平衡美国影响力的重要力量。伊合组织重视同俄罗斯的关系，双方通过探索机制化合作路径来实现利益最大化，⑤ 2020年6月，在庆祝俄罗斯成为伊合组织观察员国15周年的会议上，欧塞敏认为，伊合组织与俄罗斯在安全、宗教、人文、反恐等方面保持密切合作，致力于共同解决国际和地区问题。⑥

欧盟与伊合组织成员国在地理上接近，欧盟视伊合组织为“欧洲—地中海合作伙伴关系”的重要参与方。在欧洲穆斯林少数族裔问题、反对暴力极端主义方面，欧盟与伊合组织拥有较大合作空间。2013年，伊合组织

---

① 侯宇翔：《伊斯兰合作组织研究》，北京：社会科学文献出版社，2021年版，第151页。

② Turan Kayaoglu, *The Organization of Islamic Cooperation: Politics, problems, and potential*, London: Routledge, 2015, p. 77.

③ “OIC Urges All Afghan Parties to Effect A Lasting Ceasefire and Contribute to Fighting Coronavirus,” OIC, March 30, 2020, https: //www. oic – oci. org/topic/? t_id = 23302&ref = 13970&lan = en。

④ 王前：《俄罗斯与伊斯兰会议组织的交往与合作》，载《阿拉伯世界研究》，2010年第4期，第77页。

⑤ 马丽蓉、蒋蓝辉：《俄罗斯与伊斯兰合作组织关系：群我利益建构的分析视角》，载《西亚非洲》，2020年第4期，第112页。

⑥ “Al – Othaimeen: ‘We cooperate with Russia on Issues of Interreligious and Intercultural Dialogue and on Counter – terrorism’,” OIC, June 30, 2020, https: //www. oic – oci. org/topic/? t_id = 23582&ref = 14068&lan = en.

在欧盟设立常驻观察代表团。伊合组织前秘书长伊赫桑奥卢指出，伊合组织同欧洲议会、欧洲理事会通过信仰和文化间对话，反对“伊斯兰恐惧症”，加强伊斯兰世界同欧洲的关系。① 2020 年 7 月 15 日，第 4 届伊合组织与欧盟高级官员会议举行，双方在文化交流、妇女地位、应对“伊斯兰恐惧症”、支持宽容话语、人权等领域进行合作。2020 年 9 月 28 日，伊合组织与欧盟召开视频会议，双方致力于在应对恐怖主义、极端主义，促进不同文明和平共存等问题上加强合作。

欧洲是“伊斯兰恐惧症”盛行的地区。一方面，为吸引外籍人才和劳工，欧美国家纷纷制定宽松的移民政策。由于无法在就业、尊重多元文化等方面提供可行之策，移民长期被边缘化，难以融入主流社会。中东变局发生以来，中东地区的动荡，引发严重的难民危机，欧洲成为难民的避难地，这为欧洲国家治理增加了压力。另一方面，近年来，保护主义、民粹主义在西方抬头，反建制派、国家民族主义思潮兴起，欧洲极端右翼政党不惜利用宗教问题实现政治诉求。2020 年 10 月 16 日，一名法国教师因向学生展示亵渎先知穆罕默德的漫画而被“斩首”。其后，法国政府推出一系列法案，要求伊斯兰组织宣誓认同“共和国价值”。

（二）中国与伊斯兰合作组织的关系

中国与伊斯兰世界的交往源远流长，丝绸之路将两大古老文明联系在一起。1974 年 2 月，周恩来总理向伊斯兰会议组织第二届首脑会议的召开致贺电，开启了中国与该组织的正式交往。改革开放后，中国与该组织的关系在官方与民间层面都获得长足发展。该组织及其下设的金融机构对中国发展提供援助。1985 年以来，伊斯兰发展银行在辽宁和山东等地资助职业培训项目，在宁夏、甘肃等干旱地区实施打井汲水项目。② 2010 年，中国与伊合组织国家关系迎来发展的重要转折点。中国外交部与伊斯兰会议组织发表联合公报，双方强调在共同关心的问题上相互支持。中方强调重视伊斯兰会议组织作为一个有影响的政府间组织在国际上发挥的作用；伊

---

① Turan Kayaoglu, *The Organization of Islamic Cooperation: Politics, problems, and potential*, p. 84.

② 侯宇翔：《伊斯兰合作组织研究》，第 199 – 200 页。

斯兰会议组织强调尊重中国的主权和领土完整。① 近年来，中国与伊合组织保持高水平的交往。“一带一路”倡议提出以来，双方在政治、经济和文化领域的交流与合作不断深化。

恐怖主义、极端主义是人类社会的公敌。中国是恐怖主义的受害者，为应对极端思想威胁，中国采取了“去极端化”措施，从根源上消除恐怖主义，维护国家安全和社会安定。然而，中国的“去极端化”政策遭到西方国家歪曲和抹黑，它们打着人权的旗号，妄图达到遏制中国的目的。“7·5”事件爆发后，伊合组织代表团多次赴中国新疆实地考察，以客观事实驳斥西方国家的不实言论。伊合组织以实际行动履行《伊斯兰合作组织宪章》的承诺，不干涉非伊合组织成员国内政，不支持任何分裂势力，尊重其主权和领土完整。针对西方媒体捏造的所谓“再教育营”问题，伊合组织派团赴新疆实地考察，发布调查报告，支持中国去极端化的努力，认为这是全球反恐行动的重要组成部分。

新冠肺炎疫情暴发以来，西方国家企图将新冠病毒与中国挂扣，在抗疫问题上指责中国，将疫情政治化。疫情暴发之初，伊合组织召开会议，呼吁成员国秉持客观、公正立场，科学研究疫情暴发的源头，反对偏见与敌视，应对疫情对政治、经济和社会带来的挑战。同时，伊合组织赞扬中国及时发布疫情信息，称赞中国抗疫成就。

三、伊斯兰合作组织发展困境与前景

解决巴勒斯坦问题是伊合组织的初心与使命。伊合组织始终支持根据联合国相关决议和“阿拉伯和平倡议”，以“两国方案”建立巴勒斯坦国。部分阿拉伯国家与以色列建交，加速了伊斯兰世界的分裂。在新形势下，伊合组织竭力避免巴勒斯坦问题被边缘化。伊合组织成员国政治制度、经济发展水平差异显著，利益诉求迥异，加之伊合组织作为一个议事平台，成员国在重大问题上难以达成共识，且决议不具约束性。如何弥合成员国分歧，加强机构改革，提高议事效率与合作水平将决定伊合组织的发展前景。

---

① 《中国外交部与伊斯兰会议组织联合新闻公报（全文）》，http：//www.gov.cn/jrzg/2010－06/22/content_1633967.htm。

（一）伊斯兰合作组织面临的挑战

第三次中东战争后，阿拉伯民族主义日渐式微，伊斯兰主义运动泛起。以穆斯林兄弟会为代表的政治伊斯兰建立穆斯林统一机构的尝试最终失败。第三次中东战争后，伊斯兰世界认识到，成立一个伊斯兰国家的国际组织，支持巴勒斯坦建国的紧迫性。1969 年，伊合组织正式成立。1970 年，斋月战争期间，伊合组织成员国通过决议，有效遏制以色列的进攻。1974 年，伊合组织禁止向支持以色列的国家出口石油。在巴勒斯坦问题上，伊合组织支持巴勒斯坦解放组织（PLO），使其获得国际社会认可。1974 年，巴勒斯坦被邀请以观察员的身份参与联合国大会。1975 年，联合国通过第 3379 号决议，宣布“犹太复国主义就是种族主义”。[①] 冷战后，伊合组织在推行泛伊斯兰主义，关心穆斯林少数族裔利益、反对极端主义、消除贫困等方面发挥至关重要的作用。

在政治、经济等领域，伊合组织面临严峻挑战：

第一，经济整体落后，互补性不强。大部分伊合组织成员国经济发展落后，工业化程度不高，严重依赖地租性经济收入。即使石油资源丰富，发展水平最好的海湾国家，也由于经济结构单一，抵御外部冲击的能力较弱，受到新冠肺炎疫情和低油价的冲击。矿石燃料占伊合组织成员国出口总值的 41%。[②] 大部分伊合组织成员国经济体量小，在国际市场上缺乏竞争力，经济依附于大国。

第二，政治互信缺失。伊合组织成员国一开始就缺乏相互信任，特别是在涉及巴勒斯坦等重大核心问题上，成员国被现实利益所驱动，将政治倡议转为实际行动的能力较弱，无法就核心问题达成统一共识，使其影响力囿于各自文化与社会因素。例如，2018 年，第 45 届伊合组织外长会议期间，孟加拉国提出将印度纳入该组织的观察国，但是该决议遭到巴基斯坦的反对，印度也一直未能加入伊合组织。2020 年 8 月以来，沙特与巴基斯坦因克什米尔问题而陷入僵局。克什米尔地区是印巴地区治理的难点，

---

① Abdullah al - Ahsan, “The Question of Palestine and the Muslim World,” *New Middle Eastern Studies* 8 (2), 2018, pp. 98.

② *Socio - Economic Impacts of COVID - 19 Pandemic in OIC Member Countries: Prospects and Challenges*, Statistical, Economic and Social Research and Training Centre for Islamic Countries (SESRIC), May 2020, p. 4., P. 9.

双方都宣称对该地区拥有控制权。巴基斯坦试图争取沙特在克什米尔问题上的支持，沙特因与印度在经贸方面的合作，未能满足巴基斯坦的需求，导致沙特与巴基斯坦的关系受到冲击。

第三，缺乏问题解决机制。伊合组织首脑会议每3年举办一次，审议议题涵盖伊斯兰世界少数族裔安全、恐怖主义、极端主义、“伊斯兰恐惧症”、卫生、文化等各个方面。然而，会议决议很少被落到实处，这使伊合组织仅能发挥论坛的作用。从地域上看，伊合组织成员国分属于阿盟、海合会、东盟、非盟等区域合作组织。由于优先级别的不同，很多重要的议题都是在这些区域组织讨论之后，才提交伊合组织外长或首脑会议审议。联合国安理会、非盟安全理事会均具有监督和约束成员国的权利，但是伊合组织缺乏类似功能，成员国只能以伊斯兰团结的名义达成共识。①

第四，教派矛盾难以重塑伊合组织权力格局。教派矛盾并非伊斯兰世界的根本性问题，实现和平与发展，摆脱贫困，消除饥饿才是其主要任务。然而，以宗教纽带维系的伊合组织无法实现团结，成员国之间的教派矛盾成为地区紧张的重要来源。② 西亚北非局势动荡后，阿拉伯世界整体影响力下降，与之相对的是伊朗、以色列和土耳其等非阿拉伯国家的崛起。伊朗通过扶植什叶派代理人，扩大在伊拉克、也门、叙利亚、黎巴嫩的影响，伊朗此举引起海湾国家的恐慌。沙特等海湾国家利用宗教地位和石油收入，借助伊合组织谋求地区和国际影响力。沙特曾高举泛伊斯兰主义大旗对抗阿拉伯民族主义，防御其对君主制带来的威胁。沙特扮演该组织领导者与金融机构出资者。沙特长期向伊合组织产油国提供经济和军事援助，一直是埃及、孟加拉国、马来西亚和巴基斯坦等国家最大的援助国之一。1985—2015年间，沙特共提供1300亿美元的对外援助。2006年，沙特向伊斯兰开发银行的扶贫项目提供10亿美元。2016年，沙特向巴基斯坦提供了1.22亿美元的一揽子援助。③

2012年8月，在第4届伊合组织麦加特别峰会上，沙特力推反对叙利

① Elisabeth Johansson - Nogués, “The Organization of Islamic Cooperation and the Arab League,” p. 99.

② Shahram Akbarzadeh, Zahid Shahab Ahmed, “Impacts of Saudi Hegemony on the Organization of Islamic Cooperation (OIC),” *International Journal of Politics, Culture, and Society*, 31, no. 3 (2018), p. 306.

③ Shahram Akbarzadeh, Zahid Shahab Ahmed, “Impacts of Saudi Hegemony on the Organization of Islamic Cooperation (OIC),” p. 303.

亚政府的决议。由于伊朗支持的真主党主导黎巴嫩政府，沙特大幅削减对黎巴嫩的援助。2016 年 4 月，第 13 届伊合组织首脑峰会在伊斯坦布尔举行，会议通过反对伊朗的决议。①

（二）部分阿拉伯国家与以色列建交对伊合组织的影响

2020 年，中东地缘政治格局发生深刻变化。在美国的撮合下，阿联酋、巴林与以色列实现关系正常化，签署《亚伯拉罕协议》，苏丹和摩洛哥随后也与以色列建交。巴勒斯坦问题是泛伊斯兰主义产生的直接原因，也是伊合组织成立的重要动因，部分阿拉伯国家与以色列建交使巴勒斯坦问题进一步边缘化，伊合组织倡导的伊斯兰共同事业遭遇巨大挫折。西亚北非局势动荡后，海湾国家所处的地区环境日益复杂。以阿联酋为代表的阿拉伯务实派，不愿为阿拉伯和伊斯兰共同事业所拖累，开始在国家民族主义的驱动下，谋求地区和国际影响力。沙特是伊合组织总部所在地和重要捐赠国。然而，沙特近年来也开始放弃泛伊斯兰主义，聚焦国内改革与发展，近年来，沙特推出“2030 愿景”和“2020 国家转型计划”，试图实现经济多元化，在社会文化领域去瓦哈比化。沙特将伊朗确定为头号地区敌手，巴勒斯坦问题不再是沙特关注的首要问题。出于应对共同敌人——伊朗，以及巩固沙美盟友关系的考虑，沙特开始与以色列走近。

阿以建交是泛阿拉伯民族主义和泛伊斯兰主义衰弱的必然结果。② 部分阿拉伯国家与以色列恢复正常关系，对伊合组织构成严重冲击，加剧了伊斯兰世界的分裂与阵营化，由此使非阿拉伯国家的影响力凸显。土耳其和伊朗谴责阿联酋、巴林与以色列建交，认为此举引发中东地区动荡，背离巴勒斯坦事业。③ 虽然巴勒斯坦问题仍是伊合组织的重要议题，但伊斯兰国家安全战略和外交政策的优先顺序已发生变化，随着与以色列建交的伊斯兰国家越来越多，巴勒斯坦问题解决难度加大。伊合组织官方立场仍未变化，继续支持“两国方案”。伊合组织秘书长欧塞敏强调，“只有以色列放弃对巴勒斯坦土地的占领，伊合组织成员国才会与

---

① Shahram Akbarzadeh, Zahid Shahab Ahmed, “Impacts of Saudi Hegemony on the Organization of Islamic Cooperation (OIC),” p. 307.

② 丁隆：《阿以建交开启中东地缘政治新变局》，载《人民论坛》，2020 年 10 月中期。

③ “Turkey, Iran condemn Bahrain – Israel accord,” https://www.dawn.com/news/1579418.

其关系正常化。”[①] 然而，伊合组织不得不面对阿以关系的新现实，在伊斯兰共同事业的根基动摇的情况下，寻找组织建设和成员国合作的新抓手。

在阿以建交、全球进入后疫情时代的特殊背景下，伊合组织着力在以下方面应对挑战：一是弥合成员国分歧。2015 年，《未来十年行动纲领》到期后，伊合组织启动《2016 - 2025 行动计划》。该计划的议题包括：和平与安全、恐怖主义与极端主义、人道主义发展、人权、消除贫困、遏制流行病、妇女、儿童权利，教育、科学、文化交流等。《2016 - 2025 行动计划》议题的扩大，说明伊合组织志在增强成员国的凝聚力，从而在国际治理中发挥更大作用。二是加强机构改革。近年来，伊合组织的机构日渐完善，其附属机构、专门机构众多，基本涵盖伊斯兰世界的政治、经济、文化等。从纵向来看，这些机构的职能大多集中在教育、医疗、文体、经贸等领域。虽然伊合组织设有联络小组机制，但是这些机构规模较小，且组建时间较晚，其作用不能很好发挥。三是加强多边合作。伊合组织应同联合国、欧盟、非盟、东盟、阿盟等国际机构合作。拜登当选美国总统后，美国重回多边主义，修复与盟友关系，重振盟友信心成为其执政的主要方向。就任后，拜登总统废除特朗普时期的相关政令，其中包括“穆斯林旅行禁令”，这有利于伊合组织与美国关系的改善。

四、结语

伊合组织是维护全球穆斯林权益的重要政府间国际组织，以加强伊斯兰国家团结为宗旨。伊斯兰世界的内部变化、国际秩序的深刻调整使伊合组织议题日益多元化，参与国际治理。在协调成员国立场，促进解决冲突、反恐与去极端化、抗疫合作等方面成效显著。然而，伊合组织深受内部分裂之困，成员国政治互信度不高，经济互补性不强，面临发展瓶颈。阿联酋等阿拉伯国家与以色列建交，更是为伊合组织倡导的伊斯兰共同事业带来前所未有的挑战。尽管如此，伊合组织在维护伊斯兰国家权益、参与全球治理等方面的积极作用仍不可忽视。

---

① “Insight: Indonesia, the Palestinians and the new Middle East,” https: //www. thejakartapost. com/academia/2020/10/05/insight - indonesia - the - palestinians - and - the - new - middle - east. html.

阿拉伯国家联盟与地区热点问题

赵　军　马文媛*

【摘　要】

2020年阿盟在实现其主要使命和主要目标方面绩效乏善可陈，尤其在涉及巴勒斯坦、利比亚、叙利亚、也门和新冠肺炎疫情等重大安全问题上，离22个成员国的利益需求相去甚远，习惯性失败和缺点依旧，导致其合法性和存在的合理性遭遇前所未有的质疑，这种质疑恐将长期持续下去。

【关键词】

阿盟　巴勒斯坦问题　叙利亚内战　利比亚内战　也门内战

阿拉伯国家联盟（简称“阿盟”）是由22个阿拉伯国家组成的区域组织，旨在密切成员国间的合作关系，协调彼此间的政治活动，捍卫阿拉伯国家的独立和主权，全面考虑阿拉伯国家的事务和利益，各成员国在经济、财政、交通、文化、卫生、社会福利、国籍、护照、签证、判决的执行以及引渡等方面进行密切合作。① 数十年来，阿盟已经成为反映阿拉伯国家间复杂关系的晴雨表和折射阿拉伯世界与外界关系变化的风向标，甚至一度成为研究当代泛阿拉伯问题的分析“起点”和“最高点”。阿盟曾经的行为不仅构成了中东地区诸多事务领域的重要内容，也是影响地区秩序构建的一个重要的政治因素。

2020年，阿拉伯地区乱局有所缓和，热点也有降温的迹象，如阿以争

---

* 赵军，上海外国语大学中东研究所副教授；马文媛，上海外国语大学中东研究所研究生。本文系2019年度国家社科基金后期资助项目“阿盟的理论建构与实践路径研究”（项目号：19FGJB015）的阶段性成果。

① 《阿拉伯国家联盟公约》（1945年3月22日），载尹崇敬主编：《中东问题100年》，北京：新华出版社，1999年版，第548页。

端正在走向全面和解、也门战祸剧烈度有所下降、利比亚内战和平曙光初显、叙利亚内战暂时消停、苏丹政府与主要反政府武装签署和解协议、伊拉克内争激烈度下降等等。这些事件的演进，或多或少都有阿盟参与的身影。受新冠肺炎疫情影响，阿盟取消了现场首脑峰会，但其组织机构正常运转，仍在为解决阿拉伯地区问题而努力。一方面，阿盟继续执着于参与阿拉伯地区政治、安全、经济和文化等领域的秩序构建，以及为维护阿拉伯世界的集体权益发声；另一方面，在诸多地区热点问题上，因内部分歧、外部力量介入以及组织缺少强制力等因素，阿盟向世界展示的不是如何成功弥合成员分歧和达成共识，而是分裂、内斗、无效决议以及“议而不决、决而难行”的图景，展现出的完全是一种徒劳无果的行动和无能的形象。就如一位资深评论人尖锐批评道：“在75年的历史中，由22个成员国组成的阿盟已经从一个代表和推动集体、有目的和有效的阿拉伯行动组织，沦为反映阿拉伯世界普遍不团结的、无效机构的一面镜子。”①

一、阿盟与巴勒斯坦问题

在相当程度上，阿盟因巴勒斯坦问题而建立，历来赋予巴勒斯坦特殊地位，并将巴勒斯坦的独立和建国权利视为该组织的政治行动目标和阿拉伯国家合作的核心内容。随着历史的流变，尽管这一承诺的内涵有所变化，但长期以来至少维护巴勒斯坦利益的口号并未抛弃。但中东剧变以来，阿盟较前更为软弱无力，在巴勒斯坦问题上的有效发声微乎其微，甚至在关键时刻回避问题，使其逐渐失去了保护巴勒斯坦地区的领土与合法权益基本能力。2020年阿盟在巴勒斯坦权益维护方面再遭重创。

2020年1月28日，美国政府公布了所谓推动解决巴以问题的“中东和平新计划”。该计划除了承认耶路撒冷为以色列“不可分割的首都”之外，还承认以色列在约旦河西岸犹太人定居点的主权。美国的主要目的是割裂巴勒斯坦实际控制区，并一劳永逸地消除以色列面临的安全威胁，“新计划”视巴勒斯坦伊斯兰抵抗运动（哈马斯）和伊斯兰圣战组织（杰哈德）为恐怖组织，认为其宣扬暴力极端主义思想。“新计划”要求未来

① “The Arab League's Many Failures,” *ACW Research and Analysis Unit*, October 8, 2020.

的巴勒斯坦国必须“非军事化”，哈马斯和杰哈德必须解除武装，巴勒斯坦只能保留有限的安全部队，承担警务和反恐任务。①

美国的单边政治行为和决定招致阿盟的强烈不满。2020 年 2 月，阿盟在开罗召开外长紧急会议，并在会后发表的公报中明确表态，“美国政府提出的‘中东和平新计划’未满足巴勒斯坦人民的基本权利和愿望，违反国际法和联合国决议，阿盟拒绝接受这一计划”，同时警告以色列不要单方面执行该计划。② 这份警告余音犹在之时，就传出了阿联酋同以色列和解的信息，巴勒斯坦权力机构请求阿盟召开紧急会议讨论这类关系正常化的“危险”，但遭到阿盟的拒绝。8 月 13 日，阿联酋宣布同以色列关系正常化。阿联酋的政策选择，实质上是放弃了阿拉伯国家在巴勒斯坦问题上的共同承诺，阿盟也陷入新一轮的分裂。

部分支持阿联酋行动的阿拉伯国家认为，与以色列建交可以借助该国先进科技和强大经济，提振自己国家的经济，改善民生。这些阿拉伯国家看到了埃及和约旦与以色列建交带来的好处，并认为像阿联酋那样通过与以色列建交，可以牵制以色列吞并巴勒斯坦领土，也不失为是寻求解决巴以冲突的一种有效策略。③ 正是在这种思想影响下，巴林、苏丹、摩洛哥等阿拉伯国家相继在 2020 年实现了同以色列关系正常化，这无疑导致巴勒斯坦问题将更趋边缘化，④ 也使得巴勒斯坦的合法权利诉求的实现可能性变得更加渺茫。

9 月 9 日，第 154 届阿盟外长理事会以视频方式举行，着重讨论了以色列与阿联酋关系正常化协议对地区局势和解决巴以问题的影响。尤其值得注意的是，在阿联酋同以色列宣布关系正常化后，尽管卡塔尔、科威特、利比亚、黎巴嫩和科摩罗等阿拉伯国家继续表明支持巴勒斯坦的立场，批评阿盟的无能和其他阿拉伯国家的自私，阿盟非但没有提出明确异议，反而无视巴勒斯坦的抗议，并在这次理事会会议上，投票否决了一项谴责阿联酋 - 以色列关于两国关系正常化协议的决议草案。沙特外交大臣费萨尔在会议上重申，支持以 1967 年第三次中东战争以前的边界为基础、

① 孙德刚：《美国“中东和平新计划”的醉翁之意》，载《环球时报》，2020 年 2 月 4 日。

② 《阿盟宣布拒绝美国政府“中东和平新计划”》，http：//www. xinhuanet. com/world/2020 - 02/01/c_1125520461. htm。

③ 周远：《中东地缘政治剧变，美国悄然摆开棋局》，https：//mini. eastday. com/a/200926180450186. html? qid = 02263&vqid = qid02650。

④ 刘中民：《中东 2020：多重危机中的博弈与变局》，载《光明日报》，2020 年 12 月 26 日。

以东耶路撒冷为首都建立巴勒斯坦国。但并未直接提及阿联酋和以色列关系正常化一事。9月22日，巴勒斯坦外交部长表示放弃接下来6个月在阿盟会议中的轮值主席国位置，并且谴责任何一个与以色列建立外交关系的阿拉伯国家。在此情况下，巴勒斯坦政府采取了主动放弃6个月阿盟轮值主席国的做法，以示强烈反对兄弟国的做法和阿盟的无为，巴勒斯坦驻阿盟代表明确表示，“巴勒斯坦不希望在担任轮值主席期间看到阿拉伯国家与以色列匆忙走向关系正常化”。[①] 正如有评论认为的那样，“在如今的阿盟里，已经没有多少国家愿意且有能力为实现巴勒斯坦的夙愿而放弃自身利益。”[②]

客观而言，这不是阿盟第一次未能履行捍卫巴勒斯坦人民权利的长期承诺。以阿联酋和巴林为首的阿盟成员国决定公开寻求与以色列关系正常化和战略合作，给巴勒斯坦人带来了生存挑战的同时，也是对阿盟捍卫巴勒斯坦权利这一承诺的背叛。因为，这些国家的行为与2002年、2007年和2017年得到阿盟首脑会议支持的《阿拉伯和平倡议》自相矛盾。而阿盟对成员国的行为并未加以阻止，甚至连一个声明都未发布，显然已经放弃了原来对巴勒斯坦核心问题的共同承诺，这在支持巴勒斯坦立场的民众来看，阿盟显然已失去了存在的理由。卡塔尔半岛网评论员易卜拉欣·哈马米评论称，“阿盟虽生犹死，在接受了以色列与阿联酋和巴林关系正常化后仅存一丝气息，并且它对巴勒斯坦人如今陷入的境地负有重大责任。”[③]

二、阿盟与叙利亚内战

2011年3月，叙利亚爆发了连续数月的反政府游行示威活动。阿盟派

---

① 《外媒：阿盟行将就木，成员纷纷与以色列关系正常化，以色列不如直接加入》，https://new.qq.com/omn/20200924/20200924A097SI00.html。

② 丁贵梓：《阿拉伯国家那么多，为啥众拳难敌以色列?》，https://www.thepaper.cn/newsDetail_forward_9730409。

③ 《未能阻止阿拉伯人与以色列关系正常化，阿盟的存在是否还有意义?》，半岛中文网，https://chinese.aljazeera.net/behind－the－news/2020/9/23/%E6%9C%AA%E8%83%BD%E9%98%BB%E6%AD%A2%E9%98%BF%E6%8B%89%E4%BC%AF%E4%BA%BA%E4%B8%8E%E4%BB%A5%E8%89%B2%E5%88%97%E5%85%B3%E7%B3%BB%E6%AD%A3%E5%B8%B8%E5%8C%96。

遣一个监督小组赴叙利亚调查对平民使用暴力的情况。该小组以前苏丹情报局局长穆罕默德·艾哈迈德·穆斯塔法·达比将军为组长，调查结果否认巴沙尔政权使用暴力践踏人权，达比及其最终调查报告遭到广泛批评，阿盟的权威性受到空前质疑。同年 11 月，在海合会国家的施压下，阿盟终止叙利亚的成员资格，并对巴沙尔政权实施强制政治和经济制裁，甚至要求其他成员召回驻叙利亚大使，导致其中的 18 个阿拉伯国家同叙断交。之后，阿盟同联合国合作，邀请前联合国秘书长安南调停叙利亚各派势力争斗：安南的斡旋努力仅持续半年，就由原阿盟代表布拉希米（Lakhdar Brahimi）作为联合国叙利亚问题特使接任安南，继续斡旋工作。不到两年，布拉希米就同安南斡旋一样，无果而终。

随着联合国斡旋小组的失败，阿盟内部在该问题上分歧严重，加之伊朗强力支持巴沙尔政权、俄罗斯的强势介入、美国的缺失以及土耳其浑水摸鱼等外部干涉，阿盟在叙利亚问题解决中，不再有主导权和发言权。[①]随着 2016 年盖特替代穆萨成为新任阿盟秘书长以及 2017 年海合会国家发生严重内讧（注：指海合会国家同卡塔尔断交）后，阿盟似乎无暇关注叙利亚问题。2018 年，美国总统特朗普尽管提出中东国家应该联合起来打击极端组织“伊斯兰国”，且在沙特有意在阿盟授权的情况下，愿意出兵叙利亚东部，但因有过黎巴嫩内战时期派驻阿拉伯维和部队的糟糕先例[②]，导致阿盟内部缺乏共识，因此在叙利亚问题上，阿盟进入基本失语的情况。总体来看，在过去多年中，阿盟制造叙利亚问题有份，但没有解决任何问题。最近两年，在阿盟层面，围绕叙利亚问题解决的务虚工作较多，对该问题实现最终解决的实际作用却较为有限，如在阿盟各级会议以及对外交往中均将叙利亚问题作为重要议题，但多数阿盟成员国在该问题上开始发生重大转变，对巴沙尔政权给予了不同程度的支持。

第一，阿拉伯国家要求叙利亚回归阿盟的声音渐强。2019 年，更多的阿拉伯国家释放善意信号，呼吁恢复叙利亚阿盟成员资格的声音日高，其中包括埃及、阿联酋、伊拉克、黎巴嫩、突尼斯、苏丹、阿尔及利亚以及

① TM, “The Arab League’s Role in the Syrian Civil War,” *Journal of Inquires*, Vol. 6, No. 7, 2014, pp. 1 – 4.

② 阿拉伯和平部队于 1976 年派驻黎巴嫩，负责监督黎巴嫩安全，这支部队成员主要是叙利亚士兵。黎巴嫩内战结束后，阿拉伯和平部队拒绝撤离，直到 2005 年黎巴嫩总理拉菲克·哈里里被刺杀后，才在美国和国际社会压力下这支部队最终撤走。

巴林等。2019 年 3 月 3 日，叙利亚人民议会议长前往约旦首都安曼参加阿拉伯各国议会联盟第 29 次会议，这是内战以来叙利亚首次参加泛阿拉伯国家的会议，3 月 31 日，阿盟峰会现场为叙利亚预留了一个座位，这是叙总统巴沙尔政权重新被接纳的另一迹象。8 月，叙利亚和阿盟之间和解的趋势越发明显。包括埃及、阿联酋、伊拉克、黎巴嫩、突尼斯、苏丹、阿尔及利亚和巴林在内的 8 个阿盟成员国已经同意有关叙利亚重新加入阿盟的提案，向叙利亚政府投去橄榄枝。

第二，部分阿拉伯国家或进行正常交往或恢复同叙外交关系或政治支持。2018 年 12 月，苏丹总统巴希尔访问叙利亚，这是自叙利亚内战后首位访叙的阿拉伯领导人。同月，阿联酋重新开放驻叙使馆，巴林也随之恢复驻叙使馆工作。2019 年 9 月 30 日，伊拉克和叙利亚边境口岸重开，双边关系得到进一步改善。2019 年，优素福・本・阿拉维再次访叙，与叙总统巴沙尔・阿萨德及外长瓦利德举行会见。10 月 4 日，阿曼驻叙利亚大使图尔基・马哈茂德[①]向叙总统递交国书，成为首位重返叙利亚的海合会国家大使。

2019 年 1 月，伊拉克外长穆罕默德・阿里・哈基姆访问俄罗斯期间，明确表示支持叙利亚重返阿盟。2021 年 3 月，沙特外交部长费萨尔・本・法尔汉对媒体表示，叙利亚应该回归“阿拉伯的怀抱，实现稳定与安全”。突尼斯外长杰希纳维在接受阿拉伯媒体采访时表示，“叙利亚在阿拉伯世界有特殊地位，总有一天它必将回到它本来的位置。”[②] 但由于伊朗等因素的存在，以沙特为首的部分阿拉伯国家反对叙利亚政府的立场尚未根本改变。

第三，在土耳其入侵叙利亚领土问题上，阿盟及其成员一边倒地支持叙利亚。自 2019 年土耳其以多种理由军事侵入叙利亚领土，叙利亚巴沙尔政权不再孤立无援。在土耳其对叙利亚发起军事行动后，引起了埃及、沙特、阿联酋、巴林、黎巴嫩等国的反对。10 月 9 日，土耳其宣布出兵叙北地区。阿盟秘书长盖特在一份声明中表示，土耳其的入侵行为公然践踏叙利亚的领土主权，此举可能危及到叙利亚东部和北部局势，甚至可能导致“伊斯兰国”组织死灰复燃。同月 12 日，阿盟秘书长盖特在阿拉伯国家外

---

① 2015 年，阿曼前外交大臣优素福・本・阿拉维访叙，成为首位访叙的阿拉伯国家部长。

② 《阿盟峰会：在失望和希望中寻求“新起航”》，http：//www. xinhuanet. com/world/2019 - 03/30/c_1124305291. htm。

交部长会议上，再次抨击土耳其在叙利亚东北部的军事行动是“对阿拉伯国家领土的侵犯和对其主权的侵犯”。沙特外交大臣朱拜尔也谴责土耳其的入侵，并敦促国际社会立即采取行动制止土耳其的入侵，阿联酋和伊拉克同样谴责土耳其入侵叙利亚北部的行动。[①] 埃及外交部在一份声明中称，“以最强烈的措辞，谴责了土耳其对叙利亚领土的侵略”，称这次进攻“是对一个阿拉伯兄弟国家主权的公然和不可接受的攻击”。[②]

三、阿盟与利比亚问题

在相当程度上，阿盟是利比亚问题发酵的最初外部推手。2011 年利比亚反卡扎菲政权的军事力量崛起，卡扎菲政权因长期游离于阿拉伯世界，并同美欧、海湾君主国家矛盾重重。在美国支持以及海合会国家尤其是卡塔尔的主导下，借助利比亚社会抗议，将阿盟塑造为冲突的合法判定者和阿拉伯大众寻求民主自由需求的代言者角色，[③] 进而使得人们看到了阿盟短暂的“雄起”状态，强势介入利比亚局势以及之后的叙利亚内乱。阿盟的介入深刻改变了利比亚局势，包括暂停了利比亚政府的成员资格、承认反对派全国过渡委员会（National Transitional Council）代表利比亚人民、请求联合国安理会通过 1973 号决议成功设立禁飞区以及授权北约对利比亚政府军进行军事干预，并致卡扎菲政权最终倒台。

在后卡扎菲时期，利比亚问题逐步演变为军阀割据和混战状态，阿盟成员国因对利比亚争斗各方有着不同的利益考量，在处理利比亚政治重建过程中产生了根本分歧，导致在阿盟框架下无法形成共识。卡塔尔与土耳其和意大利支持伊斯兰武装和的黎波里民兵，但阿联酋和沙特则支持世俗武装力量，埃及塞西就任总统后，明确支持阿联酋和沙特一贯援助的哈利法·哈夫塔尔领导的武装力量，加之法国、俄罗斯等外部大国的支持。阿

① “Turkish Attack in Syria Condemned as ‘Invasion of an Arab State’s Land’,” *Arab News*, October 12, 2019, https://www.arabnews.com/node/1567876/middle-east, .

② 周远方：《阿盟 22 国谴责土耳其：对阿拉伯国家领土与主权的侵犯》，https://www.guancha.cn/internation/2019_10_12_521072.shtml。

③ Ranj Alaaldin, “Libya and the Arab League,” in Henriksen Dag, Larssen Ann Karin (eds.), *Political Rationale and International Consequences of the War in Libya*, Oxford: Oxford University Press, 2016, pp. 105-117.

盟内部的分歧影响了其凝聚力和帮助利比亚政治过渡的能力，阿盟宣布必须通过谈判和平解决利比亚问题，但自身又无法就利比亚国家重建达成共识，尤其无法弥合自2014年利比亚东西部分裂的现实，而不得不寻求在联合国框架下进行该问题的解决。

2015年，阿盟支持联合国关于利比亚问题的政治和解协议，该协议在的黎波里产生了现任民族和解政府（GNA），但哈夫塔尔在阿联酋和埃及的协助下试图推翻该政府。由于土耳其的强势介入，使得哈夫塔尔领导的国民军统一利比亚的计划受阻。2019年6月，埃及呼吁召开阿盟外长紧急会议并通过决议，谴责外国干涉利比亚事务，特别是土耳其的干涉。需要指出的是，这次会议是在没有与利比亚和解政府协商的情况下举行的，因而遭到了利比亚和解政府的强烈反对。

2020年1月19日，由联合国主导的利比亚问题国际会议在柏林举行，包括安理会5个常任理事国在内的12个国家的领导人或高级代表，以及联合国、欧盟、非盟和阿盟领导人出席。会议达成了解决利比亚危机的路线图，即从军事、政治、经济三个路径推进危机解决进程。10月23日，交战双方在日内瓦签署全面永久停火协议；11月9日，利比亚政治对话论坛在突尼斯举行，商定于2021年12月24日举行利比亚议会和总统选举；12月14日，利比亚问题经济工作组会议在日内瓦开始举行。利比亚危机解决进程正按照柏林会议确定的路线图，从军事、政治、经济三个路径快速推进。这也为利比亚问题的彻底解决带来曙光，但阿盟在整个谈判和路线图正式推进和落实中，仅是一个重在参与的角色，既无力弥合成员国之间的分歧，也无法取得利比亚争斗各派必要的信任。

四、阿盟与也门危机

也门和阿盟以及其他政府间机构的关系自政治危机以及内战后，始终处于困境之中。国际承认的哈迪政府是沙特扶植起来的，虽然获得在阿盟席位，但未能真正有效统治大部分国土，真正统治者是占领包括首都萨那在内大部分国土的是胡塞武装组织。

大部分阿盟国家支持哈迪政权，但该政府在国内并未受到民众支持，加之哈迪政府超期执政，在国际、地区层面以及国内层面都已失去合法性。不管是在阿盟内部，还是在其他场合，哈迪政府代表不了也门当地意见或利益。从这个角度来看，阿盟对也门问题的解决毫无实际作用。另外，需要指出的是，尽管时任阿盟秘书长的阿拉比表示，组建阿拉伯联合部队旨在“迅速介入阿拉伯国家所面临的安全威胁或恐怖主义挑战”，但在之后运作中，不仅没有实现阿盟的目标，而且使得阿盟在此问题上备受诟病。

2015 年 3 月，胡塞武装兵临亚丁，哈迪总统被迫逃亡沙特。经过与沙特高层秘密协商之后，哈迪在 3 月 24 日向海合会提出“军事干预以支持也门政府，保护民众免遭胡塞武装进攻”的请求，沙特在 26 日领导联军（沙特、阿联酋、科威特、巴林、卡塔尔、埃及、约旦、摩洛哥、塞内加尔、苏丹 10 国，之后索马里、厄立特里亚也加入）发动“果断风暴”军事行动，主要通过空中打击、海路封锁、地面进攻等手段打击胡塞武装。沙特决定进行军事干预，主要出于领土安全、教派政治、地区声誉、地缘政治竞争、国内政治等因素的考量，[①] 沙特领导的多年来的军事干预并未有效阻遏胡塞武装的扩张，反而出现阿拉伯世界不愿看到的局面：一是胡塞武装从原来同伊朗松散关系，发展到相对紧密的准盟友关系；二是胡塞武装从地方势力发展为控制大部分国土的绝对实力派；三是人道主义灾难更趋严重。

在无法收拾局面的情况下，阿盟被迫请求联合国介入也门危机，最终于 2018 年 12 月 18 日，在联合国斡旋下，也门政府与胡塞武装达成的《斯德哥尔摩协议》开始正式生效，双方同意在也门荷台达等地实施停火、交换战俘。这份协议的执行进度十分缓慢，双方时而发生的冲突也使得已经持续五年的也门内战局势更加错综复杂。《斯德哥尔摩协议》执行两年以来面临诸多困难，各利益攸关方在《斯德哥尔摩协议》达成之后并未进一步推进协议的落实，反而出现了相互扯皮现象。因此，如果无法彻底执行，就意味着威胁和危险仍然存在。只有执行其所有条款，才能为结束也门战事、为整个也门的安全与和平提供真正的保障。

2020 年 4 月 8 日，沙特单方面宣布，受新冠肺炎疫情影响，反胡塞联军从 9 日开始在也门战场上停火两周时间，显示出沙特试图退出也门战争的意愿。鉴于也门战争的内外联动性，也门和平进程有赖于国际社会、地

---

① May Darwish, "The Saudi Intervention in Yemen: Struggling for Status," *Insight Turkey*, Vol. 20, No. 2, 2018, pp. 125 – 141.

区国家和也门国内力量共同努力，建立多层协调机制，建立并实施兼顾全球、地区和政府层面互动的多层次安全治理框架，才能推动也门和平进程。

然而，不幸的是，也门多层次安全治理框架并未被制度化，更没有得到有力执行，阿盟似乎在整个问题解决过程中仅是一个可被忽略的参与者。①

五、阿盟与新冠肺炎疫情

新冠肺炎疫情暴发以来，阿拉伯世界成为重灾区之一。② 在处理和应对这一非传统安全挑战过程中，阿盟同其他类似的区域组织相比，缺乏有效协调成员国之间的联合行动。在新冠病毒被世界卫生组织宣布为全球紧急情况后，全世界动员起来应对这一大疫病，并与之进行跨界斗争，强调了不同国家之间的相互联系和脆弱性。但阿盟并未发挥其应有的平台和制度作用，以帮助最脆弱的阿拉伯国家，应对致命病毒及其可怕后果。

阿盟秘书长盖特只是宣布将每年召开的首脑峰会推迟，归因于“当前全球事态发展，特别是在会议和集会上引起关注的健康状况”，而对召集成员协商如何共同防疫抗疫却只字未提，对疫情可能的冲击及其结果保持沉默。从这个角度上看，阿盟在应对新冠肺炎疫情公共安全危机方面遭受了灾难性的战略失败。③ 有学者对此严厉批评道，“阿盟迄今为止对防止新冠肺炎病毒扩散的主要贡献就是取消了 2020 年 3 月 20 日的阿拉伯首脑会议。”④ 尽管如此，客观而言，阿盟在新冠肺炎疫情在阿拉伯国家暴发前后，还是做了相应的协调工作。

2020 年 2 月，阿盟召开了成员国卫生部长的定期会议，讨论如何应对

---

① Stephen W. Day, Noel Brehony, *Global, Regional, and Local Dynamics in the Yemen Crisis*, London: Palgrave Macmillan, 2020, pp. 1 – 13.

② “Egypt's Health Minister, Arab League Chief Discuss COVID – 19 Economic Repercussions on Region,” *Egypt Today*, March 15, 2021.

③ Salah Nasrawi, “Why No Joint Arab Response to Covid – 19?” April 2, 2020, *Al – Ahram Weekly*.

④ “Egypt's Health Minister, Arab League Chief Discuss COVID – 19 Economic Repercussions on Region,” *Egypt Today*, March 15, 2021.

新冠病毒传播的问题，在会后公报中呼吁，“保持阿拉伯国家间的联系”，并“交流信息和出台防御计划，以应对这一疾病”。公报还称，与会成员“注意到”沙特提出的“应对紧急情况和灾难”的建议。但是，这份公报缺乏具体内容，也缺乏具体的合作计划，导致缺少集体应对这种病毒挑战的具体措施。世界卫生组织宣布这种病毒为流行病后，阿盟才将应对疫情工作作为各类会议的主要议题设置。但直到9月，阿盟秘书长盖特在阿拉伯社会经济理事会部长视频会议上才强调阿拉伯地区应该为减轻新冠肺炎疫情冲击而开展的集体工作的重要性，“前所未有的流行疫病危机及其严重影响，特别是对脆弱社会的严重影响，促使阿拉伯加快社会和经济的集体协调工作。”①

阿盟在防疫抗疫工作协调过程中，还表现为争取国际合作，尤其是争取中国的全方位支持。2020年3月4－5日，阿盟外长理事会会议以决议方式，赞赏并支持中国为抗击新冠肺炎疫情所作的努力和采取的行动举措。4月9日，阿盟同中国举行新冠肺炎疫情卫生专家视频会议。阿盟秘书处和阿尔及利亚、埃及、巴勒斯坦、伊拉克、苏丹、摩洛哥、突尼斯、巴林、也门、阿联酋、科威特、卡塔尔12个阿拉伯国家卫生部负责人和专家等逾百人通过网络在线与会。中阿双方在7月中阿合作论坛第九届部长级会议期间，发表《中阿团结抗击新冠肺炎疫情联合声明》。会后双方积极落实会议成果，中方向多个阿拉伯国家提供了抗疫援助，同阿联酋、埃及、巴林、摩洛哥等国开展疫苗研发合作。9月23日，中国同阿盟举行“中国应对新冠肺炎疫情对经济影响先进经验”视频研讨会。9月29日，中国与阿盟成员国联合举行抗击新冠肺炎疫情专家视频会。阿联酋、巴林、阿尔及利亚、沙特、巴勒斯坦、卡塔尔、科威特、埃及、摩洛哥、伊拉克、突尼斯11个阿盟成员国及阿盟秘书处的约60余名代表参会。中方专家全面系统介绍了新冠肺炎疫情风险评估、分级防控、临床诊疗等方面的措施和经验，并就病毒毒性演化和检测、疫苗研发、外防输入措施、疫情防控常态化下复工复产等具体问题进行了深入交流，并表示愿与阿方继续加强技术交流与经验分享，携手应对新冠肺炎疫情，共同维护地区和全

① “Arab League Chief Says Arab Region's Collective Work Important to Reduce COVID－19 Impacts,” *Xinhua News Agency*, September 3, 2020, http://www.xinhuanet.com/english/2020－09/03/c_139340381.htm.

球卫生安全。[①]

六、结语

阿盟的主要使命和主要目标是加强阿拉伯国家之间的合作，支持阿拉伯世界的发展进程，以满足人民的愿望和加强共同团结的精神。2020 年 12 月 12 日，阿盟秘书长盖特呼吁阿拉伯国家作出集体反应，以应对各类现实挑战，尤其是周边邻国正在采取损害阿拉伯国家安全的政策和做法。[②] 但阿盟在诸多热点问题上表现乏力，这种习惯性的失败其实同该组织存在的五个结构性缺陷紧密相关，即埃及把持着阿盟，但又无力领导阿拉伯世界；阿拉伯内部碎片化和外部大国深度干预使得任何泛阿拉伯安全的努力都成为一种奢望；阿拉伯国家之间的现实冲突远远超过阿拉伯人的共同利益；伊朗已经成功介入阿拉伯事务并获得某些坚实而有影响力的同盟；阿盟本身非强制性的制度缺陷。因此，在政治和安全领域，阿盟在未来仍然会参与热点问题，仍会发出阿盟声音，但无法出台和落实有效措施，这将成为常态。

① 《中国－阿盟联合抗击新冠肺炎疫情专家视频会召开》，http：//www. nhc. gov. cn/gjhzs/s2908/202009/17139fc8846b46b99eff15bdcfb5a747. shtml。

② “AL Chief Urges Collective Response Against Regional Powers Harming Arab Security，” *Ahramonline*, December 12, 2020, https：//english. ahram. org. eg/NewsContent/2/8/396721/World/Region/AL－chief－urges－collective－response－against－regiona. aspx.

2020年海湾阿拉伯国家合作委员会

韩建伟*

【摘　要】

2020年对海合会来说发生了三件有重要影响的事件：一是持续了三年半的卡塔尔断交危机终于迎来了曙光，并于2021年初得到了初步的解决；二是新冠肺炎疫情大流行不仅给海合会国家带来严重的公共健康危机，而且史无前例的低油价重创海合会国家经济，促使这些国家加速能源转型与可持续发展经济的探索；三是部分海合会国家公开与以色列建交，并建立了全面的合作关系，标志着中东地区以巴勒斯坦问题为中心的时代正在走向终结。这一事件的未来走向仍然备受瞩目。在危机时刻，海合会职能机构在组织协调、协同政策、经验互享方面发挥了不容忽视的作用。这也证明海合会尽管受到卡塔尔断交危机的影响，但仍然是中东地区比较具有活力的组织。当前海合会在安全上依然体现出过度依赖美国的特点，对外政策缺乏自主性，这一特征短时期内不会有本质性改变。

【关键词】

海合会　断交危机　新冠肺炎疫情　能源　建交

海湾阿拉伯国家合作委员会（Gulf Cooperation Council），简称“海合会”，是由6个沿海湾的阿拉伯君主国构成的政治、经济、安全一体化组织。该组织成立于1981年5月，总部设在沙特首都利雅得，成员国有沙特阿拉伯、阿联酋、卡塔尔、科威特、巴林及阿曼。海合会成员国的特点是石油天然气资源丰富，属世界上高收入的国家群体。迄今为止，海合会成

---

* 韩建伟，上海外国语大学中东研究所副教授。本文是上海外国语大学校级规划项目“认知演化视角下阿以关系正常化及对中国的影响”（项目编号：2020114094）的前期成果。

员国已经形成统一的市场，成员国的公民、资本、货物基本可以在海合会内部自由流动，另外六国公民享受同等的保险、退休等福利待遇。海合会的主要组织机构有三个：最高理事会（由六国元首组成，轮流担任主席国，一年一换）、部长理事会（由六国外交部长组成，轮流主持，一年一换）、秘书处。另外，海合会原则上每年都要举行一次首脑峰会。海合会秘书处作为常设机构，成为负责日常联系各种会务、首脑峰会及部长级会议的主要行政组织。海合会还建立了许多旨在支持和加强成员国经济合作和一体化的机构，如海湾投资公司（GIC）、商业仲裁中心（GCCCAC）、专利局（GCCPO）、海湾合作委员会互联局（GCCIA）、海湾合作委员会标准化组织（GSO）和海湾支付公司（GPC）等。[①]

长期以来，海合会成员国因较弱的经济联系、不和谐的政治关系及各自为政的安全防务政策而饱受诟病。迄今海合会并没有形成统一的货币市场，由于成员国产业结构高度相似，虽然已经形成了共同市场，但是经济互补性并不高，非石油产品需要大量从其他地区进口。海合会成员国内部矛盾重重，既有沙特与阿联酋争夺海合会领导权的矛盾，也有为了“惩戒”不服从者（如卡塔尔）而集体断交的事件发生；对外政策也不尽相同，在对待伊朗、美国的态度上因国而异。从安全角度来说，海合会高度依赖美国提供的安全保障，所有国家都有美国军事基地。海合会虽然是阿拉伯国家旨在谋求集体安全的组织，但是并没有统一的防务体系，每个国家都与美国签署了双边安全协定。[②]

虽然存在很多不足，海合会依然是中东地区较有活力的一体化组织，在海湾阿拉伯国家的经济合作、文化交流、对外交往等方面发挥着不可或缺的作用。相对于中东地区其他两个重要的组织——伊斯兰合作组织和阿拉伯联盟，海合会成员国在民族、地域、宗教上的同质性更高，认同感更强，致力于一体化的意愿也更加强烈。

---

① “The General Secretariat participated in the Introductory Session on the GCC Economic Integration,” Secretariat General of the Gulf Cooperation Council, June 21, 2020, https://www.gcc-sg.org/en-us/MediaCenter/NewsCooperation/News/Pages/news2020-6-21-2.aspx.

② Jon B. Alterman, *Regional Perspectives on Iran*, *Deterring Iran after the Nuclear Deal*, Washington DC: Center for Strategic and International Studies (CSIS), 2017, p. 84.

一、2020年卡塔尔断交危机迎来曙光

2020年，对海合会来说头等大事是试图解决2017年卡塔尔断交风波所引发的海合会内部分裂的危机。2017年6月5日，沙特、阿联酋、巴林、埃及四国突然宣布与卡塔尔断交，指责后者支持“恐怖主义”，但最主要的原因是卡塔尔与伊朗关系密切，不符合沙特、阿联酋、巴林等国的利益。此次断交的主要幕后推手是特朗普政府。特朗普上台后在中东地区奉行遏制伊朗的政策，促使沙特等国采取了极端行动。这次事件引发了海合会内部的大分裂：沙特、阿联酋、巴林为抵制卡塔尔的一派；科威特、阿曼保持了中立；卡塔尔则被孤立。这次分裂也严重削弱了海合会统一协调的能力。但是事与愿违，沙特等国经过几年的等待，并没有令卡塔尔发生如他们期望的转变。卡塔尔通过一系列努力，成功地化解了来自沙特三国的封锁。

第一，卡塔尔保持了与特朗普政府的友好关系。尽管特朗普是推动四国与卡塔尔断交的关键人物，但是很快意识到与卡塔尔关系恶化的消极后果及与卡塔尔继续保持友好关系的利益所在，尤其是卡塔尔是美国中东最大的军事基地——乌代德基地（al - Udeid）的所在国。卡塔尔不仅购买了美国的大量军火，埃米尔塔米姆·阿勒萨尼（Tamim al Thani）还通过对特朗普政府的访问，强化了双边关系。[①] 出于建立中东地区共同遏制伊朗联盟的需要，特朗普政府在执政后期也加强了斡旋努力，试图在离任之前解决海合会危机。[②]

第二，卡塔尔与伊朗、土耳其的关系越来越密切，这与沙特等国与卡塔尔断交的初衷背道而驰。在断交危机发生后，沙特等国向卡塔尔提出的13项条件中，第一项就是要求卡塔尔降低与伊朗的关系。[③] 但是，卡塔尔

---

① “Why Qatar - US Relations Are Getting Better,” *The World*, June 10, 2019, https://www.trtworld.com/middle-east/why-qatar-us-relations-are-getting-better-28135.

② “Trump Adviser Kushner and Team Heading to Qatar, Saudi Arabia,” *Aljazeera*, November 29, 2020, https://www.aljazeera.com/news/2020/11/29/trump-adviser-kushner-and-team-heading-to-saudi-arabia-qatar.

③ Luciano Zaccara, *Iran and the Intra - GCC Crisis: Risks and Opportunities*, Roma: Istituto Affari Internazionali, 2019, p. 4.

不仅拒绝了沙特等国的要求，而且与伊朗、土耳其的关系更加紧密。在断交危机发生之后，伊朗帮助卡塔尔度过了食品安全危机。伊朗对卡塔尔的出口从2016/2017年的6000万美元跃升至2017/2018年的2.5亿美元。卡塔尔航空公司设法利用伊朗领空继续运营，向伊朗提供大约1亿美元的飞越费。[①] 土耳其也向被孤立的卡塔尔提供了食品和关键物资援助，而卡塔尔则向土耳其在被特朗普政府制裁时期提供了宝贵的支持。由于美国的制裁，土耳其货币里拉对西方国家的主要货币贬值了40%，多哈则承诺向土耳其银行和金融市场投资150亿美元。[②] 卡塔尔与土耳其走近对主要因卡舒吉案而恶化的沙特—土耳其关系及因利比亚问题紧张的阿联酋—土耳其关系都构成了压力，也让沙特、阿联酋等国越来越意识到"及早"拉回自己兄弟国家的紧迫性和必要性。

第三，拜登赢得总统大选，促使沙特、阿联酋等国试图利用与卡塔尔改善关系作为向拜登政府示好的工具。以沙特王储小萨勒曼为首的反伊朗联盟，一度希望特朗普连任以实现彻底遏制伊朗的目标，因此曾经极力支持特朗普连任。因此拜登的胜选给这些国家带来了很大的压力，特别是小萨勒曼担心拜登政府会疏远与沙特的关系，因此试图通过与卡塔尔缓和关系来换取拜登政府的好感。

但是与沙特急于与卡塔尔恢复关系不同，阿联酋并没有将与卡塔尔迅速恢复外交关系列入"优先事项"，而卡塔尔埃米尔也没有立即同意出席第41届海合会峰会，这反映出海合会内部的矛盾依然很尖锐。这些矛盾也导致原本12月召开的峰会推迟到1月初，这段时期科威特发挥了重要的斡旋作用，卡塔尔也逐渐释放出和解的愿望。2021年1月5日在沙特沙漠古城欧拉，第41届海合会首脑峰会开幕，沙特王储本·萨勒曼欢迎莅临参会的卡塔尔埃米尔塔米姆，并宣布重新向卡塔尔开放领空和边境。[③] 随后其他国家——阿联酋、巴林、埃及也宣布对卡塔尔重新开放边界。在接下来的几个月，这些国家单独与卡塔尔商讨解决其他双边问题。

---

① Brett Sudetic, Giorgio Cafiero, "Iranian – Qatari Relations After Al – Ula," Carnegie Endowment For International Peace, February 1, 2021, https://carnegieendowment.org/sada/83771.

② Burak Bekdil, "Turkey and Qatar: Love in Bloom", The Begin – Sadat Center for Strategic Studies, July 1, 2020, https://besacenter.org/perspectives – papers/turkey – qatar – alliance/.

③ "Qatar and Saudi Arabia Officially End Three – Year Feud at GCC Summit," *Euronews*, January 5, 2021, https://www.euronews.com/2021/01/05/qatar – and – saudi – arabia – officially – end – three – year – feud – at – gcc – summit.

至此，这场历时 3 年半的断交危机基本结束。卡塔尔断交危机的结束使得海合会统一行动的能力得到恢复，但是并没有完全消除成员国之间的矛盾。沙特等国希望通过对卡塔尔重新释放善意来换取后者对伊朗的疏离，但是卡塔尔在峰会之后很快表示，这不会影响卡塔尔与伊朗的双边关系，并“呼吁海湾君主国与伊朗展开和谈”。[①] 卡塔尔的倡议虽然得到了伊朗方面的积极回应，但是显然不符合沙特、阿联酋、巴林三国对伊朗的固有认知。但卡塔尔很可能在未来充当起伊朗与美国、海合会国家沟通的中间人角色。在过去三年中，卡塔尔与伊朗、美国都保持了友好关系，使得现在的卡塔尔比过去的阿曼、科威特更具备施展斡旋外交的优势。未来卡塔尔可能会在外交上更加独立自主，更不可能看沙特、阿联酋脸色行事。除了卡塔尔，阿联酋也表现出更强的自主性，在外交上更加积极主动，与沙特也存在海合会内部主导权的争夺。因此未来海合会成员国能否维持紧密的同盟关系，依然存在较多的变数。

二、疫情期间海合会成员国的合作

2020 年对海合会来说，最大的挑战莫过于疫情带来的冲击。海合会组织机构在协同抗疫、分享经验等方面发挥了一定的作用。

从新冠感染人数及死亡率来说，海合会国家相对于伊朗、美国、拉美、欧洲、非洲等地并不十分严重。但是由于社交隔离措施实施得不彻底，海合会一直没有彻底控制住疫情的传播。在 2020 年 3—5 月份，海合会国家纷纷采取断航，关闭商店、学校、清真寺等方式防控疫情，各个国家政策大同小异。在疫情得到有效控制之后，5 月份海合会国家开始放松管控，但是新增确诊人数很快迅速上升。从海合会统计中心的数据看出，海合会的疫情峰值出现在 2020 年 6 月 9 日至 7 月 3 日之间，6 月 15 日是海合会确诊人数最多的一天，达 8463 人。海合会国家被迫重新收紧了防疫措

① “Qatar Calls on Gulf Nations to Engage in Diplomacy with Iran,” *Aljazeera*, January 19, 2021, https://www.aljazeera.com/news/2021/1/19/qatar-urges-gulf-countries-to-revive-diplomacy-with-iran.

施，8 月份之后疫情日趋平缓，每日确诊人数在 4000 人以下。① 但是从 2021 年 1 月底开始，海合会新增确诊人数又快速上升。表 1 提供的是 2021 年 3 月 1 日海合会总的确诊人数、康复人数及死亡人数的数据。可以发现尽管海合会确诊人数已经超过 100 多万，但是死亡率很低，平均只有 0.8%。海合会不同成员国的死亡率存在明显的差距，如卡塔尔只有 0.16%，阿联酋只有 0.3%，巴林为 0.36%，科威特为 0.56%，阿曼为 1.1%，沙特的死亡率最高，为 1.7%。

表 1　GCC 国家新冠肺炎确诊人数、康复人数及死亡人数

（截至 2021 年 3 月 1 日）

	确诊人数	已康复人数	死亡人数
GCC	1387313	1329908	11075
阿联酋	391524	381225	1221
沙特	377383	368305	6494
科威特	190852	179209	1083
卡塔尔	163664	153621	258
阿曼	141496	132459	1570
巴林	122394	115089	449

数据来源：GCC Statistical Center，"Coronavirus Pandemic Counts Map（COVID－19）for The Co-operation Council for The Arab Countries of The Gulf（GCC），" https：//www.gccstat.org/en/covid－19－en.

相对于 2020 年秋季以来欧美发生的第二波、第三波疫情，海合会国家的疫情控制相对比较成功，跟邻国伊朗更是形成天壤之别。这跟海合会国家从疫情初期就高度重视防疫政策的宣讲、协调行动有关。海合会成员国的高康复率和低死亡率有以下几个原因：第一，海合会成员国是高收入国家，大多具备发达的医疗体系和福利系统，因此应对大流感的能力较强；

① 海合会统计中心报告：《海合会国家的新冠疫情》（阿拉伯文），第 11－12 页，https：//gccstat.org/en/statistic/publications/covid－19。

第二，海合会成员国的人口结构比较年轻，抵抗病毒的能力明显强于欧美高度老龄化的国家；第三，海合会的伊斯兰文化传统与社交隔离、戴口罩等防疫措施并不冲突。虽然这些国家的民众存在对病毒的轻视心理，但是在接受严格防疫的态度上却大大好于那些拥有自由主义和个人主义文化传统的欧美国家。海合会国家里几乎没有发生过欧美国家以捍卫人权和自由为标榜的反封锁、反防疫的游行甚至更暴力的活动，民众总体上对政府的防疫措施比较信赖并在行动上予以配合。这是海合会国家防疫相对成功的主要原因。

抗疫是 2020 年海合会国家的主要任务，但是尽可能减轻疫情给成员国经济带来的严重冲击也是海合会的主要议题之一。海合会国家都是油气生产国，对油气资源的出口依赖极深，但是 2020 年罕见的疫情令航空业大面积断航、各国经济纷纷停工停产，对石油的需求量大减；与此同时“欧佩克 +”没有达成减产协议，这些因素促使油价暴跌，甚至一度出现了负油价。2020 年 4 月 20 日，世界历史上油价第一次出现负增长。美国基准原油西德克萨斯中质原油（WTI）从开盘时的 17.85 美元跌至收盘时的负 37.63 美元。[①] 一方面石油收入大幅度减少，另一方面停产停工停学的防控措施令正常的经济生活无法启动。两方面的因素导致海合会经济遭受了沉重的打击。根据国际货币基金组织的报告，2020 年第一季度海合会经济增长率为 0.1%，但是第二季度大幅下跌 9.7%。沙特阿拉伯的批发零售、民宿及交通运输业都遭受了沉重的打击，其他国家大抵如此。从第三季度开始，海合会经济有了缓慢的恢复，但是 2020 年全年经济未能实现正增长，为 -6%。[②] 从图 1 看出，2020 年海合会国家经济全部为负增长，其中阿曼经济衰退最严重，其次是科威特、阿联酋、沙特、巴林、卡塔尔。

疫情给海合会国家的劳动力就业也造成了一定的影响，各国的失业率有所上升，其中沙特的失业率增长最多，从第一季度的 11.8% 攀升到第二

① Sehr Nawaz, “Making History: Coronavirus and Negative Oil Prices,” *Global Risk Insights*, May 29, 2020, https://globalriskinsights.com/2020/05/making-history-coronavirus-and-negative-oil-prices/.

② IMF, “Economic Prospects and Policy Challenges for the GCC Countries,” https://www.imf.org/en/Publications/Policy-Papers/Issues/2020/12/08/Economic-Prospects-and-Policy-Challenges-for-the-GCC-Countries-49942.

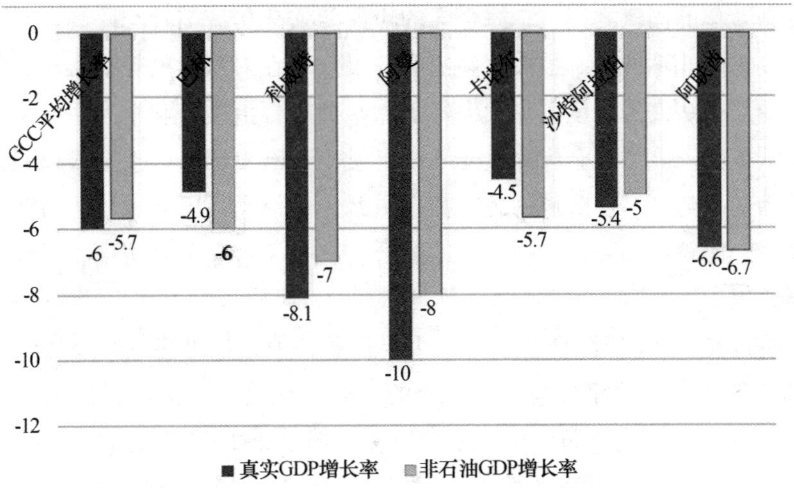

图1 2020年海合会国家真实GDP增长率及非石油GDP增长率（%）

数据来源：IMF，“Economic Prospects and Policy Challenges for the GCC Countries，” p. 29.

季度的15.4%。[①] 但相对来说，海合会成员国本国人口失业率上升程度有限，因为本国阿拉伯劳动人口大多有稳定的职业，多数在国有部门就业，抗失业的能力较强。但是海合会国家严重依赖外籍劳动力，外籍劳动力占了阿联酋、卡塔尔人口的90%，科威特人口的2/3，阿曼和巴林人口的一半，沙特人口的1/3。外籍劳工的工作大多不够稳定而且收入低于本地人口。疫情给外籍劳工带来了严重的冲击，大量外籍劳工被裁员、降薪，甚至被迫离开海湾国家，在卡塔尔还发生了外籍劳工因被拖欠工资的抗议事件。根据牛津经济研究所的报告，疫情令沙特与阿曼的人口约减少4%，阿联酋与卡塔尔的人口约减少10%。[②]

由于石油收入的减少，大部分海合会国家出现了财政赤字。导致财政赤字出现的因素有两方面：一是收入减少，除了石油收入下降外，大幅减免税收的政策使得非石油收入也在减少；二是支出增加，应对公共卫生危机的支出和向家庭及企业提供的财政援助都导致开支比往年大幅度上升。

① 海合会统计中心报告：《GCC年度新冠疫情报告》（阿拉伯文），第53页。

② Shaji Mathew，“Oxford Economics Sees Exodus of Expat Workers From Across Gulf，” *Bloomberg*，May 23，2020，https：//www. bloomberg. com/news/articles/2020 – 05 – 22/oxford – economics – sees – exodus – of – expat – workers – from – across – gcc.

2020 年海合会国家的财政赤字大约占 GDP 的 9.2%，2019 年仅为 2%。预计到 2021 年，随着经济的恢复和财政收入的增加，财政赤字会有所缩小，大约为 5.7%。①

疫情期间，海合会国家并非各自为政，海合会秘书处在加强成员国内部协调方面发挥了突出的作用。仅 2020 年 3 月，海合会秘书处就密集组织了数次关于新冠肺炎疫情对经济影响的线上会议。从 4 月份开始，新冠肺炎疫情对各行各业的冲击开始在海合会内部引起了更多的重视和讨论，秘书处及相关职能机构在 4—7 月分别围绕新冠肺炎疫情在航空业、港口及海洋运输业、绿色经济、数字经济、通信与信息技术、住房、水电、劳动力市场、资本市场、创新和创业、气候变化、中小企业等组织线上论坛，讨论疫情对这些行业的影响及疫情后时代产业结构的转型、挑战与机遇。②

海合会国家采取了一系列措施应对经济危机，主要措施包括：为企业减少或免除税费；对劳动力人口给予工作支持及提供社会福利；随着美联储降息，降低利率，推迟银行客户偿贷时间，放松宏观审查规则；削减预算，增发国债等。截至 2020 年 10 月，海合会在 10 个月里发行了 590 亿美元的政府债券，高于 2019 年 440 亿美元的总发行额，未来五年融资需求还会进一步增加。③

2020 年的疫情引发了世界各国对人类生存环境恶化的反思，绿色环保理念更加深入人心，加速了能源转型时代的到来。能源转型的紧迫性使得海合会国家更加意识到尽快摆脱能源依赖、实现可持续发展的重要性。国际货币基金组织建议海合会要"继续推动广泛的财政改革以确保可持续性，同时支持更具包容性和更绿色的经济复苏。这些措施应该包括：在减少总支出的同时，为社会支出创造空间并提高效率；继续推进国内能源价格改革；增加对绿色项目的关注，提高基础设施投资的效率；拓宽非石油收入来源。"④ 在 2020 年海合会统计中心的发展指数报告中，"可持续发展"的理念得到了进一步的强调，"发展是一个世代相传、可持续的过程，是人类与可用资源的互换，要根据现有条件持续改进社会、人力及各种资

---

① IMF, "Economic Prospects and Policy Challenges for the GCC Countries," p. 13.

② Secretariat General of the Gulf Cooperation Council, *News Archive*, https://www.gcc-sg.org/en-us/MediaCenter/NewsCooperation/News/Pages/Home.aspx.

③ IMF, "Economic Prospects and Policy Challenges for the GCC Countries," p. 15.

④ IMF, "Economic Prospects and Policy Challenges for the GCC Countries," p. 19.

源利用的效率①”。为了实现这一目标，报告强调要加强成员国之间的粮食食品安全，建立海合会统一的海关联盟，统一的电子商务市场规范、互联互通的铁路、航空及公路网络等。

虽然海合会国家普遍意识到发展可再生能源、实现经济可持续发展的紧迫性，提出了共同努力的目标，但是各个国家因能力、意愿的差异而在绿色经济转型方面的步调并不一致。在发展可再生能源方面，处于领先地位的是阿联酋。阿联酋一方面尽可能开采油气资源增加财政收入；另一方面提升开采技术的环保性能，降低开采过程中的碳排放量。当前阿联酋国家石油公司正在加强与意大利埃尼（Eni）、法国道达尔（Total）等国际能源巨头的合作。一位新能源政策分析师认为，“就海湾国家的可再生能源发展状况而言，阿联酋显然是该地区的领导者”。② 但实际上，沙特在新能源转型方面的动力也十分强劲，阿美石油公司也已经运用新技术开采石油降低碳排放量，并取得了成效。卡塔尔在2020年世界经济论坛《促进能源有效转型》的报告中，表达了更强烈地促进能源转型的意愿。③ 巴林因油气资源枯竭较早，从多年前就开始探索转型，特别注重太阳能的开发。阿曼在2020年也签署了价值4亿美元、500兆瓦的大型太阳能项目（Ibri Ⅱ）。④ 相比之下，科威特的能源转型不够成功，国民对能源补贴依赖惯性较深，人均碳排量也大大高于国际标准。2020年，科威特受疫情冲击很大，遭遇了财政与经济危机，而德高望重的科威特埃米尔萨巴赫于9月份去世，引发了科威特新内阁的难产。以萨巴赫·哈立德为首的新内阁在2020年12月14日辞职被迫重组，2021年3月3日正式宣布组建新内阁。⑤ 科威特政治上的不稳定可能会对其未来实施有效的能源转型战略造成

---

① 海合会统计中心报告：《2020年发展指数》（阿拉伯文），p. 28，https：//gccstat. org/en/statistic/publications/gcc - development - indicators。

② Dania Saadi，“UAE Juggling Energy Transition，Eking Out Profit from Oil and Gas，” *SPGlobal*，January 18，2021，https：//www. spglobal. com/platts/zh/market - insights/latest - news/electric - power/011821 - feature - uae - juggling - energy - transition - eking - out - profit - from - oil - and - gas.

③ “Qatar Most Ready for Global Energy Transition，Says WEF，” *The Peninsula*，May 14，2020，https：//thepeninsulaqatar. com/article/14/05/2020/Qatar - most - ready - for - global - energy - transition， - says - WEF.

④ Andries Wantenaar，“Oman's Energy Transition Gathers Pace with 500 MW Solar Project，” May 21，2020，https：//rethinkresearch. biz/articles/omans - energy - transition - gathers - pace - 500 - mw - solar - project/.

⑤《科威特新内阁成立，由15名成员组成》，https：//world. huanqiu. com/article/429Sk8sRWwN。

掣肘。

总的来说，2020 年海合会相关职能机构在团结抗疫、互享经验、公布数据及政策指导、统一行动方面发挥了比较积极的作用。虽然成员国有不同的抗疫政策，但是大同小异，基本做到了协同步调，为维护海合会成员国的公共健康作出了贡献。2020 年在海合会经济发展历程中也有重要意义，低油价促动的能源转型在后疫情时代将成为海合会国家经济发展的主要方向。

三、2020 年海合会与以色列关系的突破性发展

2020 年见证了海合会成员国与美国安全合作关系的进一步加强。海合会既是一个经济合作组织，也是一个谋求集体安全的联盟体系。海合会成立的初衷始自对伊朗伊斯兰革命及霍梅尼革命输出的恐惧。美国的中东军事基地主要集中在海合会国家。海合会高度依赖美国提供的安全保障，与美国长期保持着庞大的军火贸易。但美国在海合会的经济利益却越来越少，特别在页岩油革命之后，美国大幅度减少了从中东地区进口石油。因此从能源角度来说，海合会对美国的战略重要性在下降。但是，海合会国家作为美国中东霸权的重要支柱，其地缘政治与安全的重要性并没有降低，甚至在美国试图从中东战略收缩的背景下，所处地位变得更加重要。海合会始终是美国特朗普政府重点拉拢的对象。

对国小民弱但富裕的海合会国家来说，该地区存在两个主要的安全威胁：伊朗和也门。另外，毗邻的伊拉克与叙利亚局势也对海合会国家产生溢出效应。几乎所有的威胁都与伊朗联系在一起。也门胡塞武装、伊拉克什叶派及叙利亚阿萨德政权都被海合会视为伊朗的代理人，因此本质上外来威胁都是伊朗所带来的威胁的一部分。但是在海合会内部，对伊朗威胁的认知因国而异，沙特、巴林对伊朗的态度最为敌视。沙特与伊朗存在地区领导权的争夺，体现在教派影响力、政治制度、意识形态差异及截然相反的对美政策等方面，是该地区的主要矛盾；巴林是逊尼派执政，由于巴林曾经是波斯时期的一个行省，伊朗从历史到当下都对巴林占多数的什叶派人口有强大的影响力，因此巴林将伊朗视为本国政权的最大威胁。但是其他国家的态度明显温和。阿联酋是除沙特、巴林之外对伊朗态度总体上

比较敌对的国家，但是阿联酋与伊朗的经济关系比较密切；迪拜与阿布扎比的态度又存在差异，前者主要考虑到经济利益，因此对伊朗比较温和，后者主要考虑政治因素，对伊朗比较强硬。卡塔尔、阿曼、科威特三国对伊朗的态度较为友好，并不赞同将伊朗视为地区竞争对手，主张将其视为合作伙伴。卡塔尔与伊朗交好的主要原因是北帕尔斯气田与伊朗共享，该气田是卡塔尔的经济命脉，因此卡塔尔高度重视对伊朗的务实合作关系。阿曼则在霍尔木兹海峡及阿曼湾的安全上对伊朗形成依赖关系，同时希望发展与伊朗的经济合作关系。科威特是传统上立场温和的国家，与伊朗几乎不存在领土、地区领导权等方面的竞争，一直是调和伊朗与沙特等国关系的中间人。尽管海合会内部态度各异，但是由于沙特、阿联酋的权重较大，两国也主导了海合会对伊朗政策的基调——敌视与防备。这也是卡塔尔断交危机发生的主要根源。

在特朗普任美国总统期间，伊朗为了回应美国的“极限施压”政策，不断在海湾地区采取一些进攻性的报复行为，这些行为令海合会国家产生了更多的不安全感。2019 年 9 月，沙特阿美石油公司遭遇导弹袭击。美国和沙特指认伊朗是幕后支持者，而伊朗方面则予以否认，坚称是也门胡塞武装所为。2020 年 1 月初苏莱曼尼遇刺事件刺激了伊朗在伊拉克、也门等地的代理人行动进一步加剧。2020 年 6 月，联合国发布的报告称，袭击沙特阿美公司的导弹“源自伊朗”。[①] 沙特与伊朗的关系由此更加敌对，伊朗与海合会国家的关系也进一步恶化。伊朗地区行为的不断激进化也令其失去了与海合会国家改善关系的机会。自鲁哈尼上台之后，鲁哈尼本人及扎里夫经常对海合会国家发出和平倡议，希望能够达成和解。2019 年 9 月，鲁哈尼在联合国大会上提出在海湾地区建立一个名为“HOPE”（希望）的集体安全体系，但是这一倡议在海合会内部反应冷淡。沙特对此倡议视而不见，即使与伊朗交好的卡塔尔，也不愿意回应伊朗这一倡议而更愿意在美国与伊朗之间保持平衡，阿联酋与巴林则很快与以色列实现了关系正常化。[②]

---

① “Missiles Used to Attack Saudi Arabia of ‘Iranian Origin’: UN,” *Aljazeera*, June 12, 2020, https://www.aljazeera.com/news/2020/6/12/missiles-used-to-attack-saudi-arabia-of-iranian-origin-un.

② Reza Vaisi, “Iran, the GCC, and the Failure of HOPE,” Middle East Institute, September 24, 2020, https://www.mei.edu/publications/iran-gcc-and-failure-hope.

2020 年，是海合会国家利用特朗普任期的最后一年改善地缘政治格局的关键一年。2020 年 8 月 13 日，特朗普突然在个人推特上宣布阿联酋与以色列建交，引起世界舆论哗然。一个月后，阿联酋、巴林与以色列在白宫正式签署了建立外交关系并开展全面合作的《亚伯拉罕协议》，标志着中东格局正式向后巴勒斯坦问题时代转型。迄今阿联酋、巴林、苏丹、摩洛哥已经跟以色列公开实现了关系正常化，沙特、卡塔尔、阿曼等国虽然还没有与以色列正式建交，但是与以色列的合作也越来越公开化。西方国家对以海合会为主体的阿拉伯国家与以色列公开建交并不过于感到惊讶。伦敦《战略评论》杂志 2019 年就撰文指出，“近年来，以色列与海湾阿拉伯国家的合作有所加强，是来源于对伊朗威胁的共同感知。”① 但阿联酋等国与以色列建交不仅仅是因为感受到伊朗威胁，也是着眼于经济利益。《亚伯拉罕协议》包含大量关于商业、旅游、直航、科学合作的内容。如彭博社的一篇社论认为，与以色列建交可使“阿联酋获得商业、经济、安全方面的利益”。② 以色列从与阿拉伯国家建交中也能获得可观的安全、经济利益，特别是将极大地改善以色列的地缘政治环境。另外，海合会国家与以色列建交还有阿联酋等国希望借此举抬高特朗普国内支持率，助力特朗普连任的因素。

阿联酋、巴林与以色列建交后，外界纷纷猜测谁是下一个与以色列建交的国家。但是海合会内部对与以色列公开建交的行为意见不一。如沙特已经明确表明态度，不会短期内与以色列正式建交。③ 卡塔尔表示，“只有以色列遵守‘阿拉伯和平倡议’，才会考虑与以色列建交。”④ 科威特也明确表示不会与以色列扩大合作关系。以沙特为例，在与以色列关系上沙特国王萨勒曼与王储小萨勒曼之间存在意见分歧，国王显然对巴勒斯坦事业抱有更深的感情，因此在考虑与以色列关系完全正常化方面

① Benjamin Rhode, “Israel and the Gulf states,” *Strategic Comments*, Vol. 25, No. 6, 2019, p. 1.

② David Wainer, “Why Peace Between Israel and Gulf States Matters,” *Bloomberg*, August 19, 2020, https：//www. bloomberg. com/news/articles/2020 – 08 – 19/why – uae – struck – a – deal – with – israel – and – why – it – matters – quicktake.

③ Bobby Ghosh, “Saudi Arabia Is in No Rush to Recognize Israel,” *Bloomberg*, December 9, 2020, https：//www. bloomberg. com/opinion/articles/2020 – 12 – 09/saudi – arabia – is – in – no – rush – to – recognize – israel.

④ “Qatar：‘We will normalise relations with Israel after it commits to Arab Peace Initiative’,” *Middle East Monitor*, January 9, 2021, https：//www. middleeastmonitor. com/20210109 – qatar – we – will – normalise – relations – with – israel – after – it – commits – to – arab – peace – initiative/.

会更加慎重；卡塔尔虽然与以色列关系也比较密切，但同时也是哈马斯的主要资助者，同情巴勒斯坦人；科威特一直是巴勒斯坦人移民最多的国家之一，具有强烈的泛阿拉伯认同，而国会议员大多持同情巴勒斯坦人的立场。①

但无论如何，特朗普政府力促实现以色列与海合会为主体的阿拉伯国家关系正常化的事件正在改写中东历史与国际关系格局。自二战之后被视为中东问题中心的巴勒斯坦问题正在被边缘化，海合会国家虽然与巴勒斯坦人同为阿拉伯人，但是因地理距离相对遥远，巴勒斯坦逐渐不再是海合会国家的首要关切。与此同时，伊朗及其代理人不断增强的威胁、美国在中东地区的战略收缩都给虽然富裕但又不够强大的海湾君主国带来了更多的不安全感。对于拥有先进经济、科技、军事技术的以色列，大部分海合会国家怀有佩服之心，早就愿意与之改善关系，特朗普只不过是顺水推舟、乐见其成。对大部分海合会国家来说，特朗普未能连任是一件极其遗憾的事，忐忑不安的海合会国家迎来了寻求与伊朗改善关系、重新调整中东政策的拜登政府。中东格局又要发生新的变化。

四、结语

2020 年是海合会卡塔尔断交危机的第三年，在年初并没有显露出解决这一危机的明显征兆。只是在拜登赢得美国总统大选之后，为了向拜登政府示好，沙特等主要海合会成员国才主动积极地解决这一问题，并使得危机在 2021 年初得到了初步的解决。这一危机的解决也反映出美国政治的变化对海合会的重大影响力，迄今海合会总体上缺乏独立自主的外交政策。2020 年在全球新冠肺炎疫情大流行的背景下，海合会国家不仅遭遇了重大公共健康危机，还因低油价导致经济严重下滑和各国不同程度的财政危机，能源转型与绿色可持续经济成为海合会国家寻求未来经济增长的主基调。海合会相关机构在应对危机统一政策、共享经验方面发挥了不容缺失的作用。2020 年还是海合会主要成员国与以色列关系实现正常化的一年，

① Tyler B. Parker, "Why Kuwait Rejects Normalization With Israel," *Fair Observer*, August 18, 2020, https://www.fairobserver.com/region/middle_east_north_africa/tyler-parker-kuwait-news-israel-relations-uae-gulf-arab-news-international-media-news-79163/.

甚至带动了其他区域的阿拉伯国家也寻求与以色列关系的正常化，但是这一进程可能伴随着特朗普下台和拜登入主白宫而节奏放缓。在拜登希望重新定位与伊朗、沙特等中东主要国家关系的背景下，特朗普时代的中东政策将会发生很大的变化，这也将影响到海合会成员国的内政、成员国之间的关系及与美国安全合作关系的变化。

专题报告：

中东新冠肺炎疫情观察

伊斯兰世界抗疫的不同层次与内外协力

钮　松　李雪妍*

【摘　要】

2020年初新冠肺炎疫情全面暴发以来，中东地区各国疫情发展阶段各异，不同国家的治理水平和医疗能力也存在差距，难民、冲突及政治分歧的交织给疫情防控带来了较大困难和诸多不确定性。随着新冠肺炎疫情在全球范围内迅速且广泛地扩散，疫情防控从最初单纯的突发公共卫生危机及其治理愈发呈现浓郁的政治化倾向，引发了政治内耗、经济衰退、政教矛盾深化、意识形态之争等连锁反应。新冠肺炎疫情加剧了中东地区思想和思潮等方面的观念分裂；影响了中东各国之间的关系，并使得不同政治力量之间的联盟重新排列组合；“伊斯兰国”也试图利用新冠疫情谋求东山再起；“疫苗民族主义”日益盛行，对于全球抗疫尤其是发展中国家居多的中东地区的抗疫活动造成负面影响。面对疫情，伊斯兰国家总体上保持了理性与克制，高度重视国际组织在促进抗疫合力的形成中的特殊作用，积极与世界卫生组织合作，利用多边外交平台“抱团取暖”。伊斯兰国际组织，主要是伊合组织卫生指导委员会和伊斯兰国际红新月会委员会等为抗疫提供了更具针对性的多元指导，尽力避免国际政治站位对医学专业操守的干扰。

---

* 钮松，上海外国语大学中东研究所研究员；李雪妍，上海外国语大学中东研究所2020级博士生。本文是第三届上海外国语大学青年教师科研创新团队“百年未有变局之下的中东政治变迁”的阶段性成果。

【关键词】

伊斯兰世界　新冠肺炎疫情　世界卫生组织　伊斯兰合作组织　中东

当前在全球肆虐的新冠肺炎疫情对于伊斯兰世界也造成了巨大冲击，而国际组织在助力伊斯兰国家抗疫中扮演了举足轻重的作用。伊斯兰国家是以伊斯兰信仰为纽带的国家聚合体，在地理上主要分布在亚非欧三大洲，其在政治制度、经济发展、安全环境、资源禀赋和卫生水平等方面千差万别。新冠肺炎疫情暴发以后，伊斯兰国家作为个体，分别与世界卫生组织进行了层次不一的互动。在全球治理时代，国际组织在国际关系中发挥了越来越重要的功效，而世卫组织也将在此轮抗疫实践中推进机构运转与管理的日臻完善。2020 年 4 月 28 日，世卫组织东地中海区域办事处在埃及开罗召开新闻发布会，就过去数周该地区新冠肺炎疫情的情况进行通报，并特别指出叙利亚、利比亚和也门等战乱国家在病毒检测和疑似病例追踪上的困难局面。[①] 伊斯兰国家高度重视世卫组织在全球抗疫协作中的独特作用，这既来自于伊斯兰国家以科学与相对中立的态度对待世卫组织及其发布的《国际卫生条例（2005）》，更来自于伊斯兰国家与世卫组织之间的良好合作基础。

一、中东地区新冠肺炎疫情的基本情况

截至 2021 年 3 月 12 日，全球新冠肺炎确诊病例累计超过 1. 19109202 亿例。[②] 中东地区各国疫情发展阶段各异，不同国家的治理水平和医疗能力也存在差距，难民、冲突及政治分歧的交织给疫情防控带来了较大困难和诸多不确定性。截至 2021 年 1 月 25 日，阿拉伯国家累计确诊 369. 2376 万例，死亡 6. 3481 万例，治愈 327. 7707 万例，较此前两周新增确诊

① Regional Office for the Eastern Mediterranean of World Health Organization, "Statement by the Regional Director Dr Ahmed Al – Mandhari on COVID – 19 in the Eastern Mediterranean Region," http: // www. emro. who. int/ media/news/regional – director – covid – 19 – statement. html.

② World Health Organization, "WHO Coronavirus Disease (COVID – 19) Dashboard," March 12, 2021, https: // www. who. int/emergencies/diseases/novel – coronavirus – 2019/situation – reports.

27.0987 万例，疫情发展呈现放缓迹象。[①] 沙特、科威特、苏丹、卡塔尔、阿曼、巴勒斯坦、吉布提、巴林、阿尔及利亚、索马里、也门、科摩罗等国疫情稳定，日新增病例、在诊病例不断减少。[②] 在应对新冠肺炎疫情方面，不同国家采取了不同的措施。

就海湾各国而言，为应对在多国出现的新冠病毒新变种及其引发的疫情，沙特内政部宣布从 2020 年 12 月 21 日起暂停所有国际客运航班（特殊情况除外）一周，并将视情况延长一周。[③] 沙特卫生部宣布启动“My Health”应用程序接种新冠疫苗的注册服务，启动了在利雅得的疫苗中心，该中心已配备基本的医疗服务和必要的医疗和技术人员。[④] 科威特卫生部 12 月 24 日宣布正式启动新冠疫苗接种，计划在数月内为所有本国公民和在科外籍居民免费接种。科威特首相谢赫·萨巴赫·哈立德（Sheikh Sabah Al－Khaled）接受了第一剂疫苗。[⑤] 阿曼疫情防控全国最高委员会 2020 年 12 月 21 日发表声明表示，阿曼自 12 月 22 日起关闭所有陆、海、空口岸，以防止该国出现变异新冠病毒，此外也表示将继续监测新冠病毒的流行病学情况，并据此做出适当决定。[⑥] 12 月 24 日，巴林卫生部宣布巴林民众接种新冠疫苗不再需要网上注册和预约，民众可无需预约直接前往政府批准的社区卫生中心接种疫苗；24 日前已进行网上注册的民众，卫生部将与其单独联系并告知疫苗接种日期。[⑦] 伊拉克疫情逐渐得到控制，日新增病例、在诊病例开始下降。针对变异新冠病毒在部分国家传播的情况，伊拉克政府于 2020 年 12 月 22 日召开会议，决定对英国、南非、澳大利亚、丹麦、荷兰、比利时、伊朗和日本实施旅行禁令，同时禁止来自这 8 国的人员

---

① 温越涵：《阿拉伯国家新冠病毒疫情观察周报第 25 期（1.11－1.24）》，2021 年 1 月 25 日，http：//infadm. s hisu. edu. cn/_s114/1d/d4/c7775a138708/page. psp.

② 数据来源参见 *COVID－19 Coronavirus Pandemic*，https：//www. worldometers. info/coronavirus/.

③ 《沙特宣布暂停海陆客运一周》（阿拉伯文），载《阿拉伯海湾》，2020 年 12 月 22 日，https：//www. alkhaleej. ae/2020。

④ 沙特卫生部：《沙特启动“My Health”应用程序，48 小时内进行新冠疫苗的注册》（阿拉伯文），2020 年 1 月 5 日，https：//www. my. gov. sa/wps/portal/snp/pages/news/newsDetails/CONT－news－0501202。

⑤ 《科威特宣布正式启动新冠疫苗接种》（阿拉伯文），路透社，2020 年 12 月 24 日，https：//www. reuters. com/article/kuwait－vaccination－as6－idARAKBN28Y0X4。

⑥ 阿曼外交部：《阿曼疫情防控全国最高委员会宣布从明日起禁止出入国境》（阿拉伯文），2020 年 12 月 21 日，https：//www. omaninfo. om/topics/85/show/38969。

⑦ 《巴林宣布国民可无需预约直接前往政府批准的社区卫生中心接种疫苗》（阿拉伯文），今日俄罗斯电视台，2020 年 12 月 23 日，https：//arabic. rt. com/middle_east/。

（本国公民除外）入境。从上述8国返回的伊拉克民众入境后须隔离14天并接受新冠病毒检测。2021年1月13日，伊拉克总理穆斯塔法·卡迪米（Mustafa Al－Kadhimi）主持最高卫生与国家安全委员会会议并出台新的防控措施，将旅行禁令国家由8个增至20个，包括英国、奥地利、比利时、丹麦、芬兰、法国、格鲁吉亚、德国、希腊、爱尔兰、卢森堡、斯洛伐克、西班牙、巴西、美国、印度、澳大利亚、日本、南非和赞比亚。[①]2021年初，阿联酋疫情仍不容乐观，形势严峻。阿联酋日新增病例均在1000例以上，2021年1月9日新增病例达峰值2998例，创疫情以来最高纪录。

北非地区的突尼斯、利比亚疫情仍不容乐观，形势严峻。埃及、苏丹、毛里塔尼亚疫情出现反弹，摩洛哥疫情逐渐得到控制。[②] 突尼斯日新增病例均超千例，累计确诊超13万。利比亚日新增病例仍维持在500例上下，累计确诊近10万例。[③] 埃及日新增病例数呈直线上升，2020年12月24日埃及新增病例1021例，这是埃及自当年7月8日以来，时隔近半年后，单日新增病例数再次破千。2021年1月3日，埃及正式批准紧急使用中国国药集团新冠灭活疫苗。[④] 苏丹疫情持续反弹，在诊病例数继续上涨。毛里塔尼亚日新增病例为200例左右，已进入第二波疫情。为防止即将到来的新年庆祝活动可能导致疫情进一步蔓延，摩洛哥自2020年12月23日晚起，在此后三周内施行新的封禁措施：餐厅、咖啡馆、商场和超市20点后停止营业，疫情严重的卡萨布兰卡、马拉喀什、阿加迪尔和丹吉尔等地则施行全天关闭。每天检测新冠病毒的次数有所减少，过去数月摩洛哥的疫情加剧，日均2000多例感染。另外，从晚上21点至次日早上6点摩洛哥将在全国范围施行宵禁，同时禁止各类公共和私人聚会[⑤]。阿尔及利亚政府于2021年1月14日发布公告，宣布自16日起继续将48省中疫情严重的34省的宵禁时间再延长15日，呼吁公民自觉采取各种防治措施，以

---

① 《鉴于新冠病毒，伊拉克对20国实施旅行禁令》（阿拉伯文），人民网，2021年1月13日，http：//arabic. people. com. cn/n3/2021/0114/c31662－9809378. html。

② 数据来源参见 *COVID－19 Coronavirus Pandemic*，https：//www. worldometers. info/coronavirus/.

③ 同上。

④ 《新冠病毒：中国疫苗送抵埃及，国内就疫苗功效展开讨论》（阿拉伯文），英国广播公司，2021年1月17日，https：//www. bbc. com/arabic/trending－55289526。

⑤ 《摩洛哥宣布实行三周封禁，防止新冠疫情蔓延》（阿拉伯文），载《自由报》，2020年12月22日，https：// www. alhurra. com/morocco/。

防止疫情的蔓延。[①] 阿尔及利亚防治新冠科学委员会发言人贾马尔·富拉尔（Jamal Furar）于2021年1月2日表示，阿尔及利亚政府将购买“足够”数量的抗新冠病毒疫苗，购买疫苗会持续一整年。阿尔及利亚已于2020年12月底宣布，除从俄罗斯订购的50万剂疫苗外，将于2021年1月31日收到第一批牛津－阿斯利康疫苗。[②]

沙姆地区的黎巴嫩、约旦日新增病例逐渐放缓，叙利亚疫情严峻。黎巴嫩日新增病例一度维持在1500例上下。2020年4月，黎巴嫩卫生部长哈马德·哈桑（Hamad Hassan）表示，卫生部应继续努力应对黎巴嫩新冠肺炎疫情流行所面临的压力。黎巴嫩已从其他友好国家获得了一些援助，加强新冠肺炎疫情的防范工作。[③] 2021年以来，约旦疫情逐渐得到控制，日新增病例、在诊病例开始下降。2021年1月，约旦宣布与辉瑞公司及其合作伙伴达成协议，购买100万剂新冠疫苗。[④] 叙利亚日新增病例不断上涨，加之美国对叙经济制裁导致叙利亚货币大幅贬值，经济面临多重困难。

二、伊斯兰世界内部及其与世卫组织的抗疫合作

公共安全问题作为现代国际关系中的重要问题，一直备受世界各国与伊斯兰世界的关注。伊斯兰世界在抗击传染病上积极与世界卫生组织合作，沙特等关键国家高度重视传染病带来的卫生安全问题。伊斯兰国家与世卫组织及伊斯兰国际组织在抗疫中有着现实合作的基础与条件。

（一）伊斯兰世界内部抗疫合作的基础

自2012年“中东呼吸综合征”（MERS）病例首次在沙特确诊并向中

① 《阿尔及利亚宣布继续延长包括首都在内的的34省的宵禁时间》（阿拉伯文），阿拉伯门户网，2020年12月16日，https：//www. albawabhnews. com/4215465。

② 《阿尔及利亚总理表示将提供足够数量的疫苗保障疫苗接种顺利进行》（阿拉伯文），*France* 24，2021年2月2日，https：//www. france24. com/ar/。

③ 《黎巴嫩卫生部长哈马德·哈桑表示黎巴嫩已从其他友好国家获得了一些援助以应对新冠疫情》（阿拉伯文），卡洛山国际，2020年4月6日，https：//www. mc－doualiya. com/chronicles/。

④ 《约旦宣布与辉瑞公司及其合作伙伴达成协议，购买100万剂新冠疫苗》（阿拉伯文），天空新闻台，2021年1月4日，https：//www. skynewsarabia. com/middle－east/。

东以外地区扩散以后，世卫组织与沙特等伊斯兰国家加强了卫生领域的合作，对于MERS的新型冠状病毒类型确认、中间宿主及传播途径等进行了详尽的跟踪与研究。公共卫生问题MARS爆发之后，朝觐也不可避免卷入其中。作为全球最大规模的密集型宗教人口流动与汇集，年度性伊斯兰朝觐活动中的生物安全风险备受世界各国和世界卫生组织的关注。沙特在朝觐季防范传染性非典型肺炎输入和中东呼吸综合征输出上取得了显著的成绩。①

沙特历来高度重视传染性疾病造成的安全影响。据世界卫生组织2010年10月的“流行病学疫情周报”（WER），沙特卫生部对2010年外国朝觐者的健康要求作了详细规定，并将其与朝觐签证和副朝签证的获取挂钩。②第一是黄热病。所有来自黄热病传播风险的国家和地区的人入境时必须持有效的黄热病疫苗接种证书。来自疫区的飞机、船舶及其他交通工具还需提交一份证明其已按照世界卫生组织提供的方案进行扑灭的证书，所有抵港船只需按《国际卫生条例（2015）》提供有效的《船舶卫生证书》。第二是球菌性脑膜炎。来自所有国家的人员必须提供注射针对脑膜炎的四价（ACYW135）疫苗的证书，疫苗接种时间应在入境时不少于10天且未超过3年；来自非洲国家携带脑膜炎的人在入境时，将会提供额外的预防药，成人将获得环丙沙星片500毫克，儿童将获得利福平，孕妇将获得头孢曲松注射剂。沙特对本国朝觐者和朝觐工作人员注射四价（ACYW135）疫苗也做出了具体要求。第三，脊髓灰质炎。来自感染脊髓灰质炎国家15岁以下的人必须口服脊髓灰质炎疫苗（OPV），该疫苗接种证明必须在申请签证前6周获得，其他国家所有15岁以下的人在入境时都会获得一个剂量的口服脊椎灰质炎疫苗。第四，接种流感疫苗。沙特卫生部建议外国朝觐者在入境前注射世界卫生组织批准的面向南北半球不同的菌株，特别是那些老年人、慢性呼吸系统疾病患者、心脏病患者和心肝肾功能衰竭的患者。沙特本国朝觐者和朝觐医护人员也被要求注射季节性流感疫苗。此外，对国际疫情加强响应。沙特对抵达入境点的外国朝觐者加强筛查，登革热、

① Song Niu, Mindan Xu, “Impact of Hajj on Global Security,” *Journal of Religion & Health*, Vol. 58, No. 1, 2019, p. 289.

② World Health Organization, “Weekly Epidemiological Record Relevé Épidémiologique Hebdomadaire (No. 43, 2010, 85, 425 - 436),” October 22, 2010, https://www.who.int/wer/2010/wer8543.pdf? ua = 1.

脑膜炎双球菌、麻疹和黄热病疑似病例将被隔离；强烈建议接种破伤风和白喉（Td）疫苗；可向不完全免疫的旅客提供国家免疫计划常规疫苗，如白喉、破伤风、百日咳、脊髓灰质炎和腮腺炎等。[①]

此外，在应对全球性公共卫生问题 SARS 方面，由于 SARS 肆虐范围极广，问题极为严重，引发了国际社会的高度重视，各国在此问题上逐渐与世界卫生组织密切合作，一方面加强情报与技术合作，另一方面在国内加强对 SARS 感染者的隔离与治疗。2003 年 4 月 28 日，沙特卫生部成立了以利雅德为总部的特别委员会来处理 SARS 相关事务。随着国际社会的密切配合，SARS 疫情逐步得到控制，这些都最大限度地减少了 SARS 的传播，国际社会在 SARS 防治上形成了巨大的合力，这使得疫情在 2003 年最终得到控制。在世界卫生组织连续 20 日无新案例报告之后，沙特于 2003 年 7 月 8 日对来自 SARS 疫区人士的入境禁令解禁，与此同时仍加强入境卫生监控。2003 年 9 月 27 日 – 11 月 10 日，300 万名穆斯林参加了副朝，其中沙特本国穆斯林 180 万人，外国穆斯林 120 万人。沙特对来自疫区的朝觐者在其离开自己国家 10 日内禁止入境。[②] 在 SARS 肆虐期间，沙特与各国政府和世界卫生组织加强沟通与合作，各国政府最大限度地降低了所派出的本国朝觐者为 SARS 感染者的可能性，极大缓解了沙特的压力，最终结果是在 SARS 肆虐期间，沙特打赢了一场成功的"防御战"。正因为沙特政府尤其是卫生部密切配合世界卫生组织的部署，并采取严格措施成功将 SARS 阻挡国门之外，最终沙特无感染 SARS 病例的报道，事实上整个中东地区也未有感染 SARS 的案例。也正是在 2003 年下半年沙特组织副朝的成功经验上，2004 年初的朝觐得以顺利进行。针对作为公共安全重要组成部分之一的卫生安全问题，伊斯兰世界内部就应对地区或全球性传染性疾病方面积累了经验与智慧，这也为伊斯兰国家抗击 2020 年初以来的新冠肺炎疫情奠定了病毒学和疾控学基础。

（二）伊斯兰国家与世卫组织在传染性疾病命名问题上的立场

不仅如此，世卫组织还在 MERS 的命名问题上释放出极大的善意并最

① 参见钮松：《伊斯兰朝觐对沙特总体国家安全的影响》，载徐以骅主编：《宗教与美国社会（第十七辑）》，北京：时事出版社，2018 年版。

② Ziad A. Memish, Annelies Wilder – Smith, "Global Impact of Severe Acute Re – spiratory Syndrome: Measures to Prevent Importation into Saudi Arabia," *Journal of Travel Medicine*, No. 2, 2006, pp. 127 – 129.

终加快了“新型人类传染病命名最佳实践”在2015年5月的出台。MERS疫情于2012年在沙特出现后，如何命名对于国际社会而言也是巨大的挑战。2012年初，一名感染MERS病毒的沙特人去世。MERS病毒首次从一名叫阿里·穆罕默德·扎基的60岁感染男子身上分离，这被称作是新型的冠状病毒，此事件在2012年9月20日国际传染病协会（ISID）的ProMED-mail中予以公开。[①] 直到2013年5月，MERS病毒仍被称为“类SARS病毒”，甚至有西方媒体称之为“沙特SARS”。兽医病毒学家劳尔·德格罗特（Raoul de Groot）领导的命名小组在权衡利弊之后，回避了“沙特”字眼，而在命名时模糊化地使用了“中东”一词。沙特与世卫组织均对这一命名表达了不满，认为会导致区域歧视。世卫组织通常不倾向于在病毒名称中提到最初发现这一病毒的地区或地点，以尽可能避免产生不必要的地域歧视，因为病毒可能只是偶然发现的，并不是真的源于该地。[②]

此后国际病毒分类委员会、世卫组织与沙特进行了5个月的艰难协商，最后达成妥协，正式公布了“中东呼吸综合征”这一命名。尽管如此，世卫组织还是明确表示了对“中东呼吸综合征”这一称谓的不满情绪，特别是在“新型人类传染病命名最佳实践”出台之后，更是将该命名视为“反面教材”。

2015年5月，世界卫生组织公布了新发现疾病命名指导原则，鼓励研究人员、卫生官员与媒体使用中性的、一般的术语来代替用人物、地点、动物、食物和职业等来命名疾病。[③] 这一指导原则的要求是，疾病的名称既要在科学上站得住脚，同时也能被社会所接受（scientifically sound; socially acceptable）。按照这一原则，“中东呼吸综合征”（Middle East respiratory syndrome）便属于禁语，因为“它伤害了广大中东人民的感情”。[④] 按照这一命名规则，“中东呼吸综合征”应该被称为“β冠状病毒属C群I型呼吸道疾病”。“中东呼吸综合征”的命名博弈过程可谓“前车之鉴”，

---

① ISID, “Novel Coronavirus - Saudi Arabia: Human Isolate,” September 20, 2012, http://www.promedmail.org/direct.php?id=20120920.1302733.

② 曾一巳：《多国出现新型冠状病毒死亡病例》，http://scitech.people.com.cn/n/2013/0530/c1007-21675458.html。

③ World Health Organization, “WHO Issues Best Practices for Naming New Human Infectious Diseases,” May 8, 2015, https://www.who.int/news/item/08-05-2015-who-issues-best-practices-for-naming-new-human-infectious-diseases.

④ 王家全：《按世卫新疾病命名指导原则，“中东呼吸综合征”属禁语》，载《参考消息》，2015年6月9日，http://ihl.cankaoxiaoxi.com/2015/0609/811591.shtml。

正因如此，伊斯兰国家积极配合世卫组织对新冠肺炎的无歧视命名，拒绝接受西方国家的污名化称谓。

（三）伊斯兰国际组织在抗疫中的作用

除了与世卫组织的合作以外，伊斯兰国际组织对于伊斯兰国家的抗疫工作也发挥了更具针对性的积极作用。伊斯兰合作组织（OIC）成立于1969年，是伊斯兰世界团结的象征，积极向全世界集中传递伊斯兰世界的观点与声音。此外，伊合组织还是联合国的常驻机构，充当了进一步连通伊斯兰国家与国际社会的重要桥梁。在伊斯兰世界内部的卫生合作上，伊合组织下属的相关机构发挥了重要作用。

首先，是伊合组织下属的伊合组织卫生部长会议（ICHM）与卫生指导委员会（SCH）。进入21世纪，伊合组织高度重视公共卫生问题对伊斯兰国家的全方位影响，并于2007年6月在马来西亚召开了第一届卫生部长会议，此后每隔两年相继在伊朗、哈萨克斯坦、印度尼西亚、土耳其、沙特和阿联酋举行。[①] 首届会议议题便包括人类流感大流行和鸟类流感防控、全球生物安全和朝觐者健康计划等问题。第七届卫生部长会议于2019年12月15－17日在阿联酋召开时，新冠肺炎疫情还未全球流行，但此次会议议题包括了《伊合组织战略卫生行动纲领》和加强成员国卫生合作的讨论，具体涉及传染病和非传染病的防控、紧急卫生情况与灾害、医疗与疫苗供应及生产上的自力更生等。

伊合组织卫生指导委员会则是伊合组织卫生部长会议授权成立并予以指导的执行机构。2020年4月9日，伊合组织卫生指导委员会针对新冠肺炎疫情召开视频会议，阿联酋卫生和预防部部长兼伊合组织第七届卫生部长会议主席主持了会议。此次会议承认宗教及社群领袖对于提高公众个人卫生认识方面的作用，关注到伊斯兰咨询小组（IAG）对宗教学者、穆斯林社群和个人遵从伊斯兰教保护自己与他人之教义的敦促，强调伊斯兰国家与世卫组织、全球基金（GF）和全球疫苗免疫联盟（GAVI）的合作，支持“伊合组织－伊斯兰团结基金会（ISF）紧急行动”，特别关注到对洗手液、口罩和医疗用品等应对新冠病毒的关键消耗品的本土生产保障能力的提升。会议审查了会员国应对流行病的预防水平，强调会员国需要制定

---

① OICHealth, “The Islamic Conference of Health Ministers（ICHM）,” https：//oichealth. zohosites. com/aboutI CHM.

“国家应急准备及响应计划”（“EPR 计划”）以加强预防，减轻影响。①

其次，是伊斯兰国际红新月会委员会（ICIC），该委员会获伊合组织外交部长会议（ICFM）授权成立。最早在 1974 年 12 月利比亚班加西举行的法学专家小组会议上，提出了设立伊斯兰红新月会委员会的设想。②1977 年 5 月，第八届伊合组织外长会议在利比亚的黎波里举行，会议通过决议设立一个专门人道主义机构，旨在与红新月和红十字联合会进行对接与合作。③ 1982 年 8 月，第十三届伊合组织外长会议在尼日尔首都尼亚美举行，会议通过了“关于设立伊斯兰国际红新月会委员会（伊斯兰会议组织专门机构之一）及其所在地为利比亚班加西的协定”。伊斯兰国际红新月会委员会首次会议于 1983 年在利比亚召开。

2020 年 1 月 28－29 日，该委员会在突尼斯召开了第三十四次会议④。不仅如此，伊合组织内部机构之间也加强互动与联系。2015 年 4 月，伊合组织秘书处与伊斯兰国际红新月会委员会签署谅解备忘录，目的在于促进两者在人道主义援助上的合作。

针对新冠肺炎疫情在伊斯兰国家的扩散，伊斯兰国际红新月会委员会发表声明指出，支持伊合组织、红新月会、红十字会和人道主义救援组织的抗疫努力，此外还肯定了沙特在此轮抗疫中作出的巨大贡献，特别提及在朝觐季和副朝觐季期间应对大规模人群的健康管理经验，此外还对沙特资助世卫组织和召开 G20 领导人应对新冠肺炎疫情特别峰会表达了赞美。⑤

三、伊斯兰世界保持理性克制，避免政治干扰医学操守

随着新冠肺炎疫情在全球范围内迅速且广泛地扩散，疫情防控从最初

① Organisation of Islamic Cooperation, “Statement Issued by the Extraordinary Meeting of the OIC Steering Committee on Health on COVID－19 Pandemic,” April 9, 2020, https://www.oic－oci.org/topic/? t_id＝23322&t_ref＝13979&lan＝en.

② The Islamic Committee of the International Crescent, http://icic－oic.org/en/index2.htm.

③ “Final Declaration,” https://www.oic－oci.org/docdown/? docID＝4394&refID＝1230.

④ 伊斯兰国际红新月会委员会：《伊斯兰合作组织第四届协商会议－吉达 03》（阿拉伯文），2018 年 12 月 4 日，http://icic－oic.org/index.php? option＝com_content&view＝category&id＝41&layout＝blog&Itemid＝75。

⑤ Organisation of Islamic Cooperation, “Informative Statement Attribute to the International Efforts Made by All OIC Member States to Confront the Corona Pandemic,” http://icic－oic.org/en/index.htm.

单纯的突发公共卫生危机及其治理愈发呈现浓郁的政治化倾向。除了生物安全意义上的新冠病毒肆虐以外，各种版本的“政治病毒”也层出不穷，这是当代国际关系的真实写照，即国际关系中的冲突与矛盾向自然领域的不断侵蚀。新冠肺炎疫情对国际体系产生了深刻的影响和冲击，涉及国际体系的观念、力量、制度等一系列领域，并突出体现在国际格局、国际安全、全球治理等层面的深刻变化。

首先，新冠肺炎疫情加剧了中东地区思想和思潮等方面的观念分裂，近年来不断加剧的民族主义、民粹主义、种族主义、单边主义等思潮在伊斯兰世界日趋严重。在全球抗击疫情的过程中，国际社会面临着全球化的倒退、全球治理领导缺失、多边主义和国际化受阻、全球治理结构日趋碎片化等一系列危机。就中东地区来说，这些问题着重体现在疫情扩散中的难民问题上。疫情会带来难民问题治理难度加大并且带来一系列潜在风险和传导效应。疫情在难民群体中的扩散将导致严重的人道主义危机，并加剧难民所在国的治理压力。难民群体的大规模聚集和无序流动，也将对疫情防控形成更大挑战。一旦疫情扩散，难民营既无法进行有效隔离，也缺乏必须的医疗人员和设施，救助难度极大。此外，随着疫情扩散，很多国家的民粹主义势力和排外情绪上升，这不仅让难民群体的处境更加危险，也增加了控制疫情蔓延、稳定社会秩序的难度。

其次，新冠肺炎疫情也影响了中东各国之间的关系，并使得不同政治力量之间的联盟重新排列组合。就伊拉克与伊朗关系而言，伊拉克方面指责伊朗是造成伊拉克新冠病毒传播的主要负责一方。由于新冠病毒危机，伊朗在伊拉克的影响力有所下降，美国对伊的新制裁又加剧了这种下降趋势。2020 年 6 月，美国对伊朗实行单边新制裁，特朗普政府希望利用新的疫情危机的持续影响，限制伊朗在伊拉克的实际拓展，削弱其在整个中东地区的作用。

除此之外，“伊斯兰国”试图利用新冠病毒谋求东山再起。自 2020 年 1 月底新冠病毒全球传播以来，“伊斯兰国”一直试图利用疫情来吸引尽可能多的恐怖分子和有极端思想倾向的人加入该组织，妄图东山再起。在恐怖组织的一些头目眼里，新冠病毒是作为“真主的士兵”而存在，新冠肺炎疫情的蔓延以及世界各国未能针对新冠病毒及时获得有效药品，可能会促使大量恐怖分子在“伊斯兰国”极端主义言论蛊惑下，更容易接近该组织。①

最后，“疫苗民族主义”盛行，这对于全球抗疫尤其是发展中国家居多的中东地区的抗疫活动造成负面影响。在当前数十种新冠疫苗研发成功上市的情况下，世界各国在疫苗的公平分配问题上态度不一。一些发达国家囤积数十亿剂的新冠疫苗，供本国优先使用；哄抬疫苗价格，以减少中低收入国家参与竞争②；控制疫苗及疫苗原料出口，争抢疫苗生产产能。此举做法导致发展中国家，尤其是最不发达国家获取疫苗的难度极大。鉴于此，多个国际组织联合成立“人民疫苗联盟”，通过分析 8 款新冠疫苗订购情况发现，30 个低收入国家和 37 个中低收入国家仅能通过世卫组织主导的“新冠肺炎疫苗实施计划”（COVAX）获取疫苗，这些国家 90% 的人口在 2021 年内接种无望。③“疫苗民族主义”将使各国优先考虑自己的疫苗需求，这可能会减缓全球经济复苏，使高收入国家每年损失 1190 亿美元。④

“疫苗民族主义”是一种短视的做法，不仅无济于事，而且将在不同国家和群体间人为制造“免疫鸿沟”和更大的“发展鸿沟”，延长疫情流行时间，扩大疾病扩散规模，增加病毒传播变异链。2021 年 1 月，世界卫生组织总干事谭德塞表示，世界正处于共享新冠疫苗的“灾难性道德失败”的边缘，敦促各国和制造商在全球更公平地进行疫苗分配。⑤

四、结语

总体来看，伊斯兰世界内部尽管存在着争端与冲突，特别是中东地区的冲突旷日持久且阵营化趋势明显，但在抗击新冠肺炎疫情问题上，伊斯

① Arie Kruglanski, “Terrorism in Time of the Pandemic: Exploiting Mayhem,” *Global Security: Health, Science and Policy*, Vol. 5, No. 1, 2020.

② Harry Kretchmer “Vaccine nationalism – and how it could affect us all,” 06 Jan 2021, https://www.weforum.org/agenda/2021/01/what-is-vaccine-nationalism-coronavirus-its-affects-covid-19-pandemic.

③ 李曾骙：《“疫苗民族主义”妨害全球抗疫》，载《光明日报》，2021 年 2 月 1 日。

④ 同上。

⑤ Emma Farge, “Vaccine Nationalism Puts World on Brink of ‘Catastrophic Moral Failure’: WHO Chief,” *Reuters*, January 18, 2021, https://www.reuters.com/article/us-health-coronavirus-who-idUSKBN29N0TB.

兰国家总体上保持了理性与克制。伊斯兰国家高度重视国际组织在促进抗疫合力的形成中的特殊作用，利用多边外交平台“抱团取暖”。

人类在面对新冠肺炎疫情之时，国际政治站位与医学专业操守之间出现了极大的错位。跨国生物安全威胁还引发了连锁反应，除了卫生安全以外，还会促使许多国家的政治内耗、经济衰退、政教矛盾的深化。甚至政府高官个人遭遇的生物安全威胁还影响到了国家的政治安全，如诸多国家政要确诊患新冠肺炎。

世界卫生组织在政治周旋与专业指导的夹缝中承受了巨大的压力。而伊斯兰国家既与世界卫生组织为代表的全球性政府间卫生组织紧密合作，并在此过程中尽力避免国际政治站位对医学专业操守的干扰，又与伊斯兰国际组织，主要是伊合组织卫生指导委员会和伊斯兰国际红新月会委员会等加强卫生健康和人道主义援助这两大领域的合作。以上全球性或伊斯兰国际组织均对伊斯兰国家新冠疫情的蔓延态势和抗疫举措提供了指导和帮助。如果说世界卫生组织及其相关区域分支机构对伊斯兰国家的抗疫斗争提供了全球总体性和高度专业性的指导与帮助的话，那么伊斯兰国际组织则根据伊斯兰国家独特的宗教背景及由此而来的社交与生活习惯提供了更具针对性的多元指导。

伊斯兰国家的抗疫行动是一个庞大的系统工程，世卫组织、伊合组织及其下属卫生指导委员会和伊斯兰国际红新月会委员会，以及红十字会和红新月会国际联合会（IFRC）及其成员国国别红会所形成的合力，对于伊斯兰世界乃至全球公共卫生治理和生物安全治理正在发挥着层次不一的积极作用。

疫情下的巴勒斯坦问题

舒　梦*

【摘　要】

新冠肺炎疫情在巴勒斯坦地区暴发后，巴勒斯坦与以色列之间的关系经历了由携手合作到相互指责的过程。疫情的出现并没有成为双边关系缓和的助推剂，反而其后续带来的经济、安全影响更加凸显了巴以双方之间的分歧与矛盾。疫情恶化了巴勒斯坦方面的经济危机，加强了巴勒斯坦经济对以色列经济的依附，并让巴勒斯坦与以色列双方的实力差距更加悬殊。在疫情的影响下，在未来的一段时间之中，双方并没有平等谈判的可能。

【关键词】

巴勒斯坦　新冠肺炎疫情　巴以和谈

2020年新冠肺炎疫情暴发后，迅速蔓延至全球，中东地区的公共卫生安全也受到了严峻的挑战。作为中东地区卫生安全相对薄弱的地区，巴勒斯坦的疫情堪忧。自该地首次出现第一例新冠肺炎病毒确诊病例以来，疫情一直没有得到有效的控制，迄今仍在快速蔓延之中。疫情不仅给巴勒斯坦地区造成了严重的卫生危机，还在政治、经济层面对巴勒斯坦带来重要不利影响，间接影响了巴勒斯坦问题的长期解决。

一、从携手抗疫到相互指责：病毒无法促成和解

2020年3月5日，巴勒斯坦约旦河西岸城市伯利恒郊外的拜特贾拉镇

* 舒梦，上海外国语大学中东研究所助理研究员。

"天使旅馆"出现了首批7例确诊病例。巴勒斯坦总统阿巴斯同日宣布该地从第二日起进入为期一个月的紧急状态，关闭所有学校等公共场所，所有约旦河西岸的关卡封闭。① 在新冠肺炎病毒进入巴勒斯坦地区早期，所有报告的病理均集中于约旦河西岸地区，加沙地区的确诊病例出现较晚，这主要是由于加沙地区相对封闭，与外界的交往相对较少。在疫情暴发后，巴勒斯坦与以色列在抗击疫情方面经历了由携手合作到相互指责的关系重大转变。

在伯利恒出现疑似病例后，巴勒斯坦方面随之对其取样并送至以色列方面进行检测，这是巴勒斯坦疫情暴发后双方的首次合作。两周后，巴以双方总统就新冠肺炎疫情形势及其对地区影响等问题通话，以方表示这是一场"不分种族、不分地区的危机"，而巴方也对双方协调努力共同抗击疫情表示"欢迎"。② 此后，双方开展联防行动，互相通报疫情、动态联合培训医务人员、共同商议应对措施。以色列在约旦河西岸关口关闭后，仍允许在西岸以色列定居点打工的巴勒斯坦人往来。2020年5月11日，以色列承诺将向巴勒斯坦提供2.3亿美元的贷款，以弥补巴方因新冠肺炎疫情出现的财政收入下滑。③

巴以双方合作协调而采取的措施有效地限制了巴以双方人员之间的密集流动，不仅减少了巴勒斯坦方面输入性风险，为巴勒斯坦卫生系统的应对争取更多时间，还减少了疫情经由巴勒斯坦地区输入以色列境内的压力。双方的抗疫合作得到了国际社会的赞誉，联合国中东和平进程特别协调员姆拉德诺夫称赞巴以"密切和建设性的合作是遏制疫情扩散的重要动力"。④

随着以色列对约旦河西岸吞并计划的推进，巴以双方的关系逐渐恶化。2020年5月17日，以色列总理内塔尼亚胡高调宣布，对约旦河西岸部分地区"实施主权"是新政府的"首要任务"。对此，巴勒斯坦方面反应激烈，宣称将停止履行与以色列达成的一切协议及基于这些协议的义

---

① 《巴以联手抗击疫情》，http://world.people.com.cn/n1/2020/0409/c1002-31666463.html。

② 《以巴总统就新冠肺炎疫情通电话》，https://news.china.com/internationalgd/10000166/20200319/37939810.html。

③ "Israel Set to Approve $230m Loan to the Palestinian Authority for Its Coronavirus Response," *Haaretz*, May 11, 2020, https://www.haaretz.com/israel-news/.premium-israel-to-approve-230m-loan-to-the-palestinian-authority-for-coronavirus-response-1.8835728.

④ 《巴以联手抗击疫情》，http://world.people.com.cn/n1/2020/0409/c1002-31666463.html。

务。6月15日，一枚火箭弹从加沙地带发射至以色列境内。随后，以色列方面轰炸了哈马斯位于加沙南部的地下设施。以色列内塔尼亚胡政府原本计划于2020年7月1日起推行吞并被占领的西岸和约旦河谷大部分地区的计划。在疫情暴发后，该计划有所推迟，却依然在缓慢推进。2020年以来，以色列多次批准对在约旦河西岸犹太人定居点新建住房。2020年10月15日，以色列民政局高级规划委员会批准在约旦河西岸犹太人定居点新建4948套住房。巴方坚持，除非以方完全停止犹太人定居点建设，否则拒绝恢复和谈。

至此，巴以的抗疫合作基本终止，双方再次进入矛盾期。2020年7月6日，巴勒斯坦呼吁以色列关闭约旦河西岸全部过境点，并宣布巴勒斯坦对过境点没有控制权是巴境内病例激增的原因之一。此外，巴以双方还经常就以色列监狱方面的病毒感染情况相互指责。巴勒斯坦囚犯权利组织认为以色列对巴勒斯坦囚犯存在故意医疗疏忽，可能会导致疫情在监狱中扩散。2020年11月，以色列北部的吉尔伯监狱中65名囚犯确诊感染，其中包括被关押的哈马斯成员。2020年底，以色列公共安全部长表示将推迟为巴勒斯坦囚犯接种疫苗，遭到巴勒斯坦方面和国际人权组织的激烈反对。随后以色列高等法院裁决这种决定没有法律依据。

巴以双方从从携手抗疫到相互指责的过程表明，疫情无法成为双边关系缓和的助推剂，反而是疫情带来了经济、安全问题更加凸显了双方之间的分歧与矛盾。

二、从经济援助到经济控制：疫情让巴勒斯坦的弱势地位凸显

巴勒斯坦境内的约旦河西岸地区和加沙地区均受到了疫情的严重影响。在加沙地区，疫情的暴发加剧了该地本就存在的人道主义危机。据联合国的统计数据显示，至2020年11月，加沙地区的贫困率已达到56%。而如果没有军事行动和疫情的出现，按2017年的地区发展状况预测，贫困率本应从2017年的40%降至15%。加沙的总体经济在巴勒斯坦全境经济

中的份额从37%减半至18%。[①] 2020年8月，加沙唯一的发电厂关闭，当地居民用水用电更加困难。另外。疫情还给加沙地区的难民迁徙带来了困难。为远离硝烟并改善居住环境，每年都有大量加沙人离开当地，迁徙至周边国家。土耳其是加沙移民的重要接收国，土耳其可以给巴勒斯坦人发放长达12个月的居住签证。部分巴勒斯坦人在到达土耳其后还会试图迁徙至欧洲。据加沙地区媒体报道，仅在2018年，就有约3.5万名巴勒斯坦人离开加沙。然而疫情暴发后，由于隔离政策和经济原因，部分难民无法在境外继续生活，被迫迁回加沙地区，改变了加沙地区一直以来的人口迁徙规律。根据联合国监测组的数据，2020年1至11月期间，约有2.1万人从外部进入加沙境内。

在约旦河西岸地区，疫情导致的经济和财政危机严重影响了巴勒斯坦民族权力机构的治理能力。统治约旦河西岸的巴勒斯坦民族权力机构长期经济困难，经常无力支付政府工作人员的工资，导致政府工作难以正常运转。

因此，在疫情出现后，以色列对巴勒斯坦地区经济限制的影响就变得更加明显。以色列很早就使用经济手段来限制巴勒斯坦人的反抗行为及巴勒斯坦地区的发展。在巴勒斯坦农村地区，以色列应对农民起义的手段主要是禁止农民在收获时期采摘橄榄枝、切断水源供给等，这进一步刺激了农村地区巴勒斯坦人的反抗意识。此外，以色列对陆地和水资源的限制也严重影响了巴勒斯坦农业的发展。[②] 在巴勒斯坦城市地区，很多巴勒斯坦工业劳动者非常依赖以色列雇主。以色列建成隔离墙后，将巴勒斯坦人限制在约旦河西岸地区，他们进入以色列境内寻找就业机会变得更为艰难，同时也增加了巴勒斯坦商品的运输成本。根据联合国的统计，在以色列惩罚性排斥巴勒斯坦劳工的时候，巴勒斯坦民族权力机构每天的收入就会减少约240万美元，如果把贸易损失也计算在内的话，这一损失可能会高达每天600万美元[③]。

1994年，《巴黎经济议定书》作为《奥斯陆协议》的经济条款被签

① "UN Report Find Gaza Suffered $16.7 Billion Loss from Siege and Occupation", *UN News*, November 25, 2020, https://news.un.org/en/story/2020/11/1078532.

② "News analysis: Israel undermines Palestinian economy through restrictive measures," *Xinhua News Agency*, March 21, 2016, http://www.xinhuanet.com/english/2016-03/21/c_135206724.htm.

③ Dajani, "The Palestinian Authority and Citizenship", *al-Quds*, November 15, 1996.

订。协议让巴以逐渐成为经济联系体，拥有相互关联的海关系统和共同税收政策①。根据协议，巴勒斯坦经济受到以色列的牵制，巴勒斯坦对以色列经济存在依赖性。该协议赋予了以色列否决巴勒斯坦权力机构决策的权力，因此以色列货币在巴勒斯坦经济中占主导地位，包括对外贸易等其他经济方面以色列也具有支配的权力。时至今日，在约旦河西岸地区的通用货币仍然是以色列货币谢克尔。以色列还可以随时控制巴勒斯坦的对外出口，让巴勒斯坦的经济自主性逐渐降低。2006 年哈马斯赢得大选后，美国和以色列对巴勒斯坦实行了经济封锁，在哈马斯当选后差不多一年的时间中，巴勒斯坦公职人员都没有拿到过足额工资。2012 年 11 月，联合国大会授予巴勒斯坦联合国观察员国地位，以色列随即采取暂时冻结向巴方移交代收税款、宣布新建定居点住宅等措施予以报复。以色列还通过财政压力迫使巴勒斯坦让步。“以色列的封锁边境、贸易限制、减少雇佣巴勒斯坦裔工人让巴勒斯坦的国民生产总值和国民生活水平都大幅度降低，失业率也随之增高”②。

为反抗以色列方面克扣税款的现象，2020 年 6 月，巴勒斯坦政府宣布拒绝接受以色列方面支付的税款。并且在财政不足的情况下，巴勒斯坦方面坚持延续 1965 年以来的做法，对烈士、在押人员和伤员等进行补贴，这笔补贴约占巴勒斯坦年度财政预算的 7%。由于巴勒斯坦对烈士等反以人士的补贴，以色列曾在 2019 年宣布每月扣留巴方税款的 1000 万美元以示回应。拒收税款表现了巴勒斯坦方面反抗以色列的决心，然而也让巴勒斯坦经济遭受了更大的打击。2020 年，巴勒斯坦经济收缩了约 10%—12%，这是自 1994 年巴勒斯坦权力机构成立以来收缩幅度最大的年度之一。联合国 2 月 19 日发表的报告指出，现在几乎一半的巴勒斯坦人需要人道主义援助，疫情导致旷日持久的人道主义危机进一步恶化。③

在这种情况下，无论是对以色列或是对疫情，巴勒斯坦都没有足够的反抗能力。在抗击疫情方面，巴勒斯坦依然需要以色列的援助。要维持民族权力机构的正常运转，巴勒斯坦政府必须选择向以色列妥协。2020 年 11

① 《巴以经济协定》，以色列商会，1994 年，特拉维夫。

② Arafat's speech at the third opening ceremony of Palestine Legislative Council on March 7, 1998, published on *Palestine Report*, Jerusalem Media Communications Center, March 13, 1998.

③ 《2020 年巴勒斯坦社会经济发展受重创：为 1994 年以来最低谷》，https：//news. un. org/zh/story/2021/02/1078402。

月 19 日，巴勒斯坦方面表示将接受以色列的部分税收收入。① 2021 年 1 月 31 日，以色列国防部长办公室宣布，以色列已同意向巴勒斯坦人转移 5000 剂冠状病毒疫苗，这是以色列首次确认将疫苗转移给巴勒斯坦。这也意味着除了经济进一步困难之外，巴勒斯坦方面拒收税金的抗争并没有取得实质意义上的成效。巴勒斯坦经济对以色列经济的依附状态更加明显。

三、从势均力敌到差距悬殊：平等的巴以和谈难以实现

在 1978 年巴以开始和谈之时，双方的地位相对比较平衡。以色列方面当年明显占有优势地位，而巴勒斯坦背后有部分阿拉伯国家的支持，双方尚可在谈判过程中讨价还价。1978 年 9 月 17 日，在美国的斡旋下，埃及与以色列在美国华盛顿签署了《戴维营协议》，协议内容包括在约旦河西岸和加沙地带建立自治机构，为巴勒斯坦争取到有限的自治权。1993 年 9 月 13 日，《临时自治安排原则宣言》在美国白宫签署，标志着双方进入相对和平的新阶段。在和平协议签订后的这一阶段内，巴以双方的关系相对缓和。但由于和平协议与和谈并没有从根本上解决巴以问题，而是将一些重要争议留到最终谈判时再解决，又同时要求在最终协议达成之前，双方不得采取单方面行为改变现状，因此以色列在巴以冲突中的优势地位及以色列对巴勒斯坦地区的占领并没有改变，巴以问题依然没有得到根本性改善。

但随着以色列对巴勒斯坦方面的占领时间越来越长，双方之间的平衡不再。巴勒斯坦常年得不到发展，新冠肺炎疫情的出现进一步增大了双方之间的差距。近来，巴以关系逐渐呈现以下趋势：

首先，阿以冲突已基本转变为巴以冲突。巴以冲突早期表现为阿拉伯国家整体与以色列之间的对抗。围绕巴勒斯坦问题，阿以之间曾爆发了多次战争。在阿拉伯民族主义的指导下，阿拉伯国家积极介入巴勒斯坦问题。而 1967 年战争之后，巴勒斯坦民族主义得到较快发展，巴勒斯坦内部出现了更加激进、独立的抵抗组织。这些组织在反抗以色列的斗争中不愿

---

① "Palestine begins to restore civil, security ties with Israel after 6 - month halt," *Xinhua. net*, November 24, 2020, http: //www. xinhuanet. com/english/2020 - 11/24/c_139538278. htm.

接受阿拉伯国家提出的时间表和策略，让阿拉伯国家对巴勒斯坦民族解放事业的热情逐渐降低。且随着地区环境的不断变化，阿拉伯国家埃及与约旦相继改善了与以色列之间的关系，分化了阿拉伯反以阵营。再加上海湾战争期间，巴解组织曾两次对阿盟谴责伊拉克、要求伊拉克撤离并对允许外部干预的提案投反对票，导致海湾国家对巴勒斯坦的援助大幅度缩水，来自阿拉伯世界对巴勒斯坦的支持不断减弱。西亚北非局势动荡发生后，阿拉伯国家一方面要防范周边国家的动荡溢出至本国，另一方面面对着转型与调整的重要压力。在自顾不暇的情况下，这些国家与以色列的矛盾被逐渐淡化，与伊朗的矛盾成为地区国家更重要的安全关切。在伊朗因素和美国前总统特朗普的推动下，2020 年 8 月，海湾国家阿联酋与以色列建交；9 月，巴林与以色列建交；12 月，摩洛哥同意与以色列建交。至此，阿以冲突已成为过去，阿拉伯国家对巴勒斯坦的支持仅限于书面支持或资金支持，这严重削弱了巴勒斯坦对以斗争的支持力量。

其次，巴勒斯坦内部分裂长期化。在巴勒斯坦地区内出现了地理割据和政治决裂的局面，形成了“一个民族、两个地区、双重政府”的既成事实。在 2006 年的巴勒斯坦大选中，主张对以色列采取强硬政策、被以色列认定为恐怖组织的哈马斯赢得胜利，在全部席位 132 席中获得了 74 席，成为巴勒斯坦政府中名义上的执政党。巴勒斯坦解放组织的主流组织法塔赫拒绝加入哈马斯政府，造成了巴勒斯坦内部延续至今的分治状态。在这种情况下，巴以关系从原来的以巴解组织与以色列关系为主要关系分裂为以色列 - 巴解组织关系与以色列 - 哈马斯关系两部分。以色列 - 巴解组织关系在近年来整体稳定，尽管以色列数次对巴解组织态度强硬，但双方未出现明显的武力冲突；而以色列 - 哈马斯关系则冲突不断，双方分歧难以弥合。在现阶段要实现巴以和谈，以色列、巴解组织与哈马斯三方意愿均必不可少，使得将巴以问题变得复杂化。而在哈马斯与法塔赫缺少实质性合作的情况下，任意一方的实力都与以色列相差甚远。新冠肺炎疫情的出现又让两地政府的经济损失更加严重，治理能力缺乏暴露得更加明显。在这种情况下，无论是哈马斯还是法塔赫都没有与以色列进行平等谈判的资本。

最后，巴以问题被边缘化。在国际层面，新冠肺炎疫情的全球肆虐转移了国际社会的关注，很多国家的内部问题都在疫情之中被充分暴露出来，甚至出现了严重的社会经济危机。在这种情况下，巴勒斯坦问题无法在大国外交之中占有一席之地。在地区层面，在疫情带来的冲击之下，部分地区国家的外交重点在于消除疫情带来的负面影响并积极与以色列改善关系以应对地区的其他安全威胁。即便仍有部分国家依然支持巴勒斯坦解放事业，这些国家同样受到疫情的限制，无力给巴勒斯坦提供实质性帮助。第三，从以色列的角度来说，以色列缺乏在短期内推动和谈的诚意。因为保持现状意味着以色列可以继续维持其在冲突中的优势地位、控制约旦河西岸部分地区、牵制巴勒斯坦民族权力机构并保持并继续扩大犹太人定居点。保持巴以冲突的长期存在给以色列提供了钳制巴勒斯坦的重要手段，在一定程度上拉近了美以关系，并让以色列得以从巴勒斯坦被占领土中获取经济利益。

因此，新冠肺炎疫情的暴发让巴以和谈的前景更加暗淡。在可以预见的未来，双方无法平等地进行和平谈判。疫情导致的双方实力差距扩大化将会进一步减少巴勒斯坦方面的斗争空间。当实力差距过大时，部分巴勒斯坦极端主义者可能会诉诸于极端手段来进行对以抗争，给本就脆弱的地区安全环境带来更严重的威胁。

疫情对埃及的冲击及政府的治理与应对

李彩玲　王　泰*

【摘　要】

2020年上半年，新冠肺炎疫情在世界范围内迅速扩散，这场危机除了给各国公共卫生服务部门带来挑战外，还给各国的社会经济活动带来了冲击。为了应对新冠肺炎疫情带来的社会经济损失，埃及政府积极行动，采取疫情防控政策的同时推进了相应的经济恢复政策，使埃及成为西亚北非地区受新冠肺炎疫情影响最小的国家之一。值得注意的是：埃及公共卫生服务基础薄弱、经济固有缺陷明显以及新冠肺炎复发、易变性特征成为埃及政府疫情治理的阻碍因素。全球化时代牵一发而动全身，埃及政府只有坚持改革，完善公共卫生服务事业；抓住机遇，保障经济供应链安全、扩大需求侧改革；践行多边主义，才能在新冠肺炎疫情与全球化危机中实现突破、稳步前行。

【关键词】

新冠肺炎疫情　遏制政策　疫情防控　政府治理

面对新冠肺炎疫情全球大蔓延，中东各国采取了迅速而谨慎的应对政策，主要包括：医疗卫生防疫、经济封锁、保持社会安全距离等政策。这些政策在避免新冠肺炎疫情扩大化的同时也影响了各国正常的社会经济发展。中东地区政治动荡的苏丹、也门、叙利亚与黎巴嫩疲软低迷的经济雪上加霜。而原本富裕的产油国海湾国家、阿尔及利亚、利比亚等国因受石

---

* 李彩玲，西北大学中东研究所博士研究生、西安外国语大学马克思主义学院讲师；王泰，内蒙古民族大学法学与历史学院教授。本文为国家社科基金重大项目子项目“伊斯兰教视域下的宗教对话与人类命运共同体的建构”（项目编号：18ZDA234）的阶段性成果。

油价格下跌与新冠肺炎疫情全球大流行双重冲击，经济下滑、预算收紧。同样，埃及政府也面临新冠肺炎疫情带来的严重冲击：医疗卫生服务体系压力增大；经济增长趋势开始下降；失业率、贫困率等社会民生问题进一步凸显。

一、新冠肺炎疫情对埃及经济社会的冲击

2020 年 2 月 14 日，埃及出现了首位新冠肺炎感染者。[①] 由于对新冠肺炎疫情存在早期的预判与准备，塞西政府在新冠肺炎疫情出现之初立即展开了遏制行动。

（一）疫情暴发初期埃及政府的遏制政策

当新冠肺炎疫情在埃及暴发后，埃及中央各部委即刻展开行动，为了协调治理新冠肺炎疫情，埃及中央政府很快成立了一个“新冠肺炎疫情管理高级委员会”[②]，该委员会由埃及总理莫斯塔法·马德布利主持，埃及卫生与人口部长、埃及药物管理局局长等参与。该委员会定期听取中央各部委，特别是卫生与人口部关于新冠肺炎疫情的报告。此外，在卫生与人口部下还设置了“防治新冠肺炎科学委员会”，该委员会由专业的医学博士、医学病毒专家构成，主要任务是为埃及政府与民众提供新冠肺炎预防与治疗方案，并制定相关手册。这些手册成为埃及政府与民众了解、预防新冠肺炎疫情的重要资料。

除了卫生与人口部外，埃及其他部门也成立了各种工作小组配合卫生与人口部共同应对新冠肺炎疫情。埃及规划与经济发展部门成立“新冠肺炎政策追踪方案”小组，主要任务是协调中央与地方各部门之间关于新冠肺炎疫情防治的配合工作，并监督各部委对新冠肺炎政策的执行情况，该

① “Egypt: First case of coronavirus confirmed in Egypt,” https://www.garda.com/crisis24/news-alerts/314286/egypt-first-case-of-coronavirus-confirmed-in-egypt-february-14-update-1.

② Robert Beschel, *Policy and Institutional Responses to COVID-19 in the Middle East and North Africa: Egypt*, Brookings public, January 28, 2021.

组织已经对埃及中央24个部门的423项政策进行了追踪监督①。埃及众议院立法委员会还紧急批准了宪法第162号紧急状态法修正案，以加强总统权力应对新冠肺炎疫情。② 该修正案强化了埃及总统以及中央政府应对新冠肺炎的权力：面对紧急情况，埃及总统与政府有权颁布紧急的法律法规。“紧急状态法案”为塞西总统推行紧急遏制政策提供了法律依据。埃及军方在新冠肺炎疫情在埃及暴发后积极行动，定期对开罗以及埃及的主要城市提供消毒等服务。面对口罩等一次性防护用品的短缺，他们向埃及公民免费发放一次性医用口罩，且随时为埃及总统应对新冠肺炎疫情做准备。除此之外，埃及武装部队的官兵还捐赠了1亿埃及镑（620万美元）③帮助埃及政府抵抗新冠肺炎疫情带来的冲击。除了防疫、捐款之外，他们还依据世界卫生组织的标准，建立了5条生产一次性医用防护口罩的生产线，该生产线每天生产10万个口罩，为埃及政府提供了防疫紧缺的医疗用品。④

3月中旬，埃及新冠肺炎患者呈指数上升后，埃及政府迅速实施了包括医疗防疫、社会隔离以及经济封锁在内的全面遏制政策，以预防新冠肺炎的扩散。⑤ 遏制政策是埃及政府在新冠肺炎疫情出现后，紧急推出的以防止新冠肺炎疫情扩散的严格防控政策，主要内容为：公共卫生治理政策、经济封锁政策与社会安全距离政策。3月15日，埃及总理莫斯塔法·马德布利宣布埃及机场将从3月31日停止运行、埃及旅游景区也将暂时关闭。⑥ 24日，埃及总理莫斯塔法·马德布利宣布埃及将实施宵禁政策，宵禁时间为晚上7点至次日凌晨6点。宵禁期间除了超市、药房、面包店部

① “Egypt's House initially approves new amendments to Emergency Law granting President more powers,” *Egypt Today*, April 18, 2020, https://www.egypttoday.com/Article/2/84861/Egypt% E2% 80% 99s-House-initially-approves-new-amendments-to-Emergency-Law-granting.

② Ibid.

③ Amr Hamzawy and Nathan J. Brown, “How Much Will the Pandemic Change Egyptian Governance and for How Long?” in *Global pandemic: coronavirus and global disorder*, Carnegie Endowment for international Peace, July 2020.

④ “President Abdel Fattah El-Sisi directs the Armed Forces to Distribute Protective Medical Masks in Main Stations and Mass Transit Stops,” *Armed Forces News*, 12 April 2020, https://www.mod.gov.eg/ModWebSite/NewsDetails.aspx? id=40212.

⑤ Mohamed el Dahshan, “Coronavirus: How is Egypt navigating the economic fallout?” https://www.theafricareport.com/29007/coronavirus-how-is-egypt-navigating-the-economic-fallout/.

⑥ “Egypt reopens airports and welcomes tourists to pyramids after COVID closure,” *Reuters*, https://www.reuters.com/article/us-health-coronavirus-egypt-idUSKBN2426VX.

分开放外，其余商店与购物中心将全部关闭。这期间，学校、咖啡厅、电影院、清真寺与教堂也将暂时关闭。3 月 31 日，埃及航空公司宣布：埃及机场停运。当天埃及政府宣布“所有返回该国的埃及人员都必须自费在酒店隔离，但他们可以获得免费的医疗服务，隔离时间从自我检疫的 14 天延长至 28 天”。[①] 遏制政策推行期间，新冠肺炎患者主要由埃及的公立医院负责隔离与治疗任务。2020 年 2 月到 3 月间，埃及有 9 家公办医院，50 个医院门诊、27 个实验室以及 440 辆救护车随时待命，为新冠肺炎感染者及疑似患者服务。[②]

遏制政策推行的过程中，地方各省市区负责人监督管辖区域的政策执行情况：例如各地宵禁时长、交通流量的控制以及监督当地医疗卫生部门的疫情防治等。遏制政策推行期间，地方负责人需每天向人口与卫生部上报确诊病例、死亡病例以及当地的隔离情况。为了掌握新冠肺炎疫情的有效信息，埃及政府同时推进了关于疫情防控的实时信息地图，显示埃及受感染的人群位置信息，以便及时了解新冠肺炎疫情发展情况，这个信息地图每 10 分钟更新一次。[③] 在各部委以及中央与地方政府的合作下，埃及新增病例在 5 月中旬之前一直处于可控状态。但疫情的冲击与遏制政策的推行很大程度上扰乱了埃及的社会经济发展轨迹，不仅加大了医疗卫生体系的压力，而且对经济社会的发展造成了影响。

（二）疫情对埃及经济的冲击

2016 年开始，塞西政府对埃及经济进行了全方位的改革，效果显著，到 2020 年第一季度时，埃及经济同比增长 5.0%，但是新冠肺炎疫情暴发后推行遏制政策过程中，经济下滑明显：2020 年第二季度时经济同比收缩 1.7%。[④] 这期间进出口贸易也明显萎缩：2020 年第二季度出口率暴跌

---

① “Egypt to quarantine all nationals returning from abroad,” *Ahram Online*, 31 Mar 2020, http://english.ahram.org.eg/NewsContent/1/64/366383/Egypt/Politics-/Egypt-to-quarantine-all-nationals-returning-from-a.aspx.

② Dania El Akkawi, “Egypt’s Minister of Health and Population (MoHP) Dr. Hala Zayed speaks about managing the COVID-19 pandemic and what economic and health policies the country has taken to ensure public safety,” November 20, 2020, https://www.thecairoreview.com/midan/covid-19-in-egypt-between-governance-and-flattening-the-curve/.

③ Ibid.

④ “Egypt GDP Q2 2020,” November 1, 2020, https://www.focus-economics.com/countries/egypt/news/gdp/gdp-contracts-for-first-time-in-nine-years-in-q4-of-fy-2020.

48.5%，进口率也下降了24.7%。[①] 采购经理人指数（PMI）[②] 也下降至38.3%，为有史以来的最低值。

遏制政策推行过程中的经济停滞直接影响了埃及经济的各个行业。埃及的农业从业人口占总人口23%，农业产值占国民总产值的11%，约占出口与外汇总收入的20%，新冠肺炎疫情造成的出口受阻一定程度上损害了埃及的农业收入。除了农业之外，新冠肺炎疫情对埃及第二、第三产业损害更为严重。第二产业中对房建产业影响最具代表性。埃及的房地产每年对埃及GDP的贡献在10%—15%之间，且为埃及政府解决了许多就业问题，目前埃及建筑业就业人数超过了300万人。[③] 新冠肺炎疫情期间，埃及房建的供应侧与需求侧都受到疫情影响，房地产供给产业链安全问题难以保证，许多房建所需的进口材料延误，直接影响了施工进度。埃及中产阶级是埃及房地产的主要购买群体，2020年经济不确定性极大影响了中产阶级的收入，他们的储蓄结构以及对财产的分配方式也出现了新变化，对待市场更加谨慎，房产销售市场因此受到影响，需求侧萎缩对房建行业产生了更为明显的冲击。埃及工业联合工会主席塔雷克·舒克里是一位房地产开发商，他在采访中表示："由于冠状病毒的影响以及客户对购买房产的恐惧，埃及房地产行业上半年的销售额下降了30% -40%。[④] 2020年第二季度房地产市场综合利润下降31%。"[⑤]

遏制政策中经济封锁与社会安全距离政策对第三产业的冲击最大。由于严格的经济封锁政策与社会安全距离政策的执行，第三产业中航空与旅游业、苏伊士运河收入、进出口业务、外汇收入以及相关的娱乐服务行业

---

① "Egypt GDP Q2 2020," November 1, 2020, https://www.focus-economics.com/countries/egypt/news/gdp/gdp-contracts-for-first-time-in-nine-years-in-q4-of-fy-2020.

② 采购经理人指数是以百分比来表示，常以50%作为经济强弱的分界点：当指数高于50%时，则被解释为经济扩张的讯号；当指数低于50%，尤其是非常接近40%时，则有经济萧条的忧虑。

③ Doaa Elboraie, "Egypt's real estate accounts for 16% of GDP, employs 5% of labour force: HSBC," *Daily News*, November 23, 2019, https://dailynewsegypt.com/2019/11/23/egypts-real-estate-accounts-for-16-of-gdp-employs-5-of-labour-force-hsbc/.

④ Ehab Farouk, "Egyptian real estate firms´profit hit by coronavirus crisis," September 15, 2020, https://www.reuters.com/article/us-egypt-economy-realestate/egyptian-real-estate-firms-profit-hit-by-coronavirus-crisis-idUSKBN2652R1, Accessed 20 Jan. 2021.

⑤ "Egypt's Policy Responses to COVID-19," https://www.amcham.org.eg/information-resources/COVID-19-response/egypt-policy-responses-to-COVID-19-mena-market-comparisons-and-possible-recommendations-by-amcham-egypt.

损失较大，这些行业作为埃及重要的经济支柱，是埃及过去几年经济改革成果显著的行业。受新冠肺炎疫情影响，遏制政策推行期间这些行业的经济行为几乎完全停滞，由此带来的经济损失可想而知。

埃及旅游业是塞西政府重振经济的重要部门，对埃及的经济发展至关重要。从2016年经济改革开始，埃及旅游业逐年恢复，到2019年埃及旅游业收入已达到126亿美元，[①] 作为旅游大国，在埃及9个工作岗位中就有1个依赖于旅游行业。[②] 然而新冠肺炎疫情暴发后，不仅旅游业停滞，与旅游业相关的产业如住宿、旅行、食品以及饮料等相关行业也都遭受到了损失。据估计，在埃及旅游业停滞的四个月内（3月到6月），埃及因旅游业停滞引发的直接和间接损失达到870亿埃及镑（约合65.2亿美元）。[③] 与旅游业相关的航空业在遏制政策执行期间损失也较大。根据国际航空运输协会（IATA）的数据，埃及飞机停运期间（2020年7月1日之前）航空公司客运量下降950万，收入下降17亿美元，这可能导致国民生产总值损失超过24亿美元（占GDP的0.85%）。

作为埃及重要的经济核心区域，苏伊士运河贸易区经济地位显著，为埃及社会解决了1.4万个工作岗位。[④] 2020年由于受到新冠肺炎疫情冲击，全球经济衰退，苏伊士运河的运输吨位与运输数量都受到影响。2020年3月，在新冠肺炎疫情下，全球工业衰退导致全球原油需求萎缩，加上俄罗斯与沙特阿拉伯之间的石油争端，布伦特原油期货价格急剧下跌，以石油资源为支柱的阿拉伯海湾国家受此冲击较大，到3月底，原油价格竟低至30美元/每桶[⑤]。海湾国家因此加大了经济收缩政策，辞退了许多外籍员工。埃及侨民占海湾地区劳动力的比例较高，外汇也是埃及国民收入的重要组成部分，2019年埃及外汇收入为252亿美元，但受石油价格下跌风波影响，大批海外埃及员工失业，2020年的外汇大幅度减少。不仅如此，因

---

① Mustafa Alrawi and Deena Kamel, "Egypt sees tourism sector offering a job for every household," *Business*, https://www.thenationalnews.com/business/travel-and-tourism/egypt-sees-tourism-sector-offering-a-job-for-every-household-1.946635.

② "Egypt's Policy Responses to COVID-19".

③ Mohamed el Dahshan, Coronavirus: "How is Egypt navigating the economic fallout?" 29 May 2020, https://www.theafricareport.com/29007/coronavirus-how-is-egypt-navigating-the-economic-fallout/.

④ Ibid.

⑤ Stephanie Kelly, "Oil slumps below $30 a barrel as coronavirus spreads, OPEC rancor remains elevated," March 16, 2020, https://www.reuters.com/article/us-global-oil-idUSKBN2121FT.

新冠肺炎疫情流行，许多在埃及的外资企业纷纷回归本国，外国资本大量外流，从而造成埃及镑对外国货币的贬值，形成出口成本上升与通货膨胀上升等问题，埃及外汇储备从2020年2月份的455亿美元下降至8月底的384亿美元,[①] 埃及外汇储备压力增大加剧了埃及经济的困境。

（三）疫情对埃及社会的冲击

遏制政策推行期间，新冠肺炎疫情除了给埃及经济带来冲击外，也造成了许多社会问题：失业率、贫困率上升加剧了社会矛盾。

遏制政策推行期间，因经济停滞，埃及失业率、贫困率上升。加上新冠肺炎疫情严峻时，埃及医疗资源不足影响了民众的社会信心，民众对生活的恐慌情绪激增。失业率、贫困率高居不下一直是埃及历届政府努力解决的难题。纳赛尔时期，埃及的经济社会主义化失败，经济收入很大程度上被用于军费开支，民众生活水平较低。到萨达特时期，埃及经济实行自由化、私有化开放政策，但是经济私有化、自由化红利更多落入政治精英手中，个人私有企业发展较慢，埃及普遍贫困仍旧存在。穆巴拉克时期也未能解决这一问题，政府债务危机、民众贫困依然存在。到塞西时代，为恢复经济、解决贫困、失业率高居不下等经济难题政府做出多方努力：一方面积极寻求外部援助，另一方面深化政府对经济的控制。但高失业率、高贫困率仍困扰埃及：贫困率从2015年的27.8%增长到2018年的32.5%，极端贫困率也从2015年的5.3%上升到2018年的6.2%，贫困率常年高于7%。2020年，受新冠肺炎疫情冲击，旅游业、苏伊士运河、建筑行业的萎缩再加上国外埃及汇款的减少，失业率、贫困率进一步上升。2020年2月到5月间，埃及超过25%的人员失业，约70%的家庭收入下降。[②] 失业率从2020年第一季度的7.7%上升至第二季度的9.6%。[③] 60%的埃及人生活在贫困线以下。[④]

埃及中小微私营企业占埃及国民经济的70% -80%，但是在这些企业

① “Egypt GDP Q2 2020”.

② Mirette Magdy, Tarek El - Tablawy, “Food Prices Drop Again in Egypt as Virus Hits Incomes,” July 9, 2020, https://www.bloombergquint.com/business/egypt-june-inflation-rate-accelerates-to-5-6.

③ The World Bank In Egypt, https://www.worldbank.org/en/country/egypt/overview.

④ Timothy E. Kaldas, “The Road to (In) stability: The Impact of Covid - 19 on the Egyptian Economy,” Italian Institute For International Political Studies, 25 January 2021.

工作的人员，大多没有固定的工作时间与工作收入，他们往往按天领取工资，没有储蓄意识。[①] 受遏制政策时经济封锁的影响，2020 年第二季度企业复工不足，许多行业的停滞制约了社会对劳动力的需求，加大了中小微企业失业人员的生活困难。除了中小微企业失业人员生活贫困化加大了社会不稳定性外，新冠肺炎疫情与遏制政策推行过程中，处境艰难的难民危机进一步加深了埃及的社会矛盾。2014 年 7 月塞西总统上台后，由于政治稳定，吸引了许多来自厄立特里亚、埃塞俄比亚、伊拉克、索马里、南苏丹、苏丹以及叙利亚的近 20 万难民来到埃及寻求庇护[②]。到 2019 年难民人数增加至 324740 人。2014 年，因埃及财政压力过大，政府将燃料补贴取消，使埃及难民生活更加困难。这些经济困难、社会地位低的难民生活成本因此提高，新冠肺炎疫情更加剧了他们的生存困境。在新冠肺炎疫情传入埃及后，埃及政府虽然宣布对所有国籍的难民进行庇护，而且难民将与埃及国民一样共同享有初级与二级医疗保险。[③] 但是新冠肺炎疫情中，埃及难民不仅面临感染新冠肺炎的风险，他们因此也失去了工作，许多难民失去收入来源后，基本生活需求难以满足、基础的教育资金和日常生活购物难以维系，难民对民生的诉求极为迫切，他们也成为影响埃及社会稳定的危险因素之一。

二、埃及政府疫情治理的举措与成效

埃及政府紧急推行的遏制政策适用于最初的疫情防控，但遏制政策下经济停摆状态随着时间的推移会对民众的基本生活产生影响，无论是政府还是民众对经济恢复、复工复产的渴望都较为明显。当然，疫情的防控与恢复经济活动是既相互依赖，又相互制约的两个方面，二者缺一不可。只有做好二者之间的平衡，才能处理好新冠肺炎疫情带来的社会经济冲击。塞西政府在遏制政策推行之后不久，便提出了考虑更为周全的疫情治理方

① Dania El Akkawi, “Egypt's Minister of Health and Population (MoHP) Dr. Hala Zayed speaks about managing the COVID – 19 pandemic and what economic and health policies the country has taken to ensure public safety”.

② “Egypt, Global Focus,” UNHCR, https://reporting.unhcr.org/node/2540?y=2014#year.

③ Ibid.

案：疫情防控与经济恢复政策并举。

（一）疫情防控新行动

在经历了严格遏制阶段以后，埃及政府进入新的疫情治理阶段：同时展开疫情防控与经济恢复行动。为了更加科学治理新冠肺炎疫情，5 月 14 日，埃及政府召开了关于疫情防控与经济恢复的会议，并制定了“埃及新冠肺炎疫情共存计划”[①]，该计划是埃及政府针对新冠肺炎疫情进展提出的新解决方案。该计划强调疫情防控的同时应在埃及逐步有序地展开经济恢复计划。整个计划分为三个阶段[②]。第一阶段：严格遏制阶段，为期两周。这期间人们乘坐地铁、火车等公共交通时需要先测量温度；民众在公共场合必须佩戴口罩；企业主需在门口放置消毒剂；电影院、剧院、咖啡馆必须关闭；自认与新冠肺炎症状相似且症状较重的患者拨打急救电话，症状较轻者居家隔离，如果自我隔离期间，患者发现持续 3 天以上的高烧，呼吸急促、咳嗽等症状也应即刻去医院就医。第二阶段：中期阶段，持续 28 天。这一阶段，埃及民众进入公共场所时仍需要测量体温；埃及民众离家需佩戴口罩；企业主在门口置放消毒剂；电影院、剧院与咖啡馆仍需关闭；商店内部保持中等密度。第三阶段为缓和阶段，该阶段持续时间至世界卫生组织宣布新冠肺炎全球范围低风险时解除。这一阶段复工复产等经济活动可以有序展开，但公民在公共场所应避免拥挤；对饭店、酒店等公众场所要进行定期的病毒检验与消毒；这一阶段还应该展开接种疫苗行动。“埃及新冠肺炎疫情共存计划”将疫情防控与经济活动复苏的步骤进行了具体的安排，显示了埃及政府对新冠肺炎疫情防控与经济复苏的重视。

2020 年 5 月 21 日，埃及政府开始允许私人医院加入预防与治疗新冠肺炎疫情的相关工作中，具有新冠肺炎轻微症状的公民被允许到非公立医院进行核酸检测。埃及新增 320 所医院加入原先指定的公立医院队伍中，共同应对可能出现的新冠肺炎疫情第二波感染。2020 年 9 月中旬，埃及财政部长报告指出，2020 财年卫生支出提高，占国民生产总值的 3%，埃及

① Nourhan Magdi, “Discussed: What is Egypt's COVID - 19 co - existence plan?” *Egypt Today*, May 14, 2020, https: //www. egypttoday. com/Article/1/86765/Discussed - What - is - Egypt% E2% 80%99s - COVID - 19 - co - existence - plan.

② Ibid.

政府先后拨放 107.2 亿埃及镑（6.816 亿美元）用以强化卫生部门应对新冠肺炎疫情，这些资金被用于购买医院以及医学院等医疗机构的医疗用品与设备。

（二）疫情防控与经济恢复并举

埃及政府在加强疫情防控的同时，还积极推进有关经济复苏的计划。塞西政府早在 4 月就提出了将在埃及推进一项价值 1000 亿埃及镑（63 亿美元）的一揽子经济刺激计划，用以应对新冠肺炎疫情对埃及的冲击。[①] 为此，埃及总理与埃及规划和经济发展部长召开多次会议商讨恢复经济举措。在总统、总理、财政部以及规划和经济发展部门的商讨下，政府联合埃及中央银行以及证券交易所等机构制定出了利用“财政与货币政策”宏观手段调控经济的政策，以弱化新冠肺炎疫情带来的影响。在财政政策上，埃及政府主要采取降税、免税、延迟收税等措施，以缓解民众因新冠肺炎疫情曼延带来的经济压力。2020 年 5 月 6 日，埃及政府规定，所有在埃及证券交易所进行的现货交易免征印花税；农业土地税暂停两年；资本所得税将推迟至 2021 年 12 月 31 日。[②] 在货币政策上，埃及中央银行宣布：埃及地方银行禁止对逾期还贷者处以罚款；消费、中小企业与房地产贷款还款期限延长 6 个月；取消自动取款机取款佣金；提高自动取款机与当地银行的信用卡的日使用额度。[③]

塞西政府除了利用财政与货币政策应对新冠肺炎疫情带来的经济冲击外，还在贸易与其他领域进行了政策刺激。在出口方面，塞西政府宣布将对 2020 年第二季度的出口项目进行基金补贴，但是对口罩、消毒乙醇酒精和战略食品等新冠肺炎疫情防控基础物资采取了出口限制。4 月 7 日，塞西总统在电视讲话中提出：针对新冠肺炎疫情对旅游部门造成的损失，埃及政府将为旅游业提供 500 亿英镑的贷款帮助其复苏。[④] 这笔资金由埃及

---

① “Egypt announces financial stimulus package to cushion COVID - 19 impact,” http://www.xinhuanet.com/english/2020-04/07/c_138955411.htm.

② “Egypt Government and institution measures in response to COVID - 19,” https://home.kpmg/xx/en/home/insights/2020/04/egypt-government-and-institution-measures-in-response-to-covid.html.

③ “CBE ramps up measures to support Egypt's economy amid coronavirus pandemic,” *Al-Masry Al-Youm*, March 17, 2020, https://egyptindependent.com/cbe-ramps-up-measures-to-support-egypts-economy-amid-coronavirus-pandemic/.

④ “Egypt announces financial stimulus package to cushion COVID - 19 impact”.

中央银行发放。6月17日，埃及中央银行从这笔资金中提出30亿埃及镑用以旅游从业人员的薪金支出，埃及中央银行负责人宣称其余资金将全部用于旅游基础工程的翻新工作。这期间，埃及航空公司也获得政府30亿埃及镑的贷款。航空公司利用这笔资金偿还了购买新飞机的国外贷款。7月1日，埃及航空公司恢复营业，以积极的形象迎接各方来客（当然这些旅客需要提供核酸检测结果）。与此同时，埃及旅游业也在有序恢复，埃及13个省中232家旅游营业机构被批准接待游客。① 埃及政府的这些措施帮助航空、旅游行业顺利度过了新冠肺炎疫情冲击的艰难时期，而且大量的资金投入为埃及的航空、旅游业赢得了更好的发展机会，一旦全球性疫情减弱，埃及旅游业将以更饱满的热情迎接世界游客。

塞西政府希望通过对不同领域不同规模的投资，平衡埃及经济的行业发展，以达到埃及经济发展的可持续性，这也是2016年《2030年愿景》的改革目标。2020年7月，埃及规划与经济发展部长哈莱·扎伊德对外讲话中提到，政府针对新冠肺炎疫情采取了积极的经济投资改革计划：2020年埃及对公共投资将增加70%用于健康、教育、卫生、住房、通讯技术、农业和灌溉方面。哈莱·扎伊德说，在2020—2021财年预算中，通信和信息技术投资是原有投资的300%，农业和灌溉增加了245%，可持续性投资增加了30%，可再生能源投资增加了1倍。与此同时，哈莱·扎伊德还呼吁要积极扩大内需，保障埃及市场的良性循环。她鼓励提高国内消费作为埃及GDP增长的核心内容，她希望2020年到2021年埃及的国内总消费可以通过刺激达到1000亿埃及镑。与卫生政策一样，埃及经济政策的相关指令也由各省市区领导负责监督当地的经济政策推进方案。地方将经济恢复情况上报后，由包括财政部长、规划和经济发展部长以及贸易与工业部长在内的中央经济小组进行商议，制定新的应对方案与预算计划，以应对新冠肺炎疫情对埃及经济的冲击。

（三）埃及经济社会的向好性及其原因

埃及政府疫情治理成果显著：除了新冠肺炎感染者一直在可控范围内外，埃及社会经济恢复状况也较好。据马来西亚GCI数据统计平台对全球

① “Can Egyptian tourism reboot despite rising Covid - 19 infection rates?” Oxford Business Group, 22 June 2020, https: //oxfordbusinessgroup. com/news/can - egyptian - tourism - reboot - despite - rising - covid - 19 - infection - rates.

新冠肺炎经济恢复指数分析结果来看，埃及各项恢复得分为 72 分（满分 100）①，截至 2020 年 12 月初，埃及在 180 个国家中排名第 56 位。牛津商业集团评价“埃及经济将是 2020 年中东北非地区唯一的经济正增长体”。② 国际货币基金组织在国际机构前景报告中提出：埃及经济是中东北非地区增长最好的国家，2020—2021 年 GDP 预计将达到 3.5%，③ 埃及将成为中东北非地区唯一在新冠肺炎疫情危机中正增长的国家。

埃及社会经济发展向好最直接原因是：新冠肺炎疫情危机冲击下埃及政府遏制政策及时推进、疫情防控与经济恢复政策并举，埃及政府疫情治理的重视与及时使埃及经济发展的基本运行机制未遭损害。埃及政府遏制政策的及时推行，缩短了新冠肺炎疫情的长度，有利于埃及复工复产的恢复，加上新冠肺炎虽然传染性与隐蔽性较强，但是对人体伤害程度不及其他几种冠状病毒，非重症感染者恢复速度较快，所以埃及劳动力市场仍较充足。埃及政府在经济领域的一揽子经济刺激计划，增强了埃及各行业应对疫情冲击的实力，埃及市场在政府的保护下依旧具有韧性。新冠肺炎疫情对埃及社会与经济的冲击在政府积极应对之下损害程度大大降低，这也是埃及经济能迅速进入复工复产阶段的直接原因。

塞西时代，埃及经济改革的红利是经济快速恢复的基础。在新冠肺炎疫情大流行之前，埃及就进行了经济增长改革，经过数年的发展，埃及经济宏观失衡问题得到了显著改善。2016 年埃及政府与国际货币基金组织达成协议，埃及将从国际货币基金组织处获得 120 亿美元贷款用以经济改革计划。这笔基金分五次发放到埃及，2019 年 5 月，最后一批资金到位。这些资金用于埃及的经济改革。改革方案依据埃及《2030 年愿景》④ 战略进行，该战略包括了近 80 个计划与项目，包括发展运河运输、创业计划、物流中心和环境项目等。该战略改革面广泛：在金融市场推行浮动汇率政策，埃及货币因此贬值，促进了非石油资源出口，抑制了高额产品进口；

① “The GCI Dashboard,” Performance Management and Delivery Unit, https: //covid19. pemandu. org/.

② Doaa A. Moneim, “Egypt likely the only economy in MENA to expand in 2020: OBG,” *Ahramonline*, 22 Dec 2020, http: //english. ahram. org. eg/NewsContent/3/12/397403/Business/Economy/Egypt-likely-the-only-economy-in-MENA-to-expand-in. aspx.

③ Doaa A. Moneim, “Egypt's real GDP growth to reach 3.5% by end of 2020: Fitch Solutions,” *Ahramonline*, 18 Oct 2020, http: //english. ahram. org. eg/NewsContent/3/12/388619/Business/Economy/Egypt% E2%80%99s-real-GDP-growth-to-reach--by-end-of--Fitch. aspx.

④ *Egypt's Vision* 2030, https: //mped. gov. eg/EgyptVision? lang=en.

大幅度削减国家补贴，削减补贴得到的资金主要用于促进工业生产的燃料电力投资；在财政政策上，提高增值税、上调关税，从而减少政府赤字；该战略还提及对国企改革、对外开放等。经过5年改革，埃及经济已初见成效，经济活力恢复。旅游业在国家推动下，尽管受到“伊斯兰国”及其附属团体的恐怖袭击，但随着安全状况的改善，在2019年收入近126亿美元，经济增长率持续上升。2019年埃及政府财政赤字为3.6%，公共债务占GDP比重显著改善。通货膨胀率从2018年的20.9%降至2019年的13.9%，到2020年1月，埃及国际储备值达到455亿美元。① 尽管新冠肺炎疫情对经济冲击明显，但是在埃及《2030年愿景》指导下，长期的改革使埃及拥有强大的项目储备，加上埃及战略地域的重要性以及近期改革的有效性，埃及经济发展的大方向仍在继续推进，改革红利增加了埃及政府应对新冠肺炎疫情的筹码。

外部资金援助是埃及经济复苏不可忽视的条件。外部援助一直是埃及历届政府经济发展的重要资金来源。早在2016年埃及经济改革之初，国际货币基金组织、欧洲复兴开发银行就对埃及的资源、淡水、运输行业以及中小企业发展进行了投资。新冠肺炎疫情暴发后，埃及政府积极寻求外部援助以缓解新冠肺炎疫情带来的冲击。已有的投资经验与投资回报，使国际货币基金组织与欧洲复兴开发银行在埃及面临新冠肺炎疫情冲击时愿意再伸援助之手，为受新冠肺炎疫情冲击下的经济恢复助力。新冠肺炎疫情全球大流行后，埃及得到了世界银行、欧洲复兴开发银行等国际组织的援助。世界银行在2020年向埃及提供5000万美元的一揽子援助以应对新冠肺炎的冲击。10月，欧洲复兴开发银行也批准了对埃及未来五年的新投资战略计划，总价值为2.2亿欧元。埃及也是欧洲复兴开发银行未来五年最大的投资国家。② 这些资金成为埃及经济发展的重要基础支撑。

① “Egypt COVID – 19 Emergency Response (P173912),” The World Bank, Date Updated: April 28, 2020.

② Doaa A. Moneim, “INTERVIEW: Egypt is EBRD’s largest investment country through 2025 – Managing director for SEMED,” *Ahramonline*, 21 Nov 2020, https://english.ahram.org.eg/NewsContent/3/12/394257/Business/Economy/INTERVIEW – Egypt – is – EBRD% C3% A2% E2% 82% AC% E2% 84% A2s – largest – investment – count.aspx.

三、埃及政府疫情治理的不足与挑战

尽管埃及政府针对新冠肺炎疫情的冲击，已经做出了积极的政策应对，也大大减小了新冠肺炎疫情造成的损失。但在治理过程中仍存在诸多不足，加上第二波新冠肺炎疫情重现，埃及政府仍面临诸多挑战。如何有效缓解公共卫生系统的压力、解决好失业贫困等民生诉求仍是疫情对埃及政府的考验。

（一）医疗卫生服务体系应对疫情容量不足

埃及在医疗卫生方面的支出一直是中东北非地区最低的国家之一，仅占国民生产总值的 1.7%。① 虽然塞西政府也注意到这点，并在《2030 年愿景》中提到了“健康福利”相关政策改革，但由于重视不足且改革时间较短，埃及医疗卫生服务体系基础薄弱。整体来看，埃及医疗体系分为公立医院、私立医院、医学院以及研究所等。新冠肺炎疫情暴发后，主要是公立医院为新冠肺炎患者服务。尽管新冠肺炎疫情在埃及扩散后，塞西政府宣布所有与新冠肺炎相关的检测、护理以及治疗免费，但因为财政压力，埃及医疗体系在遏制政策推行期间，并未获得足够的核酸检测盒与应对新冠肺炎相关的医疗防护用品。公立医院因医疗资源不足、医疗条件有限，大大影响了新冠肺炎患者的治疗，加大了公立医院医护工作者的感染风险。在埃及公立医院的医护人员收入微薄、且缺乏奖励机制，大量的医护人员选择在私立医院或者国外工作。据统计，在埃及 20 万注册医生中有 10 万医生在国外工作，3 万医生在私人医院上班，只有 7 万人在公立医院工作。② 尽管在疫情暴发之初，塞西政府增加了医护工作人员 75% 的津贴补助，但由于埃及医护工作者工资较低，75% 的工资补贴仅为 2645 美元，并不能有效地起到激励作用。医生、医疗用品及 ICU 床位等医疗资源不足

---

① “Egypt COVID - 19 Emergency Response (P173912),” The World Bank, Date Updated: April 28, 2020.

② Ibid.

的现象都影响着新冠肺炎患者治疗情况[①]。

在对新冠肺炎患者与疑似患者隔离时，也显示了公共卫生服务体系的脆弱。新冠肺炎疫情的传染性要求有足够的场地对已确诊患者隔离治疗，对疑似病例进行隔离观察。尽管埃及政府已经调动了旅馆、未被使用的大学宿舍作为隔离中心，但是因为这些区域缺乏医疗防护用品，而且隔离区域的日常开支（水电、餐饮以及隔离医疗设备等）提升了埃及的医疗体系的支出，增加了埃及医疗采购的预算，加大了埃及公共卫生服务系统的财政压力。公立医院医护人员由于治疗任务繁重，在治疗新冠肺炎患者时造成的心理、身体双重疲劳使医护工作者成为新冠肺炎感染率最高的职业。据统计，在2020年4月，埃及医疗工作者占新冠肺炎患者的13%。[②] 截止到2020年12月10日，埃及感染新冠肺炎的医护工作者死亡人数已达216名。[③]

埃及医疗卫生服务体系还存在医疗资源分配不均衡的问题，由此导致的治疗缺陷很容易使埃及面临疫情治理存在前功尽弃的隐患。新冠肺炎疫情传染性强，其传播性受区域经济发展影响较小，埃及偏远地区医疗资源配备不足很容易使这些地区引发感染风险。埃及边远地区医疗资源缺乏，没有足够的容量应对可能扩大化的新冠肺炎疫情，尽管塞西政府一直对埃及公共卫生服务部门有所关注，尤其是边远地区（阿斯旺、玛特鲁、新谷、西奈北部与西奈南部地区）的公共医疗改革一直在推进：2014年，埃及政府向阿斯旺地区投资900万美元用以医院修建；2017年埃及政府投资640亿美元在哈拉伊卜地区建立的中央医院开业；[④] 除了建立医院外，塞西政府还提高了边远地区医护工作者的工资待遇（是开罗医院医生薪水的至少两倍）。但埃及大部分医疗工作者仍缺乏到边远地区工作的动力，即使在这些地区工作的医生，也常常不在医院坐诊，腐败现象严重。[⑤] 边远地

---

① Robert Beschel, *Policy and Institutional Responses to COVID - 19 in the Middle East and North Africa: Egypt*.

② Ibid.

③ Abir Sorour, "Egypt's doctors arrested during Covid after criticising government," *The Africa report*, December 2, 2020, https: //www. theafricareport. com/52798/egypts - doctors - arrested - during - covid - after - criticising - government/.

④ Sherif Mohyeldeen, "Healthcare in Egypt's Border Regions: When Money Is Not Enough," November 11, 2020, https: //carnegie - mec. org/2020/11/11/healthcare - in - egypt - s - border - regions - when - money - is - not - enough - pub - 83206.

⑤ Ibid.

区资源分配不均衡、优秀的医护人员配备不足、大部分医护人员缺乏应对新冠肺炎治疗的专业能力，这些不足加剧了边远地区应对新冠肺炎疫情的难度，一旦这些地区的新冠肺炎疫情复发与扩大，后果将不堪设想。

埃及政府对新冠肺炎疫情治理态度逐渐松懈也是埃及政府应当注意的。疫情防控常态化本应该随着埃及社会经济活动的逐步恢复更加严格，但埃及政府与医疗卫生体系却在预防措施方面逐渐松懈下来。随着新冠肺炎疫情的缓和，埃及政府在2020年6月之后便将注意力更多地投入到疫情对经济的损害中来，加大了对经济复苏的投入，对新冠肺炎疫情的防控逐渐忽视。2020年6月27日，莫斯塔法·马德利布宣布将有序解除社会与经济封锁后，埃及社会对新冠肺炎疫情态度逐渐放松。虽然，莫斯塔法·马德利布宣布这并不是完全解除，例如：埃及海滩与公园仍保持关闭，且提倡口罩等防疫用品的使用、咖啡和餐厅应该在晚上10点关闭等措施，但多数企业者并未遵循此规定。并且埃及公共卫生部门疫情防控意识也懈怠下来，在防疫监控方面疏忽松懈。许多公民仍不遵循社会隔离措施、埃及媒体对疫情传播尤其是个人防护警告等提示逐渐减少。埃及政府与民众对新冠肺炎疫情的忽视是新冠肺炎感染人数在2020年末激增的原因之一。2021年1月3日，埃及新冠肺炎新感染人数达到峰值，新冠肺炎感染人数达到1309人。[①] 埃及呼吸道病毒高级委员会瓦吉德·安瓦尔博士强调，“不应该在采取预防措施时疏忽大意。在第二波疫情期间，我们检测到了许多年轻群体感染了新冠病毒，究其原因，大多是因为不注意防护所致。”[②]

最后，由于新冠肺炎疫情暴发对埃及的医疗资源的紧急占用压缩了其他病种患者的治疗资源，从而影响了其他疾病患者的治疗。埃及高血压、高胆固醇、糖尿病以及肥胖现象普遍，他们占全国死亡人数的82%，占年轻死亡人数的67%，[③] 这些患者一旦感染新冠肺炎死亡风险更高，他们的日常医疗需求较为重要，但疫情期间，他们的病情很难得到重视。

① COVID－19 Data Repository by the Center for Systems Science and Engineering（CSSE）at Johns Hopkins University，https：//github. com/CSSEGISandData/COVID－19.

② 中埃网：《迄今为止，埃及科研人员已发表新冠相关科学论文835篇》，2021年2月8日。

③ “Egypt COVID－19 Emergency Response（P173912），” The World Bank，Date Updated：April 28，2020.

（二）新冠肺炎全球大流行在埃及可能出现的次生风险

埃及政府对新冠肺炎疫情治理除了在医疗卫生体系中展现出的不足外，社会经济的固有矛盾与全球化危机下的新难题都对埃及政府提出了挑战。

全球化时代，经济问题牵一发而动全身。新冠肺炎疫情在全球蔓延过程中，因为每个国家疫情暴发程度、对疫情的重视与应对政策不同，造成的结果也不相同，每个国家的疫情演变不同步导致全球供应链被迫发生变化。美国、欧洲地区的产品、技术处于全球产业链的上游，是重要的原材料、零件技术来源地，而疫情的不可预测性使进口供应产业链存在短供、断供风险。新冠肺炎疫情暴发后，许多国家意识到供应链安全问题的重要性，纷纷出台优惠政策帮助本土企业回流，因此，埃及的许多外资企业纷纷撤厂撤资，转回本国。据统计，新冠肺炎疫情在埃及暴发后，140 亿美元的外资从埃及外流。[①] 新冠肺炎疫情还导致全球金融市场受到影响，美国股市的数次熔断，国际石油价格下跌，全球负利率国债规模进一步扩大。鉴于围绕当前形势下全球经济不确定性以及各国政府在维护经济中发挥的作用不断扩大，埃及等国家可能会发现，获得支持性经济所需的外部援助资金更加困难。这些国家与组织对埃及的外部援助具有很大的不确定性，像国际货币基金组织这样的全球金融机构可能无法应付由于这场危机而可能产生的巨大需求，对埃及的经济援助能否持续也会受到影响。

（三）军事企业对埃及经济复苏的影响

军方是塞西政府重要的支持力量，他们在抗击新冠肺炎疫情过程中起到了重要的作用。但是军事企业在埃及的发展却制约着经济从新冠肺炎疫情冲击中恢复。军事企业是埃及特殊的经济体，繁盛于塞西时代，它不同于国有企业，它的盈利不属于国家。穆巴拉克时期，在国外的压力下，埃及国有企业逐渐私有化，但是这种私有化往往是将企业转让给了一些政治精英，企业收入仍服务于政权，总统家族将这些收益一部分用于政治活动，另一部分用以埃及民众补贴，以缓解政府债务与民众贫困情况。但是塞西时期的军事企业所获利润不属于国家，这些公司多由退役军官掌控，

---

① Timothy E. Kaldas, *The Road to (In) stability: The Impact of Covid-19 on the Egyptian Economy.*

主要活跃于房地产行业、资源行业等领域中，他们运营的公司是政府的首选承包商，还享有税收与监督豁免权。而且，军方公司在埃及股票市场也具有优势，无论是否公开募集股票，它们都享有反竞争的特权。军方公司既享有在埃及经济市场中的绝对优势，又享有不向国家交税的特权，不仅不利于埃及政府增收，而且因军方公司在经济中的反竞争特权，阻碍了许多外资与国内私企的发展，他们不愿意形成与埃及军方公司竞争的风险，从而削弱了埃及私企的发展。[①] 脱离了国家监督，并且所有利润归自己所有的埃及军方企业严重阻碍埃及经济的可持续发展。

新冠肺炎疫情对埃及社会经济生活已经产生了巨大的负面影响，且后续影响仍未结束。现在来看，新冠肺炎病毒具有高传播与持续变异的特性，如 2021 年 1 月 18 日非洲流行病学专家在南非发现的新冠肺炎变异病毒传染力比之前几种病毒更强，而且新冠肺炎疫情长期存在的可能性较大。尽管新冠肺炎疫苗已经研制并且在接种方面已经取得了部分成效，但疫苗接种必须最少覆盖总人口的 75%，才能有效隔绝新冠肺炎带来的损害，而埃及等发展中国家因技术、资金、时间等问题接种疫苗受到限制，短期内依赖疫苗降低风险的可能性不大，埃及政府仍面临疫情反复的威胁。

① Timothy E. Kaldas, "When Private Isn't Private: The Blurred Lines of Regime - Owned Enterprises in Egypt," The Tahrir Institute for Middle East Policy, 9 October, 2020, https://timep.org/commentary/analysis/when-private-isnt-private-the-blurred-lines-of-regime-owned-enterprises-in-egypt/.

2020 年伊朗新冠肺炎疫情观察

范鸿达*

【摘　要】

伊朗是较早暴发新冠肺炎疫情的国家。自 2020 年 2 月报告首个病例后，伊朗疫情发展迅猛，全年呈现出明显的逐步升级的三波疫情。伊朗政府和民间都采取了一些举措来应对疫情，包括中国在内的国际社会也提供了一些帮助。伊朗在面临严重的疫情时，也面临美国日益加码的制裁，这给伊朗的疫情防控增加了难度。

【关键词】

2020　伊朗　新冠肺炎疫情　美国制裁

2020 年新冠肺炎疫情席卷全球，地处西亚的伊朗也未能幸免，而且还是一个疫情特别严重的国度。面对来势汹汹的新冠肺炎疫情，伊朗政府采取了多种举措应对之，但是在疫情控制和经济发展之间伊朗决策者不得不做出艰难的抉择，而且美国持续的严重制裁也加大了伊朗抗击疫情的难度。虽然遭遇的困难颇多，但总体而言伊朗的疫情应对基本达到了其能力预取，在新冠疫苗研究方面，伊朗也是为数不多的取得突出成绩的国家之一。伊朗正在和世界一道，努力行走在抗击新冠肺炎疫情的道路上。

一、新冠肺炎疫情在伊朗的暴发与发展

2020 年 2 月 19 日，伊朗宗教圣城库姆确诊了两个感染病例，这是伊朗首次公布新冠感染病例的情况。同日晚些时候，伊朗卫生和医学教育部

* 范鸿达，上海外国语大学中东研究所教授。

（MOHME）宣布两个确诊病例都已经死亡；20 日，MOHME 宣布确诊三个新病例，其中两个来自库姆，一个来自阿拉克。① 21 日，伊朗宣布两个确诊病例死亡，13 个新病例被确诊，新增病例 7 个来自库姆、4 个来自德黑兰、2 个来自吉兰省。22 日，伊朗宣布再有一个确诊病例死亡，新增 10 个新确诊病例。23 日，伊朗宣布再有三个确诊病例死亡，当日新增病例 15 个，至此伊朗共确诊病例 43 人，死亡 8 人，确诊病例死亡率高达近 19%。到 3 月 19 日，伊朗 MOHME 宣布共有确诊病例 18407 人，死亡病例 1284 人，确诊病例死亡率约 7%。②

自 2020 年 2 月 19 日，伊朗官方正式公布确诊病例后，从时间线上看，2020 年伊朗疫情可以划分为三个阶段，即所谓的第一波、第二波和第三波。伊朗的确诊和死亡病例增长迅速，这突出说明 2020 年伊朗疫情的严重性。

2020 年伊朗第一波疫情各时间点公布的确诊和死亡病例数量（单位：个）

项目		2.19	2.29	3.9	3.19	3.30	4.11	4.20	4.30
确诊病例	当日新增	2	105	595	1046	3186	1837	1294	983
	累计	2	593	7161	18407	41495	70029	83505	94640
死亡病例	当日新增	2	9	43	149	117	125	91	71
	累计	2	43	237	1284	2757	4357	5209	6028

资料来源：伊朗卫生和医学教育部官方网站，https://behdasht.gov.ir/。

新冠肺炎疫情在伊朗暴发后，因为有效医疗的世界性缺失和伊朗人对防控重视程度不够，伊朗疫情蔓延得相当快。尽管有政府呼吁民众不要外出和聚集等，但是伊朗很多人对此等呼吁的配合程度较为有限，2020 年 3 月 20 日是伊朗的新年，当新年来临之际和其后的新年假期中，还是有大量的伊朗人外出旅行和聚集，这直接把伊朗第一波疫情中的当日确诊病例数推向顶峰达到 3186 人。进入 4 月份后，伊朗每日确诊病例开始明显下降，

① 伊朗国家通讯社（IRNA）：《伊朗出现首例新冠肺炎死亡病例》，2020 年 2 月 20 日，https://zh.irna.ir/news/83681937/；《伊朗新增 3 例，库姆市关闭所有学校》，2020 年 2 月 21，https://zh.irna.ir/news/83683198/。

② 相关数据来自伊朗卫生和医学教育部网站（https://behdasht.gov.ir/）和伊朗国家通讯社网站（https://www.irna.ir/）。

这种趋势一直持续到5月初。但是随着伊朗防控措施的逐步放松和人流密集程度的再次加大，从5月份开始伊朗疫情迎来了第二波。

2020年伊朗第二波疫情各时间点公布的确诊和死亡病例数量（单位：个）

项目		5.2	5.12	5.22	6.4	6.10	6.30	8.30
确诊病例	当日新增	802	1481	2311	3574	2011	2457	1754
	累计	96448	110767	131652	164270	177938	227662	373570
死亡病例	当日新增	65	48	51	59	81	147	103
	累计	6156	6733	7300	8071	8506	10817	21462

资料来源：伊朗卫生和医学教育部官方网站，https：//behdasht. gov. ir/。

伊朗的第二波疫情在6月4日达到日新增确诊病例的新高——3574例，这也是2月19日伊朗政府宣布确诊病例后的单日最高确诊值。5月26日起包括餐厅、咖啡馆、公共浴室等高风险商业场所在内的所有行业恢复营业，这也是之后单日确诊病例逐步升高的一个重要原因。之后直到8月底，伊朗疫情维持在一个比较平稳的阶段，日确诊病例基本在1600－2500例之间徘徊。但是从9月初开始，伊朗第三波疫情更加迅猛地袭来。11月27日伊朗第三波疫情达到单日确诊病例达到最多的14051例，之后迅速下滑，到12月下旬单日新增病例基本稳定在5600－6400例之间。

2020年伊朗第三波疫情各时间点公布的确诊和死亡病例数量（单位：个）

项目		9.1	9.20	10.10	10.30	11.27	12.15	12.31
确诊病例	当日新增	1682	3097	3875	8011	14051	7704	6390
	累计	376894	422140	496253	604952	922397	1123474	1225143
死亡病例	当日新增	101	183	195	365	406	223	128
	累计	21672	24301	28293	34478	47095	52670	55223

资料来源：伊朗卫生和医学教育部官方网站，https：//behdasht. gov. ir/。

回顾2020年伊朗疫情的发展，整体来看是一个逐步严重的过程。从日确诊病例来看，伊朗第二波疫情稳定后的日确诊量基本是第一波的高点，第三波疫情哪怕是降下来后的日基本确诊病例量也远超第二波的最高峰，这充分说明伊朗疫情在 2020 年的日趋严重性。

二、伊朗对新冠肺炎疫情暴发的反应和政府应对

伊朗疫情暴发后最初几天的超高死亡率以及一个月后也相当惊人的死亡率，引发了伊朗民众的恐慌，再加上国际社会对新冠肺炎还没有一个较为清楚的认知，因此伴随疫情的暴发和蔓延，伊朗也出现了一些未经政府证实、或者被政府驳斥的说法。比如，有种说法认为早在 2019 年 12 月份伊朗北部戈勒斯坦省的省会戈尔甘市就发现了首个确诊病例，而且之后当地的病例逐渐增多并有死亡病例，但是为了确保 2020 年 2 月 21 日伊朗议会选举的投票率，戈尔甘市的疫情状况被隐瞒。① 另外，在伊朗疫情第一波时期，一些伊朗人在社交媒体上发布了不少后来被证实为虚假的信息，伊朗境外的一些媒体、包括一些不满伊朗现政权的波斯语媒体也发布了一些虚假信息。在观察伊朗疫情时需要注意到这一点。

关于伊朗新冠病毒的来源，当疫情暴发后很多伊朗人把病毒的来源归咎于中国。因为，在此之前中国是世界上唯一公开承认国内发生大规模新冠疫情的国家，在中国新冠疫情刚在武汉暴发时，世人当时对这个疫情认知很浅薄，加上美国等国家对中国带有明显针对性的恶意攻击，从而造成海外不少国家和地区的民众把中国视为新冠病毒的发源地，伊朗也是如此。2020 年 2 月 23 日，伊朗卫生部长萨伊德·纳马基（Saeed Namaki）说，伊朗死亡的新冠确诊病例之一是库姆商人，他在中国与伊朗之间的直接航班停航后经常乘坐间接航班往来于两国，怀疑是这位库姆商人把病毒从中国带入伊朗。

因为对新冠肺炎的认知浅薄和恐惧，当疫情在伊朗暴发后，伊朗社会也产生了一些防御这种极端传染病的毫无医学根据的“偏方”，比如喝酒可以预防新冠肺炎，但是伊朗是一个公开禁酒的国家，在得不到酒的情况下，一些伊朗人选择使用消毒用的工业酒精来“预防”新冠肺炎，这导致一些伊朗人因为酒精中毒而染病或死亡。据伊朗卫生部发言人 2020 年 3 月

---

① Dexter Filkins, “The Twilight of the Iranian Revolution,” *The New Yorker*, May 18, 2020, https: //www. newyorker. com/magazine/2020/05/25/the – twilight – of – the – iranian – revolution.

9 日的介绍，伊朗胡齐斯坦省有 331 人因为轻信酒精可有效预防新冠肺炎而饮用中毒，其中至少 20 人死亡，厄尔布尔士省也至少有 7 个人死于此等原因。[①] 到次日，胡齐斯坦省的死亡人数上升到 36 人。[②]

面对突如其来且迅猛的新冠肺炎疫情，伊朗政府采取了一些应对措施。库姆出现确诊病例后，为了减少通过人的聚集传播病毒的机会，当地所有学校立即关闭，2 月 20 日，MOHME 给库姆省长提出“限制 Fatima Masumeh 圣陵和其他宗教场所朝圣者人数”的要求。在 23 日的政府内阁会议上，伊朗总统鲁哈尼指示卫生部长纳马基（Namaki）成立国家新冠肺炎疫情防控指挥部，国家所有机构都必须努力预防新型冠状病毒疾病。[③] 2 月下旬，MOHME 宣布周五礼拜不能在德黑兰和受疫情影响的地区举行。在文化体育方面，伊朗疫情暴发后体育和青年部宣布取消包括足球赛在内的一些赛事活动；伊斯兰文化和指导部宣布取消所有音乐会和其他文化活动一周。卫生和医学教育部宣布关闭多个省市的大学、高等教育机构和学校。[④] 但是一开始政府的举措还比较缓和，比如在 2 月 26 日鲁哈尼总统说还没有对受疫情影响的地区进行隔离的计划，只对个人进行隔离。

随着疫情的日益严重，伊朗政府采取的举措也逐渐升级。为了减少人员的流动，伊朗卫生和医学教育部部长 3 月 5 日宣布，在城市之间设置检查站。3 月 17 日，政府警告说如果人民不注意旅行禁令，将可能会有“百万人”因为新冠肺炎而死去。3 月 16 日，政府的措施进一步升级，宣布关闭圣城库姆和马什哈德的一些宗教场所。政府还禁止了传统的波斯新年前的跳火节（Chaharshanbe Suri），最高领袖哈梅内伊也取消了在宗教圣城马什哈德伊玛目礼萨圣陵的年度波斯新年演讲。但是当伊朗新年来临的时候，伊朗媒体在 3 月 20 日报道伊朗主要交通要道仍然是车水马龙，针对此等情况，伊朗政府在 3 月 25 日警告说伊朗将很可能会迎来疫情的第二波。3 月底政府关闭了所有公园和公共场所，警方禁止民众入内。另外，伊朗

---

① 《伊朗西南部发生假酒中毒事件 20 人丧生》，http：//www. xinhuanet. com/yingjijiuyuan/2020 - 03/10/c_1210508328. htm。

② 《伊朗西南部假酒中毒事件死亡人数升至 36 人》，http：//www. emerinfo. cn/2020 - 03/11/c_1210509498. htm。

③ 伊朗国家通讯社（IRNA）：《伊朗总统指示卫生部长成立国家新冠肺炎疫情防控指挥部》，2020 年 2 月 24 日，https：//zh. irna. ir/news/83689056/。

④ “Iran Announces Closure Of Universities, Schools As Coronavirus Death Toll Rises,” https：//en. radiofarda. com/a/iran - announces - closure - of - universities - schools - to - fight - coronavirus/30449711. html.

政府还多批次地对在押犯人实施了暂时提前释放等方法，减少监狱内部的人员密集聚集。据伊朗媒体报道，3 月 9 日大约有 7 万名犯人被临时释放[①]，10 日、17 日分别约有 5.4 万和 8.5 万名犯人被临时释放回家，19 日，政府还宣布计划赦免包括被控犯有政治罪的 1.1 万名囚犯。

就医学医疗方面，由于疫情暴发的突然性和传播的迅速性，疫情初期，伊朗也遭遇到医疗物资的极其短缺的情况，很长时间内医生护士是在几乎没有有效防护的情况下治疗患者的。再加上世界对新冠肺炎认知的不深入，这使得疫情初期伊朗的状况非常糟糕。雪上加霜的是，由于美国主导的对伊朗严厉的国际制裁，伊朗从外部获取医疗物资的努力也受到很大影响。伊朗一方面要对抗国内日趋严重的疫情，另一方面还要面对由于美国特朗普政府日益加重的制裁造成的医疗物资的更加短缺之局面，这使得伊朗初期的抗击疫情行动显得尤为艰难。值得注意的是，尽管伊朗经济发展较为困难，但是该国的医疗水平和科研能力在中东还是名列前茅的，2020 年 3 月，伊朗就开始了新冠肺炎疫苗的研制，而且在此后取得了令世界卫生组织认可的疫苗研制成绩。4 月中旬，据伊朗塔斯尼姆通讯社报道，西南亚生产能力最大的面罩/口罩工厂在伊朗开工。[②] 在度过初期的医疗物资短缺后，伊朗从年中开始已经有能力向周边国家出口口罩等医疗物资了。

三、新冠肺炎疫情下伊朗与世界的互动

伊朗是西亚大国，邻国众多，仅陆上接壤的邻国就有 7 个，此外和波斯湾沿岸的阿联酋、卡塔尔等国家往来频繁。疫情在伊朗暴发后，周边和其他与伊朗往来的国家很快就发现了与伊朗相关联的病例。2020 年 2 月 21 日，黎巴嫩确诊了一位曾到伊朗宗教圣城库姆旅行的病例；24 日，科威特、巴林、伊拉克宣布本国首次确诊了来自伊朗的病例，两位曾到伊朗旅

① "70, 000 Get Prison Furlough in Iran amid COVID - 19 Outbreak," https://www.tasnimnews.com/en/news/2020/03/09/2219723/70-000-get-prison-furlough-in-iran-amid-covid-19-outbreak.

② "Iran Opens Largest Mask Factory in Southwest Asia," *Tasnim*, April 14, 2020, https://www.tasnimnews.com/en/news/2020/04/14/2243571/iran-opens-largest-mask-factory-in-southwest-asia.

行的阿曼人也确诊了；26 日，巴基斯坦确诊了一个曾访问伊朗的病例；格鲁吉亚也宣布本国的首个病例是从伊朗回国的。疫情的扩散使得一些国家对伊朗人采取了拒绝入境的举措。① 此外中国、德国、西班牙、挪威、瑞典、新西兰、卡塔尔、亚美尼亚、印度、泰国等国也宣布本国有确诊病例与伊朗相关联。到 3 月 9 日，伊朗被确认为是向其他国家传播冠状病毒的一个源头，伊朗的所有邻国都对往来伊朗的旅行施加了某种限制，或者关闭了与伊朗的边界。②

伊朗疫情暴发后，包括中国在内的一些国家和国际组织向伊朗伸出援手。2 月 26 日，中国驻伊朗大使馆和在伊某中资企业紧急向伊方捐赠 5000 人份新冠病毒核酸检测试剂盒，助力伊方抗击新冠肺炎疫情。③ 2 月下旬，联合国儿童基金会（UNICEF）的第一架载有个人防护装备的货机抵达伊朗，此后该组织还有第二架、第三架飞机飞抵德黑兰。2 月 28 日，世界卫生组织向伊朗提供了第五批检测试剂盒。29 日，中国专家组和中国首批援助物资抵达伊朗。④ 3 月 3 日，阿拉伯联合酋长国派出一架载有医疗用品和 5 名世卫组织专家的飞机。疫情初期，俄罗斯也向伊朗提供了医疗物资援助。⑤ 3 月 16 日，乌兹别克斯坦也向伊朗派出援助物资的飞机。3 月 20 日，中国国防部宣布，中国人民解放军提供的测试包、防护服和医用口罩已移交伊朗伊斯兰共和国武装部队。3 月 23 日，欧盟承诺向伊朗提供 2000 万欧元的人道主义援助；美国特朗普总统说如果伊朗提出请求的话，他会向伊朗提供帮助。⑥

特别值得提及的是，面对残酷的新冠肺炎疫情，伊朗和中国体现出鲜

① 伊朗国家通讯社（IRNA）：《伊朗飞往海湾国家的航班被暂停》，2020 年 2 月 29 日，https：//zh. irna. ir/news/83694833/。

② 伊朗国家通讯社（IRNA）：《伊朗航空所有欧洲航线均已暂时停飞》，2020 年 3 月 9 日，https：//zh. irna. ir/news/83706974/。

③ 伊朗国家通讯社（IRNA）：《中国向伊朗捐赠 5000 人份核酸检测试剂盒》，2020 年 2 月 26 日，https：//zh. irna. ir/news/83692515/。

④ 伊朗国家通讯社（IRNA）：《“逆行者”抵达德黑兰 伊卫生部官员：感谢中方在伊困难时刻提供医疗物资和技术支持》，2020 年 2 月 29 日，https：//zh. irna. ir/news/83694856/。

⑤ AFP, “Russia Supplies Ex – Soviet States, Iran, North Korea with Coronavirus Test Kits,” *The Moscow Times*, March 12, 2020, https：//www. themoscowtimes. com/2020/03/12/russia – supplies – ex – soviet – states – iran – north – korea – with – coronavirus – test – kits – a69597.

⑥ Justine Coleman, “Trump says he'd be willing to give coronavirus aid to Iran,” *The Hill*, 19 April, 2020, https：//thehill. com/policy/international/middle – east – north – africa/493599 – trump – says – hed – be – willing – to – give – coronavirus.

明的互帮互助之友好交往。中国疫情暴发后，伊朗扎里夫是第一个向中国打来慰问电话的外长，并且对中国的抗疫举措深表敬佩。而且，在伊朗国内物资相当紧缺的情况下，伊朗立即向中国提供了当时中国非常亟需的口罩援助。当伊朗疫情暴发后，尽管中国国内的疫情形势仍比较严峻，但是中国投桃报李，仍然迅速做出决定要援助伊朗抗击疫情，中国赴海外的第一个专家组在 2 月 29 日抵达伊朗。在伊朗抗击疫情形势最严峻的时刻，中国的医疗等援助物资一批又一批地运抵伊朗，给身处困境的伊朗以很大帮助。①

但是对伊朗抗击疫情非常不利的一点是，尽管伊朗疫情严重，美国特朗普政府对伊朗的“极限施压”却是仍然继续，这使得伊朗很难从国际社会获取亟需的医疗等物资，从而严重制约了伊朗抗击疫情的能力和效力。伊朗外长扎里夫曾专门致信联合国秘书长，呼吁美国取消对伊朗的制裁。②在极端困难的情况下，伊朗总统鲁哈尼也给世界各国领导人写了一封请求帮助的公开信，称由于制裁伊朗无法进入国际市场，呼吁国际社会敦促美国取消制裁，支持伊朗抗击疫情。③ 英国、巴基斯坦、中国、联合国人权事务高级专员和 77 国集团都敦促美国放松对伊朗的制裁，帮助伊朗抗击日益严重的疫情。

四、结语

纵观 2020 年伊朗的疫情发展，随着检测能力的提高和疫情的不断蔓延，从日确诊病例数量来看，伊朗疫情从第一波到第三波日趋严重。尽管伊朗政府也推出一些应对疫情的管控措施，但是伊朗的社会流动性始终保持在一个较高的水平。事实上，由于经济发展和民生的迫切需要，即使在

---

① 伊朗国家通讯社（IRNA）：《伊朗外交部部长助理：伊中在困难时刻相互支持，体现了两国全面战略伙伴关系的丰富内涵》，2020 年 3 月 15 日，https：//zh. irna. ir/news/83714679/；《伊朗驻沪总领事：在中国我们收获了难忘的支持和帮助》，2020 年 3 月 21 日，https：//zh. irna. ir/news/83723066/。

② 伊朗国家通讯社（IRNA）：《伊朗致信联合国：为抗击疫情 必须解除美国制裁》，2020 年 3 月 14 日，https：//zh. irna. ir/news/83713080/。

③ 伊朗国家通讯社（IRNA）：《鲁哈尼致信他国领导人：美制裁阻碍伊朗抗击疫情 敦促解除制裁》，2020 年 3 月 15 日，https：//zh. irna. ir/news/83714717/。

疫情严峻时刻伊朗也无法停止经济活动的运转。2020 年 6 月上旬，伊朗经济和财政部长说，疫情已经使伊朗损失了本财年 15% 的国内生产总值，约合 660 亿美元。[①] 在 2020 年面对一波又一波的新冠肺炎疫情时，伊朗既感受到国际社会的援助温暖，也继续承受着美国制裁带来的煎熬。

① "Iran's Loses 15 Percent Of GDP Due To Coronavirus – Minister," *Radio Farda*, June 8, 2020, https: //en. radiofarda. com/a/iran – s – loses – 15 – percent – of – gdp – due – to – coronavirus – – – minister/30657749. html.

土耳其的疫情发展态势及应对评估

邹志强*

【摘　要】

相对于周边国家，土耳其国内疫情暴发较晚，但却迅速成为全球疫情最严重的国家之一。土耳其国内医疗卫生水平相对于其他中东国家较高，但依然无法有效应对迅猛发展的疫情。同时，土耳其政府出于稳定经济等原因而不愿严格管控，在疫情稍有好转后又着急放松管控，导致疫情不断反复并持续扩散，带来了严重的社会经济影响。在疫情的冲击之下，土耳其经济脆弱性更为突出，民生和社会稳定压力增大，土耳其政府在疫情防控和经济增长之间艰难平衡，疫情期间，大力开展基础设施建设和吸引外来投资。土耳其也借此机会加强了国内医疗卫生设施建设，加大了国际卫生治理合作力度，积极开展抗疫外交，外交上的强势出击和地缘政治博弈并未受到明显影响，并期待在疫情之后的世界格局中获得更大发展。

【关键词】

土耳其　新冠肺炎疫情　病例　卫生治理

2020年，新冠肺炎疫情在全球各地相继暴发和持续蔓延，严重危害了世界各国人民的身体健康与生命安全，也对各国的应急管理、治理体系和治理能力带来前所未有的挑战。① 中东地区是全球疫情重灾区之一，其中土耳其相对于周边国家疫情暴发较晚，但却迅速成为疫情蔓延扩散最严重的国家之一。土耳其政府出于保经济等原因而不愿严格管控，导致疫情不断反复并持续扩散，带来了严重的社会经济影响。

---

* 邹志强，复旦大学国际问题研究院青年研究员。

① 张贵洪等：《国际合作视域下的全球抗疫》，合肥：黄山书社，2021年版，第106页。

一、土耳其疫情的发展演变

2020年3月上旬，新冠肺炎疫情陆续在中东腹地伊朗和欧洲大陆肆虐，阿拉伯国家和以色列也出现不少病例，但夹在当中的土耳其却像一个疫情孤岛一样没有报告确诊病例，显得极不正常。直到3月11日土耳其才首次发现确诊病例而最终“陷落”，且发展速度十分迅猛，3月27日即超过1万例，此后几乎以每2－3天递增1万例的速度上升，增长趋势较同期疫情严重的意大利更为猛烈，可谓爆炸式增长，迅速成为新的疫情暴发中心。4月19日土耳其正式超过伊朗成为确诊人数最多的中东国家，4月23日超过10万例。在确诊病例新增高峰的4月11日，单日新增病例达到创纪录的5138例，后来缓慢下降，5月20日首次降至1000例以下，但之后土耳其每日新增病例就在1000例上下反复波动，难以继续走低。[①] 截至5月4日，土耳其累计确诊127659例，这一数据不仅使土耳其在整个中东地区国家中排名第一，也成为世界除欧洲和美国以外确诊人数最多的国家。

土耳其国内医疗卫生水平相对较高，检测能力很强，但依然无法有效应对迅猛发展的疫情。土耳其的检测规模一直较大，前期日均检测4万人以上，后来增加至15万人以上，这也是确诊数据增长快的重要原因。前期土耳其的病亡率在2%以上，治愈率逐步上升至50%以上，从4月21日起新增病例持续下降，4月24日起新增治愈超过新增确诊人数，疫情开始放缓。5月之后，虽然土耳其似乎度过了疫情高峰，但新增病例依然很多，未能从实质上有效控制疫情蔓延，土耳其疫情呈现不断反复并持续扩散的态势。从土耳其的每日新增病例来看，5月20日首次降至1000例以下后仅维持了3天；5月24日重回1000例以下仅维持了2天；5月30日再次重回1000例以下维持了13天；之后6月12日反弹至1000例以上持续了33天，直到7月14日才再次降至1000例以下；之后在900多例的规模持续了21天之后，8月4日再次反弹至1000例以上，此后2020年内再也未能降至1000例以下，并呈现逐步上升趋势。特别是进入冬季之后，确诊病例数出现快速上升，从11月初的2000多例上升下旬的7000多例。11月

① 除特殊说明外，本文中的新冠肺炎病例数据均来自土耳其卫生部官方数据。

24 日，土耳其新增确诊病例 7381 例，累计确诊病例已超过 46 万例，累计死亡超过 1.25 万人（见图 1、图 2）。同时，治愈率逐步提升至 7 月以后的 90% 以上，后来有所降低，也在 80% 以上。

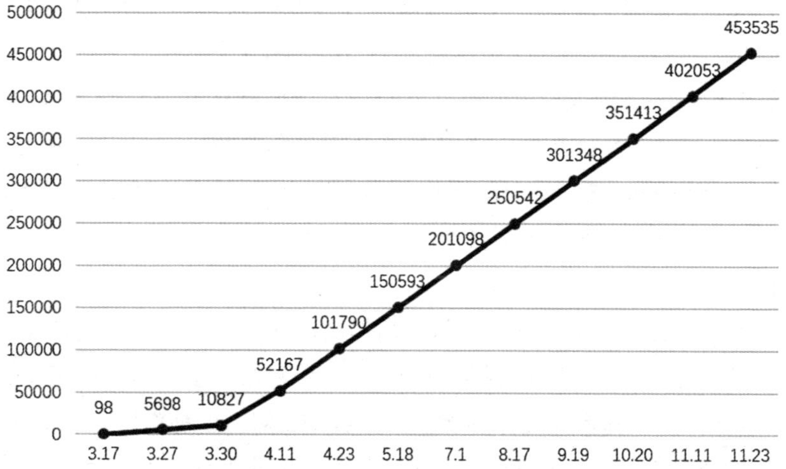

图 1　土耳其累计确诊病例（2020 年 11 月 24 日前部分节点）

资料来源：土耳其卫生部，https：//hsgm. saglik. gov. tr/en。

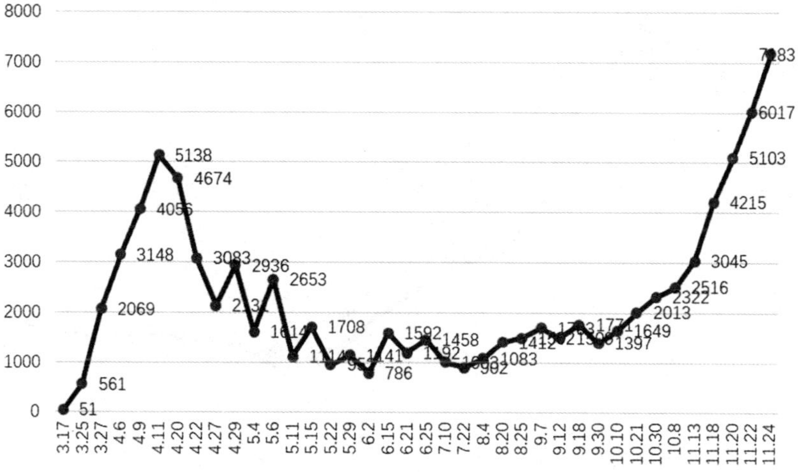

图 2　土耳其每日新增确诊病例（2020 年 11 月 24 日前）

资料来源：土耳其卫生部，https：//hsgm. saglik. gov. tr/en。

但实际上 11 月 24 日之前的土耳其病例数据并不准确，未能反映国内疫情的真实面貌。土耳其卫生部通报的确诊病例数据远低于全国实际感染病例数量，在国内外都曾遭到专业人士的质疑，后来有媒体发现卫生部长每天公布的确诊数据实际上只是住院病人（即重症病人）的数据，轻症感染者一般都让其回家休息，根本就没有计算在每天公布的确诊病例之内。这种状况一直持续到 11 月 24 日，从 11 月 25 起土耳其卫生部开始公布所有核酸检测阳性病例数。因此土耳其的每日新增确诊和累计确诊病例数据出现飙升，11 月 25 日当天，土耳其的新增确诊病例达到 28351 例，其中住院患者 6814 例，之后数日的平均新增确诊病例数是新增住院患者数量的 5 倍。由此推断，之前的土耳其新增确诊病例数大概也是官方公布数据的 5 倍左右。

此后一段时间，土耳其每日新增病例高达 3 万人左右，最高的 12 月 8 日达 33198 例（其中住院病例 6593 例），之后开始逐步下降。截至 2020 年 12 月 31 日，土耳其累计确诊病例达到 2208652 例，单日新增 14380 例，累计死亡 20881 例，累计治愈 2100650 例。由此计算，土耳其的病亡率约 0.9%，治愈率达到 95%。至 2021 年 1 月 9 日，土耳其每日新增确诊病例降至 1 万以下，1 月 24 日降至最低点 5277 例，此后每日确诊新增病例又

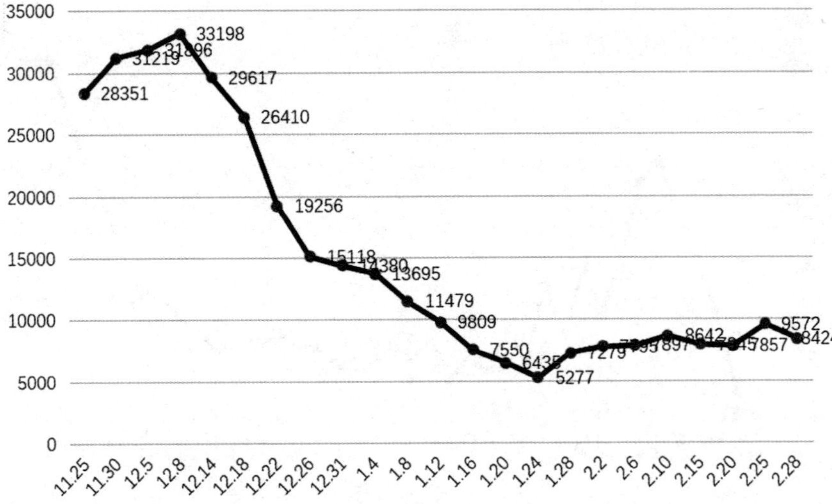

图 3　土耳其每日新增确诊病例（2020 年 11 月 25 日 –2021 年 2 月 28 日）

资料来源：土耳其卫生部，https：//hsgm. saglik. gov. tr/en。

呈现出波动上升趋势，至2月下旬多数时候都位于9000例以上。在此期间，每日新增需要住院治疗的重症患者持续下降，从11月底的6000多例降至1月下旬之后的600多例，占每日新增病例总数的比重从约1/5降至约1/10。2021年1月31日，土耳其新增确诊病例6562例（其中住院患者641例），累计确诊病例超过247万例；2月28日新增确诊病例8424例（其中住院患者610例），累计确诊病例超过270万例（见图3）。

二、在疫情管控和经济增长之间顾此失彼

新冠肺炎疫情在土耳其暴发的时间较晚，土耳其甚至一度认为自己迎来发展机会并坚信能够有效控制疫情，但侥幸心理和兴奋情绪并没有持续多久。当土耳其宣称已经采取了必要措施控制外部疫情输入，并针对伊朗和东亚国家采取了一些入境限制措施，但却没有限制来自欧洲、俄罗斯的游客，防控措施存在很大疏漏。由于未能有效关闭国境、未对入境者进行检疫，疫情实际上已蔓延至土耳其各地，3月中旬以后出现爆炸式增长。

3月12日，土耳其总统埃尔多安首次主持召开应对新冠肺炎疫情的会议，表示土耳其有能力战胜疫情，加强管控而不制造恐慌。[①] 此后，土耳其逐步关闭学校和体育场，但清真寺、电影院、咖啡馆和巴扎这些人群密集的场所却未关闭，后来确诊病例激增之后才下令关闭公共场所。埃尔多安多次表示，政府已经采取了必要措施，要求民众尽可能呆在家中，寄希望于民众自觉遵守防疫要求。进入4月，埃尔多安更是多次表示，土耳其有能力控制疫情和满足民众卫生需求，只要民众遵守防疫规定不需要采取额外措施，甚至着手回归正常，但实际上疫情却在持续扩散。为阻止疫情传播，土耳其政府多次下令关闭大中小学，限制城际旅行，禁止65岁以上的老人和18岁以下未成年人出门，多次实施周末临时禁足措施。但土耳其政府始终没有做出全面封锁的决定，而一直号召和敦促民众“自觉隔离”，

① “Presidential Spokesperson Kalın: We Have the Capability to Get through the Fight against Coronavirus without any Panic or Complacency,” *Presidency of the Republic of Turkey*, March 12, 2020, https: //www. tccb. gov. tr/en/news/542/117023/presidential – spokesperson – kalin – we – have – the – capability – to – get – through – the – fight – against – coronavirus – without – any – panic – or – complacency –.

不限制工作人群出行，封锁政策具有临时性、多变性，政策效果有效。例如，土耳其实行的临时封城举措漏洞颇多，到4月10日确诊病例已超过4.7万例时，土耳其内政部在当晚10点突然宣布2个小时后封城2天，结果导致民众恐慌，纷纷涌到外面抢购物资，加速了疫情扩散。之后，土耳其的封城措施仍然是局限于周末和假期。而土耳其民众的防护意识也比较淡薄，疫情暴发后大街上依然人来人往。4月中旬，土耳其的周末禁足结束后，民众迫不及待地上街，街道上又是熙熙攘攘，由此不难想见民众自行居家隔离的效果如何。土耳其最大城市伊斯坦布尔成为疫情最严重的地方，该市当时就有近1000名医务人员感染。

出于担心影响本就脆弱的经济形势，土耳其政府不愿采取严格管控措施，在疫情稍有好转后又着急放松管控。从4月24日起新增治愈超过新增确诊人数，新增病例开始放缓。4月23日，埃尔多安就表示要“四步走”回归正常，准备5月10日全面恢复，5月4日埃尔多安宣布阶段性放宽疫情防控措施。5月28日埃尔多安宣布，自6月1日起取消所有省际交通限制；餐厅、咖啡厅、茶馆等恢复营业（至22点）；托幼机构恢复开放；驾校等培训机构恢复营业；公共部门工作人员恢复正常上班；体育场所恢复开放，博物馆、公园、沙滩等公共场所将有序开放；对未成年人和65岁以上老人的“禁足令”继续实施但有所放宽。土耳其内政部一般是每周决定是否实行、以及在哪些省市实施周末“禁足令”，主要是在安卡拉等15个省市，可见其管控政策的临时性、有限性特征。土耳其6月1日开始全面放松管控，恢复正常。6月5日凌晨内政部本已宣布对安卡拉等15个省市居民继续实施周末“禁足令”，但随后却被总统埃尔多安宣布取消。6月9日，埃尔多安宣布，电影院、剧场、展览中心等场所7月1日起可在特定规则下恢复营业；餐馆、咖啡馆等场所可营业至24点；订婚和婚礼礼堂分别于6月15日和7月1日起开放；65岁以上老人每天10点至20点可以出门；取消18岁以下人群出行限制；国家公园、自然公园对医疗工作人员、18岁以下和65岁以上人员免费开放。在政府放松管控和民众意识松懈的双重作用下，民众出行和聚集迅速增加，旅游业也大幅放宽限制，导致疫情不断出现反弹。

由于前期控制措施不严格，疫情加速扩散，并未能得到有效的控制。在实际操作中，土耳其政府一直将每日新增病例1000人作为判断疫情是否得以有效控制和是否放松管控措施的主要标准，卫生部门也一直将此作为工作目标。但当经过努力将每日新增病例控制到 1000 人以下之后，放松管控的结果就是疫情再次反弹，这种情况在 5 月以来已经多次重现，表现为新增确诊人数的周期性反复波动。对照上述数字和土耳其放松管控的措施来看，正是放松疫情防控措施导致了新增病例的不断反弹。例如，5 月阶段性放松管控带来新增病例在 1000 例上下快速波动；6 月 1 日，全面放松管控之后，加之适逢中高考等因素，疫情出现了持续时间更长的反弹；7 月 31 日开始的 4 天宰牲节假期之后，由于民众聚会和出行大幅增加，疫情再次快速反弹。在此过程中，土耳其国内疫情处于不断蔓延的态势之中，距离彻底控制疫情蔓延态势遥遥无期。实际上一直有人指责土耳其卫生部的疫情统计数据存在“水分”，欧盟也多次要求土耳其的疫情数据更透明一些。暑期欧盟暂停了土耳其签证服务，甚至美国也发布了不要前往土耳其的旅行提示。事后证实，土耳其全国实际的确诊数量的确高于卫生部通报的数字，11 月 24 日之前卫生部每天公布的确诊病例数据实际上只是住院病人的数据，轻症感染者没有计算在每天公布的确诊病例之中。这种掩耳盗铃的做法遭到多方批评，并为疫情防控留下了巨大隐患。

众所周知，土耳其政府一直在拼经济，埃尔多安本希望靠经济成就稳固其执政地位。① 土耳其政府在应对疫情上始终畏手畏脚，加之民众防疫意识较为淡薄，虽然埃尔多安多次宣布土耳其已经成功应对了疫情，但国内疫情却持续蔓延和扩大，造成的损失和影响也日益严重。土耳其国内疫情反复波动的背后，反映了政府疫情防控措施的疏漏和失误，土耳其政府的政策在稳定经济和防控疫情之间顾此失彼。

一方面，土耳其在疫情初期没有给予足够重视，准备明显不足，后来又不愿采取严格管控措施。埃尔多安一直希望靠经济成就稳固其执政地位，但意料之外的疫情带来了重大挑战。受到疫情影响，国际货币基金组织预测 2020 年土耳其的经济将萎缩 5% 甚至更多，同时土耳其的主要贸易伙伴需求下降，旅游业、服务业受到严重冲击，里拉持续贬值。而大多数土耳其人缺乏储蓄，无法承受失业的冲击，因此，政府对工作人群在工作日始终没有进行出行限制，并要求感染民众以居家治疗为主，一度在大城市采取的周末封城举措也漏洞颇多。除在周末临时“禁足令”之外，只是对特殊人群和特定日期实行封锁。例如，6 月 20 日土耳其中考期间和 6 月

---

① 邹志强：《短期内疫情恐难完全控制，背后有相似的原因》，https://www.thepaper.cn/newsDetail_forward_7271944.

27－28 日土耳其高考期间，在全国 81 个省实行“禁足令”。[①] 夏季疫情缓解之后，8 月 12 日土耳其教育部表示，学校将于 8 月 31 日开始以远程线上教学方式开学，9 月 21 日后逐步启动线下课堂教学。

在疫情缓解后，土耳其政府积极与更多国家恢复直航，特别是一直力推俄罗斯、德国等主要客源国家开放赴土旅行与恢复直航。7 月 2 日，土耳其外交部宣布，即日起取消因疫情对外国旅客的出入境限制措施，只是要求所有入境旅客进行健康检查。7 月 21 日，土耳其内政部公告称，即日起取消对餐厅、咖啡馆、茶馆等服务场所营业时间的限制。土耳其政府如此着急地宣布正常化，一个直接原因就是恢复旅游业的压力，希望实现 400 亿美元的年旅游收入目标。在土耳其的努力下，8 月 10 日，俄罗斯、德国开始复航土耳其，数万名游客到达安塔利亚等旅游城市，但游客中出现了不少的确诊病例。在此背景下，土耳其政府防控措施存在明显漏洞，而且政策随意性较大，地方省市甚至各自为政，面对疫情持续扩散甚至反弹并没有十分有效的应对措施。伊斯坦布尔、安卡拉以及东南部省份是疫情较为严重的地方，医院病房不足、医务人员紧张及被感染、各级政府官员确诊的报道经常见诸媒体，部分省份不得不自行出台限制措施。8 月 4 日，安卡拉市长称，安卡拉病例增长又重回早期的较高水平，呼吁民众务必切实遵守防疫措施。8 月 17 日，安卡拉省决定限制 65 岁以上老人及慢性病患者进入婚礼、葬礼、集市等人员聚集场所，不建议老人在高峰期乘坐公共交通工具；举办街头婚礼时长不得超过两个小时且严禁聚餐活动；预约及进入所有公共机构均需使用健康码（HES）；依托疫情监控中心成立街道督察队，对确诊患者和隔离人员进行追踪监督等。

另一方面，民众防范意识淡薄的问题十分突出，特别是前期出行、聚会不佩戴口罩、不保持社交距离的现象十分普遍，加之节假日、中高考和疫情疲劳等因素，导致疫情传播渠道无法有效切断，传播速度反而一直在加快。6 月 1 日，政府在宣布完全正常化的同时，强调这是“新常态”下的正常化，民众出行务必佩戴口罩、保持社交距离，并尽量避免婚庆或家庭聚会等，但很多民众有意无意地选择了无视，而且很多人特别是年轻人自认为身体好，不愿意戴口罩。6 月 19 日，土耳其内政部决定，自 6 月 22 日起对不按要求佩戴口罩者处以 900 里拉罚款，此前只有 48 个省陆续要求

① 这个“禁足令”只是在规定的有限时间内，中考禁足时间是 6 月 20 日 9：00－15：00；高考禁足时间为 6 月 27 日 9：30－15：00 和 28 日 9：30－18：30。

外出全程佩戴口罩。从6月22日开始的两天里就有7017人被罚款。其他诸如因婚礼、返乡、家庭聚会、送亲人入伍等感染的事例数不胜数；周末和假期的道路上车满为患、公园沙滩人满为患、密集的乘机或乘车队伍等景象十分普遍；查出被感染而逃跑的事例也发生多起。土耳其卫生部、内政部以及各省市政府经常发布疫情规定，甚至规定婚礼上的行为规范，但效果并不理想。[①] 面对疫情的不断反复和持续扩散，土耳其国内疫情难以得到有效控制，特别是进入秋冬流感高发季节之后，疫情明显趋向严重。

此外，土耳其还是世界上最大的难民接收国，共接收了超过360万的叙利亚难民和36万其他国家难民。土耳其没有采取全部集中安置的方法，而是分散安置，并由政府承担了主要费用。与此同时，大量难民自由流向土耳其各地城市，对当地住房、医疗卫生、就业等公共管理服务带来很大挑战，并导致族群关系紧张和社区压力。国内难民群体的聚集传播和无序流动也对于土耳其的疫情防控带来了重大挑战。

8月26日，埃尔多安发布行政通知，要求即日起政府等公共机构工作人员采取远程办公、轮流值班等弹性办公措施。9月8日，土耳其内政部宣布新的全国性防疫措施，要求民众外出必须佩戴口罩，重点加强海滩、集市、餐厅等人员密集场所的监管。在疫情日益严重和重新修正官方疫情数据之后，土耳其政府的防控措施也不得不大幅加码。11月30日晚，埃尔多安公布新防疫措施，除物流、肉铺和采购生活必需品的商店外，周一至周四晚9点至次日凌晨5点、周五晚9点至周一清晨5点禁止民众外出；进入商场需出示健康码；禁止在家中举办新年派对等聚集性活动；婚礼、葬礼等活动参与人数不得超过30人；政府将对人员密集街道进行检查，限制同一时间段的出行人数；学校等教育机构暂停教学；餐厅不允许堂食，仅可提供外卖服务。12月1日土耳其内政部公布了更为具体的最新防疫措施，从当天晚上21点开始实施。周末超市、小卖部和肉铺等10－17点正常营业，餐厅10－20点提供外卖服务；所有单位工作日必须在20点结束营业，不得进行新年、探病等各类聚集性活动；幼儿园等教学机构、游泳池、浴室、桑拿室、游乐场暂停运行；对部分人员密集街道广场实施限流，进入购物中心需出示健康码；对超过50人的工作场所进行严格防疫检查；公共部门工作时间调整为10－16点。12月25日土耳其卫生部表示，

① 邹志强：《土耳其疫情反复何时休》，载《法治周末》，2020年8月27日。

自12月28日起入境旅客需要提交出发前72小时内的新冠病毒核酸检测阴性证明，有效期至2021年3月1日。

三、疫情持续背景下的土耳其政策方向

在疫情的严重冲击和持续影响之下，土耳其经济面临更大挑战，政府面临的民生和社会稳定压力增大，一直在疫情防控和经济增长之间艰难平衡。同时，土耳其也借此机会加强了国内医疗卫生设施建设，加大了国际合作力度，并期待在疫情之后的世界中获得更大的发展。在外交上的强势出击和地缘政治博弈并未受到明显影响。

第一，土耳其在应对疫情的同时更大程度上将维持经济增长和民生稳定作为优先事项。3月疫情暴发后，土耳其政府公布了150亿美元的经济援助计划。3月30日，埃尔多安表示土耳其即将成功克服疫情威胁，同一天他发起了一场名为“自给自足，我的土耳其”的全国募捐活动，帮助受疫情波及的贫困群众，并承诺捐出自己7个月的工资。土耳其政府还宣布了“经济稳定盾牌”计划，投入2000亿里拉稳定经济。土耳其政府的做法主要是出于保经济、促民生，因而疫情稍有好转就要回归“正常化”，不愿放弃国家经济增长和优先发展目标。① 土耳其人储蓄率很低，失业率和通货膨胀率本就较高，很多家庭依赖工作获得基本生活保障，全面封锁带来的影响是难以想象的。对于希望依靠经济成就稳固执政地位的埃尔多安政府来说，无法做出实行全面封锁的决定。与此同时，土耳其主要的经贸伙伴欧洲也深陷疫情困境，这对土耳其脆弱的经济而言可谓雪上加霜。因此，土耳其政府采取多次大幅降息、扩大贷款额度、降税、加大国内投资和基础设施建设等多项措施，并投入数千亿里拉稳定经济。土耳其政府努力保持控制疫情和保障经济之间的平衡，这一方面导致了国内疫情始终无法得到有效遏制，另一方面也正是因为土耳其没有持续进行封锁抗疫，避免了经济大幅度萎缩，使得经济能够迅速反弹，最终成功实现1.8%的

---

① “We Are Now More Determined about and Closer to Achieving Our Goal of a Strong Turkey,” *Presidency of the Republic of Turkey*, June 6, 2020, https://www.tccb.gov.tr/en/news/542/120396/-we-are-now-more-determined-about-and-closer-to-achieving-our-goal-of-a-strong-turkey-.

正增长。出乎外界预料的是，2020 年的土耳其经济最终实现了正增长。根据土耳其国家统计局的数据，在第二季度经济剧烈下滑 10% 以后，第三、第四季度经济增长迅速反弹，分别增长了 6.7% 和 5.9%，2020 年土耳其年度经济增长率为 1.8%。[①] 但在高企的通货膨胀率和严重的货币贬值背景下，经济增长和民众收入上升中的“水分”也不小，未来实现平衡和稳定增长的挑战巨大。

第二，土耳其借此机会加强了国内医疗卫生设施建设。新冠肺炎疫情让土耳其认识到提升卫生基础设施建设和免费医疗服务的重要性[②]，2020 年埃尔多安多次参加各地新医院的建设仪式，强调土耳其有能力应对疫情，并提升土耳其在医疗卫生领域的国际影响力。例如，5 月 21 日埃尔多安参加巴斯基谢希尔日本援建医院的揭幕仪式，并称伊斯坦布尔已经成为一个国际医疗中心。5 月 31 日，埃尔多安参加伊斯坦布尔两所医院的建成仪式，表示在疫情暴发后国内多家城市医院投入使用，成为全球典范。[③] 7 月 4 日，埃尔多安参加伊斯坦布尔一处城市医院投入使用仪式，表示将推动土耳其成为三大洲的医疗服务枢纽。[④] 8 月 9 日科贾埃利的医疗设施与研发中心投入使用，埃尔多安在讲话中表示，土耳其的医疗卫生设施更加先进，在新冠疫苗研发方面排在美、中之后位居世界第三。[⑤] 9 月 5 日参加伊斯坦布尔一家城市医院投入使用仪式时，埃尔多安表示虽然感染病例和危重病人不断增加，但土耳其的医疗体系实力依然足够强大。10 月 2 日参加科尼亚城市医院启用仪式。10 月 5 日，土耳其宣布有 13 种不同疫苗在土耳其进行研究，其中 5 种已经接近人体试验阶段，反映了土耳其医疗基础

① “Quarterly Gross Domestic Product, Quarter IV: October – December, 2020,” Turkstat, March 1, 2021, https://data.tuik.gov.tr/Bulten/Index?p=Quarterly-Gross-Domestic-Product-Quarter-IV:-October-December,-2020-37180&dil=2.

② “The Pandemic Process Has Shown the Importance of the Strong Healthcare Infrastructure and Free Medical Services in Turkey,” *Presidency of the Republic of Turkey*, April 20, 2020,

③ “Our City Hospitals Have Become a Model on a Global Scale,” *Presidency of the Republic of Turkey*, May 31, 2020, https://www.tccb.gov.tr/en/news/542/120345/-our-city-hospitals-have-become-a-model-on-a-global-scale-.

④ “We Are Determined to Make Turkey a Healthcare Hub of Three Continents,” *Presidency of the Republic of Turkey*, July 4, 2020, https://www.tccb.gov.tr/en/news/542/120567/-we-are-determined-to-make-turkey-a-healthcare-hub-of-three-continents-.

⑤ “We Have Made Significant Progress in Our Projects to Develop Vaccines and Drugs for COVID-19,” *Presidency of the Republic of Turkey*, August 9, 2020, https://www.tccb.gov.tr/en/news/542/120764/-we-have-made-significant-progress-in-our-projects-to-develop-vaccines-and-drugs-for-covid-19-.

设施的水平。[1] 埃尔多安还于11月13日参加泰基尔达城市医院建成仪式，11月15日参加莱夫科萨急诊医院投入使用仪式。在12月31日的新年贺词中，埃尔多安表示土耳其为应对疫情大幅提升了医疗服务能力，提供了455亿里拉的稳定资金，向156个国家和11个国际组织提供了医疗物资援助，土耳其未来将进行综合性改革以加强经济增长，并提升国内民主和民众权利。[2] 总体上来看，土耳其认识到需要采取统一的规范防控措施，加大了对医疗卫生领域的投入、提升医护人员的待遇，并推出了一些针对医护人员的优待政策。

第三，土耳其加强国际卫生治理合作，并积极开展抗疫外交。虽然土耳其的疫情防控在中东地区并不算糟糕，但国内疫情持续扩散的趋势并没有得到有效遏制，甚至不得不面对事实上的“全民免疫”的窘境，因此土耳其积极寻求扩大国际合作。在疫情防控问题上，土耳其迫切需要与国际社会加强合作，力争将最新的国际抗疫药物与治疗方法尽早引入国内，以尽快遏制国内疫情的反复和蔓延。土耳其政府表示与中国、德国、俄罗斯一直保持密切联系，并达成合作协议，三国的疫苗将会在土耳其进行测试，并可能优先大规模引进接种。埃尔多安多次呼吁国际抗疫合作，强调没有合作与团结就不可能取得抗疫成功。11月底，埃尔多安宣布已进口第一批5000万剂疫苗，国内民众都将可以免费接种。土耳其接连从中国、俄罗斯、德国和美国等地购买疫苗，并进行了8种疫苗的开发研究。土耳其积极开展抗疫国际合作和外交，在疫苗研发方面与欧洲、美国、中国积极开展合作，并向100多个国家和多个国际组织开展了医疗物资援助。[3] 随着疫情深入发展和疫苗研发不断取得进展，未来国际抗疫合作是大势所

---

① “As the Humanity's Common Conscience, Turkey Is Now Capable of Making Its Words Heard in Every Issue,” *Presidency of the Republic of Turkey*, October 5, 2020, https://www.tccb.gov.tr/en/news/542/122277/ – as – the – humanity – s – common – conscience – turkey – is – now – capable – of – making – its – words – heard – in – every – issue –.

② “We Are Preparing Reforms That Will Strengthen Our Economy,” *Presidency of the Republic of Turkey*, December 31, 2020, https://www.tccb.gov.tr/en/news/542/123431/ – we – are – preparing – reforms – that – will – strengthen – our – economy –.

③ 埃尔多安2020年9月表示，土耳其向146个国家运送了医疗物资援助；11月表示对156个国家和9个国际组织进行了医疗物质援助。“The Transformation of Istanbul, the Crossroads of Continents, into a United Nations Centre Will Support Global Peace and Stability Efforts,” *Presidency of the Republic of Turkey*, September 21, 2020, https://www.tccb.gov.tr/en/news/542/122144/ – the – transformation – of – istanbul – the – crossroads – of – continents – into – a – united – nations – centre – will – support – global – peace – and – stability – efforts –.

趋，也拥有巨大的合作潜力与空间。但土耳其与外部大国、周边国家的关系发展并不顺利，自负而强势的外交政策一定程度上阻碍了土耳其的国际抗疫合作。

第四，虽然面临经济和外交上的多重挑战，但土耳其期待在疫情之后的世界体系中获得更大的发展。新冠肺炎疫情和周边国家经济萎缩严重影响了土耳其经济的内外发展环境，结合里拉汇率、通货膨胀率、失业率、经常账户赤字、外汇储备等指标来看，土耳其经济增长十分不平衡，脆弱性依然突出。但这并不能阻止土耳其的发展抱负和大国追求。在5月的开斋节演讲中，埃尔多安表示土耳其疫情已经得到控制，在疫情之后政治经济重构的世界中，土耳其的实力、富裕和繁荣将达到更高水平。[①] 虽然疫情大流行造成了重大挑战，但也为土耳其商业部门带来发展机会，疫情消退之后土耳其经济将迎来破纪录的增长。[②] 在10月1日新一年度大国民会议开幕式上，埃尔多安表示，土耳其经济经历了多次打击之后降低了脆弱性，有更高的抗风险能力，已经成为地区和世界经济增长的新星。[③] 2020年下半年，埃尔多安一直宣称致力于改善投资环境，土耳其经济将实现快速反弹和发展，后疫情时代将成为强大的全球行为体。[④] 土耳其加大国内投资和吸引外资力度，促进科技创新和对外贸易等，大力加强国内交通和能源基础设施建设，打造国际交通枢纽和能源枢纽，增强投资吸引力和促进经济增长。新冠疫情持续扩散背景下，中央集权和强人政治相较民主政

---

① "We Will Carry Turkey's Strength, Richness and Prosperity to Much Higher Levels," *Presidency of the Republic of Turkey*, May 23, 2020, https://www.tccb.gov.tr/en/news/542/120294/-we-will-carry-turkey-s-strength-richness-and-prosperity-to-much-higher-levels-.

② "As the Effects of the Pandemic Wane and Things Fall Back into Place, the Turkish Economy Will Continue to Break New Records," *Presidency of the Republic of Turkey*, September 26, 2020, https://www.tccb.gov.tr/en/news/542/122184/-as-the-effects-of-the-pandemic-wane-and-things-fall-back-into-place-the-turkish-economy-will-continue-to-break-new-records-.

③ "After So Many Attacks and Shocks, the Turkish Economy Has Reached a Structure That Is More Resistant to Vulnerabilities and More Prepared for Crises," *Presidency of the Republic of Turkey*, October 1, 2020, https://www.tccb.gov.tr/en/news/542/122224/-after-so-many-attacks-and-shocks-the-turkish-economy-has-reached-a-structure-that-is-more-resistant-to-vulnerabilities-and-more-prepared-for-crises-.

④ "Turkey Is Determined to Enter the Post-pandemic Era as a Strong, Robust and Competitive Global Actor," *Presidency of the Republic of Turkey*, December 14, 2020, https://www.tccb.gov.tr/en/news/542/123191/-turkey-is-determined-to-enter-the-post-pandemic-era-as-a-strong-robust-and-competitive-global-actor-.

体在资源调配、社会动员、局势把控等方面的能力更强，凸显出执政优势，[①] 这在土耳其表现较为明显。2020 年，埃尔多安在讲话中多次论及 2023 年百年愿景，誓言将带领土耳其进入一个新时代。土耳其的周边强势政策和领导人的豪言壮语无疑体现了其大国抱负和发展雄心，但其面临的疫情防控挑战很大，发展目标和大国抱负的实现将首先取决于疫情控制的前景和效果。

① 赵锋：《新冠疫情下的中东局势》，载《国际研究参考》，2020 年第 11 期，第 38 页。

约旦在疫情压力下的全球合作观

章　远*

【摘　要】

2020年暴发的新冠肺炎疫情是一场人类前所未有的全球治理危机。疫情加速了全球化的倒退趋势。当强调区域化、鼓吹去全球化等言论甚嚣尘上时，以约旦为代表的资源匮乏、长期依赖外部援助的小国不得不承担起维护全球化的责任成为主要支持者。在疫情压力下，约旦必须仰仗全球化，依赖全球产业链和多面向的全球合作才能满足抗击疫情所需的医疗救助、疫苗供应、粮食救济、难民援助和经济提振等一系列要求。一旦去全球化真的明朗化之后，与相对疏理排外的区域化相比，比全球化、国际机制模糊的全球合作是人类维持可持续性发展的替换选项。

【关键词】

约旦　再全球化　全球合作

截至2021年3月6日，约旦累计确诊新冠肺炎42.1415万例，死亡4900例，治愈36.2765万例。① 1月中旬起，约旦解除了于2020年10月下旬开始实行的每周五全面禁严的规定，同时恢复了大部分经济部门，作为国家经济重要来源的旅游业早在2020年9月份就已经恢复了飞往约旦机场的国际航班。2021年2月起，约旦的学校也在重新开放中，其中包括部分难民营的学生。虽然在2月下旬约旦因国内新冠肺炎确诊病例大幅增加，

---

* 章远，上海外国语大学中东研究所研究员。本文为上海外国语大学青年教师科研创新团队项目“百年未有大变局之下的中东政治变迁研究”（项目编号：2020114046）的阶段性成果。

① “COVID – 19 Statistical report – Jordan 06/03/2021,” Ministry of Health, the Hashemite Kingdom of Jordan, 2021, https://corona.moh.gov.jo/en.

暂缓了预计更多部门的重新开放，但约旦并未再次进行全面禁严，而是在遏制病毒传播和经济复苏之间取得平衡，争取在适当情况下大规模开放国家的各个领域。应该承认，约旦应对新冠肺炎疫情的反应和行动是迅速而严格的，[①] 从效果上看，约旦的疫情防控成效显著。尽管 2021 年 1 月份以来受变种病毒影响感染率增加，但疫情在该国处于可控范围内。[②] 随着受新冠肺炎疫情感染人数攀升速度的减缓以及死亡率逐渐下降，各国政府行政层面纷纷考虑恢复生产和生活，并努力减少被疫情影响的经济损失，同时着手加大重塑群体信心的力度。约旦位于中东黎凡特地区，地理上既靠近能源大国，也毗邻战乱国家。约旦是阿拉伯国家中相对和平稳定、开放现代但并不算富裕的小国。中国近年来一直是约旦第一大进口来源国。中国与约旦两国在政治、经济、贸易投资、基础设施建设、能源开发、教育文化等多方面多领域均交往频繁。

在全球抗击疫情的过程中，世界各国既展现出道义关怀、团结合作的精神，也暴露出全球化发展过程中暗含的国际体系的结构性差异问题，同时显现出不同发展阶段的国家其国家治理能力的强弱。突发的公共卫生安全威胁会对所有国家提出能够及时应对危机的国家能力要求。如果国家相应的治理能力不足，则公共卫生安全有可能外溢为更广阔的领域的安全危机。面临疫情考验，几乎所有国家都不得不在率先保护国民健康与生命和经济发展孰先孰后的直接困境。约旦选择了优先保护公共健康，牺牲经济。

约旦是一个世袭君主立宪制国家，国王权力高度集中，首相直接由国王任命，国内政党政治不发达，议会权力羸弱。约旦现任国王在国际社会的外交形象非常正面，国王与西方国家关系良好。原本自 2011 年中东变局以来，约旦的行政部门一直在面临不间断的民间抗议。抗议者要求政府增加透明度，要求进行政治改革来惩治腐败。上述社会运动长期、反复出现，造成约旦首相更换频繁，不断重新组阁的乱象。但行政部门掌权者更替并未真正解决国家盘根错节的结构性政治顽疾，民众对国王和王室也开

---

① Dalal Najib, " COVID - 19 and the Arab World - Between a Rock and Hard Place," *Science&Diplomacy*, January 22, 2021, https: //www. sciencediplomacy. org/article/2021/covid - 19 - and - arab - world - between - rock - and - hard - place.

② "Jordan plans to extend curfew as COVID - 19 cases hit near record," *CNA*, 2021, https: // www. channelnewsasia. com/news/world/jordan - plans - to - extend - curfew - as - covid - 19 - cases - hit - near - record - 14364966.

始出现一定的不满情绪。然而全球新冠肺炎疫情大流行后，约旦政府获得了与国民重塑互信的意外机遇。约旦政府应对疫情的决策不仅仅是为了短期抑制公共卫生安全威胁，更是综合考量维护现有政治制度、尊重国家文化、迎合外部预期和兼顾国内族群权力平衡等国内稳定的需求。

尽管也和世界其他国家相似，约旦在防疫初期有过短暂的小范围恐慌，出现类似物资运送效率受阻、宵禁不到位等混乱场面。但约旦的各职能部门大臣能够迅速调整政策细节，并在社交媒体和传统媒体实时公布抗疫政策内容、修正失误，有效帮助国家稳定疫情，也稳定了民众情绪。

约旦以强制性的物理疏散为防疫工作核心，封闭国家边界，在国内加大警力和军队投入，实施高强度的封锁和隔离政策。作为一个严重依赖旅游业和侨汇的国家，全国戒严导致与旅游相关的酒店、餐饮等行业均损失巨大。即便如此，从表现上来看，约旦国民大多理解并且配合政府的严格防疫举措，民众普遍认可政府的危机处理能力。与防疫有关联的内政、卫生、新闻、食药监管、军队等部门长官频繁召开新闻发布会，政府同时反复承诺对新冠肺炎疫情信息公开透明，输送给公众被强化的“公开透明”的正面印象，继而惠及政府其他政策的社会反馈。2021 年的斋月和疫情重合，按照约旦佩特拉通讯社的报道，约旦往年旺盛的斋月消费市场被新冠肺炎疫情宵禁抑制，但因为普通家庭转而使用在线购物，客观上反而减少了铺张浪费。

从第一波疫情应对来看，由于防控有力，约旦政府一度收获了此前不多见的来自国内外的谨慎赞誉。邻国伊拉克的卫生部视约旦的一系列有益举措为应对疫情的榜样。乐观的情绪在约旦媒体公布的疫情研究报告中也有体现，比如《罗亚新闻》刊载的分析指出，2020 年 5 月内约旦就可以结束疫情。社交媒体上稍许抱怨言论自由遭到监控的反思，也被肯定政府切实控制住疫情的情绪所掩盖。政治形势对约旦政府而言甚至是新世纪以来最好的局面。

阿卜杜拉二世国王并不忌惮与西方媒体主动接触。2020 年 4 月，面对疫情好转，约旦国王很快接受美国媒体采访，称约旦已经“拉平了防控曲线”，并提到中国商人捐赠的 10 万个测试试剂盒提升了约旦两倍的检测能力。① 一周后，约旦国王又在《华盛顿邮报》发表题为《回归全球化，做

① “Transcript: His Majesty King Abdullah II of Jordan on ‘Face the Nation’,” *CBS*, April 19, 2020, https: //www. cbsnews. com/news/transcript – his – majesty – king – abdullah – ii – of – jordan – on – face – the – nation – april – 19 – 2020/.

对做好全球化》[①] 的署名文章，文中呼唤打破国家壁垒，而不是维持甚至建立起国家或者地区贸易壁垒。国王呼吁以加强国家间合作来实现“再全球化”，期望未来人们能围绕“人民福祉”建立起“新世界”。此后的抗击疫情过程中，阿卜杜拉二世国王分别在2020年5月举行的新冠病毒全球响应募捐倡议会议、9月举行的亚喀巴进程会议和世界经济论坛的可持续发展影响峰会以及11月举办的“彭博新经济论坛”等各类重要场合中反复呼吁世界各国应该继续推进全球化和“再全球化”。

2020年9月，新一轮亚喀巴进程会议由约旦国王主持召开。会议的核心议题就是呼吁以全球化、国际融合、积极的相互依存关系来应对疫情带来的挑战。随后在世界经济论坛的可持续发展影响峰会上，[②] 阿卜杜拉二世国王承认新冠肺炎疫情表现了全球体系的不足，但他同时反复强调只有通过再全球化才可以适应疫情之后的世界，新冠肺炎疫情等于是为包括联合国在内的多边国际组织提供重新审视组织作用的历史性机遇。

阿卜杜拉二世国王在2020年11月16日的“彭博新经济论坛”[③] 提出的重要主张中，其一就是呼吁加强国际合作，指出约旦抗击疫情需要加强全球合作，其二是继续强调“再全球化”的重要性，提议各国都夯实全球体系基础，而其他四点要求无论是加强粮食安全、复苏经济还是将疫苗视作全球公共产品抑或提升约旦优势产业在全球供应链上的地位都离不开普遍重视全球化的国际环境。应该承认，相较于数月前，国王在新冠病毒全球响应募捐倡议在线会议上提出建立一个包容的、合作的、将人类福祉置于首位的更加一体化[④]的世界的发言，约旦对全球性的团结的信心也在

① King Abdullah II, “It's time to return to Globalization. But this time let's do it right,” *The Washington Post*, April 28, 2020, https://www.washingtonpost.com/opinions/global-opinions/its-time-to-return-to-globalization-but-this-time-lets-do-it-right/2020/04/27/b5e8b442-88b4-11ea-8ac1-bfb250876b7a_story.html.

② “Remarks by His Majesty King Abdullah II At the WEF Sustainable Development Impact Summit,” King Abdullah II Official Website, September 21, 2020, https://kingabdullah.jo/en/speeches/wef-sustainable-development-impact-summit,

③ “Remarks by His Majesty King Abdullah II at the Bloomberg New Economy Forum,” King Abdullah II Official Website, November 16, 2020, https://kingabdullah.jo/en/speeches/bloomberg-new-economy-forum; “Jordan's King Abdullah II: Globalization Can Help Connectivity,” *Bloomberg L. P.*, November 16, 2020, https://www.bloomberg.com/news/videos/2020-11-16/jordan-s-king-abdullah-ii-globalization-can-help-connectivity-video,

④ “Remarks by His Majesty King Abdullah II Before the Coronavirus Global Response Pledging Conference,” King Abdullah II Official Website, May 4, 2020, https://kingabdullah.jo/en/speeches/coronavirus-global-response-pledging-conference,

消退。

与疫情暴发以来唱衰全球化、鼓吹调整产业链从而去全球化的西方政客不同，约旦国王的专稿则代表了另一派重要的声音。在广大的发展中国家看来，在阿拉伯国家看来，全球化，或者更新为另一种形式的全球化仍然是这些国家亟需的世界发展趋势。在发达国家对全球化反思之声日盛的时刻，[①] 约旦国王重申全球化重要性的论断在道义上声援了支持继续推进全球合作的人群。应该说，在疫情危机来临时，发达国家考虑的是调整产业链、重视产业链安全，而约旦国王 2020 年在重大国际场合的发言则代表了发展中国家对发达国家考虑调整产业链时的忧虑：国家中心主义一旦在全球成为主流政治趋势，那么对资源匮乏的小国而言则是灾难。[②] 依赖援助的小国坚信，全球化、再全球化、新全球化都是可以惠及全世界力量和资源、惠及各国的良策。

约旦是全世界接受难民数量最多的国家之一，难民人口占全国人口的 20%。然而难民居住分散，并非集中于难民营。每年约旦接受大量的国际难民援助来帮助改善国内难民的生存状况，然而，难民营里的生活密度显见地高于普通社区。疫情期间，约旦医疗卫生防疫机构不得不在难民营进行多次测试。随着疫情在 2020 年后期严峻化，对约旦这样并不富裕的小国而言，要找到所有难民并提供平等的帮助是极为困难的。准确检测、有效隔离、最广泛的接种疫苗等因素都将会影响约旦这样难民承接国家的疫情彻底结束时间。

难民问题需要全球性的合作，否则疾病、失业、贫困、不平等等顽疾仍然会盘踞在各个角落。摆在约旦政府面前的难题不仅是难民问题。约旦是粮食净进口国，甚至茶叶、咖啡、植物油等超过 90% 的消费品都依赖外国进口。疫情全球暴发伴生的粮食危机势必将影响约旦这样的粮食净进口国的国家稳定。难民增多和滞留本国导致约旦的粮食难题雪上加霜。如果完全落实约旦国王提出的难民享受与其他公民相同的教育和卫生服务愿望，约旦的公共债务只会愈加积重难返。没有外部丰厚的经济援助，约旦

---

① 约旦本国发表的评论文章也存在唱衰全球化、认为去全球化不可避免的观点，如 Kemal Dervis, "Less Globalisation, More Multilateralism," *The Jordan Times*, June 10, 2020, http://www.jordantimes.com/opinion/kemal-dervis/less-globalisation-more-multilateralism.

② 章远：《中东疫势丨约旦呼吁"再全球化"背后：小国抗疫的难处和依靠》，https://www.thepaper.cn/newsDetail_forward_7306181。

要兼顾控制政府开支、族群公平和减轻经济负担并不现实。尽管还未完全清算，但约旦严厉的防疫管制举措所形成的经济成本显然也终将落在国民身上。针对民众的税收变化会扩大这种不平等，并很可能在疫情平静后，因为经济拮据而产生的对难民情绪会激活未来政治动荡。约旦的难民问题不是单纯的约旦国内政治发展或者政治改革就能解决的问题。缓解难民难题离不开全球性合作。从约旦的立场来看，无论是重新恢复以往兴盛的旅游经济、创造更多就业岗位、输出海外劳工换取更多侨汇、缩减收入鸿沟、改变难民困境、避免粮食以及能源危机都离不开全球化。

由于经济形势下行，原本被寄予促进约旦国家发展厚望的新能源、可再生能源等项目都被当前的约旦专业委员会视为没有技术依据的财务负担。人员交流受阻导致未来能否安抚下层群体、解决国内已经严重的失业问题、为归国侨民寻找工作岗位，都将是影响国内政策调整和施行的不确定因素。约旦的经济结构不稳定、经济自主性不强，约旦的政府和企业期待后疫情时代仍能以新技术提升经济抱以厚望。约旦媒体评论多次呼吁信息和通讯技术的全球合作。报道中特别提到中国华为公司与约旦数字经济、教育部门的合作，也强调 5G 网络将为抗击疫情提供强大的技术工具。①

约旦提出的建议是全球化支持者的典型呼声。他们真诚地疾呼，在疫情结束后，各国不仅要各自重建家园，各国人民和各国政府一道重建群体合作信心，不仅团结起地区意义上的，更应是聚集起全球意义上的群体合作意愿，去消除不公，谋求更远大的人类共同发展愿景。后疫情时代，约旦以及和约旦一样坚定支持全球化的国家是中国人类命运共同体倡议的天然伙伴。一旦去全球化趋势明朗化，与相对疏理排外的区域化相比，比全球化、国际机制模糊的全球合作是人类维持可持续性发展的替换选项。

① "Putting Technology at the Forefront of Jordan's COVID - 19 Fight," *The Jordan Times*, June 13, 2020, http://www.jordantimes.com/opinion/taofeike/putting - technology - forefront - jordans - covid - 19 - fight,

叙利亚的疫情、政治和经济发展

汪　波*

【摘　要】

2020年叙利亚遭遇了严重的新冠肺炎疫情蔓延危机。多年战乱导致叙利亚国内基础医疗设施遭受严重破坏，西方国家的制裁又致使国外救助受到限制，因而使得疫情在国内的危害难以控制。在疫情肆虐的影响下，叙利亚的政治发展取得的成果有限，安全形势依然严峻，经济重建也因为西方国家制裁和经济危机而困难重重。

【关键词】

叙利亚　疫情　安全　政治　经济

2020年中东地区不仅遭遇了席卷全球的新冠肺炎疫情蔓延，而且依然处于各种动乱之中。处于中东动乱中心之一的叙利亚，在新冠肺炎疫情的冲击下，由于长期战乱而缺乏基础医疗设施，加之西方国家的制裁而无法得到外来的救助，因而陷入疫情严重肆虐的困境中。在疫情的困扰下，安全和政治局势发展迟缓，经济重建方面也面临着各种错综复杂的困难。

一、新冠肺炎疫情危机与应对

2020年初，随着新冠肺炎疫情在全世界范围的暴发，3月15日叙利亚报告了首例新型冠状病毒病例。此后，大马士革、塔尔图斯、拉塔基亚、霍姆斯以及迪尔·埃佐尔等地，都出现了有关新冠肺炎疑似病例的报道。但由于检测能力有限，叙利亚境内的实际感染人数远高于这些报告的总

---

* 汪波，上海外国语大学中东研究所教授。

数。对于一个经历了十年内战的国家，在面对新冠病毒的挑战时显然面临诸多困难。为此，联合国驻叙利亚特使裴凯儒紧急呼吁叙利亚国内各武装派别立即停战，以防止疫情在这个冲突肆虐的国家的全面暴发。① 然而，在当时情况下，叙利亚国内根本无法真正实现各武装派别停火。在武装冲突不断，叙利亚国内又缺乏应对这种全球性卫生危机能力的情况下，叙利亚政府以及叙利亚其他武装派别控制的地区，只能在世界卫生组织（WHO）的有限支持下，采取各种力所能及的措施来降低新型冠状病毒的影响。

面对不断严重的新冠肺炎疫情，叙利亚政府采取了一系列措施来进行积极应对。2020 年 3 月 15 日，叙利亚政府就开展了清扫消毒行动以遏制新型冠状病毒的蔓延。为此，政府关闭了高校、中学、政府机关、餐馆和市场，关停了往来城市之间的全部公共交通，还暂停了作为维持军事行动基本要求的征兵工作。② 3 月 20 日，在发现第一起新型冠状病毒感染者从欧洲途经黎巴嫩抵达叙利亚后，叙利亚政府立刻开始禁止外国人入境。同时，叙利亚政府还向其控制地区的 1864 个诊所遣派了国家医疗队，并在阿勒颇，霍姆斯和拉塔基亚等地进行病毒检测实验室的建设工作。③ 5 月 14 日，为了减少人员的聚集性活动，叙利亚政府下令关闭旅游设施、公园、餐厅和咖啡馆，禁止举行婚礼和葬礼，同时还要求各清真寺暂停礼拜，中小学暂缓开学。6 月 20 日，叙利亚卫生部宣布对大马士革地区的艾因·米宁镇、赛达·宰纳卜镇、拉斯·马阿拉镇，以及库奈特拉省贾迪达·法德勒镇进行封锁隔离。

由于公共卫生基础设施不足，叙利亚国内的口罩、消毒剂和抗疫药品的价格出现了大幅飙升。为此，叙利亚政府加大医疗消毒用品生产，提高医院诊治能力。3 月 15 日，内阁批准了各政府部门应对新冠病毒的执行计划，要求工业部指示生产清洁和消毒产品的工厂以三班制的最高产能运转。内阁还决定为诊断和检疫中心采购必要的医疗设备。3 月 17 日，叙利

---

① "Immediate nationwide cease fire' needed for all - out effort to counter COVID - 19 in Syria," *UN News*, March 30, 2020, https://news.un.org/en/story/2020/03/1060672.

② Suleiman Al - Khalidi, "Syria reports first coronavirus death as fear grow of major outbreak," March 29, 2020, https://www.reuters.com/article/us - health - coronavirus - syria - idUSKBN21G0O6.

③ "Syrian Arab Republic: COVID - 19, Humanitarian Update No 5," OCHA. April 10, 2020, https://reliefweb.int/report/syrian - arab - republic/syrian - arab - republic - covid - 19 - update - no - 05 - 10 - april - 2020.

亚财政部宣布将和卫生部加强协调加快融资，支持医院和医疗中心的建设，满足医疗防护物资和药品采购需求。

为了应对疫情的压力，叙利亚政府还积极开展疫情外交，争取国际社会提供抗疫支持。疫情在叙利亚暴发后，世卫组织很快就向叙利亚提供了病毒检测试剂盒，并开始在大马士革的一个实验室进行病毒检测。[①] 中国政府在派遣多支医疗队前往伊拉克和伊朗协助抗疫的同时，也向叙利亚提供了病毒检测试剂盒。[②] 美国政府也承诺，在其向国际开发署为疫情影响国拨款的2.74亿美元援助基金中，为叙利亚的人道主义救助追加拨款1680万美元。[③] 特别是在2020年3月G20峰会结束后，阿布扎比王储谢赫·穆罕默德·本·扎耶德（Sheikh Mohamed bin Zayed）打电话给叙利亚总统阿萨德，表示将扩大对叙利亚人民抗击疫情的支持。这也是2011年叙利亚与阿联酋双边关系中断以来双方的首次通话。[④]

在阻止新冠肺炎疫情在叙利亚传播扩散的同时，叙利亚政府为了减轻疫情给经济带来的打击，也采取了一些措施来维持人员的必要流动。自3月下旬实施暂停疫区国家人员入境及隔离检疫措施后，8月16日，叙利亚政府对该政策进行了调整，宣布自黎巴嫩进入叙利亚的入境者（含驻叙使团外交人员、外国人等）只要遵守卫生部的指示，并且持有经过认证的黎巴嫩卫生实验室出具的不超过96小时的PCR检验报告，就可以入境叙利亚。同时，叙利亚政府也加强了病毒检测工作。8月17日，叙利亚卫生部表示，已在叙利亚大马士革市杰拉体育场、十月体育场两地为从叙利亚进入黎巴嫩并经贝鲁特国际机场离开黎巴嫩的旅客设立核酸检测点。大马士革市杰拉体育场每天可检测200人次，十月体育场100人次，检测结果将于旅行前48小时向旅客提供。

---

① Alice Fordham, "The Challenges of Preparing for Coronavirus in Syria," *NPR*, March 20, 2020, https://www.npr.org/sections/coronavirus-live-updates/2020/03/20/818847099/the-challenges-of-preparing-for-coronavirus-in-syria.

② "China calls for the lifting of sanctions against Syria to fight coronavirus," *Middle East Monitor*, April 1, 2020, https://www.middleeastmonitor.com/20200401-china-calls-for-the-lifting-of-sanctions-against-syria-to-fight-coronavirus/.

③ US Department of State, "The United States Is Leading the Humanitarian and Health Assistance Response to COVID-19," *Fact Sheet*, March 27, 2020, https://www.usaid.gov/news-information/fact-sheets/mar-2020-us-leading-humanitarian-and-health-assistance-response-covid-19.

④ Tawfi Nasrallah, "COVID19: Mohamed bin Zayed expresses solidarity with Syrian people," *Gulf Times*, March 27, 2020, https://gulfnews.com/uae/government/covid-19-mohamed-bin-zayed-expresses-solidarity-with-syrian-people-1.1585336960641.

叙利亚政府为了救助民众在疫情中遭受的经济损失，决定向失业人员发放失业补助金，并免除受疫情影响行业的税费。3 月 18 日，叙利亚总理哈米斯主持召开了经济委员会会议，会议决定免除食品进口商、初级消毒用品进口商向政府缴纳的 3 个月的税费，免除旅游行业公司 2 个月的税费。8 月 15 日，社会事务与劳工部发表声明宣布，各省已有 35860 名因新冠肺炎疫情失业的工人领取了共计 35. 86 亿叙镑的失业补助金。

此后，由于经济的不断下滑，很多隔离封锁措施不得不逐步放宽或取消。随着住在伊拉克、黎巴嫩、伊朗、埃及等周边国家的叙利亚公民陆续回国，不断加大的人员流动造成输入病例激增，疫情蔓延情况也进一步加剧。

叙利亚政府在抗击新冠肺炎病毒带来的公共卫生危机时，西方国家的批评和指责也造成了很多妨碍。很多西方国家在质疑叙利亚政府应急反应能力的同时，还将这种公共卫生危机归咎于叙利亚政府。他们批评叙利亚政府在内战中对反对派控制地区的医院和诊所的袭击，已经严重摧毁了叙利亚的基础医疗设施。他们还指责叙利亚政府对联合国人道主义援助的政治干预，妨碍了医疗援助设备被运送到叙利亚境内那些反对派控制的疫情高风险区。在武装冲突随时可能重新爆发的情况下，叙利亚国内这种分裂的局面以及有限的医疗资源的确使得很多边远地区在抗击疫情时难免陷入孤立无援的境地。一般来说，当爆发全球性公共卫生危机的时候，世卫组织会呼吁各国政府和非国家团体强化各个国家的卫生策略，对危机做出有效的应对。[①] 然而，当国际卫生机构希望协调叙利亚的灾难应急工作时，却意味着他们可能被西方国家指控与犯有战争罪行和种族屠杀罪行的国家政府合作，这也在一定程度上阻碍了国际组织和非国家行为体对叙利亚抗击新冠肺炎疫情的支持。另外，一些西方国家还宣称向叙利亚提供的国际抗疫援助，可能被政府占用而无法提供给反对派武装控制的地区，这些情况实际上也妨碍了国际社会对叙利亚抗击新冠疫情的援助。

在叙利亚国内，抗击疫情的救灾行动大致分为三个相互对抗的权力管辖区。除了叙利亚政府控制的中心/南部地区外，还有土耳其及其支持的反政府武装控制的西部/西北部（包括伊德利卜）地区，以及由叙利亚民主军（SDF）控制的东部/东北部地区。这些相互抗争的地区往往处于多个

① "Working for better health for everyone, everywhere," World Health Organization, https: //www. who. int/about/what - we - do/who - brochure.

激进的非国家团体控制之下，只能依靠那些相互激烈竞争的国际行为体促成的一些脆弱而不连续的停火协议来维持提供人道主义援助的通道，这也使得将近620万处于叙利亚政府管辖区以外的民众在疫情面前更加难以得到救助。

无论是在叙利亚政府的管辖区还是反对派武装以及外国武装控制的地区，像叙利亚这样一个因内战而分裂的国家显然缺乏面对像新冠肺炎疫情这样的公共卫生灾害预防及应对能力。就叙利亚政府而言，内战导致国家资源和劳动力紧张，减少了对其他重要公共产品如卫生医疗设施的投入，因而使得国家医疗体系受到严重削弱。在政府控制区之外，医疗基础设施在内战期间受到的严重打击，已经无法满足公共卫生危机加剧后快速增长的救助需求。根据世卫组织的说法，2016年以来叙利亚境内发生过500起以上针对医疗设施的军事袭击，其中大部分发生在叙利亚西北部地区。① 除了医疗设施遭到破坏以外，大批叙利亚医生也因战乱逃往邻国，从而使得医疗服务陷入的紧缺状态更为严重。

在叙利亚反对派武装控制的伊德利卜地区，由于严重缺乏公共卫生资源，防止新冠肺炎病毒蔓延的工作面临极大的困难。疫情暴发之初，这里甚至完全无法对病毒进行检测。2020年3月中旬以后，世卫组织向伊德利卜市运送了300个检测试剂盒，并承诺提供2000次测试。同时，伊德利卜中央医院的检测实验室现也开始进行疑似病例测试。② 此后，世卫组织又向伊德利卜及周边地区派遣了1000名医护人员，提供了10000个口罩和500个呼吸器，并为仅剩下的几家医疗诊所和医院开展应急措施与病毒检测提供了援助。③

然而，仅靠测试并不足以防止新型冠状病毒的传播，特别是在人口稠密的难民营。伊德利卜地区有近300万平民，其中100多万人生活在土叙边境拥挤的难民营中。许多难民营缺乏住所，难以获得水与食物，连隔

① Reuters Staff, "More than 500 medical sites struck in Syria since 2016: WHO," March 11, 2020, https: //www. reuters. com/article/us – syria – security – un – idUSKBN20Y1YS.

② "War – torn Syria braces for lockdown after fist virus case," *Al – Jazeera*, March 24, 2020, https: //www. aljazeera. com/news/2020/03/war – torn – syriabraces – lockdown – virus – case – 200323145356045. html.

③ Lisa Schlein, "Attacks Prevent Displaced in Syria'ss Idlib from Getting Health Care," *Voice of America*, February 28, 2020, https: //www. voanews. com/middle – east/attacks – prevent – displaced – syrias – idlib – getting – health – care.

离、洗手、消毒这些最简单的预防措施对于大多数难民来说都难以做到。新冠肺炎病毒暴发无疑会对这些平民造成致命威胁，对老年人和患有慢性疾病的人更是如此。伊德利卜地区抗击疫情的捐助主要来源于美国、英国和欧盟国家。随着这些国家自身疫情的加剧，也严重影响了他们对伊德利卜地区抗疫的援助。

在库尔德武装控制的叙利亚东北部，情况也同样严重。库尔德自治区在新冠肺炎疫情暴发之初就下令关闭了当地的企业、餐馆，禁止聚会，并实施宵禁。除了来自大马士革的援助外，与叙利亚其他地区的边界皆已关闭。在库尔德自治区的16家医院中，仅有1家医院可以正常运转，另外2家设备不全的医院只能被设为隔离点。据悉，这几家医院总共只有28张重症监护病床和11台呼吸机，而且只有2名受过培训的医生能够使用这些设备。[①] 更为严重的是，土耳其军队与库尔德武装之间持续不停的战事还继续恶化着这个地区的局势。3月24日，土耳其支持的武装分子切断了通往哈塞克的水源，更加剧了当地大约46万户居民感染新型冠状病毒和其他疾病的风险。这其中还包括了数千名生活在阿尔霍尔难民营的难民。对于叙利亚东北部地区来说，最直接的问题是如何与外界抗击新冠肺炎疫情的援助力量取得联系。美国政府虽然向该地区捐赠了120万美元的医疗设备，但由于白宫冠状病毒特别工作组冻结了美国国际开发署运送医疗设备的项目，因此这些设备都被推迟发放。而世卫组织的官员则无法经由伊拉克到达叙利亚东北部，因而使得这个地区完全处于联合国的援助范围之外。[②]

有关叙利亚国内新冠肺炎病毒的传播情况，叙利亚政府向外公布的确诊数字只有3000例。而世界卫生组织提供的数据表明，截至2021年1月6日，累计新冠肺炎感染人数为40204人，死亡1353人。[③] 2020年8月份以后，每日新增确诊病例都屡创新高。据中国驻叙利亚使馆经商处的通报，叙利亚医院中正在接受医治的新冠肺炎病人很多，且病例中有1/3是重症

① International Rescue Committee, "COVID – 19 in Syria could lead to one of the most severe outbreaks in the world, warns IRC," *Press Release*, March 23, 2020, https://www.rescue.org/press – release/COVID – 19 – syria – could – lead – one – most – severe – outbreaks – world – warns – irc.

② Jesse Marks, "Northern Syria depends on US aid Its delivery could end tomorrow," *Washington Post*, January 9, 2020, https://www.washingtonpost.com/politics/2020/01/09/northern – syria – depends – un – aid – its – delivery – could – end – tommorrow.

③ 中国驻叙利亚大使馆经商处：《叙利亚新冠肺炎疫情形势报告》，http://info.jctrans.com/newspd/time_politics/20211262597116.shtml。

患者，医院也急缺包括呼吸机在内的医疗物资。同时，有相当多的感染者只能居家休养，而且潜在病例较多。由于叙利亚检测和治疗能力有限，真实的病例数据预计相差较大。据“今日俄罗斯”网站的报道，叙利亚境内新冠肺炎疫情已进入高峰期，实际感染人数可能已超100万。8月24日，联合国召开的叙利亚宪法委员会会议在开始后仅数小时便被叫停，原因是与会的3名叙利亚代表新冠病毒检测结果呈阳性。① 特别是2021年3月8日，叙利亚总统阿萨德夫妇都被确诊感染了新冠肺炎病毒。② 由此可见，叙利亚疫情已经严重失控。检测能力有限也导致叙利亚社会各阶层都潜藏了大量的感染者，疫情的全面暴发在所难免。

世界卫生组织的统计还表明，截至2021年1月6日，叙利亚现有传染病隔离医院36家，隔离病床2931张，ICU病床460张，呼吸机412套。同时，每个月有102.72吨医疗物资运入叙利亚，87%边境哨所能够每周按时提交疫情监测报告。同时，叙利亚的疫苗申请表（VRF－COVID－19疫苗申请文件）A部分已由叙卫生部长签署，并于2020年12月15日送交全球疫苗和免疫联盟。B部分（法律部分）仍在等待叙卫生部批准（世界卫生组织正在跟进）。

值得庆幸的是，世界卫生组织认为叙利亚疫情于2020年11－12月间已经到达拐点，并出现了下降趋势。但考虑到叙利亚政府的控制能力有限，叙利亚疫情的发展仍存在很大不确定性。来自中国使馆的消息也指出：“叙利亚医疗体系在2020年度仍面临医疗用品缺乏、设施亟待重建等主要问题，军事安全对医疗体系的威胁已不是主要矛盾。受到凯撒法案影响，叙利亚基础设施重建和物资进口受到极大制约。目前叙利亚有74座规模较大的难民营，这些难民营医疗设施及诊治条件较差，统计数据不可信，存在着潜在疫情暴发风险。此外，叙利亚政府对于大马士革以外东北、西南等地区控制力仍然不足，这使得上述地区难以得到有效医疗资源补给和支持，也会影响疫情相关统计工作。”③ 由于西方国家对叙利亚所实施的长期封锁和围困，同时叙利亚经历了常年的战火侵扰，使得叙利亚本

① 《驻叙利亚使馆经商处抗击疫情工作简报》，2020年8月11日，http：//sy.mofcom.gov.cn/article/jmxw/202008/20200802991433.shtml。

② 《叙利亚总统夫妇确认感染新冠病毒》，2021年3月8日，https：//www.thepaper.cn/newsDetail_forward_11610182。

③ 《驻叙利亚使馆经商处抗击疫情工作简报》，2020年8月11日，http：//sy.mofcom.gov.cn/article/jmxw/202008/20200802991433.shtml。

来就缺少许多医疗设备包括呼吸器和特用药品。随着新冠肺炎疫情开始在叙利亚迅速扩散，使得政治经济局势更加复杂严重。目前叙利亚需要盟友和友好国家提供各类应对和医治新冠疫情的各种药物和设备。叙利亚专家也希望中国政府向叙投放疫苗进行测试，以帮助叙利亚人民应对新冠肺炎疫情。[①]

二、安全与政治局势的有限发展

在安全和政治局势发展方面，自2017年以来，叙利亚政府在俄罗斯、伊朗等国的支持下，取得了战场上的节节胜利，收复并控制了近90%的国土。随着美军从叙利亚部分地区陆续撤离，阿勒颇、哈玛、霍尔姆斯等重点城市以及北部叙土边境部分油田重新回到了政府军控制之下。进入2020年以后，叙利亚政府虽然依旧面临着各种内外武装势力的压力，但总体而言已经在一定程度上控制了局势。在这一年中，叙利亚政府军除了年初在伊德利卜省发动过几次军事行动外，国内并未发生大规模武装冲突。叙利亚政府军通过在伊德利卜战场上取得的胜利，已经打通了连接大马士革与阿勒颇之间的M5高速公路。

除了与国内反政府武装的冲突外，土耳其对叙利亚的入侵，也使得叙土双方的直接军事冲突面临升级的危险。2020年2月，叙利亚政府军对伊德利卜省的两个重镇马雷特努曼、萨拉基卜以及M5高速公路发起军事行动并将其收复后，叙利亚政府军的这一轮军事行动让土耳其不满，并引发了两国的直接军事对抗。其后的3月5日，土耳其与俄罗斯两国总统在莫斯科就各方在伊德利卜省停火达成协议。自那之后，尽管在伊德利卜省仍旧有零星交火，但叙利亚政府军并未继续推进，伊德利卜省大部分地区仍旧处于反对派和极端组织的控制之下。在叙利亚北部土耳其及其支持的叙利亚反对派控制区，2020年时常发生汽车炸弹袭击事件，造成大量人员伤亡。叙利亚媒体报道称，这些袭击都是因土耳其支持的反对派各派别之间发生内讧而引发的恐怖主义袭击，并殃及当地民众。

与此同时，以色列对叙利亚的空袭在2020年也从未间断过，几乎每个

---

① 商务部：《叙利亚当前新冠肺炎疫情形势分析》，http：//www. mofcom. gov. cn/article/i/dxfw/gzzd/202008/20200802996880. shtml。

月都会发生，最密集的时候甚至每周至少2到3次。据俄罗斯独立网站“南方阵线”报道，以色列国防军2020年共计对叙利亚进行了50次空袭。① 总部位于伦敦的叙利亚人权观察站（SOHR）的最新统计则表明，2020年至少有161人在以色列对叙利亚的空袭中死亡，他们大部分是伊朗军人和伊朗支持的叙利亚和非叙利亚国籍的民兵。② 以色列则以“伊朗在叙利亚的存在对以色列的国家安全构成战略威胁”为借口，誓言将伊朗势力从叙利亚赶走。而伊朗和叙利亚2020年7月8日达成的安全和军事合作协议，则为伊朗在叙利亚的军事存在提供了法律依据，同时也为以色列在叙利亚加紧行动提供了额外的借口。

另外，美国在叙利亚问题上也继续与俄罗斯进行博弈。特朗普政府在宣布美国从叙利亚撤军的同时，依然继续在叙利亚驻军，占据叙利亚东北部的油田开采石油，向叙利亚反对派武装提供大批武器装备，并保持同库尔德武装的密切联系。2020年美军自身也在叙利亚采取了84次军事行动，发生过133次交火，表明美国在叙利亚依旧保持了一定程度的特种战争。③ 同时，美国还拉住土耳其，破坏俄罗斯、伊朗和土耳其之间的密切合作关系，给叙利亚制宪委员会设置障碍，影响其工作进程。

在反恐方面，“伊斯兰国”残余势力也趁着疫情暴发而蠢蠢欲动，逐渐活跃起来。他们的隐藏地点，主要是在叙利亚东部与伊拉克西北部逊尼派省份交界的叙伊600千米边界沿线那些人迹罕至的沙漠地带。这些零散的“伊斯兰国”武装主要是袭击那些支持政府的部落以及当地的官员和警察哨所，破坏地方经济重建和对流离失所人员的安置工作，同时还在无人区建立一些新据点。据报道，2020年“伊斯兰国”武装共制造了超过430起袭击事件。④

到2021年3月，叙利亚内战就要进入第十一个年头。叙利亚政府能否收复伊德利卜省，土耳其驻军和美国驻军能否从叙利亚撤离，这两个问题是叙利亚政治发展的核心和关键。目前，除叙利亚政府军外，叙利亚境内

① 《以色列军方透露2020年空袭叙利亚50次》，https：//baijiahao. baidu. com/s？id = 1687676183065681913&wfr = spider&for = pc。

② 《不撤一直炸》，https：//view. inews. qq. com/w2/20200913A0AUFP00。

③ 《美国在伊拉克叙利亚大开杀戒》，https：//xw. qq. com/partner/sxs/20210302A07NLT/20210302A07NLT00？ADTAG = sxs&pgv_ref = sxs。

④ 《2020年中东地区局势的六大看点》，https：//baijiahao. baidu. com/s？id = 1685610253685684445&wfr = spider&for = pc。

反对叙政府的武装力量主要还有以下四股：叙利亚库尔德武装主要控制叙东部和东北部地区、土耳其军队及其支持的叙反对派控制叙北部土叙边境地区大片土地、叙利亚反对派和极端组织控制叙西北部伊德利卜省大部分区域、美军则在叙利亚东部与约旦接壤的沙漠地带建有坦夫军事基地，并在叙利亚东部一些油气田附近保留着多个据点。

在战争形势相对趋缓的情况下，2020 年叙利亚政府在政治发展上最重要的工作就是在 7 月 19 日举行了新一届议会选举。早在 3 月份，叙利亚总统阿萨德就签署法令，宣布议会选举将于 4 月 13 日举行。此后，由于受疫情影响，阿萨德总统两次签署选举延期的法令，选举日期最终定于 7 月 19 日。[①] 在这次议会选举中，共有来自不同政党和以独立身份参选的 1656 名候选人角逐 250 个议会席位。为了举行这次选举，叙利亚选举高等司法委员会在全国共设了 7277 个投票站，投票时间为当地时间 7 时至 19 时。有些地区经委员会批准，可延长最多 5 个小时。由于当时叙利亚新冠确诊病例数出现较大幅度的增长，卫生部门对各投票站进行了全面消毒，并发放口罩、手套、消毒用品等防疫物资，以加强投票期间的疫情防控。这次选举是 2012 年 2 月叙利亚颁布新宪法和实行多党制以来的第三次议会选举。前一次议会选举于 2016 年 4 月举行，由执政的阿拉伯复兴社会党领导的全国进步阵线赢得了议会多数席位。不过，这次选举也遭到了叙利亚境内和境外主要反对派的抵制。同时，叙利亚的伊德利卜和拉卡等省份的部分地区仍被包括反对派武装在内的多个派别控制。为此，选举委员会在政府控制区内为来自这些地区的选民开设了投票点。同样也是由于疫情原因，境外叙利亚人未能参加此次选举。

7 月 21 日，叙利亚选举高等司法委员会宣布了新一届人民议会的选举结果。结果显示，由执政的阿拉伯复兴社会党领导的全国进步阵线赢得人民议会多数席位。当天在新闻发布会上，叙利亚选举高等司法委员会主席萨米尔·扎姆里克宣读了各省胜选人员名单及其得票数，并宣布此次议会选举参与选民人数超过 622 万，投票率为 33.17%。选举的结果表明，阿拉伯复兴社会党领导的全国进步阵线获得 250 个议会席位中的多数席位。叙利亚司法部长希沙姆·沙尔当天还向媒体表示，受新冠肺炎疫情影响，很多选民因担心感染病毒而放弃了投票，境外也有大量叙利亚人无法回国

---

① 《叙利亚执政党领导的全国进步阵线赢得多数议会席位》，https://www.imsilkroad.com/news/p/419669.html。

参与投票。这些因素都导致此次议会选举的参与度比上一次有所降低。另外，由于票箱内选票和选民登记信息不吻合，阿勒颇等3个省份的5个投票站于7月20日重新进行了投票。

2020年8月10日，叙利亚新一届人民议会议员在首都大马士革参加宣誓仪式。然而，这次选举也存在很大争议。主要是现任总统阿萨德掌权已经长达20年的时间。在阿萨德执政期间，叙利亚人民经历了持续不断爆发的战争，并陷入了日益恶化的经济危机。近日暴发的新冠肺炎疫情，对叙利亚人民来说无疑是雪上加霜。疫情也让每4年举行一次的选举一再推迟，直到7月19日才正式举行。同时，这次选举中叙利亚国内并没有任何真正意义上的政治反对派，大多数议会选举候选人都来自复兴党及其效忠组织。因此，阿萨德政权虽然取得了压倒性的胜利，但总部位于土耳其的反对派组织叙利亚全国联盟（Syrian National Coalition）并不认可这次选举的合法性，只是称这次议会选举为阿萨德政权的“戏剧性”选举。①

在国际社会解决叙利亚问题的政治进程方面，2020年8月24日在日内瓦举行了叙利亚宪法委员会第三次会议，以重启搁置已久的叙利亚和谈。2018年1月，叙利亚全国对话大会在俄罗斯索契举行的会议上决定成立由叙利亚政府、反对派和民间社会代表组成的叙利亚宪法委员会。叙利亚宪法委员会2019年10月底在日内瓦正式启动，由150名成员组成，其中叙政府、反对派和民间社会人士各占1/3。在此基础上，从各方代表中分别遴选15名成员组成宪法委员会小组，负责宪法修改或起草的具体工作。成立叙利亚宪法委员会是叙利亚政治进程的重要一步。

为了重新推动叙利亚的和平进程，联合国秘书长叙利亚问题特使彼得森7月23日向联合国安理会汇报了叙利亚局势的最新进展，并分别与叙利亚宪法委员会两位联席主席确认了这一安排。他希望和谈各方做好准备，力争使和谈取得成果。但这次会议最终还是因为新冠肺炎疫情的影响，未能取得明显结果。②

2020年11月30日，叙利亚宪法委员会小组又在日内瓦举行了第四次会议。在会上，彼得森期待本轮会议能够根据呼吁实现停火和政治解决叙

① 《战争、经济危机困境下叙利亚举行议会选举》，http：//cms. iweek. ly/index. php？/article/index/200079848。

② 《叙利亚宪法委员会新一轮会议计划下月中旬在日内瓦举行》，2020年7月24日，http：//www. xinhuanet. com/world/2020-07/24/c_1126282834. htm。

利亚冲突的联合国安理会第2254号决议取得进展，让数以百万计苦难的叙利亚人民看到希望。他强调，“在当前叙利亚局势相对平静的情况下，应该能够更加集中精力致力于（推动）政治进程和安理会第2254号决议所涉及的全部内容。”他还指出，经过近10年冲突，叙利亚各方之间缺乏信任，必须克服这种深层的不信任。这需要时间，是一个困难的过程。他还说：“我希望我们所取得的进展由各方建立信任开始，并且这种信任的建立可以为更广泛的政治进程打开大门。”①

三、经济重建困难重重

在新冠肺炎疫情泛滥的影响下，2020年叙利亚经济同样面临着重大压力和风险。在这一年中年，叙利亚政府为恢复经济改善民生开展的工作，主要是极力挽救遭9年内战、西方制裁和黎巴嫩金融危机连续打击的经济，进行基础设施的重建工作。经过不断的努力，叙利亚政府的经济重建工作终于在困难中逐步有所展开，工农业生产计划部分得以贯彻实施，政府控制区的城市基础设施也部分修复。特别是道路、住房、油气水电供应等有了一定改善。由于2019年农业生产取得较好收益，小麦和大麦产量都超过了300万吨，这也给2020年的经济发展带来了逐步恢复的势头。

为了开展重建工作，2020年叙利亚政府提供了250亿叙镑的预算对其控制区内的部分设施进行修复，实施的项目覆盖了首都以及各个省区。在首都大马士革，重建项目主要是清除巴拉达河的污染物，建立杰姆拉亚（jamraya）、埃德拉（adraa）和阿尔哈马（al－hamah）地区的污水处理厂，并在大马士革省紧急计划范围内维护和修复阿尔卡达姆（al－qadam）警察局，还修复和维护了技术观察员技术研究所以及职业培训中心和内政部的车库。在其他省份，重建工作重点主要是在阿勒颇市。除了重建当地的旅馆和学校以及棉花办公室，重建工作还包括肿瘤医院的翻修工程，以及阿勒颇输变电站在阿尔－安萨里地区的输电桿塔的翻修工程。另外还修复了阿勒颇阿巴哈特（al－sabi’ abahrat）地区的阿萨德（dar al－assad）大楼，修复了阿勒颇－拉卡高速公路上的两座灌溉渠桥。在霍尔姆斯省，

① 《叙利亚宪法委员会小组第四次会议在日内瓦开启》，https：//www.sohu.com/a/435429989_120866011。

重建计划包括技术观察员技术研究所和职业培训中心的修复和维护项目，还有位于贝亚达社区的雇员住宅中心北区的翻新和修复项目。在伊德利卜省，最重要的项目就是修复辛加尔和阿布多霍尔的两个饲料中心，以及建设卡拉姆（tal al－karram）、西拉（siraa）和阿布达里（abu daly）市政府总部，还有翻新代尔祖尔（deir ezzor）教育局大楼以及第一和第二大学住宅单元。在拉塔基亚省和塔图斯省，实施的项目包括修复和恢复建筑和重建总公司大楼，使之成为塔图斯一个教职工的新总部和一个女学生宿舍。另外，还有贾柏莱（jableh）的易卜拉欣·纳阿玛（ibrahim na' ama）烈士医院建造工程，以及拉塔基亚的阿尔达利亚（al－dalia）市处理废物垃圾中心。此外，在拉塔基亚省、塔尔图斯省、霍姆斯省、哈马省和斯维达省，重建项目修建了很多地方道路，解决了很多房屋和农田都远离主要道路的民众的交通问题。①

不过，2020 年叙利亚的经济发展遭遇的问题也极为严重。在这一年中，美国对叙利亚实施了多轮新的经济制裁。和此前实行的制裁相比，美国新实施的制裁涵盖的范围更大。所有与能源、国防和工程建筑领域相关的部门，都成为对美国对叙利亚制裁的主要目标。美国对叙利亚的经济制裁，还直接关联到叙利亚的两个主要盟友伊朗和俄罗斯。在美国为首的西方国家的制裁下，作为产油国的叙利亚 2020 年持续出现了能源供应紧张的情况。为此，政府不得不对汽车的加油量进行了严格限制，很多民众排队 24 小时可能都无法加到油。除了汽油，电力供应也严重不足。特别是到了冬季，因为取暖需要大量用电，叙利亚全国的电力供应也就更加紧张。在叙利亚首都大马士革，绝大多数居民区都是定时供电或者停电，民众不仅没有娱乐设施，连生活用电都无法得到保障。

2020 年叙利亚经济方面遭遇的困难，主要还是金融方面的危机。为了避开美国的金融制裁，叙利亚多年来一直通过黎巴嫩开展金融和经贸活动。为了换取外汇收入，叙利亚政府在国内电力供应短缺的情况下，也要保证向黎巴嫩出售电力。除了国家的经济贸易要通过黎巴嫩的银行来进行，叙利亚民众大多也是选择黎巴嫩的银行进行存款储蓄。然而，受到欧美经济制裁的影响，特别是 2019 年 8 月以来黎巴嫩不断加剧的经济危机，黎巴嫩作为叙利亚与外界进行金融活动的能力在 2020 年受到了极大限制。

---

① 《叙利亚政府 2020 年财政拨款 250 叙镑开展重建项目》，https：//baijiahao. baidu. com/s? id = 1685634735612585997&wfr = spider&for = pc。

在黎巴嫩这扇重要的对外窗口难以正常运行的情况下，叙利亚经济这一年的发展也一直持续低迷，货币大幅贬值。美元兑叙镑的黑市汇率从2019年8月的1：606和12月的1：940，一路飙升至2020年5月的1：1840。为此，黎巴嫩银行开始冻结叙利亚人的存款，限制购买外汇，导致叙利亚储户包括进口商均无法履行进口协议，从而使得叙利亚的进口贸易严重受阻。

同时，美国制裁叙利亚的《凯撒法案》造成的影响也持续存在。法案强制要求美国总统对与叙利亚那些受制裁机构发生商务往来或在特定领域合作的外国企业进行有针对性的制裁。制裁对象包括向叙利亚政府销售或提供扩大石油产能的产品、服务、技术和信息，提供军用飞机以及飞机零部件，甚至提供建筑和工程服务的公司与个人。在这些因素的影响下，2020年叙镑大幅贬值，到5月份的时候，贬值已超过100%。有报道说叙利亚的外汇储备已经从两年前的4亿美元减少到接近零。为了减少外汇支出，叙利亚经贸部不得不限制非生产生活必需品进口，实行进口许可审批。①

据西方媒体报道，2020年叙利亚出现了全面的经济衰退，叙利亚政府控制下的地区也经历了严重的经济危机。由于叙利亚镑几乎一文不值，外国对叙利亚的投资几乎为零。伊朗和俄罗斯对叙利亚的援助大多限于军事事务，因此也难以帮助叙利亚阻止经济崩溃。特别是在邻国黎巴嫩的金融危机中，许多叙利亚人耗光了他们微薄的积蓄，进一步加剧了经济上的困境。目前，大约80%的叙利亚人生活在贫困线以下。在疫情和经济的双重影响下，叙利亚死于疫情和各种人道主义灾难的人数大约为50万，而流离失所的人数则达到了1300万，这大约是战前叙利亚总人口的一半。这些失去家园的难民约有一半流离到叙利亚境外，主要在土耳其、黎巴嫩、约旦和伊拉克的库尔德地区，另外一半约620万流离失所者在叙利亚境内，主要分散在逊尼派阿拉伯反对派控制的叙利亚北部地区。②

在叙利亚经济重建面临各种重重困难的情况下，中国政府还是为叙利亚2020年的经济发展提供了一定的支持。2011年叙利亚内战爆发前，中

① 《2020年叙利亚的政治经济形势及相关建议》，https：//m. thepaper. cn/newsDetail_forward_7868686。

② 《货币持续贬值，叙利亚政府陷入困境!》，https：//new. qq. com/omn/20210115/20210115A0GMIY00. html。

国对叙利亚的直接投资为23.7亿美元，累计签订承包工程合同21亿美元，年双边贸易额达到了24.5亿美元。进入2020年以后，首都大马士革及其周边也经常发生汽车炸弹爆炸及以色列夜间导弹袭击等事件，造成多人伤亡。伊德利卜、阿勒颇和苏伟达等地频繁发生的军事冲突和恐怖爆炸等，也给国外投资者造成生命财产安全威胁。欧美对叙利亚的全面制裁导致融资保险困难，资金汇路不通，航运困难等。为应对新冠肺炎疫情，叙政府陆续采取了关闭与疫情国家往来的国际航班，停止与黎巴嫩、伊拉克、约旦等邻国的边境通关，限制医药品出口等一系列措施。这些都对中国与叙利亚的经贸合作造成了相当程度的影响。中国在面临各种安全威胁的情况下，坚持向叙利亚提供基本生产和生活用品，成为叙利亚的主要贸易伙伴。中国提供的商品，主要是保障生产生活的电机电器及零部件、锅炉机械、车辆及零附件等。同时，中国对叙利亚承包工程合作也受到严重影响，但一些中国企业承包的水泥建材、低标准住房、电厂维修改造、汽车散件组装等项目依旧继续开工。中国政府派驻叙利亚的经济外交机构，也积极推动中叙企业寻找合作商机，并协助在叙利亚的中资企业最大限度地规避风险，为叙利亚的经济重建工作助力。

四、结语

2020年新冠肺炎疫情在全球的蔓延，同样也给饱受多年战乱至今依旧难以统一的叙利亚带来了深重的灾难。面对疫情的传播，叙利亚国家的碎片化状态使得国家的抗疫工作无法集中力量全面展开。多年内战造成医疗设施被严重破坏，特别是反政府武装控制的区域更是缺乏最基本的医疗条件，使得疫情的预防、检测和治疗都受到极大的限制。再加上以美国为首的西方国家对叙利亚的制裁更使得叙利亚政府难以获得必要的外来救助，而西方国家对反政府武装控制地区的防疫援助也因自身陷入疫情危机而难以充分提供。叙利亚总统夫妇在疫情传播中也未能幸免，更表明了叙利亚疫情危机的严重性。面对疫情这种严重失控的局面，叙利亚唯有早日实现内部停止武装冲突，西方国家尽快解除制裁，国际社会全力协助提供大量检测和疫苗，才有可能解除疫情造成的严重危机。

在疫情危机的影响下，叙利亚2020年政治发展取得的进展较为有限。

在安全方面，政府军虽然控制了大部分领土，但剩余的部分由于外部势力的介入和干预，难以在在短期内进一步收复。土耳其和美国军队在叙利亚的存在，使得叙利亚无法解决内部的统一问题。叙利亚政府自身在安全方面对俄罗斯和伊朗的严重依赖，也使得叙利亚不能实现真正的主权独立。伊朗在叙利亚的军事存在，不但成为以色列不断空袭叙利亚的借口，同样也使得叙利亚的国家安全无法维护。政治方面虽然举行了议会选举，执政党也获得了议会多数，但反对派并不承认选举的合法性。宪法委员会虽然在日内瓦举行了第三次和第四次会议，但由于疫情的影响使得会议进行受到阻碍，而且也没有取得实质性的结果。

经济方面，叙利亚 2020 年的情况同样也很严重。尽管 2019 年的农业收成提供了粮食需求的基本保证，但全国各地，特别是反对派控制区的基础设施遭受的严重破坏以及大批流离失所的难民的安置问题国家都无法提供资金来解决。西方国家的制裁导致叙利亚的对外经贸难以开展，黎巴嫩的经济危机又使得叙利亚严重依赖的金融通道被关闭。在经济制裁和经济危机的双重压力下，叙利亚 2020 年基本上没有来源于国外的投资。国内的货币贬值和经济困境使得绝大部分民众生活处于贫困线以下，疫情的影响更加剧了经济危机造成的困境。在这种经济处于危难的情况下，2020 年只有中国作为叙利亚的主要经贸伙伴，为叙利亚提供了一定的基本生产和生活用品。

也门安全、经济和人道主义危机

文少彪[*]

【摘　要】

2020年也门遭受多重天灾人祸的冲击，经济社会危机发展到崩溃的边缘。然而，哈迪政府、胡塞武装、南方过渡委员会以及各类极端组织、民兵武装在外部力量（沙特、阿联酋、伊朗等）的支持下，围绕也门政治和安全议程的争斗仍在持续，并没有将应对人道主义危机放在优先位置。本文将侧重从政治安全、经济和人道主义危机三个大的方面梳理和观察也门的情势。

【关键词】

也门　安全　经济与人道主义危机

一、也门安全局势新进展

过去5年的混战导致也门问题积重难返，进入2020年，也门的新冠肺炎疫情加剧，但这依然没有让也门各方放下武器。总体上看，也门政治和安全格局继续由胡赛武装（Houthis）、哈迪政府（Hadi－led government）和南方过渡委员会（Southern Transitional Council）三派势力主导，在外部力量的干预下，它们各怀野心，不愿意推动包容性的政治进程。胡塞武装继续控制也门首都萨那周围和红海沿岸地区，并积极向北方、中部和南部地区进攻，占领了更多的领土。哈迪政府继续争夺萨那和荷台达地区，并对胡塞武装进行包围，试图切断后者与外部的联系。南方过渡委员会的力

* 文少彪，上海外国语大学中东研究所助理研究员。

量主要盘踞在也门最南部，它于2019年8月占领亚丁（Aden）首府，2020年4月宣布也门南部自治。

在这三派势力之间，还零星分布着极端主义组织，如“阿拉伯半岛基地组织”（al－Qaeda in the Arabian Peninsula，AQAP）、“伊斯兰国”、“教法虔信者”（Ansar al－Sharia）、“索马里青年党”（Al－Shabaab）和一些部落团体。这些武装组织有强烈的动机利用和制造也门的长期混乱，并从派系斗争的权力真空中谋求生存空间，发展壮大自身的力量。疫情导致也门大量的失业人口，“基地”组织阿拉伯半岛分支和“伊斯兰国”等极端组织可以趁机投入大量的资源用于招募和动员失业人群参与内战，破坏也门政治过渡进程。此外，这些组织也策略性地与胡塞武装、哈迪政府或南方过渡委员会合作，以寻求庇护和援助。当然，它们之间为了争夺资源和人口的控制权，也相互竞争和厮杀。总之，它们的角色变化不定，这为也门的内战增加了更多复杂性。

2020年，也门的政治安全局势有以下动向值得注意：

其一，南方过渡委员会与哈迪政府从对抗走向合作，这个过程一波三折且前景不明。南方分离势力与政府军的矛盾日益加剧。2017年4月，哈迪解除祖贝迪（Aidarus al－Zoubaidi）亚丁省总督职务，指控他与阿联酋关系密切，称阿联酋在亚丁的行为就像“占领者”。[①] 但是，祖贝迪在南部省份获得广泛的支持，哈迪政府的解除令进一步刺激了也门南方分裂运动。此后不久，在阿联酋的支持下，遭哈迪罢免的26名南部部落领袖及部分军政领导人继续拥护祖贝迪，组建南方过渡委员会。南方过渡委员会与哈迪政府日益爆发冲突，其根源在于阿联酋与沙特的矛盾激化。“在也门南部地区扶植起一个听命于阿联酋的半自治政权最为符合其战略利益，分离主义倾向明显的南方过渡委员会正是最佳合作伙伴”。[②] 2019年8月底，阿联酋对亚丁外围的政府军据点发动空袭，造成300多名士兵死伤，迫使后者撤离亚丁。然而，到2019年11月，也门各方在沙特和阿联酋的干预下签订了《利雅得协议》。据此，哈迪同意与南方过渡委员会共享权力，但后者必须放弃南部省份自治并允许政府军收编隶属于它的武装力量。

然而《利雅得协议》被哈迪政府和南方过渡委员会都视为一种束缚，

---

① “Exclusive: Yemen president says UAE acting like occupiers,” *Middle East Eye*, May12, 2017, https: //www. middleeasteye. net/news/exclusive－yemen－president－says－uae－acting－occupiers.

② 王诚：《沙特与阿联酋“铁杆”同盟已“友尽”?》，载《新京报》，2019年9月4日。

它并不符合各自的长远利益，因而也难以执行下去。对哈迪政府而言，它无意执行政治分享条款，反而要求南方过渡委员会先执行军事条款，放下武器并加入政府军；南方过渡委员会持完全相反的立场，要求哈迪政府先落实政治条款，才愿意放下武器。① 从根本上讲，沙特也无意进一步推进《利雅得协议》，且阿联酋的战略利益也无法通过《利雅得协议》得以保证。尽管阿联酋也加入了打击伊朗支持的胡塞武装的多国联盟，但它不满哈迪政府与势力强大的也门“教团改革党”（Al－Islah）结盟。该党不同于大多数其他阿拉伯伊斯兰团体，它将部落影响与也门穆斯林兄弟会（Muslim Brotherhood）的影响结合在一起。阿联酋认为后者不过是受到沙特资助的代理人，且在意识形态上与穆兄会走得很近。实际上，南方过渡委员和哈迪政府之间的敌意非常深，以至于该委员会中的一些官员认为胡赛武装的威胁要小于哈迪政府，如果能说服胡塞武装将其政治和领土野心限制在也门北部，双方甚至可以达成更有利的政治和解。鉴于矛盾持续升级，2020 年 3 月哈迪政府军与阿联酋支持的南方军在索科特拉爆发激烈冲突。4 月，南方过渡委员会宣布也门南方省自治，哈迪政府认为这是对《利雅得协议》的叛变。6 月，南方过渡委员会夺取了阿拉伯海索科特拉岛首府哈迪布的控制权，冲突再次爆发。南方过渡委员作为不与政府结盟的反胡塞组织，可能会将一场更长的冲突视为创造既成事实的机会，以改善他们的谈判地位。② 其举动削弱和阻碍了阿拉伯联军打击胡塞武装的努力，有利于胡塞武装利用阿联酋和沙特的矛盾进一步扩大自身军事存在。③

2020 年底，哈迪政府与南方过渡委员会结束对抗并组建联合政府。为解决也门政府军和南方过渡委员会之间的内讧，在沙特和阿联酋的斡旋下，双方成立了新内阁，以体现南方省的代表性，促使南方大部分地区实现了名义上的“统一”。新政府的成立旨在结束混战，共同打击胡塞武装。

---

① 《沙特向哈迪施压以宣布也门政府并不执行 < 利雅得协议 > 军事部分规定》，半岛电视台中文网，2020 年 12 月 1 日，https：//chinese. aljazeera. net/news/2020/12/1/% E6% B2% 99% E7% 89% B9% E5% 90% 91% E5% 93% 88% E8% BF% AA% E6% 96% BD% E5% 8E% 8B% E4% BB% A5% E5% AE% A3% E5% B8% 83% E4% B9% 9F% E9% 97% A8% E6% 94% BF% E5% BA% 9C% E5% B9% B6% E4% B8% 8D% E6% 89% A7% E8% A1% 8C% E5% 88% A9% E9% 9B% 85% E5% BE% 97% E5% 8D% 8F。

② “Rethinking Peace in Yemen”, Crisis Group, July2, 2020, https：//www. crisisgroup. org/middle－east－north－africa/gulf－and－arabian－peninsula/yemen/216－rethinking－peace－yemen。

③ 王薇、聂云鹏：《也门南部宣布自治令局势更复杂》，http：//www. xinhuanet. com/2020－04/29/c_1125923199. htm。

之所以发生这种转变，其原因主要有几点：一是也门战场形势发生了较大的变化，胡塞武装控制了更多的领土，在军事上取得更大的优势；二是也门战场僵局给各方造成巨大的长期负担，加之油价低迷，阿联酋与沙特不愿在也门战场过度消耗；三是阿拉伯联盟内部的分歧暂时得以缓解；四是美国向沙特和阿联酋施压，要求双方结束在也门的对抗。虽然哈迪政府和沙特试图以政治和解方案安抚亚丁当局的分离运动，但是这个局面能维系多久值得怀疑。一个重要的信号是，阿联酋并没有在联合新政府成立后就立马结束对也门南方当局的支持，相反，它继续在距也门南部海岸近 350 千米的索科特拉岛建立军事基地。其原因在于阿联酋与沙特对地区安全威胁的理解存在根本性差异，如果伊朗民兵组织和胡赛武装的活动范围限于也门北部地区而不进攻亚丁周边地区，那么阿联酋并没有反击前者的迫切性。但是，胡塞武装可以有效威胁沙特的能源安全。例如，2019 年 9 月，胡塞武装出动 10 架无人机对阿美石油公司的两处石油设施发动袭击，致使沙特原油供应一度每日减少 570 万桶，约占沙特石油产量的 50%，同时还令沙特乙烷和液化天然气供应量减少约 50%。[①] 鉴于不同的威胁感知，阿联酋不愿意绑在沙特的战车上，因为那样可能使自身受到牵连而面临伊朗更严厉的报复。紧邻霍尔木兹海峡的阿联酋距离伊朗最近处仅有数十公里，一旦爆发与伊朗的军事冲突，必然会给自身的经济和安全利益造成极大的破坏性影响。[②] 与此同时，哈迪政府与南方过渡委员搁置分歧也与胡塞武装取得更大军事胜利有关，它迫使沙特和阿联酋进行策略性缓和。可以预见，如果胡塞武装在战场失利，哈迪政府与南方过渡委员将再次陷入纷争。

其二，胡塞武装主动升级战斗并取得重大进展。新冠病毒全球大流行和油价的暴跌放大了沙特国内的财政压力。与此同时，沙特希望摆脱一场损害它与西方盟友关系的战争，内外压力迫使沙特重新审视其在也门的利益。[③] 沙特在陷入僵局的情况下试图寻找退出战略，但是胡塞武装认为时间在自己这边，遂主动发起军事攻势，2020 年初胡塞武装和联军之间的敌对行动突然升级。2020 年 1 月，胡塞武装发射导弹攻击也门政府军基地，

---

① 王炯：《也门冲突：疫情中硝烟再起》，载《光明日报》，2020 年 6 月 29 日。

② 王诚：《沙特与阿联酋"铁杆"同盟已"友尽"?》，载《新京报》，2019 年 9 月 4 日。

③ "Rethinking Peace in Yemen", Crisis Group, July 2, 2020, https://www.crisisgroup.org/middle-east-north-africa/gulf-and-arabian-peninsula/yemen/216-rethinking-peace-yemen。

造成至少80名士兵死亡和150人重伤。3月，胡塞武装又主动进攻焦夫、马里卜和贝达等省份，占领了阿勒汉斯（al－Hazm）、焦夫（al－Jawf）的首府，为进击资源丰富的马里卜省（Marib）开辟了道路。马里卜省位于首都萨那东部，是哈迪政府在也门北部的最后一个主要据点，至2020年底胡塞武装已经扩大了对该省西部和南部的控制。与此同时，胡塞武装发射火箭弹袭击沙特本土目标，引起后者的报复性打击。可以说，胡塞武装发起的春季攻势，很大程度上是为了进一步增加沙特的负担，迫使后者让步。因为疫情期间，国际原油价格大幅下挫，沙特面临巨大的财政压力，更难以将也门的内战维持下去。① 4月，沙特宣布单方面停火，但胡塞叛军拒绝相向而行，要求沙特先取消对萨那和荷台达的空中和海上封锁。由于双方在停火问题上达不成共识，进而引发更激烈的冲突。7月，也门胡塞武装向沙特发射4枚弹道导弹及7架载有爆炸物的无人机。8月，胡塞武装与联军、政府军在塔伊兹省交战，成败直接关系到后者能否对胡塞武装实现真正意义上的封锁。② 11月，胡塞武装又对沙特吉达石油设施发动了袭击。12月，胡塞武装攻击了也门亚丁国际机场和哈迪政府位于亚丁的总部。

其三，“基地”组织阿拉伯半岛分支在也门遭受重创。2020年2月初，美军在特朗普授命下利用无人机击毙“基地”组织半岛分支的头目卡西姆·里米（Qassim al－Rimi）以及二号头目艾曼·扎瓦希里（Ayman al－Zawahiri）。2020年10月，接任卡西姆的新头目哈立德·巴塔菲（Khalid Batarfi）在也门被捕，其副手在同一行动中毙命。可以说，这两个头目被杀、被捕将进一步削弱“基地”组织在也门的发展势头及全球“基地”组织的实力。

其四，“基地”组织也门分支的式微和疫情蔓延为“伊斯兰国”在也门的发展创造了有利条件。进入2020年，“基地”组织半岛分支遭受美军打击后，内部出现分裂，其活动明显减弱。而“伊斯兰国”的机遇可能会再次上升，其数量似乎增加了两倍，在也门贝达省的活动十分频繁。③ 此外，“伊斯兰国”对公共卫生危机的理解非常不同，它从中看到了在混乱

① 尹琛：《疫情停火期，也门又开打》，载《人民日报》（海外版），2020年4月4日。

② 塔伊兹省位于也门西南部，毗邻红海，是胡塞武装与外界联系的唯一港口。

③ Elisabeth Kendall, “ISIS in Yemen: Caught in a Regional Power Game,” New Lines Institute for Strategy and Policy, July 21, 2020, https://newlinesinstitute.org/isis/isis-in-yemen-caught-in-a-regional-power-game-2/。

的国家继续开展“圣战”的机会，现在已指示其全球分支机构做到这一点。[①] 一个看似荒谬的事实正在发生，新冠肺炎疫情将阻碍也门国内和国际的反“伊斯兰国”安全合作，使“圣战”分子能够更好地在也门和全球战场上准备大规模恐怖袭击和升级叛乱活动。

总之，2020 年也门战场僵局被打破，胡塞武装抓住重大契机（沙特与阿联酋的分歧激化、新冠病毒大流行以及沙特的退缩），积极推进军事冒进政策，以开创更有利的局面，从而在也门的未来政治进程中保有主导权。可以说，胡塞武装的进取野心对哈迪政府、沙特构成巨大挑战。但是，胡塞武装过于咄咄逼人，可能导致沙特不会寻求继续退出，反而会收紧对胡塞武装控制地区的经济封锁，使其无法向被控制的人口支付工资或提供服务。与此同时，“基地”组织半岛分支和“伊斯兰国”在也门的活动态势发生了明显变化。

二、也门经济系统不堪重负：多重危机叠加

也门是世界上最贫穷和最不发达的国家之一，也是最贫穷的阿拉伯国家之一，其石油和天然气储量相对较少。也门过去 5 年的暴力冲突摧毁了该国的经济和社会结构：出口锐减导致严重的外汇短缺，公共财政继续承受巨大压力，公务员薪金的支付中断，基础设施遭到严重破坏，基本公共服务（水、电、卫生、垃圾清理）普遍中断，燃料、设备进口严重不足，经济活动中断，许多也门人没有固定的收入来源，商业环境已经全面恶化。[②] 截止 2020 年，也门经济活动萎缩了 50% 以上，而以今天的美元计算，人均 GDP 份额下降了约 2/3。[③] 也门的武装冲突和政府治理能力的丧失进一步加剧了经济危机和人道主义苦难。2020 年，估计有 2430 万人（80% 的人口）面临饥饿和疾病的风险，其中约有 1440 万人面临着饥荒而

① “Contending with ISIS in the Time of Coronavirus,” Crisis Group, Mar. 31, 2020, https://www.crisisgroup.org/global/contending-isis-time-coronavirus。

② World Bank Group, “Yemen Monthly Economic Update,” March 2020, p. 1, https://www.worldbank.org/en/country/yemen/publication/yemen-monthly-economic-update。

③ UN Office for the Coordination of Humanitarian Affairs, “Yemen Socio-Economic Update,” *Issue* 50, Sep. 28, 2020, https://reliefweb.int/report/yemen/yemen-socio-economic-update-issue-50-july-2020-enar。

急需援助，联合国计划将也门的援助范围进一步扩大至1560万人。[①] 可以说，2020年也门经济社会危机的基本面没有得到改善，战乱、新冠肺炎疫情和天灾（蝗虫、洪水）叠加，耗尽了也门本就脆弱不堪的危机应对能力，致使该国陷入更大的灾难中。

其一，《斯德哥尔摩协定》执行不力，国际人道主义援助被政治斗争所裹挟。为应对也门的人道主义危机，2018年底也门政府与胡塞武装在联合国斡旋下达成《斯德哥尔摩协定》，该协定旨在帮助外部援助进入荷台达地区。协定的签订在一定程度上确实缓解了也门物资短缺的压力，但是并没有从根本上扭转这种局面。尽管人们希望《斯德哥尔摩协定》能够缓解战争所造成的人道主义苦难，但该协定并没有得到严格的落实。冲突各方继续违反国际法规定的义务，限制和封锁人道主义援助。联合国特派团对荷台达市和港口的巡逻及其后勤和支助活动受限，这与《斯德哥尔摩协定》的精神背道而驰。目前，荷台达大部分地区在"胡塞"武装的控制下，哈迪政府军对荷台达港口展开了激烈的争夺。该港口是也门近2/3人口的主要生命线，也是接受国际人道主义援助的主要渠道，掌控该港口就意味着可以通过干预、控制国际援助物资的进入和分配过程，来扩大自身的影响力。围绕荷台达燃油进口的政治角力已导致严重的燃油短缺，进一步影响了更多行业的正常运转。[②] 2020年8月底，联合国秘书长也门问题特使格里菲斯对胡塞武装控制区发生严重燃料短缺深表关切，燃料短缺不仅导致也门黑市的燃料价格急剧上升，也影响了人道主义应对行动，迫使部分援助项目缩减规模或暂时中止。[③] 2020年11月，胡塞武装指责世界粮食计划署故意通过沙特主导的联军控制的港口输入援助物资，等这些物资

① 《也门：冲突有所缓解 人道援助依然不畅》，联合国，2020年1月16日，https://news.un.org/zh/story/2020/01/1049312；"Military Escalation in Yemen Threatens Potential Political Progress," UN Security Council, Feb. 18, 2020, https://www.un.org/press/en/2020/sc14111.doc.htm; FAO, "Yemen Crisis," http://www.fao.org/emergencies/crisis/yemen/intro/en/; Human Rights Watch, *World Report* 2020, https://www.hrw.org/world-report/2020/country-chapters/yemen#; World Bank, "The World Bank In Yemen," Oct. 1, 2020, https://www.worldbank.org/en/country/yemen/overview。

② "Yemen teeters on the brink as conflict and economic crises grind on," World Food Programme, Sep. 23, 2020, https://www.wfp.org/news/yemen-teeters-brink-conflict-and-economic-crises-grind。

③ 《须立即找到应对也门燃料短缺问题的解决方案》，联合国，2020年8月31日，https://news.un.org/zh/story/2020/08/1065732。

过期后，才运送到荷台达省。[①]

其二，也门进一步滑向经济危机。截止 2020 年，超过 80% 的人口生活在贫困线以下，比 2015 年增加了 1/3。这些贫困人口高度依赖国际人道主义援助，但由于资金减少，2020 年对他们的支持大幅减少。此外，疫情导致全球普遍的粮食囤积行为和粮食供应链的中断，推高小麦和大米的国际价格。也门的食品价格随之飙升，达到历史最高水平。也门主要依靠进口食品来满足全国 80%—90% 的食品需求，必需食品价格的上涨快速消耗也门的外汇储备，挤占了也门的其他货物进口。与此同时，弱势群体的购买力因也门货币的大规模贬值而进一步下降，2020 年里亚尔贬值了 25%，在过去 5 年中总计贬值了 70%。在国际储备几乎耗尽又没有外部资金支持的情况下，里亚尔崩溃的风险进一步加大，这对进口大宗商品价格产生连锁反应，侵蚀家庭购买力，增加企业运营成本。而且，由于投资者涌向安全资产，美元在也门走强，这将进一步加大里亚尔的下行压力。

其三，天灾冲击也门的农业。也门尽管只有一小部分粮食是在国内生产的，但近 2/3 的也门人以农业为生。雪上加霜的是，包括秋季夜蛾和沙漠蝗虫在内的农作物害虫对也门农业造成了灾难性影响。沙漠蝗虫被认为是最具破坏力的迁徙性害虫，于 2019 年初开始在该国广泛繁殖。此后，这种害虫消耗了大量植被和农作物，在 2020 年农业季节造成了约 2.22 亿美元的损失，进一步危害农业生计。[②] 也门是蝗虫的主要孳生地之一，也是蝗虫防治和监测的重要前沿国家。在内战之前，也门有足够的设备和人力来应对蝗虫危机。然而，持续不断的冲突导致应对蝗虫灾害所必要的资产和能力接近丧失。蝗虫目前正在繁殖，并且在红海沿岸集结成群，如果不扩大监视和控制措施，也门的粮食安全将遭受更大的威胁。在拉赫吉省和荷台达省，大多数农民种植区都受到了蝗灾的影响，导致粮食短缺和价格上涨。3 月底也门南部的山洪摧毁了粮食作物，淹死了牲畜，进一步加剧食物供应的紧张。

其四，新冠肺炎疫情大流行进一步加剧也门的社会危机。2020 年，也门才报告 2000 多例新冠病毒感染，大大低于邻国，受到广泛的质疑。实际

---

① 马岩：《也门“胡塞”指责援助物资过期 世界粮食计划署尚未回应》，https：//mil. huanqiu. com/article/40gRLNeiOYc。

② FAO，“Yemen Crisis，” Dec. 12，2020，http：//www. fao. org/emergencies/crisis/yemen/intro/en/.

上，该国医疗系统被战乱毁坏，早已经没有足够的病毒检测能力，外界不能期待也门提交精确的疫情报告。2020 年 9 月，在第 75 届联大会议前夕，联合国秘书长古特雷斯指出，据专家估计，由于也门卫生系统崩溃，该国可能会有近 100 万人感染新型冠状病毒。[①] 对此，也门南、北当局采取了一些预防措施，包括暂停所有飞往也门的国际航班，减少公共机构的工作人员，关闭学校和公众集会。一些地方当局已在主要城市中心实施了有限度的宵禁，并释放了低风险囚犯，以帮助保护监狱免受疫情的影响。也门过去几年已经成为多种危机叠加的中心，而新冠肺炎疫情大流行致使已经被战争摧毁的卫生系统难以承受新的压力，该国在护理新冠患者和遏制病毒传播方面准备不足，也门一半以上的卫生设施已经关闭或部分运行。根据流行病学预测，冠状病毒可能会感染也门近 1600 万人，占该国人口的 55%。[②] 如果新冠肺炎疫情继续传播，也门卫生系统将不堪重负，人员和货物的流动也受到限制。此外，疫情还影响到也门的侨汇收入，这是也门人的重要收入来源。为应对新冠肺炎疫情，海湾富裕地区的一些行业被迫关停，在此谋生的也门人的工作和收入受到影响，他们的汇款大幅减少。2020 年 7 月，挪威难民委员会（Norwegian Refugee Council，NRC）的一项调查发现，自 4 月份疫情袭击也门以来，1/4 的脆弱家庭失去了所有收入，近一半的受访者表示他们失去了至少一半的收入，令人震惊的是，94% 的家庭将食物列为最关心的问题，因为食品和水的价格也在上涨。[③]

其五，一个新的趋势是，太阳能进入更多的家庭。由于战乱破坏了也门的国家电网，越来越多的家庭不再依赖不可靠的公共电力部门，而是选择在自家的屋顶安装小型太阳能设备，根据世界银行的估计，约 75% 家庭选择了太阳能系统。[④] 可以说，战乱正在改变也门社会的能源消费方式，而太阳能企业也从战争经济中找到了获利机会。

总之，“也门人从来没有同时面临过这么多的威胁，而且这一切都发

① 参见《联合国秘书长古特雷斯在第 75 届联大会议前夕的外长级会议上发表的讲话》，2020 年 9 月 18 日，https：//www. trt. net. tr/chinese/guo – ji/2020/09/18/lian – he – guo – ye – men – xin – guan – fei – yan – si – wang – lu – ti – sheng – zhi – 30 – 1492822。

② “Online Event：Crisis and Survival Amidst COVID – 19 in Yemen，” Center for Strategic and International Studies，Apr. 29，2020，https：//www. csis. org/node/56416.

③ “Yemen：Hunger crisis accelerating under Covid – 19，” Norwegian Refugee Council，Jul. 22，2020，https：//www. nrc. no/news/2020/july/yemen – hunger – crisis – accelerating – under – covid – 19/.

④ “Yemen Monthly Economic Update，” World Bank Group，March 2020，p. 7.

生在一场毁灭性的大流行病最严重的时候”。[①] 可以说，2020 年各类危机的叠加致使忙于战斗的也门各方更加捉襟见肘。然而，即便社会经济危机重重，也门各方更优先的议程依然是谋求政治和军事优势，而没有更多的资源、精力和紧迫性去应对大规模的经济社会危机。如果没有外部资源的输入和大国的纠正行动，也门的内乱将进一步发酵，触底反弹的临界点不会自发地出现。

三、也门的人道主义赤字加剧

据联合国估计，2020 年也门需要人道主义援助的人口超过 2400 万人，占总人口的近 80%，比目前任何一个国家都多。如果没有足够的国际捐助，该国的公共赤字到 2020 年估计为 GDP 的 56.3%。[②] 也门已经成为世界严重的人道主义危机国家，引起国际社会的广泛担忧。可以说，2020 年也门“最紧要的问题不是沙特和阿联酋的军事干预，而是几百万食不果腹的难民和紧缺的国际援助”。[③]

首先，国际援助资金严重不足。新冠肺炎疫情大流行致使全球经济下行，各国都没有宽裕的财政预算分割到对外人道主义援助上。当国际社会优先应对内部麻烦时，高度依赖外部援助的也门，其处境自然更加艰难。然而，2020 年也门的天灾人祸不断，与疫情之前相比，需要规模更大的人道主义援助。由于缺乏资金和交战各方的阻挠，联合国在也门的援助项目中有 75% 不得不关闭或减少运作，在全国 369 家医院中，联合国资助的 189 家医院的医疗服务被削减。[④] 2020 年 6 月，联合国负责也门紧急救援协调员马克·洛科克（Mark Lowcock）警告称：“如果没有更多的资金，我们将面临一个可怕的结果，我们将无法为人们提供生存所需的食物，或

① “Yemen: Hunger crisis accelerating under Covid - 19,” Norwegian Refugee Council, Jul 22, 2020.

② “Country Risk of Yemen: Economy”, Societe Generale, October 2020, https://import-export.societegenerale.fr/en/country/yemen/economy-country-risk.

③ 王尚：《美国调整政策难改也门局势走向》，http://www.xinhuanet.com/2021-02/06/c_1127072400.htm。

④ “UN Forced to Cut Aid to Yemen, Even As Virus Increases Need,” *VOA News*, June 1, 2020, https://www.voanews.com/covid-19-pandemic/un-forced-cut-aid-yemen-even-virus-increases-need.

他们需要的医疗保健、水、卫生设施或营养支持”。① 但是，联合国人道主义事务协调厅（OCHA）的最新报告显示，针对也门的高级别认捐活动中，只有 31 个联合国会员国承诺在 2020 年提供 13.5 亿美元的人道主义援助，认捐额远远低于满足该国人道主义需求的认捐额 33.8 亿美元。② 鉴于资金缺口过大，2020 年底，联合国安理会成员呼吁国际社会捐助方紧急加大支援力度，在年底前支付未清偿的认捐款项。③

其次，中国政府积极援助也门。中国政府一直号召国际社会帮助也门人民改善生存状况，主动通过多方渠道为也门提供人道主义援助。新冠肺炎疫情暴发后，中国政府向也门提供了大量援助。2020 年 10 月，张军大使在联合国安理会上发言指出：“我们已向也门提供多批粮食援助，覆盖绝大多数省份。疫情暴发以来，我们向也门政府和人民捐赠多批抗疫物资，主动分享抗疫经验。今后我们还将继续向也门政府和人民提供大米、医疗器械等人道主义援助，同海湾国家和国际社会一道，为缓解当地人道主义危机做出贡献”。④

最后，国际社会也积极对也门开展人道主义援助。美国政府在 2020 财年向也门提供了 6.3 亿多美元的人道主义援助，包括食品、医疗、家庭用品等。⑤ 5 月底，世界卫生组织向也门政府和胡塞武装分别运送了 16 吨和 15 吨物资。⑥ 6 月初，联合国在利雅得召开了也门人道主义高级别认捐会，沙特、英国、德国、日本分别承诺向也门提供 5 亿、1.96 亿、1.37 亿和

① “Yemen aid operations at risk after fundraiser falls $1bn short,” *BBC News*, June3, 2020, https: //www. bbc. com/news/world – middle – east – 52903440.

② “Yemen 2020: High – Level Pledging Event for the Humanitarian Crisis in Yemen,” OCHA, June 2, 2020, https: //www. unocha. org/yemen2020; Khaled Hussein Alyemany, “Yemen: Enough of war,” the Atlantic Council, Sep. 17, 2020, https: //www. atlanticcouncil. org/blogs/menasource/yemen – enough – of – war/.

③ “U. N. Security Council Press Statement on Yemen,” U. N., Dec. 13, 2020, https: //www. un. org/press/en/2020/sc14384. doc. htm.

④ 《张军大使在安理会也门问题公开会上的发言》，http: //chnun. chinamission. org. cn/chn/hyyfy/t1824434. htm。

⑤ “U. S. Relations With Yemen,” State Department of U. S., Dec. 30, 2020, https: //www. state. gov/u – s – relations – with – yemen/.

⑥ Yassine Aydi, Mehmet Nuri Ucar, Hacer Baser, “World Health Organization sends 31 tons of aid to Yemen,” *Anadolu Agency*, May 30, 2020, https: //www. aa. com. tr/en/middle – east/world – health – organization – sends – 31 – tons – of – aid – to – yemen/1858498.

4000 万美元的人道主义援助。[①] 欧盟委员会也积极加入其中，2020 年共募集了 1.15 亿欧元，向受冲突影响的平民提供紧急支持，包括应对严重营养不良、粮食不安全、自然灾害和流行病。[②]

总之，新冠肺炎疫情之下，也门的人道主义需求进一步上升，而全球经济的急剧下滑导致各国对外捐助意愿下降，“一升一降”加剧也门的灾难。在这种情况下，也门最大的金主沙特也不愿意继续扮演“地区 ATM”角色，更没有其他国家想取代沙特的这种地位。[③]

四、结语

至 2020 年，也门在经历了 5 年的战争、巨大的人类苦难和国家的分裂后面临两种选择：一是沙特、阿联酋、伊朗和西方国家退出代理人战争，促使也门内部各方势力开启对话，达成不完美的权力分享方案；二是外部干预国继续通过代理人战争谋求利益，除了给各方带来更多的痛苦，在也门国家层面上不会有明确的赢家。然而，疫情之下，也门各方斗争不歇。哈迪政府军在沙特疲惫不堪的情况下，倾向维持对胡塞武装的封锁；胡塞武装更倾向于军事冒险，没有停火之意；也门南方过渡委员会则伺机而动；“基地”半岛分支活跃度相对下降，而“伊斯兰国”从混乱中获得更大的生机。

2020 年，在多重天灾人祸的冲击下，也门经济掉进悬崖，人道主义危机进一步恶化，但至今仍没有可行的应对之策，来自国际社会的援助只是杯水车薪的应急之举，无法帮助也门恢复经济社会秩序和内生发展动力。也门最终需要推动政治安全进程并达成包容性的解决方案，在此基础上才能开展大规模的重建计划。

---

① “Yemen 2020: High - Level Pledging Event for the Humanitarian Crisis in Yemen,” OCHA, June 2, 2020, https://www.unocha.org/yemen2020.

② “EU and Sweden join forces to avoid famine in Yemen,” E. U., Sep. 23, 2020, https://ec.europa.eu/echo/news/unga-eu-and-sweden-join-forces-avoid-famine-yemen_en.

③ “Saudi downturn deepens Yemen's economic despair,” *Japan Times*, June 22, 2020, https://www.japantimes.co.jp/news/2020/06/22/world/saudi-arabia-downturn-yemen-economy/.

图书在版编目（CIP）数据

中东地区发展报告．2020－2021／余泳主编．—北京：时事出版社，2021.10
ISBN 978-7-5195-0434-2

Ⅰ.①中… Ⅱ.①余… Ⅲ.①经济发展—研究报告—中东—2020－2021 ②政治—研究报告—中东—2020－2021 Ⅳ.①F137.04②D737

中国版本图书馆CIP数据核字（2021）第144881号

出版发行：时事出版社
地　　址：北京市海淀区彰化路138号西荣阁B座G2层
邮　　编：100097
发行热线：（010）88869831　88869832
传　　真：（010）88869875
电子邮箱：shishichubanshe@sina.com
网　　址：www.shishishe.com
印　　刷：北京良义印刷科技有限公司

开本：787×1092　1/16　印张：24.5　字数：401千字
2021年10月第1版　2021年10月第1次印刷
定价：140.00元
（如有印装质量问题，请与本社发行部联系调换）